长沙理工大学2018年学术著作出版资助项目

湖南省社科基金项目“宋代陶渊明接受研究”

（17YBA013）阶段性成果

南宋上饶二泉研究

周静 著

凤凰出版社

图书在版编目（CIP）数据

南宋上饶二泉研究 / 周静著. -- 南京 : 凤凰出版社, 2018.10
ISBN 978-7-5506-2844-1

Ⅰ. ①南… Ⅱ. ①周… Ⅲ. ①赵蕃（1143-1229）－人物研究②韩淲;（1159-1224）－人物研究 Ⅳ. ① K825.6

中国版本图书馆CIP数据核字(2018)第230427号

书　　名	南宋上饶二泉研究
著　　者	周　静
责任编辑	李相东　许　勇
装帧设计	徐　慧　陈贵子
出版发行	凤凰出版社(原江苏古籍出版社) 发行部电话025-83223462
出版社地址	南京市中央路165号,邮编:210009
出版社网址	http://www.fhcbs.com
照　　排	南京凯建图文制作有限公司
印　　刷	江苏凤凰扬州鑫华印刷有限公司 扬州市江阳工业园蜀岗西路9号,邮编:225008
开　　本	718×1005毫米　1/16
印　　张	21
字　　数	312千字
版　　次	2018年10月第1版　2018年10月第1次印刷
标准书号	ISBN 978-7-5506-2844-1
定　　价	88.00元

(本书凡印装错误可向承印厂调换,电话:0514-85868858)

目　录

序

祝尚书

上饶，今江西省上饶市，宋代为信州。此地风景秀丽，民俗淳厚，所以宋王朝南渡后，许多名人雅士都在此寓居或定居，如著名诗人吕本中、曾几，大词人辛弃疾等等，故刘克庄称信州为“过江文献所聚”（《赵逢原诗序》，《后村先生大全集》卷九七）。赵蕃、韩淲二人，祖上也是避“靖康之难”在此寓居，遂家焉，于是成了土生土长的上饶人。赵蕃（1143—1229），字昌父，号章泉，以祖恩入仕，授饶州浮梁尉，福建连江簿，皆不赴。为吉州太和簿、辰州司理参军，监衡州安仁赡军酒库，遂长期奉祠家居。以承议郎、直秘阁致仕。卒，年八十七。事迹详刘宰《章泉赵先生墓表》（《章泉稿》附录），《宋史》卷四四五有传。今存《乾道稿》二卷、《淳熙稿》二十卷、《章泉稿》五卷。韩淲（1159—1224），字仲止，号涧泉，祖籍开封，元吉子。以父荫入仕，为平江府属官。尝为朝官，不久即归里，今存《涧泉集》二十卷，事迹略见所作诗文。二人经历大致相同，又同为上饶人，相互唱和，字号皆有“泉”字，故称“上饶二泉”。

“上饶二泉”为孝宗至宁宗时代的知名诗人。刘克庄说：“（上饶）至章泉、涧泉又各以其诗号为大家数。然世之所以共尊翊二公，帖然无异论者，岂直以其诗哉，其人皆唾涕荣利，老死闲退，槁而不可荣，贫而不可贿，有陶长官、刘遗民之风，虽无诗亦传，况其诗自妙绝一世乎？”（《赵逢原诗序》）他是说，“二泉”为当时的诗歌大家，不仅诗好，而且淡泊名利，品德高尚，所以作品必流传于世。在文学史上，二人为“江西后派”

的代表诗人。谢枋得《萧冰崖先生诗卷跋》说："诗有江西派而文清（吕本中）昌之，传至章泉、涧泉二先生，诗与道俱隆。自二先生没，中原文献无足证，江西气脉将间断矣。"（《迭山集》卷三）如此说来，"上饶二泉"实际上成了"江西诗派"的殿军，故二人论诗都尊吕本中。赵蕃论诗诗道："东莱老先生（指吕本中），曾作江西派。平生论活法，到底无窒碍。微言虽可想，恨不床下拜。欲收一日功，要出文字外。"（《论诗寄硕父五首》之四，《淳熙稿》卷四）又曰："世竞江西派，人吟老杜诗。五言真有律，徐稺是吾师。不但时相似，还能猛出奇。平生误学处，深恐不能医。"（《读东湖集二首》其一，同上卷八）所谓"平生误学处"，盖指受陈师道影响很深，同时又受江湖诗风侵染。方回《跋赵章泉诗》说："赵蕃……平生恬淡，而诗尚瘦劲，不为晚唐，亦不为江西，隐然以后山为宗。"（《桐江集》卷四）所谓"隐然以后山为宗"，指取江西派中一家一体而专法之（钱锺书《谈艺录》四四《遗山论江西派》）。钱先生还指出："江湖派集中多与"二泉"唱酬，"二泉"所作亦不主江西手法。"（《钱锺书手稿集·容安馆札记》第四五三则）此点很重要。要之，江西诗流传至"二泉"，已经是强弩之末，很难突破前人樊篱而有所创新，"二泉"于是成了当时诗风转变的关捩。

2005年秋，周静同志考入四川大学中文系，与我一起研习宋代文学。到选博士学位论文题目时，经反复商量，最后确定为《南宋上饶二泉研究》。对于"二泉"，学界可资参考的成果不多，一切都得从头作起。周静于是沉下心来，认真阅读文本，广泛搜寻资料，由二人家世、创作成就、诗学渊源，论到江西诗派，晚唐风调，最后论及对"二泉"的接受，较全面地梳理了两位诗人几乎所有的重要问题，尤其是上与江西诗派、下与江湖诗派之间的关系。该同学的一个突出优点，是能吃苦，有拼搏精神。记得入学后不久，她告诉我已怀孕，决定将孩子生下来。我很惊讶，也很纠结，按规定劝她休学。但她不同意，说要坚持下去。后来回家生完孩子，刚满月就到校了。她是湖南湘潭人，千里迢迢，真忍得下心。最后那个春节，她正月初三就已到校，令人动容。川大要求博士生须在就读期间发表三篇 CSSCI 论文，方能参加答辩（后改为没发够也可答辩，但要等发够后再给博士学位证书）。很多同学都感到压力山大，但周静居然发了四篇，并顺利通过了博士论文答辩。

现在,周静将她的博士论文修改成书稿,即将由凤凰出版社杀青问世,向我索序。我想说的是,本书虽取得了一些成绩,但还稚嫩,学术的道路还很长。俗话说:好汉不言当年勇,须继续努力,往日吃苦拼搏的劲头不能丢,方有望取得更多、更大的成绩。是为序。

2018 年 7 月 6 日,于成都

绪　论

江西诗派，既具有独特的诗学主张，也有比较一致的创作风格以及比较稳定的创作队伍，历经中宋、晚宋之世，基本上反映了宋代诗歌演进的历程，被誉为中国古代文学史上延续时间最长、影响最大的诗歌流派。朱东润《中国文学批评史大纲》称："江西诗派始于北宋之黄庭坚、陈师道，大张于吕居仁，蔓延于南渡而后百五十年间，而论定于宋亡以后七年，方回《瀛奎律髓》书成之日。此二百年中，国内论文论诗之士，或主张是，或反对是，壁垒森严，各不相下，研究此期中之文学批评史者，不可忽也。"①这段话，既概括了江西诗派的发展历程，指出大致可分为黄陈时期、吕居仁时期、南渡而后一百五十余年间及方回《瀛奎律髓》成书之时四个阶段；同时，也反映江西诗派自产生以后，对于其诗学之优长既有赞同，也有反对，值得关注。至于究竟是什么原因造成对其认识上的分歧，由于文中并未揭示，有待进一步展开探究。

关于江西诗派的研究，目前学界已经涌现不少成果，如龚鹏程《江西诗社宗派研究》、莫砺锋《江西诗派研究》、伍晓蔓《江西宗派研究》及韦海英《江西诗派诸家考论》等。从研究对象和研究内容来考察，上述成果多关注"江西诗派始于北宋之黄庭坚、陈师道，大张于吕居仁"这段时期，而对于吕本中之后到方回之间这段时期江西诗派的代表诗人及诗派发展等方面的研究还很薄弱。鉴于此，本文将被誉为后期"江西诗派"代表的南宋"上饶二泉"纳入研究视野，对其生平、诗歌、诗学、交游、

---

① 朱东润著《中国文学批评史大纲》，上海古籍出版社，2005 年，第 125 页。

思想、接受等方面进行综合研究，希望借此以增进对江西诗派后期发展面貌的探索，为宋代文学研究开辟一个新的领域。

论文研究对象"上饶二泉"，指的是生活于南宋江南东路信州（上饶郡）的两位诗人——赵蕃和韩淲。赵蕃（1143—1229），字昌甫，号章泉先生。戴复古有诗云："兹山自开辟，有此一泓泉，姓自章而立，名因赵以传。"①诗中之"赵"，即指赵蕃。韩淲（1159—1224），字仲止，号涧泉先生。父韩元吉，字无咎，本雍丘人，元祐名臣韩维之玄孙，仕至吏部尚书，龙图阁学士，封颍川公。尝师尹焞，又得吕祖谦为婿。徙居上饶。赵蕃与韩淲两人以"二泉"并称，其原因有三。一是两人皆以"泉"为号。宋末元初方回有诗云"上饶有二泉"②，南宋末年赵汝腾曾称"章涧二泉，名论清规"③。二是两人长期隐居上饶玉山，名节高尚，深为时人推重。如戴复古诗云："何以涧泉号，取其清又清。"④翁卷有诗云："掬来南涧水，清若主人心。"⑤三是两人皆有诗名，同被当时人续入"江西诗派"。南宋诗人谢枋得《萧冰崖诗卷跋》云："诗有江西派而文清昌之，传至章泉、涧泉二先生，诗与道俱隆。自二先生没，中原文献无足证，江西气脉将间断矣。"⑥两人在诗学上皆与江西诗派具有较深渊源，在创作中也表现出江西诗派的艺术风尚。此外，两人还是朋友，又互为姻亲，往来频繁，唱酬之作非常多，具有相似的诗学旨趣和人生追求，留下了大量作品，被当时士人视为刻苦自励、修持身心的典范，在南宋中后期

① （宋）戴复古《玉山章泉本章氏所居赵昌甫迁居于此章泉之名遂显》，《石屏诗集》卷 2，文渊阁《四库全书》，第 1165 册，第 576 页。

② （元）方回《秋晚杂书三十首》（十七），《桐江续集》卷 2，文渊阁《四库全书》，第 1193 册，第 234 页。

③ （宋）赵汝腾《饯赵文思崇鑯归上饶》，《庸斋集》卷 1，文渊阁《四库全书》，第 1181 册，第 240 页。

④ （宋）戴复古《寄韩仲止》，《石屏诗集》卷 2，文渊阁《四库全书》，第 1165 册，第 574 页。

⑤ （宋）翁卷《南涧寻韩仲止不遇》，北京大学古文献研究所编《全宋诗》，第 50 册，北京大学出版社，1998 年，第 31422 页。

⑥ （宋）谢枋得《萧冰崖诗卷跋》，《叠山集》卷 3，文渊阁《四库全书》，第 1184 册，第 886 页。

诗坛和后期江西诗派发展史上的地位不容忽视。

“二泉”生活于南宋孝宗至宁宗时期，当时社会比较安定，文化全面发展，同时，恰逢南宋文学发展的第一个高峰时期。政治上，宋孝宗于绍兴三十二年继位，在位二十七年，英毅有为，虚怀纳谏，锐意恢复，重用忠臣，训练军实，整饬装备，力图报社稷颠覆之仇。不过，他的个性优柔寡断，于贤者轻为进退，于宵小则曲为包容，以致曾龙、汤尹等潜嘘邪说，终梗党议，以致众君子苦口争之而不足，又有数小人阴沮抑之而有余。最后，终因符离之役兵败而雄心顿销。思想上，理学发展到南宋，繁荣鼎盛，趋于成熟。乾淳年间，活跃在思想界的首推朱熹，还有开创金华学派的吕祖谦，陆学代表人陆九渊和陆九龄兄弟，及永嘉学派领袖叶适以及湖湘学派思想家张栻和胡宏等人。这些理学家大开讲席，广收门徒，网罗古今，融会贯通，体现出集大成的气派，建立起道的体系。文学上，乾淳年间创作成就突出，被人们誉为“中兴时期”。这段时间，既有四大家闻记博洽，转益多师，自创新体，江西诗派前期积累的创作方法如避俗、出奇、翻新等以及关于诗法的讨论推动此期文学快速发展，熔铸成了多样的文学风格。如杨万里曾称“自隆兴以来以诗名者：林谦之、范至能、陆务观、尤延之、萧东夫；近时后进，有张镃功父、赵蕃昌父、刘翰武子、黄景说严老、徐似道渊子、项安世平甫、巩丰仲至、姜夔尧章、徐贺恭仲、汪经仲权”①，方回也称：“宋中兴以来，言治必曰乾、淳，言诗必曰尤、杨、范、陆。”②此外，宋室南渡引发的动乱和迁变导致士人心态发生内转，这些因素对于南宋诗歌风格、题材和主题等方面产生的影响也不容忽视。

赵蕃与韩淲登上诗坛之时，江西诗派已发展至后期。从两人的创作风格和创作主张来看，分别对江西诗派有所继承与发展，对此，宋末不少诗人也已给予关注，并充分肯定他们在江西诗派发展中的地位，认为他们继曾几之后推动了江西诗派的发展。如谢枋得云：“诗有江西派而文清昌之，传至章泉、涧泉二先生，诗与道俱隆。自二先生没，中原文

---

① （宋）魏庆之编《诗人玉屑》卷2，上海古籍出版社，1978年，第14页。

② （元）方回《跋遂初尤先生尚书诗》，《桐江集》卷3，《续修四库全书》，第1322册，第414页。

献无足证，江西气脉将间断矣。"[①]宋末元初方回也表达过类似的观点，如其《次韵赠上饶郑圣予沂》诗前小序称："上饶自南渡以来，寓公曾茶山得吕紫微诗法，传至嘉定中赵章泉、韩涧泉，正脉不绝。"其诗亦云："郑里茶山乃诗祖，继之章涧两泉吟。"[②]方回将两人列入宋代诗人学杜一派，以此来确立他们在江西诗派的地位，认为他们继"中兴四大家"之后成为江西诗派代表诗人，"宋苏、梅、欧、苏、王介甫、黄、陈、晁、张、僧道潜、觉范以至南渡吕居仁、陈去非、尤、杨、范、陆、亦老杜之派也。是派至韩南涧父子、赵章泉而止"[③]。

赵蕃和韩淲在当时诗名较高，与江西诗派其他诗人、江湖诗派诗人有着较密切的联系。同时，从两人的学术思想来看，都受到理学很深影响，赵蕃先后师从著名理学家刘清之、朱熹，韩淲四世祖韩维、韩缜、韩绛等与程颐、程颢等交好，韩淲父韩元吉之女嫁吕祖谦，与吕氏家族为姻亲。从两人家世与家族发展来看，赵蕃祖籍郑州管城，南渡后始流寓信州。刘宰《章泉赵先生墓表》称："其先自杭徙汴，由汴而郑，南渡居信之玉山。曾祖旸，朝散大夫、直龙图阁，提举江州太平观。……龙图殁，葬玉山之章泉，先生因家焉，故世号章泉先生。"[④]韩淲五世祖韩亿中进士登上仕途，政绩出色，真宗、神宗两朝深受皇帝信任和器重，先后为同知枢密院事、参知政事、太子少傅，累赠太师、尚书令兼中书令，追封陈国公[⑤]。另外，从两人存世的作品来说，赵蕃现存《武英殿聚珍版丛书》本《乾道稿》一卷(上、下)、《淳熙稿》二十卷、《章泉稿》五卷，三集共收诗3231首，皆为清四库馆臣辑自《永乐大典》。另有馆臣漏辑之诗16首，栾贵明辑入《四库辑本别集拾遗》。韩淲现存《武英殿聚珍版丛书》本

---

① (宋)谢枋得《萧冰崖诗卷跋》,《叠山集》卷3,文渊阁《四库全书》,第1184册,第886页。

② (元)方回《次韵赠上饶郑圣予沂并序》,《桐江续集》卷15,文渊阁《四库全书》,第1193册,第402页。

③ (元)方回《恢大山西山小稿序》,《桐江续集》卷33,文渊阁《四库全书》,第1193册,第683页。

④ (宋)刘宰《漫塘文集》卷32,文渊阁《四库全书》,第1170册,第729页。

⑤ (宋)李清臣《韩太保惟忠墓表》,杜大珪编《新刊名臣碑传琬琰之集》,第2册,台北文海出版社,1969年,第989页。

《涧泉集》二十卷，共收诗 2614 首，乃四库馆臣辑自《永乐大典》，另有馆臣漏辑之诗 9 首，栾贵明辑入《四库辑本别集拾遗》。韩淲另有《涧泉诗余》一卷和《涧泉日记》三卷。傅璇琮、倪其心等主编《全宋诗》收赵蕃诗二十七卷，收韩淲诗十九卷。赵蕃与韩淲存世之诗作，相比与他们同时的作家，如徐玑二卷，徐照三卷，翁卷二卷，赵师秀二卷，叶适三卷，张镃十卷，戴复古八卷，刘过十卷，敖陶孙五卷，两人的作品数量实属惊人。

对于“二泉”的探讨，无论是从创作艺术着眼，还是从创作思想深入，以及围绕与他们相关的议题展开研究，都将推动南宋文学研究视域的深入。历来关于唐宋诗歌的研究，世人称道唐诗者多，称道宋诗者少。世人论诗，常轻薄唐以后诗不足道，评议诗至于宋便衰颓至极。特别是到了明代，前后七子标榜“文必秦汉，诗必盛唐”，宋诗更是备受冷落。吴之振《宋诗钞・序》称：“自嘉、隆以还，言诗者尊唐而黜宋。宋人集，覆瓿糊壁，弃之若不克尽，故今日搜购最难得。黜宋诗者曰‘腐’，此未见宋诗也。宋人之诗，变化于唐，而出其所自得，皮毛落尽，精神独存。不知者或以为‘腐’。后人无识，倦于讲求，喜其说之省事，而地位高也，则群奉‘腐’之一字，以废全宋之诗。故今之黜宋者，皆未见宋诗者也。”①作为宗宋派的吴之振固然有回护宋诗的一面，但由其所述，也可见一些人鄙薄宋诗带有主观片面性，他们并未真正接触宋诗和了解宋诗，也并不理解宋诗的创作特点，他们对宋诗的批评存在以偏概全、因人废言的现象。以存诗数量和进行创作的诗人为例，相比唐诗，世人要真正了解和理解宋诗，难度更大。《全唐诗》录诗人 2200 多人，仅有诗 48900 余首。而宋诗，仅就选集而言，《御定四朝诗录》已收宋代诗人 882 家，厉鹗《宋诗纪事》更广至 3800 余家，经陆心源补遗，复又辑入数百人，尚且还有不少佚漏者。再就宋诗研究涉及的对象来说，当前研究的作品作家范围还比较窄，面上的开拓还不够。

台湾学者张高评《宋诗研究选题举例》论及宋诗研究，认为可从三类选题推进：(一) 作家作品之文本研究；(二) 宋诗与宋代文化之整合

① (清)吴之振、吕留良、吴自牧选，(清)管庭芬、蒋光煦补《宋诗钞》，中华书局，1986 年，第 3 页。

讨论;(三) 诗话笔记题跋文集之诗评诗论①。陶文鹏也曾撰文呼吁学界加强对于大作家研究薄弱环节推进的同时,要加强被忽视的大批中小作家单个或综合的研究②。两位学者之言皆说明了同一个问题,文学史不仅是文学大家的历史,也由若干个作家共同构成浩瀚汪洋、璀灿夺目的洪流。对于宋诗研究来说,尤其应该引起注意,因为有宋一代不但作品数量繁多,诗体繁杂,加上师承与诗法参伍变化、因革难考,以及宋代作家与作品资料特别丰富,存护亦难周全。在这种背景下,如若评论者又不能尽读宋人诗集,那么对于所谓宋诗流变,就只能仅凭一隅以窥全貌。

姑以江西诗派为例,现存世作品已无完帙,《直斋书录解题》及《文献通考》谓其正集有一百七十三卷、续集十三卷,《宋史》亦著录"江西宗派诗集"一百一十五卷,续集二卷,存诗不可谓不富。世人欲考其风格及宋史陈录参差之故不可得。至于零本单行,如韩驹《陵阳集》、饶节《倚松集》等,亦皆残剟之遗,其足本如陈氏录五十卷《陵阳集》,《宋志》载十四卷《倚松集》。另外,夏均父、高荷之篇章十之仅存一、二,王直方诗绝少,何颙、潘大观有姓名无诗。江西诗派乃宋诗一大宗,尚且如此,其他各家各派诗人卷帙存佚情况更可想而知③。

对江西诗派的研究,历代学人虽用力颇勤,但也存在用力不均现象。自北宋末年黄、陈二人开江西诗派风气之先以来,这个诗派对南宋直至清末民初诗坛皆产生较为深远的影响。因此,历代学人一直对江西诗派都颇为关注。不过,经过对其研究状况进行梳理,却不难发现:研究成果主要集中于江西诗宗如黄庭坚、二陈、吕本中、曾几这些大家,而对诗派其余诗人关注远远不够。同时,人们关于江西诗派的研究,对于诗人的创作技法、创作渊源和创作风格及其变化探讨比较多,对诗派发展的影响和成就的探讨也不少,但是却忽略了一个重要问题,即自诗派诞生之日起,即为人诟病的相伴相随的江西诗派"末流之弊",究竟指的是什么?江西诗派的"末流之弊"是怎样产生的?江西诗派的"末流

① 张高评著《宋诗特色研究》,长春出版社,2002年,第438页。
② 陶文鹏著《唐宋诗美学与艺术论》,南开大学出版社,2003年,第273页。
③ 龚鹏程著《江西诗社宗派研究》,台湾文史哲出版社,1983年,第24页。

之弊”在创作上有什么艺术特征？江西诗派的“末流之弊”对于诗派发展究竟产生了怎样的影响？目前学术界关于这方面的探讨和研究还比较缺乏。

研究“二泉”，以赵蕃和韩淲作为研究对象，无论研究对象还是研究范围都比较明确，这既是基于本人现有知识结构、学术素养和研究实践所作出的理性选择，使本人能够在研究中发挥长处，使本课题尽量达到完善。同时，对于漫长的学术生涯来说，这种类型的学术训练也将具有非常重要的实际意义。傅璇琮《建议加强专题个案性的研究》曾语重心长的劝诫年青学者，对于文学现象的综合研究固然重要，但作为一个有志于长期从事宋代文学研究的年轻学者，不能忽视个体研究的重要性，他说：“对文化，宏观的把握、规律性的探索，固然重要，但基础则是个体性的研究。对我们的传统文化来说，这种个体性研究，比较实际的，则是专书研究。我一向认为，专书的研究，实际上是对研究者功力的一种考验，也是我们整个研究的不可或缺的支撑。如果我们对古代若干种有代表性的专著分别做专题性研究，就会使我们整个研究基础较前更为扎实，也会使年轻的研究者得到谨严学风的熏陶。”①

研究“二泉”，将立足于他们存世的作品，综合考证其生平，了解他们的生活和时代，同时用诗歌揭示他们的心灵和人格，反映他们在当时和后世的影响，在研究过程中，将充分考虑研究对象的性质，并据此决定研究范畴和研究方法。经过仔细分析“二泉”现存文献资料，发现两人具有如下特点：其一，存世作品以诗或词为主；其二，作品和相关文献均散佚较严重。故研究过程中将以赵蕃和韩淲两位作家为中心，立足他们的作品进行文本分析，不但考虑“二泉”的共性，又总结和区别其成就及特色。既有个案研究，如对“二泉”的文学研究；也有群体研究，如对“二泉”的交游、思想研究，体现其地域特色，钩稽他们与江西其他诗人和江湖诗人的关系，从他们与当时诗人的交游等方面揭示其品格与人生追求。如，研究赵蕃突出其与江西诗派的关系和理学思想、交游。对于他的诗学研究，注意揭示他诗学陶渊明、贾岛及姚合的特色。又如，研究韩淲侧重于突出其家族特色与文学成就。作为元祐故家之后，

① 傅璇琮《建议加强专题个案性的研究》，《中国文化研究》2002年春之卷。

韩淲先祖韩亿、韩维、韩绛、韩缜及其父韩元吉在政治、文学和思想领域产生过一些影响，这个家族有许多方面值得深入研究，不过，目前学界重视还远远不够。关于韩淲的文学研究，则着眼于他的文学作品虽不失江西诗风，但从总体上表现出与赵蕃不一样的风格，甚至表现出与江湖诗风有颇多相似之处，这些都将在具体的研究中进行仔细分析。

对于"二泉"的研究，将分为五个部分展开，本着知其人，论其世，扬弃陈言、强调发明的原则，探讨两位作家文学风格的变迁，以及一个诗派、一个时代诗风和士风的嬗变，甚至宋代社会、政治、思想、文学发展的源流正变、消长离合。在研究过程中，将以"二泉"存世的作品及其他文献为主要依据，再现他们的生活与面貌，探讨他们各方面的成就，反映他们所处的时代特征，揭示他们的心灵、人格、影响及贡献。在研究过程中，从研究对象出发，把握时代发展脉络，综合使用如下方法：一、以文学研究为主，分别对两位作家进行个案研究，同时也包括南宋文学研究、江西诗派研究、江西信州地域文学研究。值得注意的是，对任何一位作家或一个文学群体的研究，我们都无法用一种孤立的眼光看待，而应该全面审视他们与其他时期的文学之间、与前辈作家之间相似、相承或相反等关系。就"二泉"而言，他们虽未达到江西诗派"一祖三宗"和吕本中、曾几等人的理论建树与创作成就，但从两人的作品中，可以看到他们与其他作家的交游与师承渊源，可以看到他们的独创性、超越性，以及他们创作中所蕴含的地域化和个体化特性。二、展开地域研究、思想研究、家族研究等方面研究。每一位作家和他所处的时代都不可避免会受到特定地域、特定群体、特定思潮的影响，任何时候都不存在单纯的文学研究。很多时候，我们所探讨的文学主题与历史、美学、社会学、政治学和经济学、哲学都存在密不可分的联系。如宋代诗学的传承和开拓，在本课题的研究中也将得到展现。如从南宋之江西诗学上溯至北宋的江西诗派，以此对江西诗派进行宏观探讨，藉此厘清与确定宋诗之特色、价值与地位。在写作过程中，对文化意识的产生与相关边缘学科的关系也进行了关注。研究中，既运用传统的文学研究、思想研究、地域研究、家族研究和文化研究，又采用接受美学、比较文学、计量统计和西方解释学等新方法。既进行文学批评，也有许多考证，综合共时研究和历时研究的角度，层层深入剖析。在研究过程中，力求还原人物的本真状态及作品真实的文学性、思想性与其艺术成就，以实现对人物和作品的客观评价、对宋诗与宋文化关系的考察。这主要体现在如下两方面：一是梳理宋诗与宋代理学思潮的关系，主要是弄清理学对宋诗可能存在的影响，及宋诗对这种思潮的反应与接受。二是探究宋诗与宋代文化意识的关系，如士人心态、隐逸风尚、经世思想、新旧党争、养心探道诸选题，由此，宋诗之社会意识得以考见。同时，对于地域文化、家族传承与文学、诗派的关系，亦将有所涉及与探讨。宋代诗歌美学讲求相反相成，双向对峙，研究中还将涉及到形神、言意、文质、巧拙、虚实、情景、雅俗、理趣等艺术辨证选题，以有助于宋代诗学及诗作之精确认知。就风格论而言，亦可由诗话序跋勾勒作家风格、作品风格、诗派风格、文体风格，乃至于地域风格、时代风格。此外，典范选择、江西诗法在本研究中，皆有探论。

研究"二泉"，选取的五个角度，时间跨度并不大，就研究方法而言，主要以他们存世的诗作及其他文献为依据，以小见大，再现他们的生活、成就、心灵、人格和思想，反映他们所处时代的政治、文化和思想的风云变幻。这些工作主要是一些比较基础的研究。在研究过程中，将本着科学求实的态度，立足文本，有一分材料说一分话，有三分材料说三分话，将对文献的校勘和考据工作与对作品和文学思潮的文学批评等方法相结合，对"二泉"的人生、诗歌、思想、品格和接受史进行较为全面的考察。就研究范围来说，论文研究对象虽然是两位作家，但研究过程中所探讨的内容实已超越了他们本身，既包括对作品的文学分析，又兼有地域研究、家族研究、思想研究及历史研究，涉及到中国文学史、中国文学批评史、中国学术史、中国思想史和中国历史以及西方接受美学等多门学科，把作家们置身于复杂而变迁的历史和文化背景下进行较宏观的把握，形成一种对南宋中后期文学、思想、士人心态与历史发展等全方位、多角度的综合研究，从多方面努力完善此项研究。

随着对"二泉"研究的深入与推进，将主要解决如下几个问题：

一、开拓宋诗研究的新领域。赵蕃和韩淲虽然在名家辈出、群星熠灿的宋代诗坛称不上一流诗人，但他们不乏鲜明特色。随着对他们研究的深入，将使学界把注目焦点引入到当前研究较少的活跃于南宋中后期的众多诗人及其群体。从宋诗发展的历史现况来看，南宋中后期涌现的一批中小作家，不论是人数，还是作品数量，所占分量都相当大。将他们纳入研究视野，对他们进行研究，无论是开拓选题，还是深化对宋诗的认识，对于学界来说，还大有可为之处。张高评谈及自己治宋诗的经历曾称：宋代诗人大约九千余家，有诗集传世者在六百家以上，十余年来学界研究的对象还不足百家，尚有五百余家诗集乏人问津。无论版本校注、章句点读、作品系年，乃至诗风、诗类、诗思、诗艺，以及诗歌价值、作家地位，都未作任何开发探讨之诗集，可谓所在多有，触处皆是。宋诗无疑是一座资源遍布无限的园林，宝藏蕴含丰富的矿区，不穿之凿之则宝不出，不开发利用则暴殄天物[①]。诚如他所说，的确道出了对于当前尚未引起关注的宋代一大批诗人研究的价值所在。因此，对于如赵蕃和韩淲这样活跃于南宋诗坛的诗人研究，无疑将陆陆续续打开一扇扇通往今人研究视域之外的宋诗研究的大门，这将具有非常重要的文学史意义，同时，对研究者来说也是一个具有无穷吸引力的课题，令人期待。

二、探讨江西诗派流变。从南宋末年起，世人一般都将赵蕃和韩淲视为江西宗派自曾几之后至方回之间这段过渡时期的代表诗人。此时，人们对江西诗派毁誉参半，批判和非议越来越多，江湖诗派在诗坛的影响越来越大。从“二泉”的作品来看，他们在创作上既延续了前期江西诗派的风格，也体现出从江西诗派向江湖诗派过渡的特征。不过，这个过渡时期，并不是骤变，而是经历了一个量变的过程。关于这一点，莫砺锋《江西诗派研究》探讨南宋江西诗人时论述赵蕃、韩淲在南宋中后期诗坛的地位时曾称：“后期的江西派与四灵派之间并没有一道截然的鸿沟，从江西派到四灵派，诗坛风气是逐渐演变的。”[②]因此，在研究过程中，对“二泉”及其诗歌在这个变化过程中的诗学表现与诗学地位的尽力还原和充分发掘将具有重要意义。

三、展示宋代诗人的文化品格。“二泉”生活在宋孝宗、光宗、宁宗和理宗时期，这个历史时期理学思想逐渐形成规模，党争与理学纠结在一起所引发的政局变动对诗风走向、社会风尚及文人心态产生了较大

① 张高评著《宋诗特色研究》，长春出版社，2002 年，第 438 页。

② 莫砺锋著《江西诗派研究》，齐鲁书社，1986 年，第 182 页。

的影响。以“二泉”为例,他们历来以注重自己的品格和操守著称于世。两人皆向往和追求隐逸生活,主动退避和远离政治中心。赵蕃年近五十犹师从朱熹,其内心深受理学影响。韩淲则深受父亲韩元吉影响,不但与理学世家多有交游,对庄玄易学的浸染亦深。“二泉”生活的时代,虽没有出现较大的政治动乱,但政局亦动荡不安,如韩侂胄和赵汝愚的权力斗争趋于白热化,韩侂胄禁黜理学,朱熹受到种种不公正对待。作为元祐名臣韩亿之后,韩淲之父韩元吉在当时政治、文化、思想等领域仍享有一定的地位和荣誉。上述种种因素综合起来,对于“二泉”的生活、创作和思想等方面都不可避免地将产生一定影响,对于这些因素如何关注,以便使研究更为深入,不容忽视。

作为南宋中后期江西诗派的代表,“二泉”受到当时不少诗人和诗评家的极力推崇,其中最为突出的是方回,不但将两人续入“江西诗派”,而且于《瀛奎律髓》多次选评其诗,在《桐江集》《桐江续集》亦多次论及他们在南宋诗坛和江西诗派的地位。然而,令人颇为不解的是,方回以后,明清时期对“二泉”关注者极少。直至民国时,梁昆才对“二泉”进行较全面的研究。首先,充分肯定“二泉”在江西诗派之地位。其《宋诗派别论》论及江西诗派发展分为四个阶段,又将长期为人忽视的“二泉”列入诗派的第四阶段。他认为诗派此期的代表是“南塘二赵”与“上饶二泉”,“至于‘二泉’,尚有篇什流传可见,诚足代表江西派之第四期”①。其次,认为“二泉”上继尤、杨、范、陆、萧五子,而为当时江西派盟主。梁昆引刘克庄《寄赵昌父》《寄韩仲止》两诗为例,把“二泉”视为江西诗派第四期代表,分析其原因主要是两人的师承和家学与江西派第二期和第三期的代表颇有渊源。考曾几尝侨居上饶茶山寺,而“二泉”皆隶籍上饶,故“二泉”诗之为江西体,其来有自。如赵蕃,为吉之太和簿时,受知于杨万里;论诗,他遵用曾几、吕本中之意。又如韩淲,有很深的家学渊源,其父韩元吉与曾几、陆游唱和很多。韩淲本人亦极推崇吕本中,其《涧泉日记》云:“渡江南来吕舍人居仁议论文章,字字皆是中原诸老一二百年酝酿相传者,不可不讽味。”第三,指出“二泉”与理学诗派的渊源关系。江西诗派的代表,无论是早期的黄庭坚、陈师道,还是末期的方回、

① 梁昆著《宋诗派别论》,东昇出版事业有限公司,1980年,第101页。

刘辰翁诸人，多数诗人的立身之学出自理学大家：如吕本中家世精理，其本出于杨时；如曾几出于胡文定，陆游、萧千岩出自曾几，尤袤出自喻樗，赵蕃、韩淲并出自刘清江，而赵蕃又问学于朱熹，刘辰翁出自陆象山，方回独尊朱熹。最后，梁昆还对“二泉”的文学成就进行比较。梁昆认为，两人作品的艺术风格，涧泉于瘦淡中自有温粹，章泉则多老干枯枝，无复余味。他评价韩淲诗艺出于赵蕃之上，这一点还是比较客观的。

梁昆之后，学界关于“二泉”的研究以综合研究占多，比较有影响的研究成果，如龚鹏程《江西诗社宗派研究》肯定赵蕃、韩淲皆为江西后劲，其书分析江西诗社宗派图之内容尝引《宋元学案》卷五九云：“乾淳间，薛季宣、陈君举尤工；至四灵虽尝游水心之门，而无得于其学。故是时学道而工诗者惟先生（指赵蕃），大江以南推二泉，其一谓韩涧泉也。”除了明确指出章泉赵蕃、涧泉韩淲皆为江西后劲，又称两人兼擅诗与道学，正犹刘克庄受业于真西山，而复为江西也。只是其列举江西诗社宗派事迹于简表中只列入赵蕃而无韩淲，“绍兴十三年癸亥 1143，赵蕃生”，“绍定二年己丑 1229，赵蕃卒，年八七”。

国内较早关注到“二泉”并对其诗学渊源与艺术成就进行较为全面研究者是莫砺锋，其《江西诗派研究》论南宋江西诗人列专节对“二泉”进行研究，其研究成果主要有四点。一，探讨“二泉”的诗学渊源。评价赵蕃意欲学黄而未能臻其妙境，因而更喜欢仿效陈师道的朴拙风格，“体格略似后山”①。他认为赵蕃学陈师道诗作为数不少，诚如方回所说“欲诣彭城陈正字，须参南岳赵章泉”②。但是，赵蕃学陈模仿者多，艺术上创新较少。吕本中和曾几轻快、活泼的创作风格对赵蕃的影响相对而言更多一些。韩淲则朝着用词清丽、声调和婉、清新俊逸的诗风而努力，其诗呈现的艺术风格与吕本中、曾几诗风比较接近。从受吕本中、曾几的诗学影响来看，在这方面韩淲与赵蕃比较相似。二，评价两人的诗风。他认为赵蕃诗语言简朴，章法平直，多接近于陈师道诗风。

① （清）纪昀语，方回选，李庆甲校《瀛奎律髓》卷 17，上海古籍出版社，2005 年，第 688 页。

② （元）方回《杂书五首》（五），《桐江续集》卷 20，文渊阁《四库全书》，第 1193 册，第 473 页。

而韩淲，由于年少于赵蕃，其登上诗坛之时，江西诗派的影响更为削弱，而“四灵”和江湖诗派的诗渐渐风行，“二泉”与“四灵派”诗人关系都很密切，韩淲的诗歌艺术风格与“四灵”有许多相近之处。韩淲创作五言律诗，善于描写纤细之景，刻划入微，字句精丽，不过，也产生了诗境狭小、有句无篇的缺失。三，比较“二泉”的诗歌艺术成就。他认为，韩淲集中佳作较多，风格较为多样，在当时诗名虽不如赵蕃盛，但创作实绩不在赵蕃之下。最后，他认为研究“二泉”的意义，特别是就韩淲诗风演变而言，“后期的江西派与四灵派之间并没有一道截然的鸿沟，从江西派到四灵派，诗坛风气是逐渐演变的”。

张宏生著《江湖诗派研究》较为全面地探讨了“二泉”与晚唐体、江湖诗人的关系。该书研究南宋诗人对晚唐体的价值体认，即以“二泉”精选《唐诗绝句》这个选本为例展开研究。他评价这是一个中晚唐七言绝句选本，并以此为据推究南宋江西诗人和北宋江西诗人之差别，南宋诗人对晚唐诗已不持激烈反对的态度。他认为方回出于延续江西诗派的需要，把“二泉”地位抬到很高的地位，但从创作实际来看，“二泉”已自觉或不自觉的浸染了晚唐格调，从赵蕃诗作来看，就已具备江湖诗派的一些风格。因此，这个选本体现了南宋江西诗派对晚唐诗的认识。如盛唐七绝大家王昌龄仅选诗二首，而中唐以后刘禹锡、杜牧、李商隐等人则选诗较多，特别是选刘禹锡诗多达十四首，就表现出很明显的诗学目的。《唐诗绝句》由谢枋得笺注，卷首载谢序，称此选本“微言绪论，关世道，系天运者甚众”，推重风雅比兴，大致反映了南宋江西诗人对晚唐诗的看法。他研究南宋江西诗人学习晚唐体，从艺术上、思想上对晚唐诗进行体认，具有主动性，这种分析无疑较为客观，且具有说服力。另外，张宏生该书附录《〈江湖集〉编者陈起交游考》一文，其中考述了陈起与赵蕃的交游。

吕肖奂《宋诗体派论》论述江西诗派的变调，提及杨万里《江西续派二曾居士诗序》将曾纮、曾思父子续入江西诗派，称其为江西续派。同时，她又指出方回将赵蕃和韩淲两人也续入江西诗派。詹杭伦《方回的唐宋律诗学》研究方回评论宋代各种体派的诗人，专门探讨了方回对“二泉”的评论，认为两人皆属江西诗派后劲，文中列举方回《瀛奎律髓》《桐江集》等诗选和文集中讨论“二泉”诗歌艺术风格和诗学渊源的大量文字为例。

关于“二泉”的文献研究，郭绍虞考证赵蕃之《诗法》云：“《诗法》，不知卷数，赵蕃撰，佚。”并作按语云：“昔人不言蕃有《诗法》，魏庆之《诗人玉屑》引其语甚多，但不言有《诗法》。惟蔡正孙《诗林广记》论王维《南山遣兴》诗中‘水穷云起’一联与杜甫《江亭》‘诗水流云’在一联，谓出自赵蕃《诗法》。案：章泉有《诗法诗》，见《诗人玉屑》。是否章泉别有《诗法》之著，不可考知，姑志于此。”①他又引述《玉林诗话》关于韩淲的记载，称其有三诗《所以桃源人》《所以鹿门人》《所以商山人》，盖绝笔之作。并称戴复古《哭诗》有所谓“凄凉绝笔篇，可并史书传”者即此也，赵蕃曾为之作跋。他还考述赵蕃事两则。其一为《戴石屏三则》之中一则，引赵蕃所云：“学诗者莫不以杜为师，然能如师者鲜矣。句或有似之，而篇之全似者绝难得。陈后山《寄外舅郭大夫》：‘巴蜀通归使，妻孥定居。深知报消息，不忍问何如。身健何妨远，情亲未肯疏。功名欺老病，泪尽数行书。’此陈之全篇似杜者也。戴式之亦有《思家》用陈韵云：‘湖海三年客，妻孥四壁居。饥寒应不免，疾病又何如。日夜思归切，平生作计疏。愁来仍酒醒，不忍读家书。’此式之全篇似陈者也。赵蹈中所选，乃不在数，何耶？”②另一则是《刘溪翁》，刘溪翁作《题韩府诗》，赵蕃为之作跋云：“何人咏出韩家府，是我建阳刘叔通。尽道唐人工乐府，罕能褒贬似渠工。”又云：“谁咏韩家府？建阳刘叔通。是为闻以戒，斯可谓之风。妄矣彼侘胄，哀哉吾魏公。向来歌颂者，岂但剧秦雄。”③郭绍虞还进一步考证赵蕃此诗约作于嘉定初年。祝尚书《宋人别集叙录》考述“二泉”诗集的版本流传情况，正文第一章、第二章将进行深入分析，兹不赘述。查屏球《和刻本胡次焱〈赘笺唐诗绝句选〉之渊源与文献价值》通过考察日本内阁书库、东洋文库和立命馆大学图书馆有关“二泉”选、谢枋得注《唐诗绝句》的藏本，对该选本的版本刊刻、流传情况进行较为全面的考述④。

---

① 郭绍虞著《宋诗话考》，中华书局，1979 年，第 215 页。

② 郭绍虞辑《宋诗话辑佚》，中华书局，1980 年，第 504 页。

③ 郭绍虞辑《宋诗话辑佚》，第 507 页。

④ 查屏球《和刻本胡次焱〈赘笺唐诗绝句选〉之渊源与文献价值》，《中国典籍与文化》2007 年第 3 期。

除了学术论著，刘大杰《中国文学发展史》论宋代诗谈到"嘉定以降，江西诗渐为人所厌，而有四灵派的兴起，但当日称为'二赵'的赵汝谠、汝谈兄弟，以及'二泉'的赵章泉、韩涧泉，仍守着江西诗派的藩篱，在诗坛上也还有相当的力量"①。明确了"二泉"作为江西诗派的成员，在诗坛产生了较大的影响。袁行霈主编的《中国文学史》探讨宋代文学，论述江西诗派与两宋之际的诗歌时亦论及"二泉"，"由于黄庭坚的深远影响，这个流派一直延续到南宋，吕本中、曾几、赵蕃、韩淲等人也被看作诗派中人"②，也认定"二泉"是江西诗派中人。

今人的诗歌选本，陈永正编《江西派诗选注》选录"二泉"诗，称赵蕃推崇山谷、后山，力学黄陈诗风，其诗"能瘦能淡，能不拘对，又能变化而活动"③。曾子鲁、胡迎建和熊盛元选注《江西古文精华丛书》(诗词卷)分别选赵蕃《严先辈诗送红梅次韵》和韩淲《风雨中诵潘邠老诗》。

以上介绍了学术著作、文学史与诗选关于"二泉"的综合研究，今人研究"二泉"的学术论文，如复旦大学孔妮妮博士论文《南宋的学术与诗歌流变》论及南宋理学发展对诗歌创作的影响，对陶韦诗风的理学阐释与重新熔铸进行探讨，其中论及"二泉"之诗，用到"秋之静寂"这四个字来形容。她首先指出，"二泉"在乾、淳之后的诗坛，深受理学思想影响，而又工诗，是当时诗人中的翘楚，堪称乾、淳后"近道"的诗人典范。她对"二泉"与刘清之、朱熹的关系，两人所受理学的影响，尚隐的情结，及对陶韦诗风的推崇也有所论及。她还将"二泉"与朱松的诗作进行比较，评价朱松作诗意气高昂，而"二泉"诗却象一曲秋之悲歌，她认为"不具有热血丹心、凌云壮志而只想隐逸山林，一味追寻'孔颜乐处'的人必然无法领悟朱松诗歌萧散背后之真意。这便是同样提倡萧散淡逸，但朱松与'二泉'诗歌却具有本质不同的关键所在"。她分析"二泉"诗风形成背后之深层原因是南渡之后理学逐步内敛，在诗歌创作中所导致的必然反映，这个结论虽有一定的道理，却不是全部的原因所在。

花志红近年来分别对"二泉"的诗歌理论、创作内容、题材、风格进

① 刘大杰撰《中国文学发展史》，上海古籍出版社，1982年，第690页。

② 袁行霈主编《中国文学史》，高等教育出版社，2002年，第96页。

③ 陈永正选注《江西派诗选注》，中山大学出版社，1985年，第333页。

行了探讨，相继发表《从〈瀛奎律髓〉看“上饶二泉”与江西诗派的关系》《“上饶二泉”笔下的田园》《“上饶二泉”其人其诗简析》等论文。其《从〈瀛奎律髓〉看“上饶二泉”与江西诗派的关系》认为方回评赵蕃和韩淲诗以陈师道作为参照，指出两人与陈师道在诗学上的渊源关系。并联系江西诗派诗学以“格”为标准、对古淡诗风的标举及其他创作技法，分析“二泉”诗作，评价方回赞赏赵蕃和韩淲之原因在于他本人对江西诗派的崇尚①。值得注意的是赵蕃作诗无疑以陈师道为宗，但如其文所称韩淲亦取法陈师道诗却还有待商榷。

学界有关“二泉”的个案研究，对赵蕃研究较早较多的是钱锺书，其《谈艺录》虽对“二泉”爱用虚字、爱“以诗为道学”的写作特点进行了关注，但研究重点主要集中于研究赵蕃。如他引冯舒之语批评赵蕃诗，“谓山谷可为少陵看门，后山为之扫地，简斋则可使捧茶；昌甫诗甚拙劣，不中为黄、陈、韩、吕作奴仆”。并进一步指出方回尊崇江西派诗，其深层次的目的是借道学自重。方回力推赵蕃，视赵蕃为江西宗派嫡传，如其《贾丈用昂字韵作诗中有见及复用韵奉呈并简徐谢二丈》曰：“我亦漫窥墙。”《以旧诗寄投谢昌国三首》曰：“小子愧云仍。”《病卧闻益卿未行不能晤语成四十字》又曰：“江西我滥名。”究其原因是赵蕃曾师从朱熹，而方回与朱熹既为同乡，又是朱子之学的继承者，故钱锺书批评方回“欲依傍门户，身兼诗人与道学家，东食西宿，进退狼狈，遂至贻笑大方”②。从文中可见，钱先生研究赵蕃，其最终目的是指向方回，批评方回。

李剑锋《元前陶渊明接受史》研究江西诗派对陶渊明的接受。书中分析赵蕃学陶的主要表现：其一，善于连续运用不同的陶渊明典故，如《连雨独饮偶书四首》之三；其二，常暗用陶诗句式，如《连雨独饮偶书四首》；其三，有许多次韵、追和陶渊明之诗，如《和陶咏贫士七首》(五)；其四，从总体风貌上借鉴陶渊明诗文，如刘克庄云：“近岁诗人，惟赵章泉

---

① 花志红《从〈瀛奎律髓〉看“上饶二泉”与江西诗派的关系》，《文教资料》2006年11月号下旬刊。

② 钱锺书著《谈艺录》(补订本)，中华书局，1984年，第406页。

五言有陶、阮意。”①不过，书中也认为赵蕃学陶成就不高，分析其原因在于赵蕃学陶大多囿于陶诗原来的意趣，语言又不能生新，只知一味平易，因此并不成功。他还以赵蕃和陶诗为例，证明其作诗只知袭用陶诗的创作形式，或泥于陶诗的点滴意趣，寄于陶诗篱下，以致消融了自我的个性而毫无发明②。

关于韩淲的个案研究，主要有研究韩淲词的成果，如邱昌员《两宋江西词发展及其贡献的定量分析》将韩淲与其父韩元吉一起称为“家族式词人”。并根据《全宋词》《全宋词补辑》，统计有姓氏可考、有作品留存、占籍明确的江西词人 190 人和存名不存词者 5 人，又统计出存词 40 首以上的 29 人，韩淲存词 197 首，被列入 29 人之中。他认为韩淲作品虽多而影响小、地位低，属于不被关注的词人。他评价南宋江西词人学辛宗姜之外，还有一部分江西词人崇尚平易浅近、清疏恬淡之美。即以韩淲为例，称其以“活法”入词，取材于日常生活和山水田园风光，多抒写闲适生活意趣和隐居情怀，偶尔寄托身世感慨，但极少慨叹时事，他称这类词人风格闲逸，写作特色平易浅近、清疏恬淡③。陈中群《涧泉词初探》称韩淲乃南宋隐逸词人，认为韩淲除创作少数爱国词外，多数作品是抒写隐逸情怀和闲情闲趣的闲适词。她分析韩淲词多选取空灵、清淡的意象，生成清幽淡远的意境，呈现出清淡的艺术风格。认为韩淲创作爱国词与其父韩元吉有很大关联，而创作闲适词则与他出仕短暂即辞官归隐的生活经历有关。文中概括韩淲的词风清淡，用典较少，多用白描。还分析韩淲词作数量可观，但不被人注意的原因在于内容不够丰富，且多用来抒写隐逸情怀，表现闲情、闲趣，以闲适词和应酬词为主④。此外，今人所编宋词选，惟严迪昌选注《唐宋友情词选》韩淲词，但仅选《鹧鸪天・次韵昌甫》和《明月棹孤舟・逢子似清河材市中

① （宋）刘克庄《后村先生大全集》卷 94，《四部丛刊初编》，上海商务印书馆，1936 年，第 276 册，第 812 页。

② 李剑锋著《元前陶渊明接受史》，齐鲁书社，2002 年，第 324、326 - 328 页。

③ 邱昌员《两宋江西词发展及其贡献的定量分析》，《南昌大学学报》（人社版）2003 年第 5 期。

④ 陈中群《涧泉词初探》，《南通纺织职业技术学院学报》（综合版）2006 年第 1 期。

客楼小饮》两首。关于韩淲诗的个案研究，如赵典《从韩淲诗韵看其借、出韵现象的实质》通过考察韩淲古体诗和近体诗的用韵情况，指出韩淲近体诗借、出韵现象是对实际语音的反映，反映了宋代通语音系的特点，特别是表现了宋代江西方音的特点[①]。

综上可见，截至目前，学界对于"二泉"的关注仍然比较少，与他们在当时所处的地位，以及在文学与思想上所具有的研究价值相比，这种研究状况还是很不充分的。为了更进一步弄清楚江西诗派后期的发展脉络和具体情况，使江西诗派的发展与流变面貌变得更为清晰和明确，特别是考察南宋诗坛由学江西至学江湖、学晚唐之风气转变，进一步推进对于"二泉"的研究，是非常重要也是很有必要的。从目前关于"二泉"的研究情况来看，单独对两人进行研究的成果非常少，大多是将他们放置于宋诗或江西诗派发展视野下进行综合研究，这样的研究虽然容易体现他们的地位，但不足以表现他们的创作与思想发展规律与特色，正是基于此，本论文将对"二泉"进行一项全面系统的研究，以补目前研究之不足。惟学识尚浅，缺失疏漏弥多，本人将在往后的研究中努力完善，同时，也将以此为动力，促进自己今后进行更深入、更为扎实与更有价值的研究。

---

① 赵典《从韩淲诗韵看其借、出韵现象的实质》，《南昌大学学报》2001 年第 1 期。

第一章　名臣家世:“上饶二泉”的生平与家世考述

第一节　赵蕃的生平与家世

1. 赵蕃生平简述

赵蕃(1143—1229),字昌父,号章泉先生,其先郑州人,后徙居信州(今江西上饶)玉山。官终直秘阁,追谥文节。赵蕃早年受学于静春先生刘清之,年五十问学于朱熹,与朱熹尺牍往来频繁,相交颇深。赵蕃工于诗,刘克庄称其诗“五言有陶、阮意”①。赵蕃与杨万里乃多年知交,杨万里《题太和主簿赵昌父思隐堂》称:“西昌主簿如禅僧,日餐秋菊嚼春冰。”“劝渠未要思旧隐,且与西窗作好春。”②与赵蕃同时的另一位著名隐逸诗人刘宰曾作《赵章泉赞》称其:“貌恭气和,无月下推敲之势;神清骨耸,非山头瘦苦之容。一笑诗成,万象春风。”③赵蕃生平事迹,见刘宰《章泉赵先生墓表》④,另外,《宋史·张即之传》亦附赵蕃传。其传云:

---

① (宋)刘克庄《瓜圃集序》,《后村先生大全集》卷94,《四部丛刊初编》,第276册,第812页。

② (宋)杨万里《诚斋集》卷15,《四部丛刊初编》,第252册。

③ (宋)刘宰《漫塘文集》卷25,文渊阁《四库全书》,第1170册,第632页。

④ (宋)刘宰《漫塘文集》卷32,文渊阁《四库全书》,第1170册,第729页。

赵蕃字昌父，其先郑州人。建炎初，大父旸以秘书少监出提点坑冶，寓信州之玉山。蕃以旸致仕恩，补州文学。调浮梁尉、连江主薄，皆不赴。为太和主簿，受知于杨万里。调辰州司理参军，与郡守争狱罢，人以蕃为直。始，蕃受学于刘清之，清之守衡州，乃求监安仁赡军酒库，因以卒业。至衡，而清之罢，蕃即丐祠，从清之归。其后真德秀书之《国史》曰："蕃于师友之际盖如此，肯负国乎！"家居连书祠官之考者三十有一。理宗即位，以太社令与刘宰同召，不拜；特改奉议郎，直秘阁，又辞。奉祠，得致仕，转承议郎，依前直秘阁。卒，年八十七。蕃年五十，犹问学于朱熹。既耄，犹虞末路之难，命所居曰难斋。蕃赋性宽平，与人乐易，而刚介不可夺。丞相周必大与蕃契，屡加引荐，蕃竟不受。宰之言曰："文献之家，典刑之彦，岿然独存，犹有以系学者之望者，蕃一人而已。"信州守吴旂乞录其后，诏其子遂补上州文学，遂亦力辞。又诏，以承务郎致仕，与一子恩泽。景定三年，秘阁修撰郑协等请谥，乃谥文节。①

今人所见赵蕃作品主要是诗集，除此之外，《章泉稿》卷五录文两篇，即《截留纲运记》和《重修广信郡学记》（经笔者考证，此文当不属赵蕃所作）。四川大学古籍所整理的《全宋文》于《古书画过眼要录》辑得《门下帖》，从《方是闲居士小稿》卷首辑得《方是闲居士小稿序》，从《石屏诗集》卷末辑得《石屏诗集跋》，从《赤城集》卷一二辑得《台州谢子畅义田续记》，从康熙《广信府志》卷二七辑得《澄心院铭》等五篇文章。笔者另从《诗人玉屑》辑得两则关于赵蕃创作的记录，其一是"陆放翁"条，称转引自《赵章泉梅课》云：

嘉泰壬戌九月，陆放翁梦一故人相语曰："我为莲花博士，镜湖新置官也。我且去矣，君能暂为之乎！月得酒千壶，亦不恶也。"遂以诗记之曰："白首归修汗简书，每因囊粟叹侏儒。不知月给千壶酒，得似莲花博士无？"又梦到万顷荷华中，有诗云："天风无际路茫

① （元）脱脱《宋史》卷445，中华书局，1977年，第13146页。

茫,老作花王风露郎。只把千樽为月俸,为嫌铜臭杂花香。”此事甚新奇,可入诗料。①

其二是“劚药翁”条,转引自《赵章泉吃嗒》云:

“紫芝兮春荑,黄精乎秋肥,余未始与老辞兮老余辞。”李文叔与李伯时书,记太山所遇劚药翁所歌,味其辞甚文而有理。盖为士而终遯者耶?抑如古之避世者,言出于口,自不违于理而又文者耶?安得穷探极览,万或觊一,如昔人者与之邂逅也耶!耄矣,已矣,安得适吾愿耶!②

上述两文,《赵章泉梅课》记叙陆放翁因做梦而成诗的故事,据结尾所言“此事甚新奇,可入诗料”,可推知该文当为探讨诗歌取材及切磋如何写诗。赵蕃集中有《课诗》云:“滩长有余逸,滩迥不胜迟。山帽堆云絮,水纹飞雨丝。鸥鸟如避弋,鸟倦盍投枝。无计繁忧整,聊因课小诗。”③而《赵章泉吃嗒》则记巧遇一劚药翁所歌,“味其辞甚文而有理”,也记述推敲作诗及品评诗风。其中还提及他曾作《辞李文叔与李伯时书》,亦可见赵蕃之文当散佚不少。

赵蕃现存诗集为《四库全书》本,有《乾道稿》一卷(上、下),《淳熙稿》二十卷,《章泉稿》五卷,三集共收诗三千三百二十一首,《四库全书总目》云:

蕃以旸致仕恩补官,后终于直秘阁。始受学刘清之,年至五十,乃问学于朱子。朱子文集与蕃尺牍凡六首,蕃与朱子往还诗及他作之称述朱子者二十余首。朱子《答徐斯远书》有云:“昌父志操文词,皆非流辈所及,且欲其刊落枝叶,就日用间深察义理之本然,

① (宋)魏庆之编《诗人玉屑》卷19,第418页。
② (宋)魏庆之编《诗人玉屑》卷20,第455页。
③ 《全宋诗》,第49册,第30649页。注:本书以下所引赵蕃诗皆出自《全宋诗》第49册,第30389-30946页。

> 庶几有所据依，以造实地，不但为骚人墨客而已。”所以援引之者甚力。然蕃本词人，晚乃讲学，其究也仍以诗传，与涧泉韩淲有“二泉先生”之称。淲集久佚，今从《永乐大典》裒辑，已别著录。蕃集世亦无传，而《永乐大典》所收颇富，并为采掇编次，依旧本标题，厘为《乾道稿》一卷、《淳熙稿》二十卷、《章泉稿》五卷，共二十六卷。而以蕃本传及刘宰所作墓表附录于后。①

另栾贵明辑逸诗十六首，即《松湖》《成父居于普宁寺钟楼之下僻以为斋旧名坎止近易榜曰发深省衡州舅氏书之仆为赋四小诗以发深省斋为韵》《谢答严用韵送绿萼梅》《次韵何叔信二月蜡梅犹盛之作》《咏蜡梅》《朱村道中》《独行五首》(一、二)、《初八日人事少闲命车出游因以寻诗》(一)、《过贵溪数里望月岩作》《公择客于玉山簿尉之馆忽有挽为宜黄之行者》《闻邑中灯夕颇盛作诗呈子肃》和《为龙泉令赵舜徒题》②。祝尚书《宋人别集叙录》亦考述赵蕃诗集版本流传与遗佚情况云：

> (蕃)所著文集宋代编刊情况不详，亦不见于宋人书目。明《文渊阁书目》卷一〇著录“《章泉赵先生诗》一部十二册，残阙”。《菉竹堂书目》册数同。《千顷堂书目》卷二九载《淳熙诗稿》四十卷。各本久佚，今存乃大典本。又引《提要》云：“蕃集世亦无传，而《永乐大典》所收颇富，并为采掇编次，依旧本标题，厘为《乾道稿》一卷、《淳熙稿》二十卷、《章泉稿》五卷，共二十六卷。而以蕃本传及刘宰所作墓表附录于后。大典本录入《四库全书》，刊入武英殿聚珍版丛书。翰林院钞本《淳熙稿》二十卷(四库底本)，今藏北京图书馆。《丛书集成初编》据聚珍本排印。③

赵蕃诗文散佚较多，现存文集中不乏漏辑和误入之作。笔者自《广信府志》辑得佚诗一首。见于《广信府志》卷二《地舆志》玉山县“怀玉

① (清)纪昀等编《钦定四库全书总目》卷160，中华书局，1997年，第2135页。
② 栾贵明辑《四库辑本别集拾遗》，中华书局，1983年，第109—114页。
③ 祝尚书著《宋人别集叙录》，中华书局，1999年，第1117页。

山"一条的"赵章泉诗"云：

> 禅月诗僧古道场，山雄吴楚接华场。疏通八际蛟龙隐，高并双峰虎豹藏。云母屏寒消瘴气，蓝田壁润吐虹光。碧桃花落仙人去，静听松风心自凉。

按：《广信府志》由明张士镐、江汝璧纂修，此用《四库存目丛书》本，该本据天一阁藏明嘉靖刻本影印。以上七言律诗，首句所写"禅月"系指"禅月台"，据《江西通志》(《四库存目丛书》本)卷四〇载属玉山县。诗中"蛟龙隐""云母屏寒""蓝田璧润""仙人"亦有所指，据《广信府志》卷二载，分别为怀玉山的"龙门""银屏石""仙人洞"和"罗汉洞"。检赵蕃现存诗集却无这首诗。考《全宋诗》，宋代咏写"禅月台"的诗人并不多，赵蕃《淳熙稿》卷五有《送徐季益赴婺州陈尚书之招并属寄谢郡守韩侍郎》，其诗径以"禅月台"开头："禅月台边草树苍，下临溪流碧泱泱。君卜居之岁且长，径路不忍夷其荒。我时巾幅上君堂，劳君煮茶炷炉香。与谈世故如有亡，掉头诵诗声绕梁。别来书札阙寄将，忽然贻我细作行。似言欲从怀玉旁，迤逦远趣金华装。金华尚书汉豫章，招礼孺子固所当。出处有道君素详，此行甚重无或伤。况君袖手久退藏，九十半百胡可忘。傥谒地主询吾乡，为致登临忆侍郎。"此诗所叙地点亦为禅月台，风格与前一首较为相似，用韵亦相同。不同之处在于，前者以咏史怀古为主，后者侧重写景叙事。

与赵蕃并称"二泉"同时亦隐居信州玉山的韩淲作有八首诗提到"禅月台"，其中三首特别引人注意，如其集卷一一《禅月台》云："山路难嫌脚力登，尽高高处又凭陵。岂无道院烧仙药，定有僧龛供佛灯。一任荐绅多习熟，都缘书册易因仍。屋头巷尾谁连壁，凉冷秋来老莫胜。"又，卷八《二十九日归寄郑一》云："野外青岩寺，城边禅月台。收功行药后，排闷坐舆来。宿雨苗当熟，新凉桂已开。谁知老丘壑，自不奈尘埃。"又，卷一五《禅月台》云："此台已芜没，禅月彼一时。得句僧窗下，空留洗耳思。"韩淲诗中写"道院烧仙药""僧龛供佛灯""此台已芜没，禅月彼一时""谁知老丘壑，自不奈尘埃""得句僧窗下，空留洗耳思"，与赵蕃笔下所叙怀玉山"禅月诗僧古道场""碧桃花落仙人去，静听松风心自凉”相比较，不论内容还是意境皆有相通之处。因赵蕃与韩淲生活年代相近，两人交游唱和频繁，韩淲既有所作，赵蕃复作这几首咏“禅月台”诗很有可能。更为重要的是赵蕃这首诗又见于宋陈思编、元陈世隆补《两宋名贤小集》卷二二四《章泉诗集》，且以“怀玉山”为题。此诗不见录于《全宋诗》赵蕃卷，或许由于编者以《文渊阁四库全书》本为底本，参校以《武英殿聚珍版丛书》本和《永乐大典》本，而未关注到《两宋名贤小集》。因此，笔者推断，《广信府志》所收此诗应为赵蕃所作，可补《全宋诗》之遗。

另经笔者考辨，《章泉稿》卷五所收《重修广信郡学记》一文，当不出自赵蕃之手。因为文中记载绝大部分内容与其生前不符。据刘宰《章泉赵先生墓表》记载赵蕃生卒年称：

> 今天子御极之元年岁己酉，宰相以先生名闻，有旨除太社令，三辞不拜。特改奉议郎、直秘阁，主管建昌军仙都观，又三辞，不允。越三年，差主管华州云台观。盖先生自己酉至是岁，辞官不获，屡上休致之请，皆不允，而先生请不已。明年夏四月，始得旨转承议郎，依前直秘阁致仕，又阅月，而先生逝矣。实绍定月日，寿八十有七。①

刘宰文中所云“天子”，承前文知道乃指宋理宗，“御极之元年”是1225年，“越三年，差主管华州云台观”，则是1228年，“明年夏四月……而先生逝矣”，则赵蕃实卒于绍定二年，即1229年。可《重修广信郡学记》一文中竟然出现了端平纪年，“端平二年，赵侯与懃郡政既修，乃及学政。一新教养，刬除宿蠹。选招儒先以为领袖”。又有嘉熙纪年，如“于是嘉熙乡举，学校之得人最盛，南宫奏名，登第者尤多于昔”，“旧释奠礼器循用聂氏弊式。嘉熙四年，郡守蔡侯仲龙病之，乃命学校考典故，依绍熙颁降朱文公申明制度而更造之”。甚至还有“淳祐”纪年，如“今淳祐丙午，郡守监丞章公铸留意作人，郡博士张玘之请于直舍之东立为小学，拨设官田为小学庄”。文中提及的这几个时间和相关

① (宋)刘宰《漫塘文集》卷32，文渊阁《四库全书》，第1170册，第729页。

事情距赵蕃卒后已几年甚至十余年,想必他无从得知,由此断定此为伪文。那么,此文究竟为谁所作,又究竟作于何时呢?

曾经有学者认定余铸为此文作者,源于文中最后叙云:

> 岁管早租二十八石,四斗二升五合。晚租一百八十二石,七斗三升五合。晚园池地四十一贯文。有石刻,文昌余铸记。

不过,根据对全文的仔细分析,最后这段文字主要记历任知州赡学及创贡士庄事宜两方面内容,前者有洪迈记洪遵以灵溪庄赡学,“乾道六年,知州事洪遵又以灵溪庄赡学,有翰林学士洪迈记”。有省札石刻记高公泗以贵溪县桂镐庄入学,“淳熙五年,提刑高公泗以贵溪县桂镐庄入学,有省札石刻”。而后者则只出现余铸所记。再从文章叙述方式来比较,“有翰林学士洪迈记”“有省札石刻”与“有石刻,文昌余铸记”相互照应,反映文中所叙述内容应该分为前后两部分,这两部分记载内容有区别,由此推知余铸所记当仅限于贡士庄这部分,而非全文。

据《广信府志》卷一一记载,端平年间前后信州州学确曾重修。“嘉定端平间递加葺治。又增朱、吕、二陆之祠,订定朱子释奠礼仪品式”,只是仅仅短短一句话,叙述实过于简略,亦未涉及相关人物。《重修广信郡学记》所叙何处恬记赵与懃、史弥悫修信州州学事见于明本《广信府志》,名为《信州学记》,后被康熙《广信府志》卷一一、道光《上饶县志》卷三一、同治《上饶县志》卷二三等府志转引。另外,陈文蔚记朱文公考释奠仪式事见于明本《广信府志》,题为《信州州学礼器记》,文字略有差别,有雍正八年补刻本,后又被道光《上饶县志》卷三一、同治《上饶县志》卷二三等转引。至于其他几人修学、记学之事则罕见记载。由此,笔者大胆推测,文章开始部分:

> 衡湘陶侯崇自将作少监兼崇政殿说书补外得信州。以宝庆丙戌八月二十八日视印,谒学,叹其弊陋,欲更新之,慨然捐钱三百万为之费……今又祠朱、吕、二陆四先生,如鲁国陈公、玉山汪公昔亦有祠,是皆一代师法,百年文献,诸生诵于斯、习于斯,朝夕俯仰于斯,其慕用当何如哉?

上述这段话着重介绍重建广信郡学的起因、时间、各方人士捐助的具体情况，并叙及祭祀礼仪，又谈到"一代师法，百年文献"，乃为一般学记通用的写作模式，其中所叙之事赵蕃尚在世，且这部分文字与赵蕃《章泉稿》卷五第一篇《截留纲运记》行文风格颇为相似，极大可能为赵蕃所作。只是后面部分则由于相关资料实属有限，仍无法判定其作者。

2. 赵蕃家世考述

赵蕃家族，据现存文献记载，在当时亦颇有名望。其祖籍郑州管城，南渡后始流寓信州。刘宰《章泉赵先生墓表》称："其先自杭徙汴，由汴而郑，南渡居信之玉山。曾祖旸，朝散大夫、直龙图阁，提举江州太平观。祖泽，迪功郎，海州朐山县主簿，赠承议郎。父涣，奉议郎，通判沅州，赠朝奉郎。龙图殁，葬玉山之章泉，先生因家焉，故世号章泉先生。"[①]刘克庄《野塘赵处士》云："赵氏南渡初自郑州管城避地信州之玉山县居焉。处士讳遂，字景初。于学士公讳督（当为"叡"）为五世祖，于龙图公讳旸为高王父。学士以吕汲公荐入馆。龙图坐陈了翁善谪春陵，为靖康右正言。于赠承议郎讳泽为曾王父，于沅州通守讳涣为王父，于直秘阁章泉先生讳藩为父。"[②]可见赵蕃家世可追溯到其高曾祖赵叡，不过，有关此人现存文献很少。赵蕃《贺吴仲权召试馆职》诗曾语及赵叡，缅怀他在元祐时家族享有盛誉，言语中颇以其自豪，"惟我高曾世，曾仍位序居。永怀元祐始，绝叹建炎初。衰谢今如此，凄凉实在予"。诗下自注云：高祖尝为秘阁校理，曾祖为秘书少监[③]。据《舆地纪胜》卷二一录"鱼计亭"云："东里赵叡尝为元祐馆职，子庆泽、孙涣皆有文，总名之曰《赵氏四世集》。叡居郑州，有鱼计亭。而叡之子旸以提点坑冶来居于玉山，亦作亭名曰'鱼计亭'，有《鱼计亭赋》。"周必大于嘉泰二年九月辛亥作《跋鱼计亭赋》，较详细地介绍从赵叡、赵旸、赵泽、赵涣及赵蕃五代人的发展历史：

---

① （宋）刘宰《漫塘文集》卷 32，文渊阁《四库全书》，第 1170 册，第 729 页。

② （宋）刘克庄《后村先生大全集》卷 161，《四部丛刊初编》，第 279 册，第 1422 页。

③ 《全宋诗》，第 49 册，第 30669 页。

蜀人宇文公黄中以政和六年自右史除中书舍人，既兼修国史，又兼详定《九域志》，又修《神宗宝训》。……又明年二月(1121)，为荥阳赵公叡作《鱼计亭赋》。引物连类，开阖古今，深得东坡、颍滨之笔势，适有天幸，出入侍从，身名俱荣者，俱好文之主也。赵公，字彦思。熙宁六年进士，当元祐初英俊聚朝，以奉议郎礼部编修贡籍。首与孙逢吉彦同作职官，分纪序。后数年，秦观少游方继之，才名亦可知矣。寻自秘阁校理迁太常博士，知登、随、商三州，召为郎，出提点京东刑狱，摄帅青社，年五十九奉祠就养，闲居二十五年。其子讳旸，字乂若，绍圣元年甲科。大观三年，为郎。宣和四年，知同州。靖康中，除少府监左右正言、秘书少监。建炎间，直龙图阁，提点江淮路铸钱。子泽，终朐山簿。簿生涣，终奉议郎。通判沅州。二子，蕃学问过人，恬于进取，连任岳祠，居以诗名。弟蒇，亦嗜学好修，有子曰适，庆元己未擢第。距熙宁已百年，而家学不绝。今蒇得宇文公墨，刻于兵火之余，求记本末于传有之，五世其昌，并于正卿。又曰：世济其美，不陨其名，请以是为祝规。①

综合刘宰《章泉赵先生墓表》和周必大《鱼计亭赋》两文可以看出，赵叡生子旸，旸子赵泽，赵泽即赵蕃祖父，后来赵泽生涣，涣乃赵蕃之父。赵涣生子二人，即赵蕃两兄弟。另据《江西通志》录“鱼计亭”云：“《名胜志》：宋赵叡，元祐中官职也。先居郑州，作鱼计亭，宇文黄中为亭赋。其子旸以提点坑冶来居玉山，亦作亭于章泉上，刻旧赋于石。”②此外，楼钥作有《鱼计亭》③。真德秀也作《鱼计亭后赋》称：“玉溪先生结庐章泉之上，垂七十年，无轩冕之累，已有箪瓢之乐。天揭鱼计以名亭，绍祖风于圃田居。一日饮客于斯亭之上。超方羊以自得，顾万象之皆奸时也。”④陈文蔚《用前韵寄昌甫》云：“几欲来观鱼计亭，未酬此约

① (宋)周必大《文忠集》卷50，文渊阁《四库全书》，第1147册，第537页。
② 《江西通志》卷40，文渊阁《四库全书》，第514册，第339页。
③ (宋)楼钥《攻媿集》卷5，文渊阁《四库全书》，第1152册，第339页。
④ (宋)真德秀《西山文集》卷1，文渊阁《四库全书》，第1174册，第21页。

已星星。"并于诗中自注"鱼计亭"云"昌甫家亭名"[①]。叶适也曾作《赵成父筑亭上饶即用东里旧圃傍曰鱼计》云:"秦侨洛寓随南公,新条复欲无开封。亭名若有土断法,郑圃岂在章泉中。"[②]韩淲《陪昌甫成甫寻泉看鹤而归》云:"鱼计亭前放鹤归,晚风吹叶正飞飞。"[③]又有《成外归秣陵》云:"弟兄旧隐家风在,子侄世科官业修。鱼计亭深云坞口,青毡堂迥水塘头。"赵蕃亦于诗中叙家族发展状况,其《真游觅唐德舆题诗不见有怀其人八首》(一)云:"四世斯文事,平生一壑情。"《挽南涧尚书三首》云:"曾吕兼晁郑,吾州夙所尊。"综合众人诗中所记兼及赵蕃诗中所叙,赵蕃高祖世居郑州,出自郡望为郑州的旧家,其家族在当时颇有名望。

赵蕃高曾祖赵叡,此人现存文献较少,不详其经历。其曾祖赵旸,字乂若,祖籍郑州。世居东里,直龙图阁。以提点坑冶铸钱,提举江州太平观,后居信州玉山智门寺。时左丞相吕忠穆公颐浩以书抵信守连南夫对其称道有加,其文曰:"赵乂若父子皆士林宿望,治封有贤人君子,可厚加礼待。"会乂若作亭,施舜显因摘君子字以名之[④]。南渡后赵旸流寓至信州玉山,绍兴元年中进士[⑤]。事见《宋诗纪事》卷三四。胡铨《清节萧先生墓志铭》称赵旸曾师从理学家萧三顾并得其真传,"弟子余百人,传《春秋》大义者才三、四,如贤良方正赵旸与澥其人也"[⑥]。方回《瀛奎律髓》选赵旸《奉和姚仲美腊梅》诗:"阳和都未见芳菲,初喜寒苞发故枝。绝色夐无朱粉态,真香宁许燕莺知。凝愁金谷登楼日,敛黛温泉赐浴时。写作新声传玉笛,谁人持向月中吹。"称其中"夐无朱粉态"一句颇佳,并指出赵旸乃毕渐榜甲科,在靖康初曾为左正言[⑦]。

---

① (宋)陈文蔚《克斋集》卷 17,文渊阁《四库全书》,第 1171 册,第 143 页。

② (宋)叶适著,刘公纯、王孝鱼、李哲夫点校《叶适集》卷 7,中华书局,1961 年,第 75 页。

③《全宋诗》,第 52 册,第 32764 页。注:本书以下所引韩淲诗皆出自《全宋诗》第 52 册,第 32384—32779 页。

④《江西通志》卷 96,文渊阁《四库全书》,第 516 册,第 210 页。

⑤ 昌彼得等编《宋人传记资料索引》(二),中华书局,1988 年,第 3357 页。

⑥ (宋)胡铨《澹庵文集》卷 5,文渊阁《四库全书》,第 1137 册,第 42 页。

⑦ (元)方回选,李庆甲校《瀛奎律髓汇评》卷 20,上海古籍出版社,2005 年,第 821 页。

赵蕃父赵涣，周必大《与赵提举察院涣启》称其"从童子六七人于乡校，已观询度之驷，负才名三十年于外台，未释澄清之辔"①，知其曾官提举察院。刘宰《章泉先生墓表》云："父涣，奉议郎，通判沅州，赠朝奉郎，龙图殁，葬玉山之章泉，先生因家焉，故世号章泉先生。"②赵蕃于《辰阳待岳祠之命发武陵回寄从游诸公》介绍其叔父，诗云："叔父风流元祐支，清贫远自相国时。旧闻河朔人伟奇，元衡笔力犹可窥。"赵蕃侄曾登第，韩淲《喜赵昌甫侄三哥登科》诗云："我祖绍圣初，盖亦登名第。君家龙图公，实托同年契。岂知渡江久，游宦各零替。"③

赵蕃先娶妻俞氏，继室邢氏，有子五人：遂、远、遥、邍、逸，其中，遥、邍先卒。女四，其婿为俞椅、周杲、徐耘老、徐禧。孙男七人，曾孙男六人，皆好学④。长子赵遂（1162—1246），字景初，号野塘。少传家学，负笈千里，南往岳麓、东赴丽泽，以寻张、吕之绪，从戴溪受《春秋》之学。以父恩补上州文学，固辞，诏以承务郎致仕，仍推于其子。淳祐八年卒，年八十五岁。赵遂事亲至孝，尝于所居之侧，绵蕝数椽，扁曰野塘书院。赵遂事见《宋元学案》卷五九和《宋元学案补遗》卷五九⑤。刘克庄为其作墓志铭，题为《野塘赵处士》，文中亦云其少承家学，为人忠孝，待人诚恳，"为人内端介而外和易，早交名流，晚殿诸老清谈，修谨独坚悍不衰"。"章泉先生高节闻天下，春秋高卧坚不出，然四方之士从者如云。处士左右承迎，凡可以娱亲享宾者倾家无吝色和。先生寝疾，处士已毕皓，尝药举秩执丧送终，哀恸行路，骨见衣表"⑥。赵蕃于诗中多次提到儿子赵逸，如《送逸归上饶赴试》诗云："谓汝可勿去，汝去意已坚。念欲终不遣，汝请倍谆然。平时父母傍，一事略不与。及今身自行，凡百谁汝护。况当苦炎热，道远不可说。晚须背斜阳，晓要踏残月。墟落乃可尔，陂湖深戒之。药物务频进，童马勿过疲。得失渠有命，勉旃非日竞。汝解事文科，吾其老三径。汝归见吾友，见叔仍见舅。为道糠核肥，无

① （宋）周必大《文忠集》卷23，文渊阁《四库全书》，第1147册，第245页。

②④ （宋）刘宰《漫塘文集》卷32，文渊阁《四库全书》，第1170册，第729页。

③ 《全宋诗》，第52册，第32441页。

⑤ 昌彼得等编《宋人传记资料索引》（二），第3349页。

⑥ （宋）刘克庄《后村先生大全集》卷161，《四部丛刊初编》，第279册，第1422页。

奈相思瘦。”[①]又有《寄在伯三首后一首并示逸》《令逸作岁寒知松柏题诗因作》《夜忆逸》等。赵蕃诗中也提及女儿，如《寄内及儿女二首》云：“幼子未识面，吾儿无用英。家虽以儒奋，身欲事农耕。水竹为居处，布荆令女行。”赵蕃对家人感情诚挚，写了很多自然流露真情之作，如《对雪有怀》云：“安否妻子念，乖离兄弟情。”不过，赵蕃虽然自己以恬于荣利著称于时，但他在诗中常常鼓励和劝勉儿子勤奋读书，求取功名。如其《逸再为婺女之行既别出郭矣夜不能寐成六绝句》诗云：“体能中格号时文，能料科场可策勋。”（其二）“汝解事贤其自勉，我因求友不妨高”。（其三）“新年事业能增进，绝胜哀残守旧诗”。（其六）

赵蕃曾先后师承刘清之和朱熹，亦曾长期授徒讲学，门生不少，不过，现在能略知生平的弟子主要有周端朝、郑梦协和施霆亨三人，主要见于《宋元学案·清江学案》。[②] 其中以周端朝的影响和名气最大。周端朝，字子静，永嘉人，嘉定进士。宋宁宗庆元元年夏四月庚申，周端朝与太学生杨宏中、张道、林仲麟、蒋傅、徐范六人上书斥韩侂胄、李沐奸佞，申援赵汝愚，而被悉送五百里外编管，天下号称为“六君子”。[③] 方回《权刑部侍郎周公端朝谥议》既叙端朝生平，亦赞其学问和品节，称其“一不合于侂胄，再不合于弥远，三不合于清之。以公始终一节，方苏文忠可无愧”。“于信从赵昌父，于蜀从刘后溪，晦庵之学又有闻焉。所以平生萧然孤榻，不营一椽，有田半顷，捐以与兄。自连拄三，相臣之外，专行梗论，史不一书”。“谥法廉方公正。曰忠，道德传闻；曰文，公兼有之。元祐从臣，眉山苏公之谥曰文忠。今公之行事，文未齿于科给，忠已凛乎缙绅，宜先忠后文，谥曰忠文”[④]。周端朝事又入《岳麓诸儒学案》，见“忠文周先生端朝”，称其学本出于叔父去非，得张栻之传。已而学于蔡行之，于百氏无不通，尤熟于典故。又学于叶水心。又尝学于刘后溪、赵昌甫。还有人以为他为朱熹弟子，实不是。虽官至九列，萧然

① 《全宋诗》，第 49 册，第 30420 页。

② （清）黄宗羲编，全祖望补《宋元学案》卷 59，中华书局，1986 年，第 1995 页。

③ （清）毕沅《续资治通鉴》卷 154，中华书局，1979 年，第 4128 页。

④ （宋）方回《桐江集》卷 7，《续修四库全书》本，第 1322 册，第 476 页。

孤榻，不营一椽。有负郭田五十亩，捐以与兄。其卒也，谥忠文①。《南宋馆阁续录》卷九云其"绍定五年(1232)七月，秘书少监"。

赵蕃又有弟子郑梦协，字新恩，玉山人，尝官秘阁修撰。为赵蕃作行状。与魏了翁、真西山交情深厚，讲道最笃。又与刘宰有较多书信往复，刘宰最称道郑梦协之文，如其《回信州郑新恩》称郑富有文才，其文云"行文出自然，如行云流水，而布置缜密，森若武库"②。赵蕃另有一弟子施霆亨，字荣南，邵武人。后来以学授徒，乡人称其为尊道先生③。

第二节　德业经文武，风流表缙绅：韩淲家族发展概述

欲研究韩淲，首先很有必要先对其家族发展历程进行梳理与研究。韩淲家族的发迹始于其五世祖韩亿，之后韩亿儿子、孙辈，家族三代皆跻身政坛高位，不但政治才华卓越，位高权重，又屡次与当时著姓望族互为姻亲，加上与政治领袖、学术名家频繁交往，很快成为北宋真宗至神宗朝声威显赫的新兴士族，在当时号称"门族之盛，为天下冠。在朝廷评其德，在士大夫语其学，在公卿之后论其世，咸多韩氏"④。目前所见有关韩淲家族研究，以韩元吉研究的成果最多，如韩酉山《韩元吉若干事迹补正》考证其作品和生平⑤，韩酉山《南涧词漫谈》论其词⑥，邱鸣皋《陆游吕祖谦韩元吉关系考述》论其交游⑦。关于韩维研究的成果也

---

① (清)黄宗羲编、全祖望补《宋元学案》卷71，第2402页。

② (宋)刘宰《回信州郑新恩》，《漫塘文集》卷12，文渊阁《四库全书》，第1170册，第440页。

③ (清)黄宗羲编、全祖望补《宋元学案》卷59，第1948—1949页。

④ (宋)李清臣《韩太保惟忠墓表》，杜大珪编《新刊名臣碑传琬琰之集》，第2册，第990页。

⑤ 韩酉山《韩元吉若干事迹补正》，《文学遗产》2001年第4期。

⑥ 韩酉山《南涧词漫谈》，《江淮论坛》2002年第1期。

⑦ 邱鸣皋《陆游吕祖谦韩元吉关系考述》，《齐鲁学刊》2001年第6期。

比较多，如石云涛《韩维〈展江亭海棠〉诗的写作地点和主旨》[①]、张妍菊《韩维交游考述》[②]等，另外，在欧阳修、梅尧臣和苏舜钦等人的研究论著中论及韩维之处颇多。总体上，学界目前研究韩淲家族尚缺乏比较有影响力的成果。为还原韩淲家族发展的基本轮廓，体现他们在家庭教育、政治地位、文学交游、理学思想等方面的特点和贡献，本章将首先对这个家族的发展情况进行系统梳理，呈现其主要发展脉络和精神风貌，希望能对其文献整理与相关研究有所促进。

1. 家族成员简述

宋代统治者推行重文抑武的国策，不问门第，大力提拔知识分子，促使很多出身贫寒的士子通过刻苦努力参加科举考试求取功名，他们获得的荣誉与官职，不但带来了个人政治上、社会地位上的发展，往往也推动了整个家族发展，从而使宋代出现了不少从新兴士族崛起的著名家族。这些家族与六朝以前的门阀世族具有很大不同之处在于，家族往往依靠某一个人或几个人的成功而后得以迅速崛起，家族起落迅速，盛衰无常[③]。

在宋代众多新兴家族中，韩亿家族各方面的发展颇具代表性。家族有据可考者，自韩亿曾祖以后前后有十代，延续时间相当长。韩亿，字宗魏，祖先河北真定灵寿人，后徙开封之雍丘。韩亿曾祖韩惟忠，因其中进士得以赠太保。祖父韩处均，也获赠金紫光禄大夫、中书令兼尚书令。父亲韩保枢，赠太师、中书令兼尚书令，封鲁国公。韩亿少年勤奋好学，表现出过人之处。“忠宪公少年贫时，学书无纸，庄门前有大石，就其上学字，晚即涤去。遇烈日及小雨，张敝伞自蔽，率以为常”[④]。韩亿中进士后登上仕途，政绩出色，深受真宗、神宗的信任和器重，官职升迁很快，家族声望也得到迅速提高。他先后为大理评事、知永城县，

① 石云涛《韩维〈展江亭海棠〉诗的写作地点和主旨》，《许昌学院学报》1992 年第 2 期。

② 张妍菊《韩维交游考述》，《岱宗学刊》2007 年第 3 期。

③ 参张剑、吕肖奂《宋代的文学家族与家族文学》，《文学评论》2006 年第 4 期。

④ （宋）韩元吉《桐阴旧话》，《学海类编》本，集余。

又为同知枢密院事、参知政事、太子少傅,累赠太師、尚书令兼中书令,追封陈国公①。韩亿子辈、孙辈和曾孙辈人丁旺盛,显官名宦众多。据前引宋人王明清《挥麈录·前录》所云,韩亿诸子"名连系字",孙辈皆宗字,"宗生子名从玉字","玉生子从日字","日生元字","元生子从水字"②。韩亿有子八人,诸子影响最大的是三子韩绛、五子韩维和六子韩缜。王明清云:"本朝一家为宰执者,吕氏最盛,既列于前矣。父子兄弟者,韩忠宪亿。子康公绛、黄门维、庄敏缜。"③长子纲,封故尚书司封员外郎;次子综(1009—1053),字仲文,封知制诰;三子绛(1012—1088),字子华,为同中书门下平章事、昭文馆大学士,监修国史,又以建雄军节度使、检校太傅镇定州;四子绎,字仲连,封职方员外郎;五子维(1017—1098),字持国,以端明殿翰林侍读为龙图阁三学士;六子韩缜(1019—1097),字玉汝,以右谏议大夫、龙图阁直学士为枢密都承旨;七子纬,封比部郎中;八子缅,封光禄寺丞。韩亿八子皆位列高官。韩亿八个儿子在当时影响最大的是韩绛、韩维和韩缜。

韩亿孙辈人数众多,合计可考者有二十余人,官职虽不如祖、父辈隆显,地位仍比较高。韩宗彦(?—1060),长子纲之子。韩宗道(1027—1097),字持正,综子。韩宗师(?—1098),字传道,绛子。韩宗古,绛从子。韩宗恕(1039—1122),缜子,徽宗宣和四年卒,年八十四。韩宗武,字文若,缜次子,年八十二卒。韩宗儒,韩维长子。韩宗文,维子。韩宗质,字彬叔,韩维子。徽宗朝曾任留司御史。另外,还有韩宗右,任大理寺丞,集贤校理,判官告院;宗哲,任大理寺丞,通判祁州;宗粥,大理评事;宗恕,大理寺丞;宗良,大理寺丞;宗厚,光禄寺丞;宗直、宗本,大理寺丞;宗迪,太常寺太祝;宗质,将作监主簿;宗敏,秘书省校书郎;宗尧,寿安县主簿;宗亮,将作监主簿;宗望,郊社斋郎;宗坦,太庙斋郎;宗矩,将作监主簿。

韩亿曾孙有名有姓者亦不少,晁说之《宋太令人陈氏墓志铭》云:"(韩宗恕)子三人:珉,朝奉郎,新通判郑州;琢,文林郎、广济军司户、曹

① (宋)李清臣《韩太保惟忠墓表》,《新刊名臣碑传琬琰之集》,第2册,第989页。
② (宋)王明清《挥麈录·前录》卷2,文渊阁《四库全书》,第1038册,第379页。
③ (宋)王明清《挥麈录·前录》卷2,文渊阁《四库全书》,第1038册,第377页。

事；琇，迪功郎。”[①]另外，还有“玠、珪、瑗、琏、瓌、珙、珏、理、珣、管、玭…… 或已仕或未仕二十人未名，皆曻孙也”[②]。韩亿曾孙辈大多数人生平和仕宦经历已不清楚，已知几位，在当时也只做些小官，远比不上祖父辈显贵，稍具影响力者有韩璜、韩瓘和韩瑨。韩瑨(1068—1121)，原名瑭，字君表，后改瑨，字公表，韩维之孙。哲宗绍圣元年，以诗赋奏名礼部，除签书宁海军节度判官厅公事。历保州、宿州、颍昌通判，以朝奉大夫致仕。徽宗宣和三年卒。韩璜，韩宗武子，字叔夏。南渡后居衡山，从胡安国讲学，建炎四年赐进士出身，守监察御史。绍兴元年为右司谏，五年为广南西路判官，六年改提点刑狱。责监浔州商税。累官至广西提刑。议论多忤秦桧旨。与胡寅、向子忞善，时称三友[③]。韩瓘，字德全。元丰间知秀州，莅官敏锐，事无壅滞，吏不敢欺，人称有“忠宪家法”[④]。韩黯，字少汲，韩亿曾孙。以荫补入官，官萍乡尉、肇庆府通判，摄德庆府知府，移南恩州，不数月卒，年四十九岁，其时绍兴二十三年正月。另外，据韩元吉《祭四十四抚干叔文》所称“淳熙八年……致祭于叔公四十四抚干韩公之灵”，推知此辈中当还有一位成员。

韩亿四世孙，姓名可考者较前三代人更少。晁说之《宋太令人陈氏墓志铭》称韩宗恕有孙男三人，长昴，女三人[⑤]。其《宋故韩公表墓铭》又云，韩维子宗文，宗文有子瑨，瑨子为冕。韩冕即韩元吉之父[⑥]。此辈中人多见于韩元吉《南涧甲乙稿》卷八所载，“淳熙二年……具位某伯父通判奉直、伯母恭人冯氏之茔”。“某谨以清酌庶羞之奠致祭于族叔父，前处州司户三十三迪功之坟。……追念昔者叔摄事于兹，相与甚款。遂三十年。祖航为僧，四十八娘远嫁”。“叔父将仕，养娘宋氏之茔。某之与叔少才三年，同学聚嬉，情若兄弟……乃克以族弟元谅为叔

① (宋)晁说之《景迂生集》卷 20，文渊阁《四库全书》，第 1118 册，第 392 页。
② (宋)李清臣《韩太保惟忠墓表》，《新刊名臣碑传琬琰之集》，第 2 册，第 900 页。
③ 郭齐、张尚英《历代学案》(二)，《宋元学案》卷 34，四川大学出版社，2005 年，第 676 页。
④《浙江通志》卷 150，台北华文书局，1967 年。
⑤ (宋)晁说之《景迂生集》卷 20，文渊阁《四库全书》，第 1118 册，第 393 页。
⑥ (宋)晁说之《景迂生集》卷 20，文渊阁《四库全书》，第 1118 册，第 386 页。

似续得尉鄱阳”。“族侄阳与族孙元吉、元修等以清酌庶羞之奠致祭于叔公四十四抚干韩公之灵”。据韩元吉文中所记,其有一伯父,生前为处州司户,子女三人。另有三位叔父,其中一位乃韩元谅之父,一位叔父称韩昜。

韩亿五世孙,在韩元吉带动下,家族发展出现短暂的中兴气象。韩元吉于孝宗隆兴间官至吏部尚书,其《焚黄告祭先考通议文》称:“某比自天官得请补郡,蒙恩列职学士。”这辈人除元吉,生平可考者还有韩元杰、韩元象、韩元谅、韩元龙、韩元修、韩元功等。韩元杰(1107—1156),字汉臣。以祖荫补官。钦宗靖康间知临颍县。高宗绍兴五年,知濠州,七年,知楚州。后奉祠居芜湖。二十六年卒,年五十。韩元象,字中父,元杰弟。亦荫官。嗜书,尤工吟咏,论古今成败常滚滚,听者忘倦,少以功名自负,邵宏渊别置幕中。从宏渊北伐,元象谋居多。孝宗以对便殿,擢通判严州。韩元龙,元吉之兄,字子云,以高祖维恩泽补将仕郎。历天台令,县久不治,元龙悉力区画,至忘家事①。娶妻为南宋著名词人张孝祥之妹法善。韩元吉《安人张氏墓志铭》称:“夫人之兄孝祥,妙年以文学冠多士,……方其校中秘书也,某实与之游。”韩元谅,元吉于《元谅纳妇祝文》称:“淳熙二年……某昨以族弟元谅既继叔后,遂娶严州分水县进士王觊之女。”又作诗《送谅弟丞邵阳》云:“春水生南涧,吾衰久索居。三年还作别,数字且频书。……常存爱民意,门户有权舆。”韩元修,据韩元吉《祭四十四抚干叔文》称“族孙元吉、元修等谨以清酌庶羞之奠致祭于叔公四十四抚干韩公之灵”,元吉又有《送元修归广东》称:“十年门户苦凋零,屈指天涯几弟兄。羁旅可堪怀世事,典型谁与振家声。”另外,韩元吉还有从兄弟叫祖航,出家为僧,元吉《祭三十三司户叔文》云:“某谨以清酌庶羞之奠致祭于族叔父,前处州司户三十三迪功之坟。……遂三十年。祖航为僧,四十八娘远嫁,龙泉无为。”

韩亿六世孙,现存文献记载较少,生平多较为寥落,其中以韩淲(1159—1224)因留存较多诗文,小有名气,《宋史》无其传,生平事迹亦简略不详。南渡以后,韩淲随父韩元吉徙居信州上饶(江西),韩元吉

---

① (明)凌迪知《万姓统谱》卷 24,文渊阁《四库全书》,第 956 册,第 415 页。

《安人卢氏墓志铭》称："淳熙改元之七年，予始居南涧。"[1]孝宗隆兴间，元吉官至吏部尚书。韩淲因父韩元吉荫入仕，曾为平江府属官。淳熙十年(1183) 左右，韩淲出任池州贵池县主簿。后判惠民药局，至庆元六年(1200)官满[2]，其《往年就禄南局谓违考亭得两语感怀怆恨》诗云"当年官药曹"，又有《三月下旬药局书》《三月下旬药局书满》等诗以为证。后入朝为官，其集中有制词一道，当曾官学士。如周文璞《送涧泉》记载韩淲此期生活经历云："长安卖药市，堇堇十载强。复缀守藏书史，得近中书堂。"[3]嘉泰元年(1201)，韩淲曾入吴应试，未几被斥。此后定居上饶玉山二十余年终老，以隐逸而著称于时。

除了韩淲，其同辈韩漳、韩沆事多见于韩元吉诗文所记。这一辈人中，韩漳年最长，且当过分宁尉，韩元吉《漳侄受官告庙文》和《送漳赴分宁尉》提及他："爰念从弟元功顷者令于通山，无禄早亡。将死之言，以子见祝。今其子漳在诸侄中适又最长，因以具奏，蒙恩补将仕郎。""挟筴度春水，絮飞花易阑。吾衰聊玩世，子壮且勤官。"韩沆，韩元吉《次韵沆侄》称："平生作计本山林，便腹空余贮古今。致主未忘他日志，归耕每动十年心。……早决儒科犹望汝，跫然虚谷伫闻音。"此外，韩元吉女儿九个，其中第五女嫁孟植，"乾道八年……某第五女五十六娘纳婿右迪功郎新南安军南康县主簿孟植"[4]。

韩淲下一辈，仅知一人名曰直之，韩淲《读韦苏州诗呈申之兼示八侄直之》诗称："结发游上国，煌煌开吴京。州檄易湖海，所至尘虑婴。"韩直之后，韩亿家族极少见诸史料记载。至此，韩亿家族从北宋真宗登上历史舞台，至南宋理宗时韩直之后销声匿迹，历经两百余年持续发展，最终淡出人们视线。

---

① (宋)韩元吉《南涧甲乙稿》卷 22，文渊阁《四库全书》，第 1165 册，第 370 页。

② 辛更儒、伊永文《韩淲生平及其涧泉诗考略》，《中国典籍与文化》2011 年第 1 期。

③《全宋诗》，第 54 册，第 33734 页。

④ (宋)韩元吉《纳婿祝文》，《南涧甲乙稿》卷 18，文渊阁《四库全书》，第 1165 册，第 285 页。

2. 政治地位

韩亿家族成员在政治上纷纷表现出杰出的才干，深受统治者倚重，社会地位崇高，特别是自韩亿以下祖、孙三代可谓每一位皆才华超群，备受世人关注和称道，"参军范宗翰上启责之曰：'韩氏之综、绛、缜、维，才皆经纬。非荫而得，由学而然'"①。"韩氏自忠宪公至高祖四世赠一品，上下衣冠传七世"②。"韩氏自忠宪公以进士起家，在仁宗朝参大政，其称甚崇。赠太師，讳亿。有子八人，达者半。曰知制诰，讳综；曰司空，东国公，谥献肃，讳绛；曰门下侍郎，讳维；曰司空，崇国公，谥庄敏，讳缜。袭貂骈簪，天下尊至"③。宋代采用重文抑武的国策，科举是家族成员步入仕途的手段，韩亿及其儿孙辈先后有多人考中进士。由于家族在社会中地位的升降，与科举成败、功名取得有相当的关系。因此进士的人数多少常常成为宋代社会政治地位的重要指标。除韩亿本人高中进士，他八个儿子中有四个先后中进士，次子韩综，天圣八年第进士；三子韩绛，庆历二年进士；四子韩绎，康定二年赐进士出身；六子韩缜，庆历二年登进士第。韩亿孙辈中，也有五人登弟，韩纲子韩宗彦，庆历二年登进士第；韩综子韩宗道，嘉祐四年登进士第；韩绛子韩宗师，熙宁中登第；韩缜子韩宗恕，陈尧佐孙婿，举进士，知金乡县；韩缜次子韩宗武，第进士，为河间令。韩亿曾孙辈，韩宗武之子韩璜于建炎四年赐进士出身，守监察御史。韩氏家族一门总计有十一人先后中进士。

韩亿家族涌现众多进士，为他们带来极大荣誉，也使他们迅速获得很高官品，如韩亿登上进士第后，其曾祖韩惟忠获封太保、祖父韩处均获赠太傅、父韩保枢获赠太师，韩亿本人也赠太师，四人皆为正一品之职。韩绛登第后，父祖三代也被封赠一品，即曾祖处均赠金紫光禄大夫太师中书令可特赠兼尚书令、祖保枢赠太师、中书令、尚书令，父亿赠开府仪同三司、太师、中书令、尚书令、上柱国。韩绛于庆历七年，为太子中允。召试，授太常丞，直集贤院，历翰林学士、御史中丞，神宗朝拜同中书门下平章事，封康国公。元祐三年，韩绛卒，赠太傅，谥献肃，官正

① 丁传靖辑《宋人轶事汇编》，中华书局，1981 年，第 521 页。

② （宋）李清臣《韩太保惟忠墓表》，《新刊名臣碑传琬琰之集》，第 2 册，第 991 页。

③ （宋）洪适《韩承议墓志铭》，《盘洲文集》卷 75，文渊阁《四库全书》。

一品。韩亿第六子韩缜，嘉祐中历殿中侍御史、侍御史、度支判官，出为两浙、淮南、河北、陕西等路转运使。熙宁中，以天章阁待制知秦州、瀛州、开封府。奉命与辽使画界，除枢密都承旨，加龙图阁直学士。元丰四年，韩缜封同知枢密院事，官正二品。韩纲之子韩宗彦，庆历二年登进士第。累迁太常博士，召试为集贤校理，历提点京西、京东刑狱，以尚书兵部员外郎判三司盐铁勾院。韩综子韩宗道，嘉祐四年登进士第，知余姚县，累官至两浙西路提刑，历知庐州，工部、户部、左司郎中，太府卿。后迁至刑部、户部侍郎，乃从三品之职。韩绛子韩宗师，元祐八年，除兵部侍郎。绍圣中，迁吏部侍郎，加集贤殿修撰、知河中府。乃从三品之职。韩缜子韩宗恕，徽宗即位，迁秘书丞，寻除都官员外郎，改开封府推官。官终太中大夫，乃从四品之职。官品、官职是分析宋代家族政治地位的具体座标。以上对于韩亿家族成员官职的梳理，显示出其家族不少成员官高一品、二品、三品，足可称得上是门宗贵盛，簪缨累代。

和宋代许多高门大族相同的是，为了确保门第尊严，韩亿家族凭借政治优势与当时不少著姓大族联姻，因此，研究韩亿家族的婚姻关系成为研究其政治地位的重要参照之一。宋代许多家族互为婚约，形成姻亲集团，一般常以那些具有较高社会政治地位的大家族为核心，如吕夷简家族的姻亲集团，王旦家族的姻亲集团，陈尧佐家族的姻亲集团。从韩亿家族的婚姻状况来看，他们与吕、王、陈这三个姻亲集团都具有非常密切的联系，在政坛上产生了强大的影响力。韩亿本人登上科举后，即被王旦择为佳婿。其孙韩宗恕乃陈尧佐孙婿。“庄敏公长子宗恕求仁之配曰陈氏，文惠公之孙，秘阁校勘博古之女。陈韩匹也，陈氏之女教则韩氏之妇仪。”[①]苏易简次子苏耆娶王旦之女，韩亿妻亦为王旦女，可见，苏耆与韩亿乃连襟，韩维《太原县君墓志铭并序》对韩亿家族与苏易简家族的亲密关系特别是对苏耆与韩氏的交游、苏舜钦与韩维、韩绛友善等进行了详实记载。又，苏耆第三子苏舜宾娶韩亿之女，苏耆长女嫁时为太常寺太祝韩维，后维中进士，并官至执政。也就是说，苏舜宾娶韩维之妹为妻，苏舜宾夫妇与韩维夫妇的母亲皆为王氏，乃亲姐妹，

① (宋)晁说之《宋太令人陈氏墓志铭》，《嵩山文集》卷 20，文渊阁《四库全书》，第 1118 册，第 392 页。

两人是典型的姑换嫂式的交换婚。韩亿家族与王氏、苏氏缔结姻亲,又与晁氏、吕氏家族多年同事,在政治上相互提携,亦互为姻亲。关于这一点,已经有专门研究。如吕祖谦于绍兴二十七年丁丑二十九日和乾道五年五月二十日先后娶韩元吉两个女儿为妻,这本是一段美事,然不幸的是此二女皆早世。韩元吉痛惜不已,为此作《吕伯恭挽词》云:“青云涂路本青毡,圣愿相期四十年。台阁久嗟君卧疾,山林空叹我华颠。伤心二女同新穴,拭目诸生续旧编。斗酒无因相沃酹,朔风东望涕潸然。”①韩氏与晁氏家族结为姻亲,又使他们与陆氏家族也变得更为亲密。如韩元吉之媳,即韩淲之妻七十二娘,乃晁子阖之女,即晁说之重孙女,娶亲时间是淳熙四年十一月,韩元吉于《淲言定晁氏书》《晁氏纳聘财书》言及此事。陆游外祖母乃晁氏,即具茨先生晁冲之姐,晁冲之与晁说之乃从兄弟。晁冲之女即陆游外祖母侄女,陆游表姨即韩元吉伯母。韩、晁两家形成的这两层关系,使韩、陆两家关系变得更为紧密②。恩格斯说过,对于封建统治者来讲,“结婚是一种政治行为,是一种借新的联姻来扩大自己势力的机会”③。在非自由恋爱的社会中,门当户对的观念常常存在,一旦相互婚嫁,至少说明两家社会地位相去不远。分析韩亿家族的婚姻关系,我们不难看出,其通家至亲遍于朝野,表现出强大的政治实力和社会影响力,成为其凝聚政治资本和学术流派的一股重要力量。

3. 文学与交游

宋代崇尚文治,无论是旧家还是新兴士族,博学广闻,推崇文艺,形成不少文学家族。张剑、吕肖奂《宋代的文学家族与家族文学》称“宋代文学家族指以文学显于宋代的家族。一个家族一代数人或者两代、三代以上均有能文学之名或以文学著称于世的成员,这个家族就可以称

---

① 《全宋诗》,第38册,第23680页。

② 邱鸣皋《陆游、吕祖谦、韩元吉关系考述》,《齐鲁学刊》2001年第6期。

③ (德)马克思、恩格斯《马克思恩格斯选集》第1卷,人民出版社,1972年,第74页。

之为文学家族"①,根据此文提出的标准,韩亿家族称得上是个文学家族。韩维、韩元吉和韩淲三人在文学上取得比较高的成就。另外,韩绛也有不少作品传世,《全宋诗》卷七录其诗十三首。

韩维,现存《南阳集》二十卷。《全宋诗》录十四卷诗。《全宋词》录韩维词五首,另两首失调名。其诗文在当时产生一定影响。鲜于绰《南阳集·行状》称:"其为诗,句法谨严,平淡清远,有陶渊明、韦苏州气格。"②韩元吉《高祖宫师文编序》亦称,"固不以文自名者,其在家庭诲子弟,每以西汉为宗,故其笔力雄健,尤为南丰兄弟所推。曾舍人既葬,必得公之文碑于道。而豫章黄太史自言因公诗得用事法。岂道德之蕴于内者深,其发于文词者皆余事哉"。遗憾的是,韩维文集早在宣和六年时已经散佚很严重,沈晦《南阳集·跋》详细记录韩维诗文集散佚状况,并略述其原因,"宣和六年,晦赴省试,间至西京,竭留台,舅氏宗质问外祖遗事,因出鲜于绰所作行状。晦怪其脱略,且语迮不得骋。舅氏以有所畏避告。因求外祖文集,欲加论次,而文字舛驳不可正。是方欲问诸家以缀辑成书,俄金贼犯阙,外家歼于颍昌,群从散亡,书籍煨烬。虽鲜于绰行状亦不复见。自渡江来,中州衣冠氏族寥落,东南士人不知外祖风烈,每以怅憾。今年表侄孙元龙复得此本于何人家,远寄桂林,晦幻失所恃,不胜凯风寒泉之思,欲效古人为外祖作家传或墓表铭志,皆不敢。因取行状锓木流传"。③ 相关记载亦见于韩元吉《高祖宫师文编序》:

> 高祖宫师文编仅三十卷,皆兵火所辑,非旧本也。……独鲜于大受(绰)所为《行状》犹在,用列于篇首。某逮事曾叔祖留司御史,时王、蔡方张,有所畏避,凡家集手自镭之,无得观者,故公之论新法、触时禁之言,皆不传于外,而所传奏议十不四五也。南渡流离,集稿遂逸,访于四方,莫克尽获,惟诗尚多,而内制特少。至其它文,如与苏子美书、志程伯淳墓,士大夫虽知有之,无复见也。……

---

① 张剑、吕肖奂《宋代的文学家族与家族文学》,《文学评论》2006 年第 4 期。

② (宋)韩维《南阳集》,文渊阁《四库全书》,第 1101 册,第 774 页。

③ (宋)韩维《南阳集》,文渊阁《四库全书》,第 1101 册,第 777 页。

> 小子不佞,无以绍君子之泽,独与文编负笈而藏,欲俟备而传焉,惧有河清之叹,因裒而刊之东阳郡斋。①

韩维现存《南阳集》,非完善之本,故《四库全书总目》云:“其集刊板久佚,藏书家转相缮录,讹脱颇多,第三十卷与附录一卷,尤颠舛参差,几不可读。盖沈晦作跋之时,已云文字舛驳,不可是正。今流传又四五百载,其愈谬也固宜矣。谨考定其可知者,其原缺字句无可校补,则姑仍其旧焉。”②丁氏《善本书室藏书志》亦谓其藏本“二十七卷以后并有阙文,无别本可校补耳”③。祝尚书《宋人别集叙录》卷六著录《南阳集十卷》云:

> 《南阳集》宋以后不见有覆刻本。明代盖旧刊藏本尚富,《文渊阁书目》《菉竹堂书目》《绛云楼书目》等俱有著录。宋本犹传至清代,吴氏《绣谷亭书录》称“吴中有宋椠本”,然久未见诸书目。今传为明、清钞本,以明祁氏澹生堂钞本为最古。澹生堂本,《澹生堂藏书目》著录,今藏上海图书馆,为正集三十卷、附录一卷,装订为十六册。每半叶十行十八字,蓝格,书口下印有“澹生堂钞本”五字。第一册首缺第一至十二叶,《行状》已脱去。钤有祁氏“澹生堂经籍记”“旷翁手识”“山阴祁氏藏书之章”“子孙世珍”,以及“安乐堂藏书记”“明善堂览书画印记”“仁和朱复庐校藏书籍”“结一庐藏书印”“徐乃昌读”等印记。④

据祝尚书师介绍,韩维此集清钞本现存两部,皆由宋本出。一部藏于南京图书馆,乃丁氏旧物。另一部为陆心源旧物,后归日本静嘉堂文库,见《皕宋楼藏书志》卷七五、《静嘉堂秘籍志》卷三三。另外,他还指

① (宋)韩元吉《高祖宫师文编序》,《南涧甲乙稿》卷14,文渊阁《四库全书》,第1165册,第200页。

② (清)纪昀等编《钦定四库全书总目》卷153,第2059页。

③ (清)丁丙《善本书室藏书志》卷27,中华书局,1990年,第716页。

④ 祝尚书师著《宋人别集叙录》,第263-265页。

出《四库全书》所著录《南阳集》是江苏采进本，据《总目》知其为传钞本。

韩维之后，在文坛产生较大影响力者是韩元吉，其在南宋曾官至龙图阁学士、吏部尚书，诗、词、文兼善，著述颇丰，经学方面也颇有造诣。辛弃疾《太常引·寿韩南涧尚书》云："今代又尊韩。道吏部、文章泰山。""功业后来看。似江左、风流谢安。"[①]称其"文章泰山"、"似江左风流谢安"，赞誉有加。朱熹亦赞其"尽和平有中原之旧，无南方啁哳之音"[②]。纪昀称其"统观全集，诗体文格均有欧、苏之遗，不在南宋诸人下，而湮没不传，殆不可解。然沉晦数百年、忽出于世，炳然发翰墨之光，岂非精神光采终有不可磨灭者，故灵物扐诃，得以复显于今欤"[③]。韩元吉诗文散佚亦颇多，其诗文合集《南涧甲乙稿》，陈振孙《直斋书录解题》卷一八《别集类》著录为七十一卷，今存四库本仅二十二卷，既非全貌，且有误收。后孙星华辑补一卷。韩元吉又有《焦尾集》一卷，《直斋书录解题》卷二一著录，《文献通考》卷二三九、二四六分别著录，卷帙相同。元吉另有《愚戆录》，《宋史》卷二〇八《艺文志七》著录为十卷，今不存。其《桐阴旧话》，《直斋书录解题》卷七《传记类》著录为十卷，今存《百川学海》本，仅一卷十条。祝尚书师《宋人别集叙录》卷一九云：

> 明《文渊阁书目》卷九著录"韩元吉《南涧集》一部七册，全"，《内阁书目》同，曰"凡七十卷"。《菉竹堂书目》卷三载"《南涧集》八册"。《绛云楼书目》卷三有《韩南涧甲乙稿》，陈注为"七十卷"。《焦尾集》《愚戆集》明代已无著录。上述诸家所藏集本皆失传，今唯存大典本《南涧甲乙稿》，馆臣"总裒为诗七卷，词一卷，文十四卷"。大典本录入《四库全书》，刊入武英殿聚珍板丛书。《丛书集成初编》据聚珍本排印。[④]

韩淲，有《涧泉集》二十卷、《涧泉日记》三卷（分上、中、下卷），另有

---

① 唐圭璋编《全宋词》，中华书局，1980 年，第 1882 页。

② （宋）黎德靖编、王星贤校《朱子语类》卷 139，中华书局，1986 年，第 3316 页。

③ （清）纪昀等编《钦定四库全书总目》卷 160，第 2146 页。

④ 祝尚书著《宋人别集叙录》，第 945－946 页。

197首词存世,纪昀对其文学与人品评价皆很高,“淲诗稍不逮其父,而渊源家学,故非徒作。……于文章所得颇深。又制行清高,恬于荣利,一意以吟咏为事,平生精力具在于斯,故虽残缺之余,所存仍如是之夥也”①。其文学成就将在第二章第三节详细探讨,兹不赘述。

除了在文学创作上有不小创获,韩亿家族成员多与当时著名文学家结交,往来频繁,情谊很深。他们之间常常诗酒唱和,如韩维与梅尧臣、苏舜钦和欧阳修等人交往,韩元吉与曾几、陆游、范成大、辛弃疾等人交往,韩淲与刘克庄、戴复古等人交往。特别是韩亿家族与大文豪苏轼后人之间历经几代来往不绝更是被传为佳话。如韩维、韩宗武等,俱居颍昌,与苏辙、苏轼子孙皆有唱和。苏过曾与韩瑨共和陶渊明诗唱酬,其《次韵韩君表读渊明诗》有句云:“曾韩轻轩冕,雅意妙无畛。”据史载,其时苏过尚在郾城任。韩君表,即韩瑨,又字公表。苏过又曾与韩宗武同游展江亭,其次韵诗《次韩文若展江五咏》云:“闲寻短棹问溪源,乘兴真为酒载船。应学二疏辞汉早,胜游兼作地行仙。”言及自己将辞官与韩文若游。展江,嘉靖《许州志》卷八载:“展江亭在州西湖中,宋韩持国所作,盖取宋元献公‘展尽江湖极目天’诗意也。”②南渡后,韩氏后代与苏氏同居婺州。韩亿曾孙韩黯建炎二年戊申赴官萍乡尉,苏籀以诗饯行,有《送韩少汲萍乡尉》云:“大门人望旧旌旄,岭表泷头罄错刀。中馈从谁合红巹,邮亭自诡絜征袍。青衫九品非君愠,黄卷连车慰我曹。兰蕙满山山水县,遥知放意咏《离骚》。”据晁说之《景迂生集》卷二〇载,苏籀之妻韩氏,苏、韩乃姻亲。籀集中有《简江国韩尉谢珍惠二绝》,韩尉,即萍乡尉韩少汲③。苏过之孙苏岘,历任海陵县丞、太常主簿、吏部侍郎、太府卿,为福建、江西转运使,提举福建市舶司,秘阁修撰。苏岘去世后,韩元吉为其作墓志铭云:“苏文忠公以文章冠天下,士大夫称曰‘东坡先生’而不姓也。中兴渡江始,诸孙有显者其二曾孙,隔在许昌,相继来归,才望表表。著见天子,识而用之。一曰峤,字季真。

① (清)纪昀等编《钦定四库全书总目》卷163,第2171页。

② 舒大刚、曾枣庄撰《苏过年谱》,据《四川大学学报》丛刊二十七辑增订,吴洪泽、尹波主编《宋人年谱丛刊》,四川大学出版社,2003年,第3753页。

③ 舒大刚撰《苏籀苏辙年谱》,吴洪泽、尹波主编《宋人年谱丛刊》,第4795页。

历谏省、给事黄门、待制显谟阁。次则公也，讳岘，字叔子。兄弟一时驰名。”①

韩元吉与当时文人尤以陆游、张孝祥交往最多，见其《张安国诗集序》《送陆务观序》等，其中，张孝祥之妹张法善乃韩元吉兄元龙之妻，有《安人张氏墓志铭》为证。宋代理学彬彬称盛，韩亿家族成员多与理学家交往，且具有较深理论修养，时人称誉其家族堪与吕氏家族并称，“北宋公相之盛、莫如吕氏、韩氏，其子孙皆能以学统光大之”②。韩亿家族中，韩维兄弟与理学家程颐、程颢兄弟交往非常多，韩元吉师从尹焞，被录入《和靖学案》，另外，元吉之子韩淲则被录入《清江学案》。韩元吉与宋代理学集大成者朱熹的关系非常密切，韩元吉又得著名理学家吕祖谦为婿。这些皆在当时传为佳话。韩淲家族在理学思想方面的影响和成就将于第五章另作详细论述。此外，韩亿家族还有一些值得称道之处，如韩维与王安石、司马光、吕公著在仁宗时同朝为官，特别友善。暇日多会于僧坊，往往谈谯终日，时人称他们为“嘉祐四友”③。韩元吉与蜀中最著名的史学家李焘同朝之时，往来密切。韩亿家族与当时政治、学术与文学各界名宿之交往，收入韩淲《涧泉日记》者颇多，由于其中所记轶闻趣事多源于家族口口相传，因此，具有很强的史料价值，后文将着重研究，兹不赘述。

4. 忠宪家法

在历史上，宋代家族对家庭教育的重视及其产生的效果一直非常引人注目。陈亮《与韩无咎尚书书》曾语及此风尚：“本朝二百年之间，学问文章，政事术业，各有家法，其本末流，班班可考。于两汉无所不及，而或过之。前辈递相授受，厥有准绳。渡江诸贤，收拾遗余，无所坠失。”④

① (宋)韩元吉《朝散郎祕阁修撰江南西路转运副使苏公墓志铭》，《南涧甲乙稿》卷21，文渊阁《四库全书》，第1165册，第351页。

② 郭齐、张尚英《历代学案》(二)，《宋元学案》卷34，第676页。

③ 丁传靖辑《宋人轶事汇编》，第557页。

④ (宋)陈亮《龙川集》卷19，文渊阁《四库全书》，第1171册，第674页。

据史料记载,宋代家族成员往往把道德教育放在首位,智力培养放在次位,即首孝悌,次见闻。现存有关这方面记载的文献很多,如北宋范仲淹《义庄规矩》、包拯《家训》、苏颂《魏公谭训》,南宋叶梦得《石林家训》、吕本中《童蒙训》、陆游《放翁家训》、真德秀《教子斋规》等。韩氏家族作为受人瞩目的望族,为了维持生存发展和延续家族声誉与名望,必定制定了一系列管理家族的规章制度,虽然现在没有留下直接以“家法”“条规”或“乡约”之类的文献,但当时人屡称其后代具有“忠宪家风”。韩瓘,字德全,元丰间知秀州,莅官敏锐,事无壅滞,吏不敢欺,人称有“忠宪家法”①。李清臣曾评价韩亿家族“百岁之计,植之以德。观韩氏所植之厚,岂独百年哉?视德之所至而已矣”②。可见,韩亿家族长期兴盛发展,离不开韩亿重视言传身教,重视家族成员的道德教育,家风严格,使家族成员具有卓越才干,在学术、举业、仕途上全面发展,又通过婚姻、同学、共事、交游多种方式积极拓展人际网络,不但改善了家族的内部教育、经济条件,提高了社会政治地位,也使他们始终与当时的主流社会保持较为紧密的联系。

自范仲淹始创家族义庄,宋代许多大家族倡导“敬宗收族”,经济上具有互助观念,韩亿家族亦如此。苏舜钦《答韩持国书》称“观今之风俗,乐善好事”。韩亿以忠厚正直、重情重义著称于当时,有关事迹见于与其同僚文集中。“公与李康靖公同行应举,有一氈同寝卧,至别,割氈为二分之。其后浸贵,以长女嫁康靖公子邯郸公,而七解州府君娶康靖公女,子孙数世婚姻不绝。”③“忠宪公以道德事仁宗皇帝,进退优裕,有始有卒。”④“亿性方重,治家严饬,虽燕居,未尝有惰容。见亲旧之孤贫者,常给其昏葬。每见天下诸路有奏擿拾官吏小过者,辄颜色不怿,曰:‘天下太平,圣主之心,虽昆虫草木,皆欲使之得所。’”⑤

韩亿发家之后,帮助家族贫困成员,做了很多善事。“笃于亲旧,其

---

① 《浙江通志》卷150,文渊阁《四库全书》,第523册,第97页。

② (宋)李清臣《韩太保惟忠墓表》,《新刊名臣碑传琬琰之集》,第2册,第991页。

③ (宋)韩元吉《桐阴旧话》,《学海类编》本,集余。

④ (宋)李清臣《韩太保惟忠墓表》,《新刊名臣碑传琬琰之集》,第2册,第900页。

⑤ (元)脱脱《宋史》卷315,第10299页。

孤藐不能自存者，为之婚葬，推荫使任，教抚成就之”①。他也很重视对后代的道德教育。韩综于景祐元年登进士第，后以吕文靖公荐入馆。忠宪公书戒之曰：“惟上感君恩，次答知己，外但服勤职业，一心公忠，何虑前程不达。切须照管人情，周防忌善之言为切。”继综迁开封府推后，韩亿又戒之曰：“乍赞浩穰，庶事皆须熟思，无致小有失错，至于断一笞杖或不当，明则惧于朝章，幽则畏于阴骘。”韩亿嘱咐韩综的两封书信，现在真迹具在，族人家自余尚数纸。韩亿亦与献肃兄弟者数份家书，其中无一笔草书，尾但云“吾押付汝而不名”②，可见其律己之严及治家之严格。

韩亿儿子这一辈人，大多能秉承其志，勤政仁爱，留下贤德美名。如韩绛忠君事主，独当一面，“今定州丞相以忠厚正直事仁宗、英宗以及今上，出藩入辅，亲当天下大事，不辞艰难。其昆弟群从又才贤且皆显用。呜呼，可谓盛矣”③。韩维兴办义庄，宅心仁厚，明达事理。“其居家，俸赐悉以均给宗族及故人子弟，周恤之甚厚。方闲退时，聚族数百口，置田数十顷，以为义庄，抚孤幼尤力。致仕之日，家无余财。”④韩维立朝处理国事，以“忠厚方正”而著称。熙宁元年，司马光任翰林学士兼侍读学士，称“韩维、陈荐，忠厚方正者也”⑤。朱熹以贤而有信评价韩维，“后之议礼者，但以韩维、司马光之贤，人所尊信，而安石执拗，遂并安石之言之合礼者而绌之”⑥。韩元吉《高祖宫师文编序》一文记载韩维轶事颇多，“公(韩维)自少喜为诗，然见子弟传录，辄毁去曰：‘士大夫当以行义为先，是何足成名。’”“公谪居均州，归未终岁而薨。其制命则

① (宋)张方平《先宪韩公墓志铭并序》，曾枣庄、刘琳《全宋文》，第19册，巴蜀书社，1992年，第593页。

② (宋)韩元吉《桐阴旧话》，《学海类编》本，集余。

③ (宋)李清臣《韩太保惟忠墓表》，《新刊名臣碑传琬琰之集》，第2册，第991页。

④ (宋)鲜于绰《南阳集行状》，(宋)韩维《南阳集》，文渊阁《四库全书》，第1101册，第771页。

⑤ 尹波《司马温公年谱》，(清)顾栋高编、刘承干校，求恕斋丛书本。《范忠宣言行拾遗》。《宋人年谱丛刊》，第1781页。

⑥ 尹波《王荆公年谱》，(清)顾栋高编，刘承干校，求恕斋丛书本。《宋人年谱丛刊》，第2001页。

曰:‘吾平生所行事,自知之,他日无请谥,毋志吾墓也。’故自建中靖国以来,公虽追复原官,诸子不敢议铭事。中兴四十年,元祐大臣往往得谥,子孙亦莫敢请也。”①

至韩亿孙辈,韩绛之子韩宗师敬重长辈,以仁孝出名,“在神宗朝数赐对,常弗忍去亲侧,屡辞官不拜”。韩维后人韩宗文、韩瑨继承其风范,晁说之《宋故韩公表墓铭》称:“有天下重望,忠于君不顾其身,而不以卿相为富贵者,其唯少师韩公乎?有子宗文未试而卒以孝闻。有子瑨承忠孝之庆,少如成人。”②叶梦得镇许昌日,与韩维之子韩宗质、韩维之孙韩瑨交往,称叔侄二人“皆清修简远,持国之风烈犹在”。韩缜之子韩宗武,亦受到其称誉,“耆老笃厚,历历能论前朝事”③。韩亿曾孙韩瓘,为官一任,造福四方。“为于潜令,莅官所至,敏锐兴利除弊,事无壅滞,吏不敢欺,皆谓有‘忠宪家法’。”④“政和初,韩瓘为于潜县令,兴利除害,民甚德之。政暇,尝游憩于岜崿山之东轩,后人因目为‘昌黎馆’以寓去思。”⑤另外,韩元龙治理地方政绩斐然,“县久不治,元龙悉力区画,至忘家事。有疏豪猾姓名来谂者,谢不纳曰:‘此一人耳,即不以良民待之,彼何以自新。’闻者感化,邑遂大治。仕终直龙图阁,浙西提刑”。元龙还以“醇孝”著称,“性醇孝,未尝辄去其母。与弟尚书元吉友爱甚笃,俱以文学显,时以比坡颖云”⑥。

综上所述,“忠宪家风”以忠厚、仁孝为核心思想、精神,集中体现了韩亿家族成员的整体风貌,沈晦《南阳集跋》称:“忠宪公训饬子弟甚力,重以外祖方严清介,诸房化之子侄皆表表自立。故本朝有家法者,推韩氏。”⑦归纳韩亿家族的家法,主要表现在以下两个方面:其一,家族成员重视道德操守,重情重义,出处进退以气节为先;其二,讲孝悌、仁爱,重族谊、乡谊,敬宗收族。“忠宪家法”可谓家族能够持续发展二百余年

① (宋)韩元吉《高祖宫师文编序》,《南涧甲乙稿》卷14,文渊阁《四库全书》,第1165册,第200页。

② (宋)晁说之《景迂生集》卷20,文渊阁《四库全书》,第1118册,第385页。

③ (元)陆友仁《砚北杂志》卷上,文渊阁《四库全书》,第866册,第573页。

④⑥ (明)凌迪知《万姓统谱》卷24,文渊阁《四库全书》,第956册,第414页。

⑤ (明)彭大翼《山堂肆考》卷77,文渊阁《四库全书》,第975册,第469页。

⑦ (宋)韩维《南阳集》,文渊阁《四库全书》,第1101册,第777页。

的重要原因。遗憾的是，韩亿家族仅仅在父、子、孙三辈盛极之时，号称“门族之盛，为天下冠”，至韩亿孙辈以后，家族在各个领域的影响力日衰，故被称为“三世而盛大光显”①而已。

5. 由盛而衰

由于政治斗争的残酷性以及朝政时局的变动性，韩亿家族历经多次政治和社会的风雨飘摇，与宋代其他世家大族一样最后都衰败了，成为历史长河中逝去的一道风景。分析这个家族王国从兴盛走向衰落，既具有历史的必然，也有主观的偶然性，主要影响因素有如下三方面：

首先，元祐党祸给予家族致命打击。北宋党争自绍圣（1094—1098）以后愈演愈烈，韩亿家族与其姻亲吕氏、晁氏在政治上受到对手的打击越来越严重。在当时的政治斗争上，韩亿家族核心成员的政治立场趋向于保守派的旧党，韩维曾批评王安石变法。宋哲宗亲政以后，尤其到徽宗朝，韩氏家族及其姻亲在政治上遭受近乎毁灭性的打击。崇宁元年（1102），蔡京等立元祐党人碑，韩氏一门韩维、韩宗彦、韩宗武相继入党籍，家族姻亲晁补之、晁说之、晁咏之，吕本中曾祖吕公著、祖父吕希哲、父亲吕好问，以及吕大防、吕希纯皆列为元祐党人。从史书的记载可以看出，这场政治劫难摧毁了北宋许多世家大族，使从前能够荣辱与共、休戚相关的名门望族皆陷入孤立无援状态。从绍圣至绍兴这段漫长时间里，韩亿家族披上政治枷锁，长期受到政敌无情打压。“党籍之家”的恶名使其子孙受到株连，长期被废而不用。徽宗朝，蔡京长期执政，除立元祐党人碑，实行政治高压，还对元祐学术文化实行全面禁锢。韩元吉《高祖宫师文编序》和韩淲《涧泉日记》对此皆有记载。韩亿家族的政治前途跌入谷底，家势衰颓，家族成员主动或被迫退隐，甚至遁入空门，如韩元吉记其伯父有子“僧祖航”。一直到蔡京倒台，赵构南渡称帝，朝廷用人制度出现转向，一方面重北轻南，重用或起用随高宗南渡的北地士人，另一方面则进元祐旧党而退蔡京新党。对于名列党籍的元祐党人和元符上书人，南宋政府不仅将他们彻底平反，而且

① （宋）曾肇《韩宗道墓志铭》，载《金石萃编》卷142，《石刻史料丛书》本。

死者加爵，生者进官，推恩录用。韩氏家族成员韩元吉此时深受宋高宗赵构器重与信任，被封为尚书，其余子弟也蒙荫封官，家族发展开始出现转机。不过，经过北宋末年的党争与政争多次重创，此时的发展已是"夕阳无限好，只是近黄昏"，因此，经过仅仅经过韩元吉一辈人不长时间发展，家族很快又一蹶不振，最后销声匿迹。

其次，宋室南渡，时局动乱，家族被迫迁移，使韩亿家族的发展经受前所未有的严峻考验。政局的变化和动乱无疑不利于世家大族的延续和发展。随着南宋政治中心南移，北宋时显赫一时的著姓大族不得不纷纷南迁，韩亿家族从京城迁移，饱经离乱之苦，家族成员也逐渐分散居住，甚至经济上陷入困窘状态，过着朝不保夕的生活。如南渡后，韩璜避居衡山，韩元吉流寓信州上饶。动荡和漂泊不定的生活让韩亿家族痛苦不堪。韩元吉常于诗文中回忆起两宋之交的这段流离生活，追忆家族的繁盛，感伤家族的破落，"族绪凋零不计年，户曹一眷更萧然。恨无妆敛冠巾计，送汝安心隐坐禅"①。"故家零落眼中稀，岁月峥嵘踏路岐。诗解穷人君莫恨，钱能使鬼我方知。片言折狱非无日，谈笑封侯会有时。一上梅山吊槃瓠，牓题佳句写幽思"②。"川摇百艇陆千车，多是淮南避地家。黄纸赦来戎马去，儿歌妇笑总呦哑"③。韩淲《涧泉日记》记述韩维和韩元吉与当时政治、学术名流交往亦颇多，足可见韩亿家族盛极一时的旧况。

第三，韩亿家族成员的某些个性和习惯影响和限制了他们的交游和发展。据史料记载，韩氏家族成员多性格耿直孤傲。韩维知颍昌，时彦以状元及第为签判。初见持国，通谒者称状元，持国怒曰："状元无官耶？"自此呼签判云，彦终身衔之④。韩宗彦镇瀛州，辟为河间令。徽宗时任秘书丞，以"刚直敢谏"著称。韩璜峻节壁立，无所污染。后知谏

---

① (宋)韩元吉《航弟自广润省坟金华作二绝句送之》，《全宋诗》，第38册，第23694页。

② (宋)韩元吉《送赵蕃辰州司理字昌甫》，《全宋诗》，第38册，第23667页。

③ (宋)韩元吉《次韵务观城西书事二首》，《全宋诗》，第38册，第23697页。

④ 丁传靖辑《宋人轶事汇编》，第473页。

院，以忤秦桧归①。韩亿家族有的成员性格非常暴躁，如韩缜，以天章阁待制知秦州。尝宴客夜归，指使傅勍被酒，误随入州宅，与侍妾遇。缜怒令军校以铁裹杖箠杀之。勍妻持血衣挝登闻鼓以诉，坐落职，分司南京。秦人語曰："宁逢乳虎，莫逢玉汝。"其暴酷如此②。

另外，家庭成员不善经营，未能及时为家族发展积累强有力的经济后盾。韩亿家族在兴盛时，经济上没有积蓄。如韩亿对自己要求非常严格，廉洁自守，苏舜钦称其"治家处身，一以素约，起微中至贵，始终无少异者"③。韩亿及其后代散尽家财，给予族人很多经济支援。不仅韩亿家族如此，其姻亲王旦、苏氏家族亦如此。如王旦，据《宋史》本传云其高居参知政事，"真宗即位，拜中书舍人"，"咸平三年，拜给事中。同知枢密院事。逾年，以工部侍郎参知政事"。但是仍然保持俭朴的生活习惯，"披服质素，家人欲以缯锦饰毡席，不许"，"真宗以其所居陋，欲治之，旦辞以先人旧庐，乃止。宅门坏，主者彻新之，暂于庑下启侧门出入。旦至，侧门据鞍俯过"④。由于经济力量薄弱，韩亿家族一旦丧失政治保证，便马上陷入生活困境，日子过得相当艰难。

总的说来，韩亿家族在鼎盛时期人丁旺盛，子孙满堂；盘据高位，簪缨累代；交结王侯和学术名流，当时可与之比肩的家族屈指可数。可是到南宋后，家族逐渐衰败，不但失去了较高的政治地位，而且子孙离散，或隐居避世，或遁入空门，甚至生活朝不保夕，与家族发展高峰时形成强烈反差。在宋代特别是北宋，如韩亿家族这样的案例还有很多。如韩亿家族姻亲苏易简家族，发展辉煌的时间更短，自苏易简任翰林学士至苏舜钦因获罪除名，苏氏仅仅保存了50来年"大家著姓"地位的发展历程⑤。"青山遮不住，毕竟东流去"。回溯北宋这些世家大族的辉煌，

---

① 郭齐、张尚英《历代学案》(二)，《宋元学案》卷34，第676页。

② (元)脱脱《宋史》卷315，第10310页。

③ (宋)苏舜钦《赠太子太保韩公行状》，苏舜钦著、沈文倬校《苏学士集》卷16，上海古籍出版社，1981年，第208页。

④ (元)脱脱《宋史》卷282，第9552页。

⑤ 张邦炜《宋代盐泉苏氏剖析》，《宋代婚姻与家族史论》，人民出版社，2003年，第302页。

已经成为历史，但他们留给我们的历史教训与启示却是全方位的。其中最重要的一点是，步入近世，门阀已经很难世族化，家族在政治上产生持续影响力的能力极大削弱，要想维持家族声誉和求得家族长期发展，家族成员应当积极应对，厚植经济实力，广泛购买书籍，及时安排子弟接受教育，并以学术和文学传家。"诗书传家久"是历史的古训，相比韩亿家族，其姻亲吕氏和晁氏无疑执行得更早，坚持得更为成功，这是同为北宋大族，而后两者广为后人熟知，而韩亿家族却默默无闻的主要缘由。

第三节　赵蕃与韩淲交游考论

1. 赵蕃与韩淲家族

梳理两宋政治史，不难发现，韩淲家族与晁氏家族同时活跃在政坛上，既是互相声援的为官之友，又屡屡互为缔结姻亲，增进关系，有关情况，下文将进行更详细的论述。如前所述，赵蕃与晁氏家族乃姻亲，这层关系使他与韩淲家族之间情谊变得更为密切。论及赵蕃与韩淲之关系，首先应考述其与韩淲之父韩元吉的交往。韩元吉和韩淲父子俩乃北宋真宗至仁宗朝时官威显赫的望族——韩亿家族后裔，这个家族的发展前面已详细考述，兹不赘述。韩元吉，字无咎，南渡后寓居信州，其《安人卢氏墓志铭》曰："淳熙改元之七年，予始居南涧。"①孝宗隆兴间，元吉官至吏部尚书，政治地位颇高，与之交游者多为当时政治、思想与文学等领域的大家与名流，《四库全书总目》云："元吉本文献世家，据其跋尹焞手迹自称门人，则距程子仅再传。又与朱子最善，尝举以自代，其状今载集中，故其学问渊源颇为醇正。其他以诗文倡和者如叶梦得、张浚、曾几、曾丰、陈岩肖、龚颐正、章甫、陈亮、陆游、赵蕃诸人，皆当代胜流，故文章矩矱亦具有师承。其婿吕祖谦为世名儒。其子名淲字仲止者，亦清苦自持，以诗名于宋季。"②其中所提及与元吉长相往来交好

① （宋）韩元吉《南涧甲乙稿》卷22，文渊阁《四库全书》，第1165册，第370页。

② （清）纪昀等编《钦定四库全书总目》卷160，第2146页。

之名流即有赵蕃。作为元祐故家之后，韩元吉在当时拥有很高声望，赵蕃对其非常仰慕与称道，其《题徐氏滋德堂用老谢丈韵》诗自注云："(滋德)堂，建宁韩尚书无咎命名，当涂苏给事季真书榜。"诗中更称韩元吉乃当时鼎鼎有名的"人物"，"一时人物韩与苏，题榜制名夫岂疏"。其《别韩尚书》又云："流风莫和况当家，南涧先生堪颉颃。"赵蕃记叙与韩元吉之间往来唱酬诗作颇多，其《斯远入城见李使君郎中且谒尚书韩先生》云："南涧先生归几时，南溪如泛未传诗。"其四云："上饶耆旧无曾吕，月旦多称李德翁。闻道二难真顿有，盖公堂下求盍通。"其《次韵南涧韩先生二首》亦云："直声旧着尚书履，召节行闻夜席思。"

赵蕃诗中反复称赞韩元吉文才之高，其《送韩建宁赴召》甚至认为元吉之才可绍继韩愈，"忆公典选继昌黎，是我学人行卷时"。其《寄建宁韩尚书》亦称赞元吉官声之高，"今代韩夫子，频年刺两州。官崇古常伯，地重汉诸侯"。韩元吉去世后，他又作挽诗三首云：

> 唐室文公裔，国朝桐树家。学探和静蕴，文嗣一门华。尚拟咨黄发，居成后白麻。公身宁有憾，物论自兴嗟。
>
> 曾吕兼晁郑，吾州夙所尊。流风嗟日远，耆旧赖公存。见必询诗卷，闻仍置酒樽。从今入州府，寂寞向谁门。
>
> 寂寞南溪路，于今忍重经。东来待樽俎，南去哭丹青。四裔传碑版，谁人作志铭。屏山空矗矗，涧水暗泠泠。①

其中，第一首论韩元吉之家世和学术渊源，第二首论元吉之声望和道德风范，第三首论自己的孤独与悲痛之情。韩元吉去世很久，赵蕃仍悲痛不已，其《李商叟举似用南涧山字韵茶山星字韵数诗辄借韵呈商叟二首》云："已悲傲吏失南山，尚喜王僬峙旧坛。"赵蕃还多次于诗中表达怀念韩元吉之情，其《蕃侍舅翁衡州史君游吉阳山舅翁举往年与南涧韩公唱酬长短句蕃赋三诗》云："闻道常年会，尚书领客来。……人亡与节逝，已矣两裴回。"

论及赵蕃与韩淲之交往，从年辈来看，赵蕃长韩淲十六岁，是长辈；

① (宋)韩元吉《挽南涧先生三首》，《全宋诗》，第49册，第30661页。

从诗坛地位来看,赵蕃成名较早,是前辈。两位诗人年龄、影响本有差距,为何当时人将两人相提并论呢?以下试联系两人的交游及相似之处等方面因素探析其原因。韩淲,字仲止,号涧泉。世居开封(今河南)。后徙信州上饶(今江西)。据方回《瀛奎律髓》卷二〇记载,其生于1159年,卒于1224年。《宋史》无其传,仕履始末多无考。早年因父荫入仕,曾为平江府属官,其集中有制词一道,可知其曾做过朝官,曾官学士。曾在药局为官,宁宗庆元六年(1200),药局官满,其集中有《三月下旬药局书》《三月下旬药局书满》等诗为证。嘉泰元年(1201)曾入吴应试,未几被斥。韩淲亦曾做过贵池尉之类的小官,然不久辞官归隐,隐居上饶二十余年。韩元吉《南涧甲乙稿》亦叙其加冠、娶妇等事迹,其《淲冠告庙文》云:“乾道九年(1173)岁次癸巳正月乙丑朔孙具位某云云。某之男淲,年登志学,爰以正旦加之冠礼,庶祈保佑俾克成人。”①其《淲纳妇祝文》亦云:“淳熙四年(1177)十一月丙申朔二十七日壬戌具位云云。某之男淲,娶妇晁氏,朝奉郎新通判庐州子阖之女,盖以道舍人之孙也。”②

从韩淲仕宦经历来看,多为一些小官,社会地位并不高。不过,从当时人对其生平事迹的记载及其诗中所写来看,他非常重视修身养气,不畏权贵,不慕名利,志节高洁,其《示儿》诗不但倾吐为人刚正、贫贱不移的气节,并且表达了自己戮力践行的决心,“士固贵诵说,人亦要力行。气质到深厚,心术尤分明。贵贱易迁变,是非多战争。直宜刚且正,无复弱而平”。

赵蕃与韩淲长年隐居于地处江南东路的信州玉山县,因住所距离较近,两人交往方便,往来频繁,这些经历都被两人记录于诗中,翻阅他们的诗集,可以找到两人许多唱和次韵之作。在中国文学史上,有许多被同时人相提并称的诗人轶事。唐代诗人王之涣、王昌龄和崔国辅等曾“联唱迭和,名动一时”③。元白、皮陆的唱和也在诗坛久负盛名。而

① (宋)韩元吉《南涧甲乙稿》卷18,文渊阁《四库全书》,第1165册,第284页。
② (宋)韩元吉《南涧甲乙稿》卷18,文渊阁《四库全书》,第1165册,第285页。
③ (唐)白居易《故滁州刺史赠刑部尚书荥阳郑公墓志铭》,《白氏长庆集》卷25,《四部丛刊初编》,第123册。

又以白居易等九人的香山九老会为极盛的标志。宋代,诗人之间的唱和活动得到进一步发展,如西昆酬唱、洛阳耆英会最享盛名①。唱和之风的产生与诗派的形成具有密切关系。如唐代宗大历年间,有十才子唱和。诗人之间的唱和为诗歌流派的形成创造了某种必要条件,如果以某种形式使唱和固定下来,使唱和变得具有经常性,有目的性,则往往可以促进诗派的形成②。考察"二泉"的诗作,两人之间唱和、次韵之作特别多,尤其又以韩淲创作数量更多,形式更为多样,内容更为丰富。以其诗为例,如写赵蕃品性高洁,学有渊源,《余子任访章泉》云:"章泉天下翁,之子能幽寻。谋道不谋利,耿耿秉此心。……翁实独远绍,文献所酌斟。诗乃其绪余,敛收日行吟。"如写自己钦敬赵蕃,《余子任访章泉》云:"渺渺兮予怀,慎旃宜重钦。"《昌甫竹隐》云:"此老已华颠,清门非市阛。……是中夫如何,不以俗谛论。"如记赵蕃送食,如《谢昌甫芋药》《谢昌甫茶且嘱同往来诸友饮之》《昌甫寄酒蛤辣螺新蟹皆山味所久无》。如记赵蕃生日,如《昌甫生日》。如写送别赵蕃,《载酒送昌甫至十许里分韵得送字》云:"翁归章泉山,我以一尊送。"如写追怀赵蕃,如《有怀昌甫》云:"共话诗翁归,章泉如云霄。"《怀昌甫》云:"君头短发种种长,营营寒事惊流光。……竹隐我独矫首望,诗寄尚喜笔健强。"如记两人之间的诗歌唱和、次韵,唱和诗如《和昌甫梦中见寄》《昌甫题徐仙民诗集因和韵两篇》。从韩淲诗作来看,其次韵赵蕃诗作数量很多,如《次韵昌甫所题唐宋诸贤画像石刻》《十二日次韵昌甫》,韩淲写了很多次韵组诗,如《次韵昌父十首》。赵蕃的次韵诗,见于《全宋诗》卷一三和卷一四,这两卷多两人之间的次韵诗作。

韩淲诗中提及两人经常互相寄赠新写诗作,如《昌甫寄近诗一卷》写赵蕃寄诗韩淲云:"诗情闲雅笔舒明,吟到平时字亦成。老不厌山怀玉秀,静宜流水章泉声。殷勤题寄情何过,展转看来眼自惊。一任人间无此作,近闻巩至得同盟。"如《寄昌甫》写韩淲寄诗赵蕃云:"梅花开尽冬亦尽,雪后春来犹苦寒。年事其谁无老境,时情徒自有儒冠。林虚磴道归深谷,塘决沟流起素湍。鹰掠晚风鸦泊雾,一轩苔竹且加餐。"《初

① 张宏生著《江湖诗派研究》,中华书局,1995年,第15页。
② 张宏生著《江湖诗派研究》,第18页。

二日寄昌甫》亦写韩淲寄诗赵蕃云："病余无绪可从容，健羡人能下上同。秋冷芙蓉才弄日，晴烘岩桂又吹风。枯荣车马留还去，喧寂壶觞散复空。老意苦心徒漫兴，玉溪云薄有来鸿。"

韩淲词中亦多与赵蕃唱和、次韵之作。如《减字木兰花·次昌甫韵》云："年光虚度。能得几多消散处。莫恨归迟。得见新词不自持。　山中酒里。笑语喧哗知有弟。此意谁如。世事纷纷一任渠。"①《鹧鸪天·次韵昌甫》云："老去情怀酒味中。水边林下古人风。岁云暮矣江空晚，谁识儋州秃鬓翁。　人易远，语难工。春时犹记一尊同。苦心未免皆如此，只合挥弦目送鸿。"如《谒金门·和昌甫》云："花肃肃。杨柳三眠未足。一棹溪山新涨绿。旧欢无梦续。　莫问杜鹃啼蜀。只有江南水竹。北客凄凉无伴独。春山生草木。"《卜算子·中秋前一日和昌甫所寄》云："一雨已秋深，月色寒而静。夜半披衣草树间，玉露团清影。　长笛倚楼声，听彻还重省。手启柴门倦复关，云卧衣裳冷。"从韩淲词中亦可见其对赵蕃非常敬重，常于词中表现对赵蕃的思念之情，如《水调歌头·坐间有伤仲至且怀昌甫因呈张宰》云："新月已如许，我问带湖梅。人闲题句，赢得浮潋酒盈杯。落柘豪英满坐，烂漫风骚连纸，天外凤凰来。只怕轻孤负，莫待巧安排。　空翠滴，寒爽矣，晚佳哉。为君绝倒，折尽千树玉蓓堆。渺渺章泉好在，寂寂卢泉仙去，今古付尊罍。拍手见花木，放眼记莓苔。"

韩淲与赵蕃，在血缘上互为姻亲，在生活上嘘寒问暖，互相关心，在诗学上以江西诗学为旨归，在人生追求上重节义、轻功利，两人在思想上有许多相通之处，在创作中常常互通有无、共同切磋，两人可谓惺惺相惜，志趣相投，同声相应，成为南宋信州诗坛中的绝配，为人同时并称为"二泉"也就不足为怪。同时，他们又与当时另一位诗人徐斯远被誉为"信上三君子"。关于这一点，研究南宋江西地域诗人时不能不引起关注和重视。

① 唐圭璋编《全宋词》(四)，第2242页。注：本书以下所引韩淲词均出自《全宋词》(四)，中华书局，1980年，第2236－2265页。

2. 赵蕃与晁氏家族

晁氏家族历来享有中原文献大家的美誉，赵蕃与这个大家族乃姻亲。其《次韵晁大舅祖子应》云："离骚皎皎在湖湘，冀北茫茫失乘黄。徒手岂能探虎穴，敝车安得绕羊肠。外家文律况吾祖，有作岁时常一囊。天遣南来端有意，要须健笔写秋光。"诗中"舅祖""外家"即点明赵蕃与晁氏家族之关系。他又有《寄答晁百谷元归》《呈晁舅祖叔蕴》和《别约之舅》等诗提及晁氏，又如《久不领衡州舅氏书以长句问动静》云："寥阔书题久不闻，可怜鱼雁动成群。未传春兴衡阳纸，长忆江东日暮云。见说风帆京口泊，又云山色敬亭分。莫言翰墨绕游戏，看取毛锥解致君。"其诗题自注云："枢密舅镇京口，户曹兄官宣城，闻安舆往来之，故见于辞。"其《寄韩仲止主簿》组诗更能证明赵蕃与晁氏及韩淲家族的姻亲关系，其第四首云："病卧凄然寂寞滨，既亲且故几何人。"[①]诗中介绍两人关系为"既亲且故"。其第三首云："介室于余亦外家，二年朝夕向长沙。闻君往会临川葬，我不及前空叹嗟。"不但称"介室于余亦外家"，点明两人关系，诗中又有"闻君往会临川葬"，据张剑《晁说之研究》考述，赵蕃所云韩淲所参加葬礼当是指晁子与之死。晁子与（1114—1201），字点仲，自号清容居士，南渡家抚州，乃晁公迈次子，为人夷雅静重，通达世故，无意仕进。绍熙中，庆寿慈福宫，年逾八十，赐爵迪功郎。嘉泰元年十二月卒，年八十八。平生教子有方，友爱亲族，抚教晁百谈（子谁之子）以经术中高第。每道故家遗俗，四坐倾听，耳目聪明，笔札精楷，先六年书遗训甚悉，书偈颂一首而逝。葬临川长安乡长冈金鱼塘之原，妻陈氏，子百谷，亦早登科第，孙南世[②]。而晁子与子百谷，字符归，生十年，已有成人风，见周必大《文忠集》卷二〇《晁百谷字序》，年甫二十，笔力扛鼎，早登南省（礼部），有一男名世南，一女嫁何居厚（出处见百谈注）。《新修清丰县志》卷九《典籍》载其有《晁百谷诗集》一编。另外，晁公迈（1091—1146），字伯皋，一字伯咎，晁咏之长子，号传密居士。荫补将作郎。高宗建炎中以承事郎通判抚州军事[③]。绍兴十年，

---

① 《全宋诗》，第 49 册，第 30923 页。

② 张剑著《晁说之研究》，学苑出版社，2005 年，第 65 页。

③ （宋）李心传《建炎以来系年要录》卷 29，中华书局，1988 年，第 581 页。

广东提举茶盐公事，权市舶司①。公迈晚年罢归山林，扁舟往来吴松，啸歌饮酒，益放于诗，其名章秀句，传之士大夫，皆以来有承平台阁之风。其孙百谈蒐聚公迈诗四百六十一篇，集为四卷，陆游为之序②。

赵蕃有《蕃侍舅翁衡州史君游吉阳山》(二)诗云："闻道常年会，尚书领客来。公能哦旧句，我恨阙初陪。郁郁云峰雨，苍苍石磴苔。人亡与节逝，已矣两裴回。"赵蕃写此诗当与舅翁游吉阳山时，韩元吉已去世。考晁氏家族在这段时间有机会与韩元吉在吉阳山唱酬的只有曾在吉州作过教授的晁百谈。另一位晁百辟，字仲式，庆元间虽曾为安陆宰，但当时韩元吉已过世多年。晁百谈(1145—1214)，一作伯谈，字符默，临川人，太中大夫咏之曾孙。深于《春秋》。登淳熙二年进士，授吉州教授。周平园称其文，主管官告院，时权臣开边，先生轮对，言"内修不可忽，大举不可轻，当举刚正士以强本朝"。丐外，知南康军，陛辞，犹以除戎器饬边备为言。至郡，适旱蝗后，首罢科举之令，贵粟薄征，民无流徙。会奉祠，杖屦游庐阜，赋诗集为《归田杂著》。再起知道州，叹曰："吾尝慕元结为舂陵，当使万物吐气，惜老矣，恐不能践斯言也。"入仕籍四十年，家无余财，有《带川集》二十卷。尝学于陆象山，其师承授受言论不可考③。晁百谈于孝宗淳熙二年登进士后，任金州教授、吉州教授。嘉泰元年、二年任于潜令。嘉定年间，主管官告院，知南康军，在临川县铜陵山阳建碧涧书院④。百谈曾赋诗集《归田杂著》，有《带川集》二十卷，《新修清丰县志》载《带川集》为三十卷，今佚。考韩淲《涧泉集》有《用昌甫韵寄晁於潜诗韵寄之》，因晁百谈曾官於潜令，故疑其诗中"晁於潜"即指晁百谈。且韩淲与百谈唱和诗作颇多，韩淲《恋绣衾》词题为"晁仲一将至滁阳新买妾"，韩淲《涧泉集》还有《次韵晁仲二同仓使游灵岩》及《晁十哥出旧藏书画》等诗为证。另外，徽宗崇宁二年癸未(1103)，晁说之改承议郎，知定州无极县，说之友韩增在保州狼山建娱

① (宋)李心传《建炎以来系年要录》卷136，第2189页。

② (宋)陆游《晁伯咎诗集序》，《渭南文集》卷14，《四部丛刊初编》，第258册，第132页。

③ (清)黄宗羲编、全祖望补《宋元学案》卷77，第2596页。

④ 《江西通志》卷21，文渊阁《四库全书》，第513册，第707页。

山堂，说之为其作《娱山堂记》。按：卷一六《娱山堂记》后有“崇宁二年癸未四月乙丑”①。赵蕃有《娱山亭》诗，自注云：娱山亭，在太平州判官廨舍，为大舅氏作。其诗云：“嗜好虽同辙，贤愚本异岐。箪瓢乐吾道，钱马昧真痴。吾舅端何似，名亭不在兹。”据晁说之《宋故韩公表墓铭》云：

有天下重望，忠于君不顾其身，而不以卿相为富贵者，其唯少师韩公乎！有子宗文未试而卒以孝闻，有子瑨承忠孝之庆，少如成人，任将作监主簿，年八岁。及稍长，以恩勾当西京崇福宫。绍圣元年，以诗赋奏名礼部。上初亲政。策士对曰：“国家承平久，直虑未形之祸，祸既未形，则非言之可示也。愿致慎其微，不在左右近习乎。”主司忌之而又喜其文，乃第诸甲卷之中。是时名瑾，字居表，后改瑨。又以新令字公表，除签书宁海军节度判官厅公事，辟签书渭州军事判官厅公事。丁父忧，复仕。当元符、建中靖国之间。君子相贺曰：“吾时也。公表用为正言、司谏则可，否则中秘书可，两宰相有违言，卒以自祸也。知人才而弃之不用。”公表乃通判保州，作娱山亭以自处焉，属知无极县嵩山晁说之为之记。②

另外，赵蕃于诗中还多次提到晁氏家族其他人，如《送晁元默自潭还抚二首》，又有《送晁舅翁子应过宁乡谒令李思求》云：“藉藉沩山寺，堂堂忠献坟。……文舅雅能赋，令君深发文。”综上分析可见，晁氏乃赵蕃外家，赵蕃与晁氏、韩氏家族确具有亲密的姻亲关系。

---

① 张剑著《晁说之研究》，第95页。

② (宋)晁说之《景迂生集》卷20，文渊阁《四库全书》，第1118册，第385页。

第二章　中兴后劲:“上饶二泉”的文学创作与艺术成就

第一节　中兴诗坛发展简述

1. 何谓中兴诗坛?

宋南渡以后,宋代政治经济发展迎来了一个短暂的稳定发展时期,诗坛的发展也迎来了继元祐之后宋诗发展的又一个高峰时期,即中兴诗坛。何谓“中兴诗坛”?

南宋一朝历经高、孝、光、宁、理宗等9个皇帝,包括高宗建炎(1127—1130)、绍兴(1131—1162),孝宗隆兴(1163—1164)、乾道(1165—1173)、淳熙(1174—1189),光宗绍熙(1190—1194),宁宗庆元(1195—1200)、嘉泰(1201—1204)、开禧(1205—1207)、嘉定(1208—1224),理宗宝庆(1225—1227)、绍定(1228—1233)、端平(1234—1236)、嘉熙(1237—1240)、淳祐(1241—1252)、宝祐(1253—1258)、开庆(1259—1259)、景定(1260—1264)、度宗咸淳(1265—1274)、恭帝德祐(1275—1276)、端宗景炎(1276—1278)、卫王宋帝昺祥兴(1278—1279)。现存的一些南宋历史文献和文学文献中可见,南宋人习惯称本朝为“中兴”。如诗人陆游《谢张时可通判赠诗》有“圣朝中兴六十年”之句,钱仲联《剑南诗稿校注》系于淳熙八年(1181),其中,“六十年”当为虚数,可逆推至建炎元年左右。《宋史·艺文志》著录洪遵《中兴以来玉堂制草》三十四卷,周必大《续中兴玉堂制草》三十卷,李壁《中兴诸臣奏议》四百五十卷，同时，南宋张浚于绍兴初进呈《中兴备览》三卷，亦以“中兴”为名。

究竟历史上的南宋“中兴”指的是什么时候呢？

一种观点认为是指的高宗一朝。《艺苑雌黄》称“凡王室中否而复兴，谓之中兴”。在当时人的概念里，历史上的南宋“中兴”，一般以宋高宗建炎元年为起始年。靖康元年(1126)，徽宗、钦宗二帝先后为金人所虏，北方国土归入金国。建炎元年(1127)五月，赵构即帝位于南京(今河南省商丘市)，是为高宗，改元建炎。高宗因“王室中否而复兴”理所当然成为中兴皇帝，南宋“中兴”自此开始。南宋历史文献如熊克于孝宗在位期间编修《中兴小纪》，以高宗建炎丁未为首，迄于高宗绍兴壬午三十二年(1162)。绍熙二年(1191)，光宗加谥高宗赵构为“受命中兴全功至德圣神武文昭仁宪孝皇帝”。

另一种观点认为是指高、孝、光、宁、理五朝。其中，又有两种观点：一种以宁宗为下限，如淳祐二年(1242)右丞相史嵩之等进《中兴四朝国史》，以宁宗为限；日藏《中兴禅林风月集》收南宋宁宗时人僧法照等人诗，书中谓“中兴”以宁宗时期为下限。郑景龙于理宗嘉定十七年(1224)后成书的《中兴诗选》，选宁宗时人滕岑诗作，亦可见以宁宗朝为下限。理宗淳祐二年(1242)进呈的《中兴四朝国史》，记高宗、孝宗、光宗、宁宗四朝国史。“中兴”的下限，目前学界主要有两种观点：另一种以理宗朝为下限。南宋黄昇序于理宗淳祐己酉八年(1248)的《中兴以来绝妙词选》卷首第一人即南渡的康与之，第二人是陈与义，卷十最后一人是理宗时人洪瑹。理宗淳祐四年(1244)左右，黄昇撰、魏庆之辑佚的《玉林中兴诗话补遗》(原称《玉林诗话》)，论及江西诗派后期诗人曾几、中兴诗人杨万里、萧德藻、江湖派诗人高翥等人，可见此书以理宗淳祐左右为断限。综合来看，南宋人诗文、史籍所谓的“中兴”下限，当为延至理宗淳祐(1241—1252)时期。

2. 中兴诗坛发展背景

赵汝愚与韩侂胄之间的政治斗争白热化，赵汝愚失败被贬逐，最后暴死。叶绍翁《四朝闻见录》记载诸史事备详：

初,宁皇之立,赵忠定不用吴琚,乃召韩侂胄而嘱之。韩本不得通慈福宫籍,乃介内侍关礼入白慈福,至涕泣固请。慈福召韩入,遣谕忠定,其议始定。韩自以为有定册之功,欲去忠定而未果。文公自长沙召入,闻之即惕然以为忧,因奏牍示微意。及进对,指陈再三,又约吏部侍郎彭龟年白发其奸。彭护金使以出,韩益得志。时忠定方议召知名之士,海内引领,以观新政,而事已多出于韩氏。文公既言于上,又数以手书遗其徒白忠定,欲处韩以节钺,赐第于北关之外,以谢其勤,渐以礼疏之。忠定不能用。……文公居顷,韩讽伶优以木刻公像,为峨冠大袖,于上前戏笑,以荧惑上听。公犹留身讲筵,乞再施行前奏,则予郡之批,已径从中出。然韩犹以公当世重望,美其职名,而优以大藩。公既去国,彭公方护使归,因奏:“陛下近日逐得朱熹太暴,臣亦欲陛下亟去侂胄。”未几,彭亦以直批予郡。庆元元年,韩欲并逐忠定,诬以不轨,因以尽除天下之不附己者,名以伪学。而太府寺丞吕祖俭以争论忠定,贬韶州,而弟祖泰至黜而窜。①

韩侂胄对以朱熹为首的理学家进行严酷的政治打击。据叶绍翁《四朝闻见录》记载:

嘉定改元,真文忠公以太学博士轮对,奏札曰:“庆元以来,柄臣颛制,立为名字以沮天下之善者有二:曰好异,曰好名。士大夫志于爵禄,靡然从之,以慷慨敢言为卖直,以清修自好为不情。流弊之极,至于北伐举朝趋和,而争之者不数人。今既更化,当先破尚同之习。”二年春二月,除起居舍人。夏五月,直前奏事,略曰:“自权奸擅政,十有四年。始也朱熹、彭龟年以抗论逐,吕祖俭、周端朝以上书斥。其后吕祖泰之贬,则近臣已不敢言。又其后也,盗平章之名,起边陲之衅,求如一祖泰者不可得矣。”②

当文公之响用也,其门人附之者众。及党议之兴,士之清修

① (宋)叶绍翁《四朝闻见录》丁集,中华书局,1997年,第142页。

② (宋)叶绍翁《四朝闻见录》丁集,第141-142页。

者，深入山林以避祸，而贪荣畏罪者，至易衣巾、携妓女于湖山都市之间以自别。虽文公之门人故交，尝过其门，凛不敢入。……嘉泰之间，为公之类者已幡然而起。至嘉定间，偶出于一时之游从，或未尝为公之所知者，其迹相望于朝，俗谓“当路卖药绵”。①

至庆元六年，朱熹终于正寝，时故旧犹莫敢致哀，《四朝闻见录》记载曰：

庆元六年，公终于正寝。郡守傅伯寿以党禁不以闻于朝，犹遣人以赙至，其家辞焉。时故旧莫敢致哀，陆公游仅以文祭云：“某有捐百身起九原之心；倾长河注东海之泪，路修齿耄，神往形留。公殁不忘，庶其歆饗。”仅此六句，词有所避而意亦至矣。元定先公三年殁，以柩归葬。公以文恸之，其词曰：“窃闻亡友西山先生羁旅之榇，远自舂陵来归故里，谨以家馔只鸡斗酒酹于灵前。呜呼哀哉！”略无他辞。……陆公之祭文公，文公之祭蔡君，俱不敢以一字诵其屈。盖当时权势熏灼，诸贤至不敢出声吐气，惟以目相视而已。官荐书与士子家状，俱以不系伪学为保任。②

至嘉泰二年，党祸稍平。

嘉泰二年壬戌，（朱熹）除华文阁待制，与一子恩泽。郡不以公殁闻于朝，故有生前之命。于是党祸稍平。③

开禧三年，韩侂胄伏诛。

开禧三年十一月三日圣旨：“韩侂胄久任国柄，粗罄勤劳，使南北生灵枉罹凶害，以致敌人专以首谋为言。不令退避，无以继好息民，可罢平章军国事，与宫观。陈自强专务阿谀，不恤国务，可罢右

① （宋）叶绍翁《四朝闻见录》丁集，第 149 页。
② （宋）叶绍翁《四朝闻见录》丁集，第 147 - 148 页。
③ （宋）叶绍翁《四朝闻见录》丁集，第 148 页。

丞相，日下出国门。"前一日，钱象祖、卫泾、李壁以御批付殿前夏震。震至日遣其将郑发截韩于六部桥，至玉津园，遂以铁鞭击死之矣。①

3. 中兴诗坛主将

南宋中兴诗坛，放射出夺目光彩的诗人主要有陆游、杨万里、范成大、尤袤、萧德藻。当时人或以杨、萧、范、陆四大家并称，《白石道人诗集叙》称："近过梁溪，见尤延之先生……先生因为余言：'近世人士喜宗江西，温润有如范致能者乎？痛快有如杨廷秀者乎？高古如萧东夫，俊逸如陆务观，是皆自出机轴，亶有可观者。又奚以江西？'"或以尤、杨、范、陆并称，方回《跋遂妆尤先生尚书诗》："言诗必曰尤、杨、范、陆，其先或曰尤、萧，然千岩蚤世不显，诗刻留湘中，传者少，尤、杨、范、陆擅名天下。"②其中，陆游、杨万里和范成大三位诗人不但在当时，即使到现在仍是诗名显赫。另外，还有朱文公熹，字元晦。中年易曰仲晦。他既是理学家，也是著名诗人。

"四大家"和朱熹之外，还有相当一部分诗人也取得不错成绩，宋人魏庆之引用杨万里"品藻中兴以来诸贤诗"称："自隆兴以来以诗名者：林谦之、范至能、陆务观、尤延之、萧东夫；近时后进，有张镃功父、赵蕃昌父、刘翰武子、黄景说严老、徐似道渊子、项安世平甫、巩丰仲至、姜夔尧章、徐贺恭仲、汪经仲权。"③杨万里在此共评述十位诗人为"近时后进"，只有姜夔、张镃两位现在诗名较高，其余八位今人对他们都关注较少。关于赵蕃，不但杨万里在此谈及，朱熹也曾对他给予充分肯定，"昌父志操文词，皆非流辈所及"④。韩淲亦云："章泉老子之诗学，笔自峥嵘心自泊。"⑤陈文蔚亦云："诵其诗者，口之而不置；玩其文者，手之而

① （宋）叶绍翁《四朝闻见录》戊集，第165页。

② （元）方回《桐江集》卷3，《续修四库全书》，第1322册，第414页。

③ （宋）魏庆之编《诗人玉屑》卷2，第14页。

④ （宋）朱熹《答徐斯远书》，《晦庵先生朱文公文集》卷54，《四部丛刊初编》，上海书店，1989年，第179册。

⑤ （宋）韩淲《昌甫有诗学长句次韵以柬处晦且当应举》，《全宋诗》，第52册，第32509页。

不舍。少日之诗，工于摹写；晚年天成，斧凿不假。”[①]此外，宋末元初方回多次提到赵蕃，“南渡后诗人，尤延之、萧千岩、杨诚斋、陆放翁、范石湖其最也，韩南涧、涧泉父子可继之，嘉定以来，止有一赵章泉耳”[②]。可以说，“二泉”在当时得到文学家、文学批评家和理学家交口赞誉，而赵蕃的诗名尤倍受称扬。

第二节　寒瘦与苦吟：赵蕃诗歌创作题材及其艺术风格

赵蕃很早就有诗名。据刘宰记载，其自少喜作诗，答书亦或以诗代，援笔立成。不经意而平淡有趣，读者以为有陶靖节之风。岁时宾友聚会，尊酒从容，浩歌长吟，心融意适，见者又以为有浴沂咏归气象[③]。杨万里亦称其为当时后进，其文云：“自隆兴以来以诗名者：林谦之、范至能、陆务观、尤延之、萧东夫；近时后进，有张镃功父、赵蕃昌父、刘翰武子、黄景说严老、徐似道渊子、项安世平甫、巩丰仲至、姜夔尧章、徐贺恭仲、汪经仲权。”[④]隆兴元年，即 1163 年，当时赵蕃仅二十岁，即有诗名，与姜夔等齐名。韩淲《题赵四行卷》评赵蕃作诗取法梅尧臣，学韩、孟等人，诗笔健阔，诗情高深，“淡泊梅都官，苦硬孟东野。韩欧舒而明，徐吕平而雅。健阔到应刘，高深望屈贾。章泉有斯人，身寄玉山下”。韩淲《昌甫寄酒蛤辣螺新蟹皆山味》亦云：“竹隐君其诗中权。”对赵蕃诗评价很高。周南《读信州赵昌甫诗》力赞赵蕃云：“斯文世不收，未绝仅如缕。哦君古律诗，思君用心苦。廪钱能几何，茅舍月有取。怀哉斯人欤，被褐止衡堵。”[⑤]

---

① （宋）陈文蔚《祭赵章泉》，《克斋集》卷 11，文渊阁《四库全书》，第 1171 册，第 89 页。

② （元）方回《桐江续集》卷 28，文渊阁《四库全书》，第 1193 册，第 589 页。

③ （宋）刘宰《漫塘文集》卷 32，文渊阁《四库全书》，第 1170 册，第 729 页。

④ （宋）杨万里《诚斋集》卷 114，《四部丛刊初编》，第 256 册，第 990 页。

⑤ 《全宋诗》，第 52 册，第 32267 页。

赵蕃诗多达三千余首,其自称工五言诗,其《十四夜月》云:“平生一杯酒,即事五言诗。”据刘克庄《后村诗话》记载,赵蕃早年与晚年诗风相比较有明显区别,“赵忠定当国,招蔡季通不至。犹坐赵党,谪死道州。伪禁方严,朱文公题其墓云‘有宋西山先生蔡季通之墓’。章泉泣之云:‘鹃叫春林辱赠诗,雁回湘浦忽传悲。兰枯蕙死迷三楚,雨暗灯昏碍九疑。蚤日力辞公府檄,暮年名入党人碑。乌虖季子延陵字,不待镵词行可知。’是时章泉句律如此,宜为一世所宗。晚年诗太坦率,几于风德之衰矣”①。可见,赵蕃诗早年以句律精严为人所推崇,晚年诗作渐流于粗率之弊,因此为人所诟病。据笔者统计,赵蕃现存诗3231首,其中七绝最多,1240首;其次是五律,898首;其他各种体裁作诗数量如下:四言,13首;五古,317首;七古,46首;五言长律,49首;七律,570首;五绝,38首;六绝,60首。

细读赵蕃诗,其中不乏清新亮丽、轻松明快、惹人喜爱、有气势、具有较高艺术水平之作。他最为后人称道的是《小园早步》:“今朝欣雨止,天气渐柔和。篱落小桃破,阶除驯雀多。占方移果树,带土数蔬科。农务侵寻及,吾宁久卧痾。”此诗尤以前四句语调轻快,写景清新,有生动活泼之趣,不像后期诗作死声活气状。方回称此诗“颇似晚唐,已工丽如此。其后日益高古清瘦,乃不肯作此体”。纪昀也认为此诗诗风“似晚唐”②。另外,赵蕃还有一些值得一提的作品,如《送赵成都二首》云:“蜀道当谋帅,维城孰愈公。夷陵护江左,斜谷顾关中。北虏心豺虎,南蛮势蚁蜂。守攻虽有异,镇抚不妨同。”此诗题中之赵成都,指当朝丞相赵汝愚之子赵直,他在淳熙中为四川制置安抚知成都府,赵蕃为其作诗两首,此其一。方回力赞其“夷陵”、“斜谷”二句,称为“壮哉语也”。查慎行云:“所见者大,不独为蜀道得帅而发。”纪昀亦云:“此首老重。”③分析赵蕃诗歌,其题材主要有纪行诗、次韵诗、咏贫诗、咏物诗、挽诗、节令诗等类型,以下将主要介绍其纪行诗、咏贫诗和咏物诗的创作内容和创作特色。

---

① (宋)刘克庄撰、毛秀梅校《后村诗话》前集卷2,中华书局,1983年,第35页。

② (元)方回选、李庆甲校《瀛奎律髓汇评》,第353页。

③ (元)方回选、李庆甲校《瀛奎律髓汇评》,第1067页。

1. 赵蕃的纪行诗

赵蕃诗集中纪行诗数量不少，主要记叙其宦游纪历，分析这些作品，约略可以了解其主要行踪。从赵蕃诗作来看，他隐居玉山之前，曾有过一段短暂曲折的仕宦经历。据文献记载，赵蕃和韩淲均未参加科举考试。其初以曾祖旸致仕恩补官。《宋史》本传云，赵蕃宝庆初以太社令被召，止于直秘阁致仕。又做过州文学、太和主簿、辰州司理参军、安仁赡军酒库之类低微的官职。又曾调浮梁尉、连江主薄，皆不赴。刘宰《章泉先生墓表》云："（赵蕃）用龙图致仕恩入仕饶之浮梁尉、福之连江簿，皆不赴，为吉之太和簿，辰之司理参军，最后监衡之安仁赡军酒库，已至未上而归。遂奉祠家居。"[①]刘克庄《后村诗话》提及赵蕃曾"宰建溪"，"昔宰建溪，赵章泉以诗祝游子蒙、刘叔通二家孤寡云：'贫贱可予置，生死无彼抛。遗书曾不博，斗粟与枝巢。'绝佳"[②]。赵蕃在诗中对自己的仕宦经历多有反映，如《自安仁至豫章途中杂兴十九首》叙在安仁"监税"。《将至辰州走笔寄在伯教授二首》《自桃川至辰州绝句四十有二》叙自己以秘书少监调辰州司理参军。他辗转于湖南与江西两地为官，一生经过湖南很多州市，如《次韵斯远闻蕃移官岳州见寄》叙至岳州，"西南之役凡几州，行行不已兹登楼。几怀佳日怅日暮，谁谓澄江驱客愁。巴陵洞庭故胜绝，李白杜甫曾漂流。亦思着句道所以，语不惊人空白头"。如《赠别欧阳全真三首》叙至潭州，"我尚长沙客，君归自五溪"。赵蕃在潭州作有四十绝句，收入《淳熙稿》卷一九。

赵蕃的仕宦生涯与湖南结下不解之缘。其父赵涣曾通判沅州，刘宰《章泉先生墓表》云："父涣，奉议郎，通判沅州。"沅州，据《方舆胜览》云：沅州，包括卢阳、麻阳、黔阳。郡名沅陵、潭阳。境内溪山阻绝，有明山、武阳山、辰山、沅水、龙溪等[③]。赵蕃作《寄秋怀》（十）记其沅湘之行云："两载沅湘役，虽劳何所为。"又有《寄唐德舆时决狱辰沅》《自桃川至辰州绝句四十有二》等作记叙辰沅之行。

赵蕃在诗中多次提到辰州和武陵这两个地点。辰州，宋时属荆湖

---

① （宋）刘宰《漫塘文集》卷32，文渊阁《四库全书》，第1170册，第729页。

② （宋）刘克庄撰、毛秀梅校《后村诗话》后集卷2，第73页。

③ （宋）祝穆《方舆胜览》卷30，文渊阁《四库全书》，第471册，第805页。

北路,包括辰阳、辰溪、溆浦、义陵、庐溪、巫黔六县。赵蕃诗中所说的辰阳的辰溪县,据王象之《舆地纪胜》云:“辰溪县,在州东南二百六十里。《隋志》云:‘辰溪旧曰张阳。平陈改名,并废故夜郎郡,置静人县,寻废。又梁置南阳郡建昌县,陈废县。开皇初废郡置寿州,十八年改为兖州。大业初,州废。’《元和郡县图志》云:‘本汉辰陵县,属武陵郡,后改曰辰阳。以在辰水之阳。’《离骚》云‘朝发枉渚,夕宿辰阳’是也。《旧唐志》云:‘汉辰阳县地,隋分置辰溪县。’”武陵,据王象之《舆地纪胜》云:“武陵,在卢溪,《善歌录》云:武溪深复深,飞鸟不能渡。”卢溪,在辰州西南一百三十里。王象之引《元和郡县志》云:“本汉沅陵县地,梁天监十年置卢州,萧铣于此置卢溪县,以南溪为名。”[①]另据祝穆《方舆胜览》云:“辰州,郡名酉阳、辰阳。辰阳,郡在辰水阳,取辰溪为名。”[②]故赵蕃诗中云“欲为辰阳之行”即指欲到“辰州”去。赵蕃《蕃欲为辰阳之行适寺簿先生以使事来武陵》记其在辰州云:“岁事有丰俭,民情关悴荣。蓄储虽具数,郡邑颇空名。为国深存虑,劳公作是行。违离频领引,邂逅复心倾。有志空前躅,无成愧此生。匆匆还进棹,草草仅班荆。对雨埙篪句,埙云手足情。千林唤归去,一雨劝催耕。”

因为刘清之官衡州长史,赵蕃为卒业而追随至其而至衡州。《衡州府志》卷九云:刘清之,绍兴二十七年进士,孝宗时由鄂州倅迁知衡州[③]。同书卷一〇云:清之守衡,蕃求监安仁酒库以卒业焉。真德秀书于国史曰:“蕃于师友如此,肯负国乎?”[④]另据《衡州志》云:“刘清之,朝奉郎。淳熙十三年四月到,建珠玉堂、道院。十五年正月奉祠。”“郑如崇,朝散郎。淳熙十五(1188)年四月到,绍熙元年(1190)正月罢。”[⑤]如上所述,赵蕃在衡州应在淳熙十三年即刘清之到任后至十五年离任这两年之间。赵蕃于诗中记叙了这段时间的经历,如《次韵衡州先生游花光因泛舟过向园示坐客之作》云:“使君有佳招,宿雨晓更惊。”又见于

---

① (宋)王象之《舆地纪胜》卷75,第451-452页。

② (宋)祝穆《方舆胜览》,文渊阁《四库全书》,第471册,第803页。

③ (清)张奇勋、周士仪纂《衡州府志》,书目文献出版社,1980年,第317页。

④ (清)张奇勋、周士仪纂《衡州府志》,第355页。

⑤ 转引自李之亮《宋两湖大郡守臣易替考》,巴蜀书社,2001年,第298页。

《自九度至衡岳呈同游潘文叔二首》《衡山道中遇雪四首》《题沅陵县治廓轩》《与潘文叔游衡岳四首》等。刘清之未至多久即罢官，赵蕃跟随清之，将官职辞掉，离开衡州，其《衡山道中怀清江旧游寄长沙诸公》诗中有"昔我官白下，屡到清江上"，"梁吴兄弟游，两周新旧职"，"官期纵卒卒，行计尤迟迟"，反映自己因刘清之罢官而匆匆辞官。回江西途中，道经潭州，作《发潭州》《客长沙邢园堂下梅花一萼先开有怀成父斯远二首》《元之去非来邢园折牡丹酴醿碧桃以之去》叙自己思亲之情、远游难归之艰难及其他生活经历。离开潭州之后，诗人并未回江西，而是往西到了辰州，如《喜而赋诗当寄交友之能诗者求着语焉》诗中所记。此外，赵蕃还到过湖南临湘，《送晁元默自潭还抚二年》其一云："临汝差池再，长沙邂逅初。"其二云："留落悲遗俗，凄凉说故家。"

此外，赵蕃自叙在江西的行踪，于《送莫万安》诗云："西江十一州，我所历者半。"他还到过广州，如《寄送潘文叔恭叔二首》云："已道衡州远，而今又广州。"

赵蕃纪行诗除了记载自己所到州县之行踪，还留下了大量记载自己游览寺院、道观和庵堂之作，此见于其题咏亭台、寺观这类诗，如《游浮洲寺》《过石陂少焉至曲睹寺》《早过兴福寺》《过水寺》《游妙香院》《游彰法寺打擢秀阁诗以行》《咏智门寺前古树》《题乾明庵》《题东台寺》《游吉祥寺》《游太平寺》《游茶山广教寺》《书合龙寺旧题后》《题圆通院》《访白鹤山祥云观》《题中团寺柱》《游思庵》《余干游昌国寺》《泊舟桃花台入妙香院》等。同时，由于生活贫困，赵蕃曾多次寄居寺院，故其描绘自己在寺院饮食生活之诗作亦有不少，如《自玉山归竹隐投宿广平院》《徙居祖印寺》《将宿天心寺》《文殊院晨起》《宿蓝畲寺》《宿彭湖寺》《宿永福院》《宿汪山之福田院》《饭后独立寺门颇见摇落之境》《初十日早立寺门作》《早饭龙堂寺》《宿甘陂寺》《宿清都观》等。倘细加考证赵蕃这类游历之作和寺观、庵堂生活之作，当可补充其行旅，使其诗作更具纪实性。

综观赵蕃纪行诗，有一个非常突出的特点是，他在湖南宦游途中创作了很多组诗，这些组诗规模宠大，有的甚至多达四十余首，达到空前绝后之地步。如《自桃川至辰州绝句四十有二》(以前四首为例)云：

瓮子滩头百丈牵，此其小小大犹前。命轻人鲊曾闻说，楚蜀悬知险并然。

过了矶头尚有沛，长江万里此为稀。怅予何可数乘此，宜尔山禽频劝归。

上得矶来势已危，忽然缆断不能支。惊心钓渚河边石，值尔应当应手糜。

钓石疑为借石低，月岩穿石两空梯。逃虚尚说闻人喜，况此依然面目迷。①

又如《八月八日发潭州后得绝句四十首》（以前四首为例）云：

湘神知我爱湘中，故遣舟迟匪厄穷。可笑儿曹不解事，故云常值打头风。

才把离觞已足悲，况哦别句慰相思。月明未比夜来别，人影已知天外追。

平岸朝阳已映光，高林宿霭尚深藏。客中亟起繇何事，要趁侵晨数刻凉。

鸥如玉洁鹭霜明，闲意相看了不惊。乃不悟予非慕者，决然飞背晚烟轻。②

此外，大型组诗还有《自安仁至豫章途中杂兴十九首》等。至于动辄四、五首或者两、三首的组诗更是非常多，如《将至辰州走笔寄在伯教授二首》《登安仁云锦驿后挹仙亭三首》等。下面，以他到岳州时曾作的《登岳阳楼》组诗为例来分析其诗的艺术成就：

太史南游上会稽，爱奇端欲助文辞。萧骚白发离骚国，不到巴陵终欠诗。自昔骚人半此州，不因放逐即淹留。我今毋负仍非客，何事泛然还一游。

几思假日赋登楼，风雨连连不肯休。待得晴时又成去，再三举

① 《全宋诗》，第49册，第30929页。

② 《全宋诗》，第49册，第30806页。

手谢沙鸥。晚风何许递参差，南望令人思九疑。渺渺烟波莫能极，谁云一苇可杭之。①

赵蕃这组诗，第一首咏史，第二首抒怀，第三首叙事，第四首写景，各有侧重。文学史上咏岳阳楼的诗以杜甫和孟浩然最为著名，如杜甫诗云："昔闻洞庭水，今上岳阳楼。吴楚东南坼，乾坤日夜浮。亲朋无一字，老病有孤舟。戎马关山北，凭轩涕泗流。"②全诗自然浑成，相贯相承，被誉为绝调。特别是首联破题，中四句写目之所见，心之所思，笔力万钧。陈与义也作有一首《登岳阳楼》，诗云："洞庭之东江水西，簾旌不动夕阳迟。登临吴蜀横分地，徙倚湖山欲暮时。万里来游还望远，三年多难更凭危。白头吊古风霜里，老木沧波无限悲。"③这首诗写得悲壮激烈，境界宏深，意味深厚。论赵蕃诗歌的成就无法与杜甫和陈与义等人相比，但其写作的这些纪行组诗，多选用七言绝句体裁，用联章的形式将每一次旅行经过完整地记录下来。既有行程的叙述，也有山水之美的描绘，还有个人情志的抒发，不但于作品中比较清晰地再现了其行程路线，使行程具有连续性与完整性，便于考证其行实，而且内容也还比较丰富。同时由于纪行组诗的创作比一般纪行诗难度大，比如说除了诗意的力避雷同，在材料的选择与剪裁上以及章法、句法都要避免单一，对于叙述、写景、议论和抒怀的合理安排等方面都让人煞费苦心，历来创作大型组诗的诗人还是比较少，即便是在唐代这个诗歌艺术达到顶峰的时期，创作大型组诗的诗人也还比较少，以唐代大诗人为例，如王勃在总章二年(669)五月自长安游蜀，作《入蜀纪行》三十首，今存《始平晚息》《散关晨度》《晚留凤州》等九首。杜甫在乾元二年自陇右游蜀，途中创作了两组纪行诗各有十二首。刘长卿大历六至八年(771—773)南巡郴、永，有《湘中纪行》十首④。因此，赵蕃能够大量创作这种诗歌

① 《全宋诗》，第49册，第30811页。

② (唐)杜甫《登岳阳楼》，杜甫撰、仇兆鳌注《杜诗详注》卷22，中华书局，1979年，第1946页。

③ (宋)陈与义著、吴书荫校《简斋集》卷19，中华书局，1982年，第302页。

④ 参李德辉著《唐代交通与文学》，湖南人民出版社，2003年，第268-271页。

在一定程度上也体现了他的艺术创造性和艺术追求达到了一定的高度,对这一点应该给予积极肯定。

2. 赵蕃的咏贫诗

除了纪行诗,赵蕃还写有大量反映个人贫寒生活的诗,亦非常引人注目。胡应麟《诗薮》云:“大抵熙、丰前词人多达,景德前达者弥众;‘绍述’后艺士多穷,淳熙后穷者愈繁。”[①]如前所述,赵蕃只有短暂的仕宦经历,因此并没有什么积蓄,且长期僻居乡野,其生活并没有固定来源,于是经常出现衣食得不到保障的情况。杨万里《题太和主簿赵昌父思隐堂》一诗描述其生活的困窘情况:“西昌府舍如佛屋,一物也无唯有竹。俸钱三月不曾支,竹阴过午未晨炊。大儿叫怒小儿啼,乃翁对竹方哦诗。诗人与竹一样瘦,诗句与竹一样秀。故山苍玉捶绿云,月稍风叶最关身。”[②]从中可见,赵蕃家徒四壁,一无所有。不但他自己面容消瘦,儿女们也痛苦不堪。于是,他在诗中一次次再现自己贫寒窘迫的生活。因为贫困,苦于催租,写下《催租人至作》,有时会还去卖花,如《卖花行》。赵蕃因为贫穷,经常居无定所,他在诗中描述自己这种生活。如《寓舍书怀》云:“还乡一过年,借屋两成迁。旧阁爱晚碧,今居因地偏。”象这类咏贫之作在其集中还有很多。在其笔下,他过着缺衣少食的生活,如《呈明叔且约诘朝过买江天阁》云:“雀噪还喑家立壁,鼠窥欲下粟无储。”《以孟夏唱酬陈子高诗寄季承并借穷愁志及其兄兴化集四首》其一云:“寂寞瓶储同靖节,荒凉壁立类相如。”其三云:“往事谁能论牛李,旧书聊欲借穷愁。”其四云:“着论端能拟过秦,苦吟长学跨驴人。十年不调非求异,三径为资本作贫。回首浮梁屡还往,断魂宿草几陈新。藏家有集曾三复,借我流传莫谩珍。”面对生活的重压,赵蕃大发悲叹,《除夕古体三十韵》云:“永怀荼苦心,况复对节物。”《连日昏雾感怀》更写苦到极致,“穷山逼穷冬,苦雾作苦寒”。赵蕃因为生活窘迫而形容枯槁,如《感怀五首》云:“余荣何足恃,枯槁同荆榛。”与贫寒生活如影随形的是,赵蕃一生历尽谋生的艰难,加上病痛的折磨,使诗人心交力瘁。

① (明)胡应麟《诗薮·杂编》卷5,上海古籍出版社,1979年,第310页。

② (宋)杨万里《诚斋集》卷15,《四部丛刊初编》,第252册。

《江月》云："残书看莫尽，病骨凛难当。俯仰年龄迈，飘零道路长。"《重送处州斯远三首》云："登临长病独成吟，连壁相依照映深。寄谢青山无偃蹇，好听绝唱乱清音。"因为贫穷，赵蕃对年华伤逝更多了几分感伤，他在《十六夜月》感叹说："青山葬李白，苏门隐孙登。吾老无逸气，颓然照鬅鬙。"又有《秋日书怀》云："冉冉年将老，冥冥雨送秋。衡门想芜没，萧寺苦淹留。工部诗陶写，平南酒拍浮。九原如可作，千载愿同游。"

因为生活穷困，赵蕃将诗稿也视为穷稿，其《以穷稿借全真》云："平生不识宋亨伯，老去手将穷稿编。"赵蕃《读旧诗作》亦云："长日胡为度，翻囊阅旧诗。渭南虽乃祖，修水是吾师。论自唐虞远，名繇屈宋垂。相传均一体，所得乱他岐。智凿空奇字，天成在达辞。江山真末助，学问本深基。性癖端渠似，穷工殆我欺。谁能钓时誉，聊以慰时饥。"诗中表现诗人因为生活贫寒，因而常处于寻觅诗歌创作素材的窘境。《余干登眺有怀》云："只有裴回与搜句，老无笔力愧传衣。"《正月六日雪》诗中亦感叹云"政苦诗材窘"。古人云："诗穷而后工。"李处全《松庵集序》高度评价其伯父及从兄的诗歌成就和遭遇，然后大发感慨："诗果能穷人，抑穷而后工耶。审如是，则诗固人所忌也。"[①]赵蕃却并未产生这番感受，其经年累月的穷困生活并没有促进诗艺的长进，而是常常借吟咏贫穷以表明自己的固志之节，如《论诗寄硕父五首》诗云：

诗人例多穷，我穷亦何因。频年走道路，一饥累其身。箪瓢岂非福，天理元自均。俯仰苟不媿，此心犹昔人。

我诗元不佳，病后日益退。年来穷到骨，未可专诗罪。故人周与施，爱我不我费。岁晚短书稀，相望千里外。[②]

赵蕃有一首七言古诗更把自己穷困时的心态和艰难的状况描述到极致，即如《近乏笔托二张求之于市殊不堪也作长句以资一笑》所云：

诗老作诗穷欲死，序诗乃得欧阳氏。序言人穷诗乃工，此语不

---

① (宋)李处全语，见《松庵集序》，文渊阁《四库全书》，第1135册，第579页。

② 《全宋诗》，第49册，第30474页。

疑如信史。少陵流落白也窜,郊岛摧埋终不起。是知造物恶镌镵,故遣饥寒被其体。嗟我少小不解事,失身偶落翰墨里。年来百念已灰灭,只有宿心犹在此。后来不作诸老亡,冥行恐堕涧谷底。虽云黄卷可尚友,糟粕讵能臻妙理。率然有作每自厌,一纸真成再三毁。庶几穮蓘望丰年,亦学乘流到涯涘。那知事乃有大缪,艺未及成穷已至。皆言诗工固可俟,穷为先兆自应尔。坐兹不复置追悔,志在温饱诚足鄙。玄泓管楮日相从,固异小人甘若醴。朅来中书忽告老,一朝左右手俱废。嘲风咏月不耐闲,按图姑听求诸市。我诗纵不称犀象,苇管鸡毛那惯使。纷纷着墨与水浮,势如丝乱安得治。戏题满几辄大笑,翻忆儿诗污窗纸。操舟无长病河纡,我诗固说当罪已。又闻工欲善乃事,未有不先资利器。作笺搜乞累朋友,往往犹吾叹崔子。锦囊藤箧世不乏,鼠啮虫攻谁料理。那知我辈有百艰,此事且然他可比。①

3. 赵蕃其他题材诗歌创作

此外,赵蕃写作咏物诗也较多。宋人兴起题物诗的高潮,这表明诗人对身边事物和生活琐事的日益关注。这种诗歌题材也逐渐在淡化诗人的当世之志,表现出很浓的摆脱尘世羁绊的心态的滋长。赵蕃咏物诗以咏梅诗居多,且有较高的成就。如《梅花六首》其一云:“平生欠汝哦诗债,岁岁年年须要还。……却笑渊明赋归去,庭柯日盼自怡颜。”其三云:“平生留落半天涯,处处逢梅是旧知。”其四云:“梅从何逊骤知名,句入林逋价转增。佳故品题因度远,暗能摸索为香凝。每逢陈迹空搔首,不见斯人但服膺。菊径依依怀靖节,瓜田草草念东陵。”其五云:“书论形似已为非,牝牡那穷神骏姿。”其六云:“全树婆娑夥匪奢,数枝纤瘦少尤佳。”如《十一日二十三夜通夕不寐为赋梅诗且怀斯远成父友弟及五首而晓书呈在伯》其一云:“年年赋梅诗,不赋如有阙。”赋梅诗不仅数量多,而且频率高。诗人为什么如此喜爱梅诗呢?原因是“我今故人思,因梅念高节”。其二云:“我欲赋梅诗,诗故未易作。劲质攘冰霜,高情傲丘壑。”由物及人,由咏梅而抒发自己的情志。其三云:“我欲赋梅

① 《全宋诗》,第49册,第30395页。

诗，佳处不自呈。老树赏空旷，长条贵疏明。既如幽人幽，又似贞女贞。可闻不可见，可见不可名。”这首诗写梅不可言语的妙处，美在外在的枯瘦的枝条，美在幽远的神韵。又如《在伯沅陵俱和前诗复次韵五首》其二云：“梅兮何等花，意似幽人作。芳不待三熏，胜自专一壑。屈原语醉醒，孺子歌清浊。醉如糟可餔，清亦足可濯。”另外还有《访梅仙宅》等。

次韵与和答是宋人喜欢使用的题材，在赵蕃诗中也比较普遍。就内容而言，山水花鸟草木、生活琐事和身边细物，都是赵蕃唱和诗的题材。赵蕃集中的登楼诗、题壁、题亭和题台诗也比较多，如《题飞霞亭》《悠然亭》《题君子亭》。这类题材的诗，历史上最著名的是崔颢《登黄鹤楼》和李白《登金陵凤凰台》、孟浩然《登岳阳楼》。方回称杜甫“登览诗最多”①。纪昀评王安石《登大茅山顶》诗云：“其言有物，必如是乃非空腔。凡初学为诗，须先有把握，稍涉论宗亦未妨，久而兴象深微，自能融化痕迹。若入手但流连光景，自诧王、孟清音，韦、柳嫡派，成一种滑调，即终不可救药矣。”黄庭坚有《登快阁》：“痴儿了却公家事，快阁东西倚晚晴。落木千山天远大，澄江一道月分明。朱弦已为佳人绝，青眼聊因美酒横。万里归船弄长笛，此心吾与白鸥盟。”纪昀评为“起句山谷习气，后六句意境殊阔”。赵蕃也写有许多和陶诗，如《和渊明贫士七诗》。此外，节令、送别、写景所占的比重也比较多。另赵蕃有断句留传，如《后村诗话》云：“昔宰建溪，赵章泉以诗祝游子蒙、刘叔通二家孤寡云：‘贫贱可余置，死生无彼抛。遗书曾不博，斗粟与枝巢。’绝佳。又别赠五言云：‘王家碧香酿，刘尹建安诗。’王家酒有名，故北山、章泉诗皆及之。”②赵蕃又有赠阮梅峰诗云“青云道远龙媒老，白雪词高鬼胆寒”。③

总的来说，赵蕃诗歌使用表现手法比较单一，他重视叙述、议论和说理，细致的描述很少。再从选择的题材和体现的主题来看，多是围绕日常生活和交游，多平铺直叙，兼喜欢使用生字和拗句，从而呈现出一种枯寒瘦硬之态。虽然赵蕃创作的初衷并不如此，如其《建康回使寄范帅从求诗帖许而未至》表明自己不喜欢枯寒诗境，其诗云：“作意投公好

① (元)方回选、李庆甲校《瀛奎律髓汇评》，第22页。

② (宋)刘克庄《后村诗话》后集卷2，第73页。

③ (元)方回《桐江集》卷4，《续修四库全书》，第1322册，第421页。

赋诗,无盐竟自突西施。生憎逼仄饥寒态,不尽从容质问时。已办过江还败兴,要期重谒愧无辞。夜光明月虽防暗,白日青天不碍知。”但其创作却走向了他愿望的反面,“瘦”成为赵蕃特别偏爱的一种风格,如其《秋雨感怀》诗云:“红叶连峰雨,黄花独径秋。一杯聊复酒,万斛不堪愁。”[①]《怀成父》云:“柳黄初作一夜秋,诗瘦宁消万古愁。客子岂无衣褐念,飞鸿犹作稻粱谋。早须微禄非因酒,晚愿全生但守丘。望尔不来来且去,江头吾已具归舟。”纪昀尝云:“然人之穷通,亦往往见于气象之间。福泽之人作苦语亦沉郁,潦倒之人作欢语亦寒俭,不必定在字句之吉祥与否也。”[②]韩淲《诗逢》有“诗逢恶境无一字,酒为可人须百杯”,也可以解释贫穷困窘的生活确实是造成赵蕃诗歌寒瘦诗风的部分原因。

综观赵蕃一生,除短暂为官在外,多僻居信州玉山的乡野山间,故其诗多写自己的日常生活及自然景物,有写实倾向,但其所写隐居环境较为狭小,意趣内敛,所写景物具有细微乃至幽僻的特色,因此,这类诗气局狭小,诗风平弱,呈现幽寒凄冷的景象。如《公择过门告别口占送之》云:“我分无堪祇贫贱,君才未免尚驱驰。”《送染和仲兼属寄谢吴丈三首》(一)云:“故家人物久荒凉,政为诗书种不长。”如《过曾季永》云:“耽诗叹我寒仍瘦,养气知君老更华。”又有《常山道中二首》(二)云:“有债成诗瘦,无钱罢饮醇。”《寄秋怀》其一云:“两月巴陵郡,搜诗朝暮间。”“才名或遭骂,坎坷分低颜。”

赵蕃长期僻居乡野,诗中描写对象十分有限,主要是自然山水景物、四季节气变化等景象和物候,如《上巳》云:“朝来一雨快阴晴,东郊百鸟间关鸣。受风柳条不自惜,蘸水桃花可怜生。不见山阴兰亭集,况乃长安丽人行。东西南北俱为客,且送江头返照明。”介绍终日与山林为伍的生活。《与吴兴俞君新之作画于瑞竹俞君索诗漫兴四绝句》云:“我无岩壑姿,空有山林想。看君落笔时,形滞心已往。”“平生苕霅舟,略计忘几历。诗里不能收,付君医画癖。”诗人用大量诗作抒写穷困贫

---

① 《全宋诗》,第 49 册,第 30883 页。(宋)魏庆之编《诗人玉屑》卷 2 云:“诚斋品藻中兴以来诸贤诗”称:“昌父云:‘红叶连村雨,黄花独径秋。诗穷真得瘦,酒薄不禁愁。’”第 14 页。

② (清)纪昀语,见方回选、李庆甲校《瀛奎律髓汇评》,第 370 页。

病的生活，如《次韵斯远见过三首》云："形影相随一病身，穷愁忽忽又经春。"赵蕃一生，长期处于贫困状态，不少时候还寄身寺庙。如《五月二十一日徙寓智门二首》(一)云："来归迨一载，借屋已三迁。易觉林间寺，难求郭外田。"《夜过李商叟》云："老大君无敌，飘零我漫穷。"赵蕃用诗歌表现穷困生活，沿袭了自陶渊明以来中国古代文人表现自己困窘生活状况的传统。《容斋随笔》卷八云："陶渊明高简闲靖，为晋、宋第一辈人。语其饥则箪瓢屡空，缾无储粟；其寒则裋褐穿结，絺绤冬陈；其居则环堵萧然，风日不蔽。穷困之状，可谓至矣。读其《与子俨等疏》云：'恨室无莱妇，抱兹苦心。汝等虽不同生，当思四海皆兄弟之义，管仲、鲍叔，分财无猜，他人尚尔，况同父之人哉！'然则犹有庶子也。《责子诗》云：'雍、端年十三。'此两人必异母尔。渊明在彭泽，悉令公田种秫，曰：'吾常得醉于酒足矣。'妻子固请种秔，乃使二顷五十亩种秫，五十亩种秔。其自叙亦云：'公田之利，足以为酒，故便求之。'犹望一稔而逝，然仲秋至冬，在官八十余日，即自免去职。所谓秫秔，盖未尝颗粒到口也，悲夫！"①

赵蕃在诗中，不但描写生活的清苦，而且并不讲究诗歌创作的技巧和诗歌的锤炼，往往即事写景，即事抒情，纵笔而成，一挥而就。《幽居即事》其二云："未能作有画句，聊且弄无弦琴。"其四云："何止胜俗人语，便可罢无弦琴。"其三云："枵腹搜诗甚苦，睡眼看山若无。"其五云："月皎白发可数，冷风病骨难支。何许林中肉醉，谁家世上钱痴。"其六云："世事不关幽事，睡魔可伏诗魔。隐几灰心南郭，无言示病维摩。"其八云："未办敲门赊酒，何妨觅纸题诗。"这部分着力描写贫病题材的诗歌助长了其艰深枯涩的风格，《寄毕叔文二首》其二云："故人欲问春来趣，多病还于酒盏疏。"《再题》云："既悟当寒雨，仍知雾乃晴。病躯聊自适，闲望亦增明。"诗人还反复叙写自己因为贫病而形容枯槁，如《次韵王进之欲雪兼属林令》云："不应浑似我，形槁亦心灰。"因为生活单调，诗材日益枯竭，赵蕃经常苦于诗歌创作方法难以创新和艺术水平无法提高。其《十五夜月》云："酒罄妨人醉，诗穷不易搜。径归掩关卧，还杂候虫幽。"《送染和仲兼属寄谢吴丈三首》其二云："学诗将老竟无奇，犹

① 吴文治主编《宋诗话全编》，江苏古籍出版社，1998年，第5674页。

有求交气未移。”《宿王氏新居晨起兴怀》亦云:“眼中浑是旧图画,诗里却无新语言。”另外,赵蕃于江西诗派非常推崇陈师道,后者一生困穷,诗中对其贫困生活状况多有反映。其《夏日即事》云:“花絮随风尽,欢娱过眼空。穷多诗有债,愁极酒无功。家在斜阳下,人归满月中。肝肠浑欲破,魂梦更无穷。”清代“同光体”诗人以专学宋诗相标榜,他们提倡宋诗,特别是陈衍把宋诗提到“清而有味,寒而有神,瘦而有筋力”的最高境界,事实上,如果用这句话来形容陈师道这类诗无疑非常恰当。

另外,由于赵蕃长期身处社会下层,这种社会地位在一定程度上不利于其诗文的广泛传播与接受。郑震《读书愚见》录“有田可以养气”云:古今之士,无立锥、无盖瓦者甚众。饥寒乱心,有能安于恬素者,亦是天分学力过人处。学士与士大夫得做好人,须是有以养其外。以外养护内养,夹持得秉彝住便是圣贤地位。三代时,人人有田,真是内养的本领。孟子曰:“无恒产者,无恒心;无恒产而有恒心,惟士为能。正虑为士者,无田失其恒心也。”苏秦曰:“使我有洛阳二顷田,安能佩六国相印。”乃是说无田至此。孔明告蜀先主曰:“臣成都有桑八百株,薄田十五顷,子弟衣食自有余饶。”亦是说有田可以自给。苏老泉亦云:“洵有山田二顷,非凶岁可以无饥。”有田者真可以养气,可以立身世。有田而丧气杀身者,此又不足道矣。若无田而乏衣食,行古之道,如孟东野辈,韩文化乌得不重拳拳①。王炎也说过,诗文当论工拙,不当论穷达。达者未必皆工,穷者未必不工也。唐人尚诗,士以能诗取高科,登达宦者接踵。然王昌龄、孟浩然、孟郊、贾岛之徒,其身至穷而言语之妙,有不可揜没者。文章天下公器,其品级高下,当定于公论,非私意所能翕张。富贵利达则其言语常重,贫贱隐约则其言语常轻,乃区区世俗之论,识者顾安取此②。

同时,理学思想对赵蕃在诗歌创作上喜欢议论和说理所产生的影响也不容小觑。赵蕃饱读儒经,先后师承刘清之和朱熹,受到两位理学家的思想熏陶,其《书李氏园亭》云:“何术销终讼,连朝役瘦形。早知还

① (宋)郑震《读书愚见》,《说郛》卷20,上海商务印书馆,1927年,第372页。

② (宋)王炎《懒翁詩序》,《双溪类稿》卷25,文渊阁《四库全书》,第1155册,第724页。

走俗,不用学通经。”从江西诗派的治学经历来看,多数诗人与理学有着颇深渊源。吕祖谦《书伯祖紫微翁赠青溪先生子诗后》云:“临川耆旧汪、谢、饶,皆出荥阳公之门。德操既遁世不耀,无逸亦以布衣死。志节稍见于世者,独青溪先生而已。紫微伯祖与青溪忘年交,序引所述备矣。后一诗勉戒其子,笃至严正,真前辈文人行语也。”①“苏东坡拈出渊明谈理之诗,有曰‘采菊东篱下,悠然见南山’,二曰‘笑傲东轩下,聊复得此生’,三曰‘客养千金躯,临化消其宝’。皆以为知道之言,盖绨章绘句,嘲风弄月,虽工何补。若观道者出语自然超诣,非常人能蹈其轨辙也。”②宋代的理学诗体自周邵至宋亡,约二百二十年,蝉联不断;其兴盛沿革,一以理学之兴盛沿革为转移③。至赵蕃生活的乾淳年间,理学家更是“以道德性命为宗”④。儒家如《中庸》所云“君子尊德性而道问学,致广大而尽精微,极高明而道中庸”等哲学思想对赵蕃的人生和诗歌产生至深且巨的影响,儒家所云君子尊崇天赋的性理,同时讲求学问而致知,使德性和学问臻于博大精微的境界,而又遵循平常的中庸之道,包含着强调在日常生活中实现境界提升的意义。这一种在现实世界中的安身立命之道,是成就人生理想人格的重要模式,成为中国古代士大夫为人处世的基本原则⑤。宋代理学家极其重视自己的道德修养问题,本来,儒家入世的基本程序是修身、齐家、治国、平天下,随着历史发展,人们对于这几个方面的强调发生了改变,表现出与汉儒家很大不同的是,宋儒重“内圣”,重道德修养,重在主观世界的修养,与此相适应,提出一系列新的文学主张。如宋人对“文”的要求,一言以蔽之曰:“文以载道。”如周敦颐云:“文所以载道也。……文所以载道,犹车所以载物。……文辞,艺也;道德,实也。笃其实而艺者书之美,则爱爱,则传焉。贤者得以学而至之,是为教。”⑥又因为“道”与“理”是人心中所

① (宋)吕祖谦《东莱集》卷7,文渊阁《四库全书》,第1150册,第63页。

② (宋)魏庆之《诗人玉屑》卷13引“《韵语阳秋》”,第284页。

③ 梁昆著《宋诗派别论》,第133页。

④ (元)袁桷《书汤西楼诗后》,《清容居士集》卷48,《四部丛刊初编》,第232册,上海书店,1989年。

⑤ 方立天著《中国佛教哲学要义》,中国人民大学出版社,2005年,第545页。

⑥ (宋)周敦颐《周元公集》卷1,文渊阁《四库全书》,第1101册,第432页。

固有者，惟有"载道"之文，"根于理"之诗，才可能彼我"贯乎一"。理学家论诗惟其如此，故虽忠君爱国每饭不忘之杜甫，犹蒙讥诮，而视为无益于事，《朱子语类》云："刘子澄言：'本朝只有四篇文字好：《太极图》《西铭》《易传序》《春秋传序》。'因言杜诗亦何用？曰：'是无意思，大部小部无万数，益得人甚事？'"[①]元代袁桷曾多次批判理学诗，他在《书括苍周衡之诗编》云："宋世诸儒一切直致，谓理即诗也，取乎平近者为贵，禅人偈语似之矣。"[②]《题闵思齐诗卷》云："唐诗有三变，至宋则变不可胜言矣。诗以比兴为主，理固未尝不具，今一以理言，遗其音节，失其体制，其得谓之诗欤？"[③]这既是赵蕃以理入诗的原因，同时也造成其诗缺少格调，缺少性灵，由于失落了诗的情趣，导致其诗艰涩难读，遭受后人非议。

第三节　闲淡清逸：韩淲的诗、词、日记写作

近年来学界掀起一股研究宋代家族的热潮，不但涌现了一批论著，如张邦炜《宋代婚姻家族考论》、邹重华《宋代四川家族与学术论集》等，也出现了不少研究论文，如吕肖奂、张剑合撰《宋代的文学家族与家族文学》《两宋家族的不同风貌及其成因》等。这些成果对晁氏家族关注最多，成就最突出，如傅璇琮、李岩合著《宋代诸晁学术略考》、张剑《宋代晁氏家族与文学》、何新所《宋代昭德晁氏家族研究》、刘焕阳《宋代晁氏家族及其文献研究》。其他成果则多关注吕氏家族、苏轼家族、苏易简家族等家族。考察这些研究成果可以发现，宋代家族发展在整体上呈现出一些共同特征，比如重视家庭教育，家族或在文化领域，或在政治领域，或在经济领域，或在思想领域，或在军事领域取得较大成就，有的家族则多个领域全面发展，很难分辨其主要成就在哪个领域。关于韩淲家族，赵蕃《挽南涧先生三首》叙其社会政治地位和影响称："唐室

① (宋)黎德靖编、王星贤校《朱子语类》卷139，第1597页。
② (元)袁桷《清容居士集》卷49，文渊阁《四库全书》，第1203册，第647页。
③ (元)袁桷《清容居士集》卷50，文渊阁《四库全书》，第1203册，第663页。

文公裔，国朝桐树家。学探和静蕴，文嗣一门华。”赵蕃诗题中所称“南涧先生”即韩淲之父韩元吉。赵蕃诗中所称“国朝桐树家”即韩元吉五世祖——韩亿，韩亿家族在宋真宗至神宗朝是当时声名特别显赫的大家族之一。据《宋史》记载，北宋有两个著姓大族都叫韩氏家族，其代表一为韩琦，一为韩亿。宋人王明清《挥麈录·前录》卷二云：“自祖宗以来，故家以真定韩氏为首，忠宪公家也。忠宪诸子名连系字，康公兄弟也。生宗字，宗生子名从玉字，玉生子从日字，日生元字，元生子从水字。居京师，廷有桐木，都人以桐树目之，以别相韩焉。相韩，则魏公家也。”[①]为示区别相州韩绮家族，世人以“桐木韩家”或“桐树韩家”称呼韩亿家族，南宋陈振孙《直斋书录解题》录韩元吉撰“《桐阴旧话》十卷”即称此书“记其家世旧事，以京师第门有桐木故云”[②]。就韩淲本人而言，世人称“韩涧泉名下无虚士”。戴复古《哭涧泉韩仲止二首》概括其一生志节，“雅志不同俗，休官二十年。隐居溪上宅，清酌涧中泉。慷慨伤时事，凄凉绝笔篇。三篇遗稿在，当并史书传”[③]。黄宗羲《宋元学案》录“文节赵章泉先生蕃”云：“乾、淳间，薛季宣、陈君举尤工。至四灵虽尝游水心之门，而无得于其学，故是时学道而工诗者惟先生（指赵蕃），大江以南推二泉，其一谓韩氏涧泉也。”[④]鉴于现存有关文献资料表明韩亿家族在政治、思想、品格、学术和文学等方面实有许多值得探讨和研究之处，而目前学界对韩淲关注和研究还比较有限，下文将联系其创作各方面的成果逐一深入展开研究。

1. 清浅闲散的涧泉诗

韩淲诗作，现存于《四库全书》本《涧泉集》。韩淲诗歌数量颇多，方回《瀛奎律髓》记载“韩淲有诗四十余卷，五千余篇”[⑤]。明《文渊阁书

① （宋）王明清《挥麈录·前录》卷 2，文渊阁《四库全书》，第 1038 册，第 379 页。

② （宋）陈振孙撰，徐小蛮、顾美华点校《直斋书录解题》卷 7，上海古籍出版社，1987 年，第 210 页。

③ （宋）戴复古《石屏诗集》卷 4，文渊阁《四库全书》，第 1165 册，第 600 页。

④ （清）黄宗羲撰、全祖望补《宋元学案》卷 59，第 1945 页。

⑤ （元）方回选、李庆甲校《瀛奎律髓汇评》，第 836 页。

目》卷一著录"《韩涧泉诗》一部五册，残阙"，又著录"《涧泉诗余》一部一册，完全"①，盖韩淲原有诗、词两集。《国史·经籍志》卷五仅录"《涧泉诗集》八卷"②。盖两集后皆散佚。今存《涧泉集》，乃四库馆臣辑自《永乐大典》本，并不完善，《四库全书总目·〈涧泉集〉提要》著录其创作及其存佚情况云：

> 《涧泉集》二十卷，宋韩淲撰。淲有《涧泉日记》，已著录，此其诗集也。淲诗稍不逮其父，而渊源家学，故非徒作。同时赵蕃号章泉，有诗名，与淲并称曰二泉。李龏《端平诗隽序》所谓"章、涧二泉先生"，方回诗所谓"上饶有二泉"者，即指蕃与淲也。然其集世罕传本，《文献通考》《宋史·艺文志》皆不著录。方回《瀛奎律髓》绝推重之，有"世言韩涧泉名下固无虚士"之语，尤称其"人家寒食常晴日，野老春游近午天"诸句，而所录淲作亦属寥寥。又戴复古挽淲诗有"三篇遗稿在，当并史书传"句，复古自注称，淲临终作三诗。近厉鹗辑《宋诗纪事》采摭极博，乃仅载《所以商山人》《所以桃源人》二首，而《所以鹿门人》一首佚焉。则淲之诗文湮没已久。今从《永乐大典》所载凡得诗二千四百余首，词七十九首，编为二十卷。又得制词一首，铭二首，亦并附焉。而《所以鹿门人》一篇，终不可见，知所轶者尚多。然较诸书所载，仅得残章断句者，已可谓富有矣。观淲所撰《涧泉日记》，于文章所得颇深。又制行清高，恬于荣利，一意以吟咏为事，平生精力具在于斯，故虽残缺之余，所存仍如是之夥也。③

郭绍虞辑《宋诗话辑佚》下卷引《玉林诗话》录《韩涧泉》一则，考韩淲作《所以桃源人》《所以鹿门人》《所以商山人》三诗及赵蕃为之作跋云：

① (明)杨士奇《文渊阁书目》卷10，商务印书馆，1937年，第139页。
② (明)焦竑《国史经籍志》卷5，《续修四库全书》，第916册，第527页。
③ (清)纪昀等编《钦定四库全书总目》卷163，第2171－2172页。

叙甲申秋，涧泉韩仲止有三诗《所以桃源人》《所以鹿门人》《所以商山人》，盖绝笔之作。戴复古《哭诗》所谓"凄凉绝笔篇，可并史书传"者，此也。章泉先生跋云："周汉历历上下秦，侯王将相史叠陈。辱斯荣斯仁不仁，桃源商山鹿门人。南磵远孙涧之滨，所以三人入呻吟。桃源本是耕稼民，鹿门商山抱经纶。一世虽屈九原伸，所以绝笔于获麟。我之拟赋非厥伦，威公语我泪沾巾。"两公之诗英妙高绝，真可以并传千古，然而寄大音于泬寥之表，存至味于淡泊之中，非具眼者不能识也。①

祝尚书《宋人别集叙录》亦考述韩淲诗集、词集版本流传及存佚，该书卷二三著录《涧泉集》二十卷，并云：

(淲)其集未见宋人序跋，编刊情况不详。唯明《文渊阁书目》卷一〇著录"《韩涧泉诗》一部五册，残阙"，又，"《涧泉诗余》一部一册，完全"，盖原有诗、词两集。《国史·经籍志》卷五仅录"《涧泉诗集》八卷"。两集后皆亡佚，今存诗词集乃大典本。《四库提要》曰："淲诗稍不逮其父，而渊源家学，故非徒作。……然其集世罕传本，《文献通考》《宋史·艺文志》皆不著录。……今检《永乐大典》所载，凡得诗二千四百余首，词七十九首，编为二十卷，又得制词一首、铭二首，亦并附焉。今北京图书馆藏有乾隆翰林院钞本，可校补四库本。大典本录入《四库全书》。民国时尝以文渊阁库本影印入《四库全书珍本初集》。②

除《四库全书》本所录韩淲诗作，栾贵明自《永乐大典》辑得佚诗九首，补入《四库辑本别集拾遗》，分别是《鹅湖道中》(四首)、《周国正约过茶山带湖》《次公招看绿萼梅和韵》《二十五日舒村》《深村》《初八日传闻光州虏退又云东海之捷》等。据笔者统计，韩淲共有诗 2614 首，加上栾贵明补辑的 9 首，总计 2623 首。其创作各种体裁诗数目如下：五古，

① 郭绍虞辑《宋诗话辑佚》，第 503 页。

② 祝尚书著《宋人别集叙录》，第 1186 - 1187 页。

293 首;五律,718 首;七古,34 首;六古,1 首;六律,1 首;七律,357 首;杂言,6 首;五绝,92 首;六绝,29 首;七绝,1088 首;四律,1 首。

韩淲诗中次韵诗最多。他与赵蕃之间有多达 157 首次韵诗,其次与徐斯远之间,也多达 36 首。这些次韵诗多是记叙两人之间平常的交往与赠答,艺术成就多不是很高。最能代表韩淲诗歌创作艺术水平的作品当推咏梅诗。宋代文人爱好写诗咏物,山、水、花、草、蝉、莺、萤、雀等皆可以入诗,成为写作题材。由于梅花的姿态与神韵与宋人对人格与审美的追求深相契合,使宋代掀起了咏梅诗创作繁荣的局面。据《宋史·艺文志》记载,李祺写有《梅花百咏》,张道裕写有《梅花诗》300 首。韩淲写作的咏梅诗也不少。方回《瀛奎律髓》选其咏梅诗多达 7 首,在数量上仅次于陆游(10 首)、梅圣俞(8 首)、曾几(8 首),与杨万里一样多,可见,韩淲的咏梅诗受到方回肯定。从韩淲的写作可以看出,赏梅和咏梅是其追求清闲、雅致生活的主要内容。他不但欣赏梅花,观察梅花,还善于描写梅花,善于把握各种物色风姿,表现它们的香气、色泽、姿态、种类和生存环境。韩淲对梅花态度庄重、敬畏,在他笔下,清新可爱的梅花仿佛已成为他自身人格和意趣的真实写照。韩淲有一首诗,径以"梅"为题:"肯同桃李强搀春,自占空山野水滨。老气却因高树得,清姿不待数花折。本来淡泊难从俗,纵入纷华亦绝尘。最爱夜深霜重处,冷风吹起月精神。"①此诗着力刻画梅的清高傲岸,品质高洁,俨然他的自画像。诗中"空山""野水滨"既描写梅花的生活环境,也反映诗人的生活。"老气""清姿"既描摹梅花的姿态,也表现诗人的自我形象。"淡泊""难从俗",表现梅花的品性,更表现诗人甘于隐居避世,高洁、清高的节操。又如《涧东临风饮梅花尚未全放一树独佳》:"残雪余寒二月来,涧东犹是欲开梅。夕阳影淡初寻句,流水声清更把杯。取友唤邻相领略,破荒择胜独徘徊。谁能折向南枝醉,一阵寒香扑麝煤。"此诗首先介绍梅花绽放的季节,表现气候严寒,反映梅能经霜雪、耐严寒的习性,然后描写梅花的形态、行为、香气,运用拟人手法,让人们从视觉、嗅觉、听觉等不同角度发现和感受梅花的美,让人们在阵阵寒意中看到梅花呼朋引伴,嗅到梅花的淡淡幽香。诗中运用细腻的笔触,采用移步换景

① 《全宋诗》,第 52 册,第 32618 页。

的写法，虽然只有短短二十八个字，却分明描绘了一幅春寒料峭中生意盎然的赏梅图。难怪方回感叹此诗“笔力古淡”，尤其推举其中的第五、六句，称“五、六惟陈后山到此地”①。又因此称赞韩淲作诗“老笔劲健，非江湖近人饾饤可及”②。

韩淲还有不少着眼于表现梅花幽远香气和绰约姿态的佳作：“简点山前梅蕊痕，花虽未放已销魂。纵饶老干摧幽谷，也胜繁华倚市门。”(《探梅》)“点缀初非桃有艳，横斜宁与李争华……步绕孤根香更在，高怀无惜共流霞。”(《春山看红梅》)“虽得霜浓春自浓，野梅无处不为容。半依古渡迷芳草，独占荒山对古松。绰约花房宜戏蝶，崔嵬枝干若游龙。角巾一幅支筇久，不觉烟中有寺钟。”(《梅下》)也有一些诗单写花香：“照眼花枝是腊梅，香传小树为谁开。”(《涧上腊梅香甚》)或写花瓣：“几枝冷蕊吟方见，一点疏花画不成。”(《探梅》)

韩淲淡泊名利，安贫乐道，固穷守节，向往隐居生活。其《庙山竚舟闲赋》云：“谁云朝市无清致，除却利名浑可闲。”《题笑轩》云：“幽寻灵运登山屐，静寄渊明漉酒巾。”《贫乐轩》云：“从教流俗千般巧，莫受荣华一点欺。”韩淲乐于与志趣相投的高尚之士往来，如赵蕃、徐斯远、巩仲至等人。其《和吴推官》云：“名下无虚真雅士，清谈可饱弗忧饥。”

在韩淲笔下，梅花的颜色是清浅的，香气是幽淡的，已成为他清高形象的写照，洁身自好的代表。韩淲注重写梅的韵胜格高和孤芳自赏，在淡泊情思中蕴缥缈风神，如《十九日散步春浦因看山池梅花缤纷而酌》云：“山霭乍收斜日澹，一轩恰醉两三人。”《武林买蜡梅栽在园》云：“输香浅色霜风晚，合与幽人子细开。”韩淲吟咏梅花与其高自标榜的人格相互照应，受到纪昀关注与肯定，他力赞韩淲的诗文与品格，称其“于文章所得颇深。又制行清高，恬于荣利”③。

山林诗在韩淲作品中也占了相当大的份量，这与他隐居上饶玉山有着密切关系。在这些诗中，韩淲或描写山林的荒凉、冷落、寒气逼人，因为有诗人与朋友在其中喝酒、吟诗而变得富有生机，如《夜同处晦霞

① (元)方回选、李庆甲校《瀛奎律髓汇评》，第839页。
② (元)方回选、李庆甲校《瀛奎律髓汇评》，第449页。
③ (清)纪昀等编《钦定四库全书总目》卷163，第2171－2172页。

山》云："春来不道梅花好，古观荒林并晚晴。一一枝间见生意，重重影外落寒声。酒因人胜舒徐饮，诗待客吟萧散成。扶尽墟烟横野水，暗涵深绿起疏明。"或者描写自己处身山林的饮食、读书和会客等生活，《山林》云："山林终日掩柴门，近听风声远对云。粗有稻粱供伏腊，尚凭鸡犬报朝曛。气非身外无存想，书在眼前多见闻。客至不劳闲酒食，一瓯茶灶一炉香。"或描写自己且歌且吟，穿行于山野密林，塑造自己一派萧散隐者的形象，如《山行》云："家住疏疏短短篱，并山支径自登跻。寒云四垂天惨惨，老木环锁风凄凄。身从荒园叩古寺，眼暗孤城带清溪。寻僧与客少谈胜，兴罢归来鸟夜啼。"或者描写山中的亭台楼阁、禽鸟风烟等自然景象，如《题山光亭》云："晚春天气绿园林，小上危亭酒未深。紫燕归来知倦翼，黄鹂飞去有清音。水烟望望山明灭，风雨时时景晦阴。"在韩淲诗中，我们可以感受到他热爱自然和人生，并没有因为长期隐居、生活平淡而觉得厌倦。对于自然界的风云变幻、草长花开、山光物态、气候阴晴的转变，韩淲感受十分敏锐，观察非常细致。不过，他不乐于使用激烈的言辞，也很少使用浓墨重彩，而是常用淡淡的笔触形诸诗中，如果不细细体会，以致人们很难感受到他思想深处所激起的波澜，如《十三日》云："南山春雪未全消，路并浮梁步石桥。深绿渐归高柳叶，浅红初上小梅梢。峭寒寺院钟声起，昏暮人家烛影摇。一夜东风吹酒醒，梦回花月是元宵。"此诗作于嘉定十四年辛巳正月十三日，其时韩淲年已六十三，久未仕。可是，他对于山林的滋味兴况意犹未尽，笔意纵横，无事无地不可。方回称道此诗"五、六虽眼前景致，常人自不能道"。纪昀也认为此诗"结却淡而有味"①。又如《九日破晓携儿侄上前山竚立佳甚》诗描写山中清新灵异的景象，"怀玉镜台开远晴，灵溪葛水去无声。……露气已浓清可掬，日华初出画难成。"②韩淲在诗中充分表现自己对山林的热爱，这种情感的基础源于他对自然和宇宙规律的了悟和对于世俗名利的参透，归功于他研究《易经》的心得，他的情感如轻浅小溪般自然而然地流露出来，他的人生理想随着穿行游走于优美的自然风光自然地表现出来。

---

① (元)方回选、李庆甲校《瀛奎律髓汇评》，第 387 页。

② (元)方回选、李庆甲校《瀛奎律髓汇评》，第 466 页。

韩淲还写了不少岁时节令诗。这类诗,往往描绘自然界的景物变化,描写人们的生活习俗。如《寒食》素笔描写寒食节天气晴明,于花间溪边春游所见简淡景象,"晓色犹濛淡淡烟,花间行过小溪边。人家寒食当晴日,野老春游近午天。吹尽海棠无步障,开成山柳有堆绵。呼儿觅友寻吟伴,看却村农又下田",被江湖诗人戴石屏和"永嘉四灵"称誉为"老淡之作",方回称赞颈联,"三、四不用工而极其工",陆贻典称赞五、六句为"奇句",纪昀则认为三、四句"老健深稳",五、六句中"无步障""有堆绵"中"有""无"二字"太笨"[①]。又如描写七夕节的祭祀风俗:"今年七夕最凄凉,谩扫天阶试炷香。犹使儿童觅瓜果,懒随风俗晒衣裳。"(《七夕》)如写除夕之夜的热闹景象:"小至才看语夜深,岁除寒雪复关心。……爆竹偬教邻巷响,屠酥先付小儿斟。"(《除夕呈仲至》)如记端午节:"年年重午泛菖蒲,儿女搔头亦篆符。忍复研朱如羽客,懒能切玉醉狂夫。"(《重午》)

相比赵蕃,韩淲创作数量虽少一些,但就其创作水平而言,名篇佳作更多,笔力、气魄和总的艺术成就也更胜一筹。韩淲之七言律诗《风雨中诵潘邠老诗》,极为方回所推重,被赞为"悲壮激烈"。此诗乃续写江西宗派潘邠老"满城风雨近重阳"断句而成,在其之前和之后相继有谢逸、吕本中和方回等人续写此断句诗,但这几人之作皆不及韩淲此诗。由潘邠老此断句演绎而成的创作佳话,笔者将于后文进行探讨。韩淲又多有佳句,如前所述《九日破晓携儿侄上前山竚立佳甚》一诗,"怀玉镜台开远晴,灵溪葛水去无声。园荒不碍凭立,径侧何须委曲行?露气已浓清可掬,日华初出画难成。闲居九日依辰至,举俗胡为亦爱名"。整首诗非闲中知味者不能道出,结尾巧妙化用陶渊明"举俗爱其名"典故,尤其第五、六句"露气已浓清可掬,日华初出画难成"倍受方回和纪昀之称道,两人皆认为此两句极佳[②]。

总的来说,韩淲创作笔触细腻,观察非常细致,写景善于描绘,他的这种创作风格优于赵蕃,而与杨万里的艺术方式有很多相似之处。杨万里在创作实践上敢于跳出江西诗派的牢笼,创立了一种崭新活泼的

① (元)方回选、李庆甲校《瀛奎律髓汇评》,第388页。
② (元)方回选、李庆甲校《瀛奎律髓汇评》,第466页。

诗体——“诚斋体”。他在文学理论上崇尚实用,追求自然,务求奇意,领悟风味,提倡以“活法”为诗,其诗作以想象丰富、境界奇特而著称,不但笔下的景物活,而且意趣活;其诗歌语言自然活泼,平易浅近,并且善于提炼口语、俗谚入诗;他思维敏捷,大自然的一切,大至山川日月,小至花草蜂蝶,他一律可掇拾入诗;他涉笔成趣,富有幽默感,故诗中多谐趣之作,姜夔曾经称其“年年花月无闲日,处处山川怕见君”①。根据现在流传的文献来看,韩淲似乎并未提出较为明确的诗歌理论,但其笔下刻画出清静自然的生活环境,表现自己凭借感官的天真状态捕捉自然界的微妙变化,获取意料不到的创作灵感,体察日常生活的隽永滋味。其诗多触物随感,运用白描手法,表现独特的情思和审美眼光,营造一种淡泊的境界。韩淲对自然界的生灵充满热情,他对诗歌题材的选择,与杨万里如出一辄,似乎要把一切景物都阑入他的作品成为其歌咏的题材。如《别子似》云:“清风朗月闲倾酒,流水高山漫赋诗。”诗人善于观察身边景物,对白云、微风、青山、流水、鲜花、鸟鸣,无一不摹写逼真,如《走笔答上饶》写花之羞,“闲花羞对去年丛,君正青春我秃翁”。《偶成》写闲花草和惊啼鸟,“春风时弄闲花草,满面纡余气自和。行过小亭因坐久,却惊啼鸟一声多”。《九日登南台》写山中客与闲云之可爱,“殷勤饷酒山中客,独酌遥知懒独登。一片闲云如可爱,清时谁曰味无能”。《题扇》写渔艇之悠扬、青山之闲,“渔艇悠扬杳渺宽,茅茨突兀有无间。晴风便面回轻暑,更觉青山似我闲”。《南台》写春日登山与闲饮美酒,“春登台处溪山好,暖霭时吹淡淡风。试以闲身供酒盏,也知人与我能同”。韩淲在创作中着重表现自然景物的闲淡清秀之美,这类作品在其诗集还有非常多,形成一种鲜明的特色,显示出不俗的艺术魅力。

2. 清逸恬淡的涧泉词

韩淲除了创作诗,词的数量亦相当可观,现存词 197 首。《御选历代诗余》称:“(韩淲)有《涧泉诗余》一卷。”②韩淲词,题材丰富,主要分为如下几类:

---

① (宋)姜夔《送朝天续集归诚斋时在金陵》,《全宋诗》,第 51 册,第 32037 页。

② (清)沈辰垣《历代诗余》卷 106,文渊阁《四库全书》,第 1493 册,第 251 页。

一、以次韵词居多，其中大多为与赵蕃、徐斯远次韵之作，如《减字木兰花·次昌甫韵》《一丛花·次韵斯远》《浣溪沙·次韵昌甫》《鹧鸪天·次韵昌甫》《谒金门·和昌甫》《卜算子·中秋前一日和昌甫所寄》《临江仙·和答昌甫见寄生朝》。

二、寿词，数量也比较多，如《临江仙·为顾至尧生日》《醉蓬莱·寿潘漕》《清平乐·七月十三日潘令生朝》《清平乐·寿潘文叔》《西江月·四叔生朝》《卜算子·生朝次坐客韵呈四叔》《减字木兰花·初五日昌甫生朝》《虞美人·代儿寿黄靖州》等。

三、写景词，如《鹧鸪天·兰溪舟中》《青玉案·西湖路》《冉冉云·弄花雨》等。

四、节令词，如《浣溪沙·秋思》《鹧鸪天·十二月二十二日》《少年游·玉腊梅枝》《浣溪沙·元夕》《踏莎行·七夕词》《柳梢青·雨洗元宵》《祝英台近·寒食词》等。

五、咏物词，如《好事近·红梅》《太常引·腊前梅》《生查子·梅和柳》《蝶恋花·趣看玉色木犀》《忆秦娥·茉莉》等。

此外，还有题画词，如《浣溪沙·题美人卷》；还有送别词，《一剪梅·送冯德英》《海月谣·送赵永兴宰》等；还有钓台词，如《步蟾宫·钓台词》；闺怨词，如《临江仙·闺怨》等。

韩淲词创作不但题材丰富，范围广泛，而且抒发情感和表现风格多样化。分析他在词学创作上取得成就，与其父韩元吉有很大关系。韩元吉在南渡后的词坛颇负盛名，黄昇《中兴以来绝妙词选》称其“名家、文献、政事、文学为一代冠冕”[①]。韩元吉在词中多抒写其爱国之志，常与陆游、辛弃疾和张孝祥等爱国词人互相唱酬，词风与陆、辛也有颇多相近之处。韩淲自幼耳濡目染，秉承家学，在父亲的教育和感染下，同样深怀爱国思想，具有“壮心万里空回薄，振衣待把尘埃濯”恢复中原的意气与雄心。其词也常抒壮怀激烈之情，如《贺新郎·坐上有举昔人贺新郎一词》云：“吴蜀江山元自好，形势何能尽语。但目尽、东南风土。赤壁楼船应似旧，问子瑜、公瑾今安否。”[②]《醉落魄·次韵斯远》云：“风

---

① （宋）黄昇《花庵词选》续集卷 3，文渊阁《四库全书》，第 1489 册，第 429 页。

② 唐圭璋编《全宋词》，第 2236 页。

高木落。壮心万里空回薄。振衣待把尘埃濯。"或写幽愤，《水调歌头·清明严濑》云："我欲停桡一醉，与写平生幽愤，横管更清讴。小上客星阁，短发独搔头。"韩淲词中具有中兴恢复气象，如《好事近·次韵昌甫》云："北客过江来，赢得家家都老。屈指中兴人物，到如今谁好。　散庵常是爱山林，健笔胜挥扫。我则临风三叹，信儿曹惊倒。"又抒发功业无成、岁月易逝之叹，《减字木兰花·次昌甫韵》云："年光虚度。能得几多消散处。""此意谁如。世事纷纷一任渠。"《朝中措·九日周国正席间赋长短句》云："年年羞插菊花游。华发不禁秋。此日遨头寻胜，消除万斛清愁。"

韩淲词中表现得最多的还是如闲云野鹤、诗酒风流、不问功名利禄的意趣，透露出作者"一片闲情，能几人知"的情怀。如《贺新郎·坐上有举昔人贺新郎一词》云："信莫被、功名搀阁。随分溪山供笑傲，这一身、闲处谁能缚。琴剑外，侭杯酌。"《步蟾宫》云："三年重到严滩路。叹须鬓、衣冠尘土。倚孤蓬、闲自濯清风，见一片、飞鸿归去。"韩淲品格高洁，其咏梅词如其咏梅诗一样也成为重要的创作题材。《菩萨蛮·野趣观梅》写尽自己爱梅之情，写梅花之香，写梅之清影，"平生常为梅花醉。数枝滴滴香沾袂。雪后月华明。胆瓶无限清。　夜深灯影瘦。饮尽杯中酒。明日景犹新。人间都是春"。写梅之姿态横斜，《一剪梅·腊前梅》云："清夜横斜竹影窗。"《好事近·同仲至探梅》云："清浅黄昏时候，冷疏枝寒色。"《百字令·杨民瞻索古梅曲》云："岁寒时候，南枝尤与清绝。"

韩淲也不乏香艳的脂粉气浓烈的闺阁词，如《临江仙·画屏春》云："罗帐画屏新梦悄，绿窗慵起香残。重簾生怕倚阑干。春风吹玉水，春雪满灵山。　梁燕未来归雁动，海棠才带红酣。酒愁花恨霎时间。烟云催薄暮，丝雨湿轻寒。"韩淲词多运用白描手法，抒发恬淡与超尘脱俗的闲情，表现自己潇洒飘逸的品格，笔触清新自然，如《柳梢青》云："云淡秋空，一江流水。""莫问功名，且寻诗酒，一棹西风。"在韩淲词中，多描写淡淡的风云，浅浅的流水，轻轻的微风，灵秀的山峰，不为名利所羁绊的境界。如《水调歌头·晁子应三十八丈见过》云："明月到花影，把酒对香红。此情飘洒，但觉清景满帘栊。人被好花相恼，花亦知人幽韵，佳处本同风。挥手谢尘网，举袂步蟾宫。"其中"清景""幽韵"体现作者清高的志趣，大有“惟有幽人独往来”的情趣。如《清平乐·寿潘文叔》更直接表露高雅的情致，“常思高致，又见凉风起”。

从上述分析可见，韩淲词艺术成就较高，创作个性鲜明。不过，或许因为宋词大家、名家辈出，他并未受到应有的重视。从黄昇《花庵词选》续集选韩淲、赵蕃和韩元吉三人词数量来看，韩淲仅一首，数量最少，可以稍见端倪，黄昇仅选韩淲词一首，即《贺新郎·梅》，“梅已依稀矣，岁华深、翛然向晚，杖藜独倚。山远荒林黄叶坠，落日孤城烟水。意兴寄如何则是。底事疏枝横绝峭，未吹香、便与花相似。不忍折、为之喜。　　寒鸦数点霜风里，正人家、园收芋栗，小槽初美。欲饮可谁同一醉，拟赋才成又止，老态度浑侵发齿。摸索孤根春在否，任红红白白皆桃李。空烂漫，岂能尔”。《花庵词选》选赵蕃词两首，一首是《小重山·寄刘叔通先生》，“何地无溪只欠人。有翁年八十，住其滨。直钩元不事丝缗，优游尔。聊以遂吾身。　　陶令赋归辰。未尝轻出入，犯风尘。江州太守独情亲。庐山醉，谁主复谁宾”。另一首是《菩萨蛮·送游季仙归东阳》，“鸡声茅店炊残月，板桥人迹霜如雪。此是古人诗，身经老忘之。　　君行当此境，今我昏成醒。乘月犯霜来，诗真误尔哉”①。《花庵词选》选韩元吉词三首，一首《水龙吟·题三峰阁咏英华女子》，“雨余叠巘浮空，望中秀色仙都是。洞天未锁，人间春老，玉妃曾坠。锦瑟繁弦，凤箫清响，九霄歌吹，问分香旧事，刘郎去后，知谁伴，风前醉。　　回首暝烟千里，但纷纷，落红如泪？多情易老，青鸾何许，诗成谁寄。斗转参横，半帘花影；一溪寒水！怅飞凫、路杳行云梦断，有三峰翠”。一首《谒金门·春雪》，“春尚浅，谁把玉英裁剪。尽道梅梢开未遍，卷帘花满院。　　楼上酒融歌暖，楼下水平烟远。却似涌金门外见，絮飞波影乱”。还有一首《水调歌头·九日》，“今日俄重九，莫负菊花开。试寻高处携手，蹑屐上崔嵬。放目苍崖万仞，云护晓霜成阵，知我与君来。古寺倚修竹，飞槛绝尘埃。　　笑谈间，风满座，酒盈杯。仙人跨海，休问随处是蓬莱？落日平园西望，鼓角秋深悲壮，戏马但荒台。细把茱萸看，一醉且徘徊”②。

---

① （宋）黄昇《花庵词选》续集卷3，文渊阁《四库全书》，第1489册，第447－448页。

② （宋）黄昇《花庵词选》续集卷3，文渊阁《四库全书》，第1489册，第429页。

至清代,韩淲词开始受到较多重视,《御选历代诗余》选录其词数量远远超过韩元吉,分别是:卷四《生查子》3 首、卷七《浣溪沙》20 首、卷九《菩萨蛮》1 首、卷一〇《采桑子》2 首、《诉衷情》2 首、卷一一《谒金门》6 首、卷一二《好事近》4 首、卷一四《清平乐》1 首、卷一五《忆秦娥·茉莉》1 首、卷一七《朝中措》7 首、卷一八《眼儿媚》3 首、卷一九《月中行》1 首、卷二〇《柳梢青》3 首、卷二一《西江月》2 首、卷二二《太常引》1 首、卷三五《鹊桥仙》1 首、《小重山》2 首、卷三七《冉冉云》1 首、《一剪梅》2 首、卷三八选《临江仙》3 首、卷四〇选《蝶恋花》1 首、卷四四选《行香子》1 首、卷四五选《感皇恩》2 首、卷四六《江城子》2 首、卷四七《风入松》1 首、卷四九《祝英台近》2 首、《一丛花》1 首、卷五二《洞仙歌》1 首、卷五六《满江红》1 首、卷五九《水调歌头》5 首、卷七八《绕池游》1 首、卷九五《贺新郎》2 首。总计《历代诗余》共选韩淲 32 种不同词牌的词共 86 首,接近其现存词总量的一半。

截至目前,学界对韩淲词关注和研究还不多,仅见于邱昌员和陈中群两位撰写的论文。邱昌员《两宋江西词发展及其贡献的定量分析》运用数据统计方法研究江西籍词人时特别提到韩元吉与韩淲两父子的词。他从《全宋词》和《全宋词补辑》统计到有姓氏可考、有作品留存、占籍明确的江西词人 190 人,存名不存词者 5 人。存词 10 首以上者 61 人,占宋代存词 10 首以上总人数 234 人的 25%。有词集者 59 人,占宋代有词集人数 322 人的 18%。据他统计,宋代存词 40 首以上的词人有 29 位,韩淲因存词 197 首,成为其中一人。在这 29 人中,他指出不乏有重要影响力的著名词人,也有影响小、地位低、不被关注的词人,后者列举韩淲为例。邱昌员在文中梳理《两宋江西词人区域分布表》时指出信州词人共 13 位,词作 922 首,代表词家是辛弃疾和韩淲。他还指出,两宋时期,江西出现了较多的“家族式”词人。宋代父子词人全国有 22 例,江西占 5 例,即临川二晏、王氏三代(益、安石、安国、安礼、雱)、南丰曾氏三代(布、纡、惇、协)、上饶二韩(即元吉、淲)和庐陵二刘(辰翁、将孙)。他分析南宋江西词人的词风,认为学辛宗姜之外,还有一部分江西词人崇尚平易浅近、清疏恬淡之美。或师法柳永,以俚言俗语入词,多使用白描手法,词作通俗直露,如石孝友、赵长卿、陈郁等;或受南宋平易诗风影响,用简易之笔,写自然淡远之词,即以韩淲为例,评价他以后期江西诗派的“活法”入词，多取材于日常生活和山水田园风光，多抒写闲适的生活意趣和隐居情怀，偶尔寄托身世感慨，极少作时事慨叹，可称为风格闲逸的江西词人。他特别提及具“闲逸词风”的江西词人群体，列举代表词人数10人，如赵师侠、赵长卿、韩淲等，词作数量860首，他认为这些词人活跃于隆兴时期，风格平易浅近、清疏恬淡①。此外，陈中群探究涧泉词，评价韩淲作为隐逸词人，其作多闲适词，并对韩淲创作爱国词与其父韩元吉的关系也进行了分析，她认为韩淲词风格清淡，虽然数量可观，但内容不够丰富，因此未受到应有的关注②。邱昌员与陈中群研究韩淲词，角度各有不同，前者多次运用计量统计方法，立足地域研究和家族研究，把韩淲词置于南渡词和江西词发展的大背景下，对词人的词风进行个案研究；而后者以作品的内容和风格研究为重点。两位都充分肯定韩淲词所取得的成就，并指出韩淲受到学界的关注有限，可见，韩淲词研究尚有许多值得深入发掘之处。

3.《涧泉日记》的内容与价值

除了创作诗词，韩淲还写有《涧泉日记》上、中、下三卷。就体裁而言，这部著作不属于日记体，而是分条记人记事的札记。其编次情况和大概内容，参见《四库全书总目·〈涧泉日记〉提要》所云：

> 是书《宋史·艺文志》不著录，无从知其卷帙之旧。今以散见《永乐大典》中者裒合排次，勒为三卷。约略以次相从，其有关史事者居前，品评人物者次之，考证经史者又次之，品定诗文者又次之，杂记山川古迹者又次之，虽未必尽复其旧，然亦粲然可观矣。
>
> 考《东南纪闻》载淲“清高绝俗，不妄见贵人，亦不妄受馈遗。其人品学问，既具有根柢。又参政韩亿之裔，吏部尚书韩元吉之子，其亲串亦皆当代故家，如东莱吕氏之类。故多识旧闻，不同剿

① 邱昌员《两宋江西词发展及其贡献的定量分析》，《南昌大学学报》（人社版），2003年第5期。

② 陈中群《涧泉词初探》，《南通纺织职业技术学院学报》（综合版），2006年第1期。

说。所记明道二年明肃太后亲谒太庙事,可证《石林燕语》之误。大观四年四月命礼部尚书郑允中等修《哲宗正史》事,亦可补史传之遗。其他议论,率皆精审。在宋人说部中,固卓然杰出者也。①

今人栾贵明根据《永乐大典》所载,发现四库馆臣漏辑五十八条,将其补辑入《四库辑本别集拾遗》。通观《涧泉日记》全文,篇幅不长,仅三卷,但内容非常丰富,可以从中窥知宋诗之情变,于宋代文化之性质、社会之组织和思想之内涵,亦可以知其大概。如其中云:"渡江南来,吕舍人居仁议论文章,字字皆是中原诸老一二百年酝酿相传者,不可不讽味。"此非虚语,吕本中撰著《江西诗社宗派图》,对于江西诗派的定名确实产生较大影响。由于韩淲先辈家世显赫,与其家族成员交往者多为政治、文学和思想界名流、大家,故其品评对象非常广泛,既有知名政治家、文学家,也有隐逸之士,如评欧阳修文字老练,苏轼文字"无制科气象",王安石罢相后"笔力极高古",曾巩"迥然出诸人之上",苏洵文字"无斧凿痕",江端友"素有高行",评述史伯强"豪于诗酒,议论激烈",范成大"人多喜之",陆游"善诗歌,亦为时所忌"。这些评价简洁精当,具有很高的史料价值和文学价值。今人杜莲茹、韩雪峰编选《名家日记》,即选入《涧泉日记》有关江端友、史伯强、范成大、陆游及"本朝之文至此极盛"五则,其中,第五则评议当朝名家欧阳修、苏轼、王介甫、曾巩、苏洵等五人②。下面依全文三卷的编次为序,分别介绍其主要内容:

上卷录五十条,多记政治、法度和忠臣节义事。首叙孝道,"淳化二年十月丁亥,信州言玉山县民俞携八世同居,内无异爨。诏旌表其闾,常税外,免其它役"③。亦叙政治,多记真宗、哲宗、徽宗、钦宗和高宗朝事,又以记宋高宗事迹最多,主要讲述其好读书和善读书,"高宗曰:'有帝王之学,有士大夫之学。朕在宫中无一日废学。'""高宗曰:'朕读《晋书》,爱《王羲之传》,凡诵五十余过'"。又述其体恤民情,"祖宗时,婺州

① (清)纪昀等编《钦定四库全书总目》卷121,第1620页。

② 杜莲茹、韩雪峰编《名家日记》,东北师范大学出版社,1996年,第9—10页。

③ (宋)韩淲《涧泉日记》卷上,文渊阁《四库全书》,第864册,第771页。注:书中以下所引《日记》篇目均为文渊阁《四库全书》本。

贡罗一万匹。靖康间，五万八千九十六匹。后知婺州苏迟乞减数。叶少蕴为左丞因奏陈之，高宗失声叹曰：'苦哉吾民，何以堪止。'令存二万匹，余悉蠲除，议遂定”。韩淲于《涧泉日记》所记宋高宗史事，多对其持褒扬态度，反映宋高宗好学、勤政等不为世人所知的一面。《涧泉日记》又多记忠诚国事之当朝大臣，赞扬北宋鲁宗道忠诚，“真宗天禧元年，始诏两省置谏官六员，不兼他职。考所言以为殿最首，擢鲁宗道与刘煜为右正言，时谏官章须繇合门进，且得对者鲜，宗道请得面论事，而上奏通进司，遂为故事”。记真宗刘太后掌朝时太庙薛奎不畏生死敢于进谏，宰相如王曾、张知白忠谨，李迪能够朴忠自守，王沂公贤德，韩魏公大事善于自决，范仲淹成就大事以成天下。记隐逸之士，叙及名士江邻几志行高标，“端友隐居京城东郊，素有高行。当围城时，上书论事，终不肯一至公卿之门”。叙陈恬清修志节，“陈恬叔易，号涧上丈人，昔吾少师尝荐之。何麒为作志。文极佳，与崔德符、晁以道皆以清节照映颍湖”。此外，对崔德符、唐立夫、赵德庄、汪应辰等一时名流皆有记载。

卷中录七十三条，多记文学、思想，也有隐逸。如记隐逸名士徐厘豪迈俊爽，“徐厘，字应祺，上饶人。溪干筑室，名竹庄。作兼净亭，在水竹间。先公为作铭，亦与唱酬。负气豪俊，先公尝以诗和之云'直须座上千钟酒，浇起胸中万卷书'，竟不一第而死。贫窭，妻子星散，竹庄亦他人有之”。记隐士潘阆之高洁放旷，“潘阆，累试不捷。太宗登极，以龙蛇皆变，惟已轗轲，乃兴归隐之志，高放之情。吟诗寄陈希夷先生曰'不信先生语，刚来帝里游。清宵无好梦，白日有闲愁。世态既如此，壮心应已休。求归归未得，吟上水边楼'。既达宸聪，惧其言如讪上，乃逃于江表。数载后，入灵隐山”。记晁文元德行高尚，为人端谨，“晁文元子宗悫擢正字，章服诣谢，公亦不顾。其夫人尝密觇之，但见瞑目端坐，须发摇风，凝然若木偶。尝有诗云'炼矿成金得宝珍，炼情成性合天真。相逢此理交谈者，千百人中无一人'”。记朱穆尊德乐道，“朱穆，字公叔，尊德乐道，为当时所服，常感时浇薄，慕尚敦笃，作《崇原论》”。记思想家张九成之好禅学，“张九成，字子韶，官至侍郎，为世儒所屈指。在道山时，先公得游其门。号横浦先生，好禅学”。记吕本中评诗论文归于醇雅，写作诰命有典有则，“吕本中，字居仁，正献之后，原明侍讲之孙。评论诗文必归醇雅。葬信州德源山。号东莱先生，尝作《经筵词掖》，诰命尤有典则"。此外，《涧泉日记》还记载朱熹、张栻、尹焞、胡宏、庞谦孺、陆子寿等人事迹。如评庞谦孺善骚雅，"庞谦孺，字佑甫。先公友也。自号白苹老人，善骚雅"。记蔡肩吾有故家典则，"蔡追，字肩吾。许昌人。蔡文忠公齐之孙。流落川蜀。先公典铨日，以文卷来访，先公奇之，既荐之，又作《鼎说》以送之。议论从容，有故家典则"。记毛平仲诗文清快，"毛幵，字平仲，柯山人。尚书友龙之子也。负气不群，诗文清快，与尤袤延之相厚。自宛陵罢官归，号樵隐居士，有集。临死作手书抵延之，语如神仙。先公在婺，平仲以诗文一帙来赠，虽数数通问，亦一再赓和，竟与先公不相识"。记辛弃疾之高放洒落，"辛弃疾，字幼安。有机数，调度高放，词语洒落，俗传所谓'稼轩长短句'是也"。此外，《涧泉日记》还述及欧阳修、陆游、范成大、尤袤、洪迈、章甫等人事迹。

卷下录七十五条，主要记历史、隐逸，兼文学。其中评述欧阳修所撰《新唐书》颇详，或议其文章过于简略，"《新唐书·李长源传》殊略，不见其经世之论。今尚于《通鉴》见其言府兵封建之论，亦可惜也。使其事当太史公之笔，后世诵说之士不止言留侯矣。当用《唐实录》中小传及《旧唐书》传且并家传别录一卷，方为惬意。至于欧阳公所录《王朴传》亦不甚见其经世之论，尚有《平边》一策可考耳"。或论其善于整顿工夫，"欧阳公《与徐无党书》云：'《五代史》昨见曾子固之议，今却重头改换未有了。'期又《与梅圣俞书》云：'闲中不曾作文字，只整顿了《五代史》成七十四卷，不敢多令人知，深思吾兄一看如何，可得极有义类，须要好人商量，此书不可使俗人见，不可使好人不见。'欧阳公《五代史》却甚与人辩白，尽有工夫"。"胡德辉记尹和靖语《五代史》本是永叔、祖分作，其间亦有指名。然欧阳公尝云'河东一传乃大奇，自此当以为法'，不知谓作何传耳"。《涧泉日记》对欧、宋所撰史传之评判，可窥见韩淲确曾潜心研读历史，具有较为通透的历史观，"史法须是识治体，不可只以成败是非得失立论。盖上下千百载，见得古人底里明白，然后可载后世所不可不载之事，泛然欲备，则不胜其史矣"。至于论文学，则述及梅圣俞、苏轼、苏辙、欧阳修、巩仲至、曾巩、陈师道、黄庭坚、陈亮、王安石等人，如评王深甫善于文字与议论，"王深甫文字无一语蹈俗态，至于议论，驰骋上下，非老苏不能也"。如评苏轼之变化与精粗之处，"陈无己云'子瞻始学刘禹锡，故多怨刺。晚学太白，至其得意，则似之，然失于粗'，又云'司马迁作《长卿传》，如长卿之文'"。如比较叶梦得文之曲折与晁以道文之雅健，"叶少蕴文字有起伏曲折，惜其行为士人所贬尔。晁以道之文雅健，却少太史公气概。渠多言公羊子文好，然其步骤又却碎，吕居仁以为其病处在杂，亦尽之矣"。评叶梦得之用意至到，"叶正则文字不苟作，所惜削绳刻墨尚露尔。要是究见根柢，用意至到"。论黄庭坚议论文之冠绝一代，"邹德久道山谷语云'庭坚最不能作议论之文'，然每读欧阳公、曾子固议论之文，决知此人冠映一代。公试观此两人文章，合处以求体制当自得之言语，固是学者之末，然行已之余。既贤于杂，用心亦便当以古人为准，要使体制词气不病耳。所谓宁越犹有速成之病，此可畏语也"。论隐逸之士，述及林逋、潘阆、陆羽等人，如评陆羽之清俊与隐逸，兼论张志和之隐而有名，"陆羽像甚清俊，向从志南，得之羽字。鸿渐一字季疵，复州竟陵人。后隐苕溪，自称桑苎翁。阖门著书，或独行野中，诵诗击木，裴回不得意，或恸哭而归。故时谓今接舆也。久之，诏拜太子文学，徙太祝，不就职。时张志和居江湖，自称烟波钓徒。肃宗尝赐奴婢各一，志和配为夫妇，号渔童、樵青。羽尝问：'孰为往来者?'对曰：'太虚为室，明月为烛。与四海诸公共处，未尝少别也。何有往来。'予欲求玄真像为桑苎翁对，未有也。李德裕称志和'隐而有名，显而无事，不穷不达，严光之比'云"。如述罗隐之生平、仕宦经历，"罗隐，新城人。唐光启三年，吴越王表荐为钱塘令，迁著作郎，辟掌书记。天祐三年，充判官。梁开平二年，授给事中。三年，迁发运使。是年卒，葬于定山。金部郎中沈崧铭其墓"。

总的来说，《涧泉日记》写作范围纵贯唐宋两代，涉及文学、历史、思想等不同领域，主要表现三个方面的主题：宏扬忠义孝道，标举时贤美文，赞赏隐逸高士，在写作上具有如下几个特征：首先，书中所记人物多为韩淲家族的同僚、朋友、旧交，尤以叙韩维和韩元吉这两辈的故交旧游占多，由于文中所记多为家族成员亲见亲闻，可信度较高，故具有很高的史料价值。如论老苏晚年文字，论东坡至黄州东坡后，论东坡、半山、六一等文之进与尽，论子瞻与子由之文，论东坡表忠观碑介甫之序，论苏籀述子由等。《涧泉日记》所记吕氏及晁氏两家旧闻尤多，记晁氏家族叙及晁子止、晁宗慤、晁以道、晁公武、晁之道等人，仅晁子止研究《易》学就多达四则，"晁子止曰：列御寇谓'气为易，而不及乎阴阳'，王通谓'人为易，而不及乎天地'，皆一偏之论"，"晁子止云《易》上下篇不言德而言象"，"晁子止以老说易似类晋人老易之论，亦非泛泛然而为之说者"，"晁子止曰王弼解或系之牛为"。吕氏家族，则多次提及吕本中、吕祖谦、本中之侄、吕申公等人。

其次，韩淲对两宋文学家、史学家和思想家有叙有评，鲜明地体现了他自己的文学、政治和史学思想。如论"乾道、淳熙以来各行名人，如明经吕祖谦、典章洪迈、讨论李焘，书法张孝祥、范成大，道学陆子静、朱熹，辩博陈亮、叶适"。又论"渡江以来，张敬夫卓然有高明处……吕伯恭拳拳家国，有温柔敦厚之教，朱元晦强辩自立处亦有胆略，盖张之识见、吕之议论、朱之编集各具短长"。"周恭叔文字温淡有庄老气，诗亦好"。"吕伯恭晚年文字体制，人疑其学荆公"。"周茂振制词不苟作，作者皆工"。这些评价，三言两语，寥寥数笔，极简洁、省净、妥贴，体现了韩淲的文学追求。同时，《涧泉日记》亦多次提及吕丽泽、程伊川、程正叔、朱熹等人解易的不同风格，"吕丽泽说《易》，多疑程而少质。朱晦庵说《易》，多祖邵而少通"。"伊川所解《易》，未足以尽《易》，亦足以尽其学也"。由此，也可窥见韩淲对易学颇有修为。

第三，《涧泉日记》记载与品评名士高隐的篇幅很大，集中体现了韩淲淡泊人生、崇尚隐逸的思想。韩淲不但记叙古代高逸，如叙"灵隐寺前稽留山，葛洪许山皆隐此山"。他多次提及晋代葛洪及其《抱朴子》，如云"葛稚川《抱朴子》泛滥，极难看。其间言养生炼气处，极不多，皆要妙至切，可举而行。如言行气当于生气之时，极有理。盖子时以后为生气，午时以后为死气。如张平叔只道《老子》《阴符》，为至紧急切当之书。《阴符》之书，未见有能以内事注之者。如《老子》只河上公一二段，犹能言玄牝是鼻口"①。又多次提到文中子，如引文中子曰："吾不仕故业，不动故无悔，不广求故得不杂，学故明。"②"文中子退然如不胜衣，其言呐呐如不出诸其口。所举晋国管库之士也七十有余家。生不交利，死不属其子焉"③。同时，对于本朝隐士的隐居生活也有关照，如叙

① 栾贵明辑《四库辑本别集拾遗》，第 447 页。
② 栾贵明辑《四库辑本别集拾遗》，第 448 页。
③ 栾贵明辑《四库辑本别集拾遗》，第 449 页。

林逋“林逋旧居即雪巢也”。

第四,《涧泉日记》对某些历史人物的记载已不见于其他史传,具有以资考证人物生平的文献价值。如《旧五代史》卷二四云:《罗隐传》:罗隐,余杭人。案:《涧泉日记》作新城人。因乱归乡里,节度使钱镠辟为从事。案:《唐新纂》:罗隐初为吴令,后以罗绍威荐,为钱镠所辟,据是书则隐自归里即为镠从事,后复为绍威荐也,与《新纂》异。

如前所述,《涧泉日记》具有很高的文学与史料价值,至清代受到张宗泰的关注,相关研究收入《鲁严所学集》。张宗泰,字鲁严,直隶鲁山人。清嘉庆十二年(1807)丁卯举人。道光元年(1821)辛巳,犹官河南怀庆府学教谕。卒年不详。其生长山县,癖读书,积二十年如一日,朱墨点勘,靡间寒暑。每读一书,旁通取证,评其得失,正其讹舛,补其未备,自编为《所学集》。张宗泰研究《涧泉日记》主要取得两方面的成果:其一是写作《跋韩淲〈涧泉日记〉》,他于文中指出韩淲《涧泉日记》取材多为与其家族有关联者。一记与韩氏有姻联者,如晁氏家族之晁公武、晁说之,吕氏家族之吕本中、吕祖谦。二记其先父所师与所友之人,如尹和靖、陆游、范成大和洪氏三兄弟。其三记韩淲自己所识与所交之人,如程迥、史伯彊。从韩氏所记,我们可以窥见其父子一生结纳名流,志高行美。其二是写作《再跋〈涧泉日记〉》,此文对《涧泉日记》记叙内容的真实性进行了三方面的考证:首先对卷上“大观四年”条进行考证,因韩淲于此条下案语云“乃所亲见”,张宗泰认为,“淲纵老寿,恐不及亲见。”因为淲卒于嘉定中,由嘉定中上推至大观政和,有约百又十余年时间。其次,考赵开府副吴玠军须事,据《宋史纪事本末》之《吴玠吴璘保蜀篇》,认为《涧泉日记》中所写“赵开府”当为“赵开”,“府”字当为衍文。而案语中疑为“赵鼎”更是谬误。第三,考卷中引刘向载《学记》中语“相观于善之曰摩”而疑今本《礼记》“相观而善”,认为“而善二字多不能讲”亦非也,不过是“而”字不如“于”字之谐也①。

综合来看,《涧泉日记》以点评历史人物见长,着墨虽不多,形象却较为鲜明,生动活泼,能够给人留下深刻印象。但是,也有的评价过于

① (清)张宗泰《鲁严所学集》卷8,沈云龙编《近代中国史料丛刊续编十七辑》,第161册,文海出版社有限公司,1973年,第449-451页。

简略,仅用三言两句说个大概,缺少更为全面的描述,如叙崔德符,“崔德符、陈叔易皆许昌先贤,俱从伊洛诸公游,有文章,盛名节行亦正当”。《涧泉日记》之不足,在宋人笔记中具有一定的普遍性,这些不足使其塑造的人物形象不够丰满,为后人品读留下了一些遗憾。

第四节　清淡醇雅:韩淲文学创作的艺术风格

如上所述,韩淲家学渊源深厚,创作诗词文数量颇丰,且具有较高质量。更重要的是,他形成了自己独特的风格,表现出对自然和人生通透体悟后一种轻浅的情趣,其中,对于“闲”适生活的表现与追求已成为其作品的重要题材和主题,而清淡和醇雅则成为其作品所呈现出的主要风格。

1. “人间多少闲风度”:韩淲笔下的闲适情趣

“闲情”在历代诗文中屡有表现,但是入宋以前尚未占到主导地位。据刘尊明《潇洒地体现人生——论唐宋词中的逸趣》①、《论唐宋词中的“闲情”》②和《从绮思艳情到闲情逸趣——唐宋词抒情化的历史进程和词史意义》③等研究分析,至词体文学出现以后,对于“闲情”的抒写逐渐在唐宋词中生根发芽,文人们尽情挥洒他们的政治激情、人生理想、襟怀抱负以及享受诗意人生的闲情雅趣。唐宋时期文人们的“闲情”,既在风景优美、环境清雅的自然山水和园林池馆之中得以淋漓挥洒,也在喝酒、赏花、吟诗、填词等宴饮酬唱一类高雅的休闲活动中得以尽情抒发。通过研究这些抒写“闲情”之作,我们可以透视和领略唐宋文人“休闲”生活的情趣,获得对人生“诗意”的审美享受。

---

① 刘尊明《潇洒地体现人生——论唐宋词中的逸趣》,《湖北大学学报》(哲社版)2007年第6期。

② 刘尊明《论唐宋词中的“闲情”》,《文学评论》2007年第4期。

③ 刘尊明《从绮思艳情到闲情逸趣——唐宋词抒情化的历史进程和词史意义》,《华中科技大学学报》(社科版)2007年第3期。

其实，诗词一例，不仅宋词，宋诗中抒写闲情之作也非常多。宋代诗人咏闲，首推北宋邵雍，如其《闲吟四首》写道："平生如仕宦，随分在风波。所损无纪极，所得能几何。既乖经世虑，尚可全天和。樽中有酒时，且饮复且歌。""予年四十七，已甫知命路。岂意天不绝，生男始为父。且免散琴书，敢望大门户。万事尽如此，何用过忧惧。""居洛八九载，投心唯二三。相逢各白首，共坐多清谈。人事已默定，世情曾久谙。酒行勿相逼，徐得奉醺酣。""欲有一瓢乐，曾无二顷田。丹诚未贯日，白发已华颠。云意寒尤淡，松心老益坚。年来疏懒甚，时忆旧林泉。"①这些诗多表达及时行乐、万事随缘、人生无为等思想，表现自己对于闲适生活的追求。此外，邵雍还写有大量咏写闲情逸趣的诗歌，如《闲行》《闲行吟》《闲居吟》《闲步吟》等，描写衣、食、住、行等日常生活的各种闲情、闲趣。至南宋，文人士子咏写闲情者甚众，如陆游《临安春雨初霁》中"矮纸斜行闲作草，晴窗细乳戏分茶"表面描写极闲适恬静之境界，实暗藏诗人无限的感慨与牢骚。

韩淲闲居上饶二十余年，虽然家道中落，物质生活并不宽裕，但他从心所欲，安于生活，真正做到了如纪昀所说"闲散当在神思间，使萧然自远之意，于字句之外得之，非多填恬适话头即为闲散也。此如有富贵者不在用金玉锦绣字，有神味者不在用菩提般若等字，有仙意者不在用金丹瑶草等字。此诗尚是字句工夫，不得谓之有闲散之味"②。翻阅《涧泉集》，可以发现大多数作品反映了韩淲隐居偏僻、清静乡野的各种闲情、闲趣，或表现他对自然万物的体察，或表现自己对德行的修养，或表现自己对人生的体悟。他常以"闲"入诗，或直接以"闲"为诗题，如《闲咏》云："闲咏遗言理素琴，晚风吹树雨愔愔。"其诗集中有不少吟咏闲情的组诗，如：

扫除闲室置书琴，偃仰之间万古心。饭了欠伸因小憩，睡余消散得孤斟。辉辉白日回初暑，拂拂清风动晚阴。门巷喜无车马至，傍簷时自听鸣禽。(《新辟小室自适》)

① 《全宋诗》，第7册，第4457页。

② (元)方回选、李庆甲校《瀛奎律髓汇评》，第397页。

野趣池头莲正香,溪泉亭上水生凉。有时并舍闲题句,尽日荒园浪举觞。(《暑中思涧上之适》)

不学神仙不问禅,此心收处亦安然。春风桃李闲行乐,夜月林泉常未眠。有客杯盘犹草草,无人杖履更翩翩。门前地僻红尘远,赢得虚闲近简编。(《述意》)

上述三首诗,第一首,开头即自称居室为“闲室”,接着叙述自己一天的日常生活,终日以读书弹琴为乐,陶怡身心,修养心性。午饭过后小憩,醒后独酌。窗外艳阳高悬,清风徐来,门前树木成荫。因为没有俗客的搅扰,诗人常常能独自聆听禽鸟清脆的叫声,可以想见,此时此刻,充溢于诗人心中的惬意之情难以言表。第二首,诗人将观察的视角转向室外,描写自己在野外的各种活动。恰逢莲花开放,幽香阵阵,诗人游兴大发。来到溪泉亭边,掬一捧清泉,题几句清诗,在长满野草的园中放纵喝酒,酒到酣处,唯一遗憾之处在于,地上泥泞坎坷,无处可供歇息。第三首,则将笔触转向诗人内在心灵的闲适,他认为,纵然不学道,不学禅,也并不会妨碍自己享受闲情闲趣。观春花秋月,赏桃红柳绿,穿行于山林中、清泉边,即使无人作伴,也自可享受自然的美景和乐趣。他甚至认为,无人搅扰更能独享读书之乐。

品读韩淲闲居诗,可以看出他很享受这种家居生活,诗中充满闲适惬意的情趣。如其《闲居图》即描绘了一幅悠游自在的生活场景,“闲居本在我,山林皆画图。百世有新旧,一朝非卷舒。熏风入窗牖,晚雨过庭除。小醉同杯者,幽偏得自如”。在韩淲看来,自然界的山山水水清灵可爱,都是他生活必不可少的一部分。他日常生活最主要的内容是读书,他常于诗中描写室内窗明几静,室外青山绿水映入眼帘,文思泉涌,运笔立就。偶尔小憩半刻,又酣然入梦。如《读书》云:“窗明晴日小楼居,静坐闲翻案上书。理路渐通文向熟,试将回向此心初。”如《小憩成季书室》云:“已喜青山在眼前,午阴佳树更清圆。枕书闲与寻幽梦,洗尽京尘意洒然。”虽然韩淲常年僻居乡野,但他的诗、他的生活一点也不单调,如《书怀》叙参禅生活:“老身闲淡复何求,常喜禅门举话头。”《水调歌头·坐间有伤仲至》写自己闲乘月,饮美酒:“新月已如许,我问带湖梅。人闲题句,赢得浮潋酒盈杯。”如《明月棹孤舟·逢子似清河坊市中客楼小饮》写自己登楼闲瞰美景，“闲倚晴楼，长安市上，华发为君搔首”。如《少年游玉腊梅枝》写自己闲饮酒，“闲寻杯酒，清翻曲语，相与送残冬”。如《小重山・柳色新》写自己以花伴酒，“折花闲伴酒，试濡唇。流莺何处语声频。阑干曲，蜂蝶更随人”。

韩淲用作品展现出自己对悠闲自在生活的热爱与向往，不但在诗还在词中抒写自己的闲情逸趣，纵情描绘闲适生活，写尽“人间多少闲风度”(《菩萨蛮次韵》)。如写万事随缘、超尘脱俗的人生态度，《水调歌头・次韵载叔》云：“一枕暑风外，事事且随缘。随缘何处琴剑，闲泊此层颠。……水调赋明月，谁道更超然。”写心态平和、淡泊闲远，《水调歌头・次宋倅韵》云：“赢得相遭淡泊，感旧唱酬闲。且看小斋菊，抵掌共凭阑。”《谒金门・东风吹酒面》云：“涧底桃深红满。人意不禁闲远。胡蝶绕枝啼鸟怨。东风吹酒面。”《风入松》云：“问春何事春将老，春不语、春恨难平。莫把风流时节，都归闲淡心情。”论只有性情闲适，生活方式才会闲适，《示病》诗称：“示病原非病，爱闲方始闲。”《临江仙・六月二日病差出门散适》云：“更无尘迹到，我自爱其闲。”由于隐居，不用处理尘世烦杂之俗事，韩淲能优游的享受日常生活许多看似不经意的闲情逸趣，如《一剪梅・醉中》云：“水浮桥漾翠烟霏。一片闲情，能几人知。”他描写自己不拘小节，不事妆束，衣衫闲着，一幅魏晋士人的清狂之态，《朝中措・次韵昌甫》云：“如今又是梅时候，只有眼中人。魂断幽香孤影，花前闲整衣巾。”《好事近・翠圆枝》云：“征衫闲着指东吴，休怕与人别。吟到翠圆枝上，是归来时节。”因为人闲、事闲、意闲，韩淲许多作品呈现出闲逸潇洒的风格，如《江城子・德久同醉子似出新置佐酒和德久词》云：“自是老来心事懒，空落拓，少年场。挥豪闲与细端相。记严扬。陋苏张。兴到一杯，微醉亦成章。回首片帆西去也，何日更，共清狂。”《点绛唇・席间和昌甫》云：“银笔金花，断肠有句闲挥扫。”《朝中措・赵伊一歌回侍》云：“莫道闲诗浪句，风花雪月云烟。一杯我醉，百年人事，乾转坤旋。”《浣溪沙・戏题寄李叔谦》云：“人远山长言外意，曲传书恨醉时妆。倩谁闲寄水云乡。”因为人闲、事闲、意闲，在韩淲看来，繁杂的官事也变得悠闲，《朝中措・寄元立》云：“薰风两节照稽山。三百里湖间。镜上谁为贺老，棹船能伴官闲。”由于人的思绪、思想和行为悠闲，季节的转换也随着变得舒缓，如《浣溪沙・十四日》云：“寒食清明闲节序，绮窗朱户少年场。燕泥香润落空梁。"在诗人眼中，一切的景物都变得悠闲起来，如《鹧鸪天·看瑞香》云："闲蝶梦，褪蜂黄。佟温柔端相。"

除了写自己闲适、闲雅和闲逸的生活之态，韩淲也有不少咏写闲愁之作，如《谒金门·方斋小集》云："闲度日。愁里费人辞辟。榆火新烟还熟食。"不过，韩淲即便在创作中咏写闲愁，大多数时候也表现得淡淡的，所以他的闲居诗大多数时候读起来并不显得愁闷，如《常安寺》诗云："乍暖阴阴欲雨天，满陂春水浸山田。蛙声一夜无人管，断送闲愁到枕边。"《三岩》云："渡水寻山到三岩，不知身尚在人间。霜天晴日青松下，借问谁能伴我闲。"又如《次韵伯皋》云："著意酬春得句迟，闲愁未必故人知。五更满院吹风雨，急起成章与子期。"事实上，受父亲元吉及其友人影响，韩淲内心并不甘于隐居的寂寞，韩淲始终怀有诸如"壮心万里空回薄，振衣待把尘埃濯"这样的雄心壮志。大约庆元戊午(1198)，韩淲写下一首七律《风雨中诵潘邠老诗》："满城风雨近重阳，独上吴山看大江。老眼昏花忘远近，壮心轩豁任行藏。从来野色供吟兴，是处秋光合断肠。今古骚人乃如许，暮潮声卷入苍茫。"这首诗注重意境的提炼和情感的升华，转折自如，章法井然，善于从字词的对称、押韵的协调等形式上用力，音韵铿锵，反映出韩淲作为江西诗派南宋中后期代表的强劲写作实力，受到宋末元初诗人和文学批评家方回的大力肯定，许以"悲壮激烈"的赞语。只是韩淲诗集中类似《风雨中诵潘邠老诗》这种能表现诗人壮阔胸襟的作品并不多见，他的这种豪迈情感常常被他种种抒写闲情逸致、表现闲散闲愁之作所淹没，犹如昙花一现稍纵即逝。

可以说，抒写隐逸情怀和闲情闲趣之作占了韩淲作品的绝大多数，他总是喜欢选取一些空灵、清淡的意象，从而生成清幽淡远的意境，呈现出清淡的艺术风格。即便是随着岁月流逝，步入老年后，朋友离多聚少，使他加倍怀念亲友，他在抒写这种情怀及咏叹无法摆脱的人生虚无与寂寞感也如此，如《鲁解元以坡语空山无人水流花开为诗和韵》云："溪山淡淡复溶溶，老觉身闲百念空。谁把清诗相触拨，又随吟啸醉春风。"《和昌甫竹句》云："山囿遥遥合世官，事嗟成往尚何观。新知益比故知少，纵有竹林无复欢。"又在《过德清石壁故居二首》云："经行修竹小窗轩，闭户看书记昔年。薄宦萦人尘眯目，空余栖遁此心坚。""世事身心水一杯，是非胶扰付蚊雷。吾生只合闲萧散，多少年光节物摧。"韩淲诗中多用白描，较少用典，也较少比喻、比拟、象征等修饰手法。不过，因为过于强调悠闲的神情意趣，使其形象有时显得无所事事，穷极无聊，使其作品产生了明显的不足之处，即其作品主要吟咏山水花草，山中白云，雨雾阴晴，题材不够丰富，手法缺乏变化，诗风略嫌冲淡，情调也欠积极。他有时完全陶醉在个人的感观世界里，专注于抒发一己情怀，消淡了时代风云，加上生活境界不够开阔，从而使诗境显得狭小逼窄了些。

2. 清：韩淲创作的本真味

品读韩淲闲居上饶期间的创作，还可以发现他非常推举"清"这一审美风格，与之相关的词语在其文集中反复出现。在中国古典哲学中，清与浊是对举的范畴，本无褒贬之意。如《庄子·天运》云："一清一浊，阴阳调和。"而作为审美范畴时，清用于对人的容貌或事物形状的描述，或引用清来评价人品操守、精神气质时，更多的则带有一种肯定的情绪。清的人格含义特别丰富，包括清高自守，正直廉洁，率真自然，淡泊高雅，或谈吐高雅等。宋代大文豪苏轼特别喜欢使用"清"这个词语，据张海鸥统计，他从《东坡乐府》《苏东坡全集》《东坡志林》和《仇池笔记》等检索到苏轼所用"清"字凡千余见，皆为褒意，无一贬语。其中属名称者 80 余见，形容文学艺术 120 余见，在苏轼赞美文学艺术作品的常用词汇中，"清"是使用率最高的概念之一①。

在文学作品中，与"清"相应的文学风格是清新、清淡、清丽，是一种自然风格；与人的品格相应的是清高、清正、清洁，意味着正直；与人的心境对应的是清远、清明，意味着超脱、淡泊。而古代文人在创作中形成清的风格源于清净的环境，清闲的心态，清淡的情趣。陈后山《次韵夏日》云："江上双峰一草堂，门闲心静自清凉。"②陆九渊说："内无所累，外无所累，自然自在，才有一些子意便沉重了。彻骨彻髓，见得超然，于一身自然轻清，自然灵。"③与赵蕃诗中的凄苦相比，韩淲诗词中

① 张海鸥著《宋代文化与文学研究》，中国社会科学出版社，2002 年，第 126 页。

② (宋)陈师道《后山居士文集》卷 4，上海古籍出版社，1984 年，第 245 页。

③ (宋)陆九渊《语录下》，《陆九渊集》卷 35，中华书局，1980 年，第 468 页。

多了一些宁静详和,呈现出一种清新俊逸之美,如《题新居》云:“泉石堂前四十秋,青山横北水西流。萧萧木叶下高树,寂寂河梁浮小舟。喜有诗人寻胜迹,可无闲客共清游。翛然更占南屏曲,应待我来盟白鸥。”这源于他对于生活的超脱之态。韩淲特别推举“清”,在他笔下,我们经常可以看到一片云淡风清的明丽景象,如:

闲思羽客约诗人,觅遍幽窗到竹阴。天近地严扃宝笈,道通仙隐得清琴。因成行去凭虚望,不见归来何许寻。珍重同游先写句,薰风城市有山林。①

眼底年华此一时,相逢意气得追随。清风朗月闲倾酒,流水高山漫赋诗。我已衰迟君莫问,君宜光大我深知。人间万事邯郸梦,海内交游不记谁。②

推门喜见王摩诘,种树栽花兴寄中。一旦青山遽如许,几年黄卷亦书功。人间文物惊无有,天与诗名定不同。乞取成编山里去,坐堆残叶读清风。③

勿向闲中懒却身,自家志意要精明。书来眼下休粗看,事过手时多错行。血气易令人喜惧,功名徒使我衰荣。青山绿水虽潇洒,莫被清虚误一生。④

韩淲用他的诗笔描写琴声清越,清风明月,景色是清淡的,情趣也是清新的,无论表现自然景象还是人物情趣都很清新。如写竹影清风,“竹隐高深,夏凉日有清风度。苎衣绳屦。鹤发空相顾。翠扑流烟,又向溪翁去”(《点绛唇·五月二日和昌甫所寄并简叔通》)。写个人清愁,“丝丝柳色清愁织。山城望断花溪碧”(《菩萨蛮·花溪碧》)。“待腊未教寒事少,小春攙取暗香浮。夜长飞梦失清愁”(《浣溪沙·冲雨小舟上南港》)。写水流清浅,“山倚虚窗情淡淡,水流清浅韵泠泠”(《浣溪沙·

① (宋)韩淲《同游山前道院访晋陵道士》,《全宋诗》,第52册,第32645页。
② (宋)韩淲《别子似》,《全宋诗》,第52册,第32646页。
③ (宋)韩淲《从王仲可求近诗》,《全宋诗》,第52册,第32673页。
④ (宋)韩淲《勿向》,《全宋诗》,第52册,第32670页。

至日带湖》)。写云中清月,“云外月,画出一痕清绝”(《谒金门·带湖新月》)。写山间清风,“满眼春生梅柳意,山居清听风泉”(《临江仙·和答昌甫见寄生朝》)。写荒野清山,“一曲荒山清照水”(《谒金门·不怕醉》)。写主客之清谈,“一曲笙歌外,四座笑谈清”(《水调歌头·次韵倅车寿守》)。如写人之神清气爽,“多少老心情。景清人亦清”(《菩萨蛮·晚云烘日》)。他还反复用“清”形容他追求的理想生活境界,或用其品评文学之美、人格之美和事物之美,如评杨万里诗是“江东集里好清诗,未看争知看便知。句句多般都有格,篇篇出众不趋时”①。韩淲与赵蕃、巩仲至、徐斯远等人交情深厚,其次韵诗中亦多次用到“清梦”“清言”“清愁”等。如《次韵赵路分寄昌甫》云:“金仙寺下章泉水,幽讨荒寻梦亦清。”《寄永嘉叶丈以昌甫韵》云:“谁云遣兴莫过诗,诗到清愁只自知。”《寄巩仲至》云:“清言犹可诵君诗,落在人间一任之。”《寄斯远》云:“天下中秋谁有比,归来清梦尚悠悠。”又评徐斯远诗云:“琴樽发清谣,老眼度闲日。君侯句愈奇,天然去雕织。得诗喜欲舞,此意越今昔。一从陶谢远,谁复见真迹。直疑天地来,不在口耳觅。扶摇九万鹏,天池可同息。章泉泉水清,为我洗胸臆。绿叶青春深,夜月梦遥夕。”②评陈恬叔易云:“昔吾少师尝荐之,何麒为作志,文极佳。与崔德符,晁以道皆以清节照映颍湖。”③又评巩仲至是“小篇清且丽,大篇疏而通。尚友梅都官,不但扬陆翁。和平事淡泊,志意惊盲聋”④。评赵蕃云:“玉山高并两峰寒,向背稀稠画亦难。一味清新无我爱,遥看直北是长安。”⑤法照律师与林逋、智圆为方外友。圆字无外,自号“中庸子”,韩淲评智圆“神宇清明,道颜凝粹,妙年能属文”⑥。他称赞崔德符“作墓志极好,诗亦清丽可爱”⑦。又称赞陆羽“像甚清俊”⑧。“毛幵,字

---

① (宋)韩淲《杨祕监江东集》,《全宋诗》,第52册,第32671页。

② (宋)韩淲《次韵斯远和答昌甫读谪仙诗》,《全宋诗》,第52册,第32465页。

③ (宋)韩淲《涧泉日记》卷上,文渊阁《四库全书》,第864册,第778页。

④ (宋)韩淲《送仲至长乐帅幕》,《全宋诗》,第52册,第32422页。

⑤ (宋)韩淲《读昌甫诗》,《全宋诗》,第52册,第32740页。

⑥ (宋)韩淲《涧泉日记》卷上,文渊阁《四库全书》,第864册,第779页。

⑦ (宋)韩淲《涧泉日记》卷下,文渊阁《四库全书》,第864册,第792页。

⑧ (宋)韩淲《涧泉日记》卷下,文渊阁《四库全书》,第864册,第794页。

平仲,柯山人,尚书友龙之子也。负气不群,与尤袤延之相厚。自宛陵罢官归,号'樵隐居士'。有集。临死,作手书抵延之,语如神仙",韩淲评其"诗文清快"①。韩淲又由自然界的清新景物联想到人内在的清修,他追求的理想境界是达到"神清",他认为这才是"圣人之游",如其《涧泉日记》中有"文子曰:'神者,知之渊也。神清则智明。'又曰:'神清者,嗜欲不误也。故心有所至,则神慨然在之。反之于虚,则消躁藏息矣。'此圣人之游也"②。

探究韩淲对于"清"这一独特美学风格的偏爱,首先,源于对"清"美的追求是有宋一代文学、理学与文化思潮发展之产物,是宋人特殊审美心理、审美表现在文学作品中产生投射的产物,是一种特殊的文化现象。经历自梅尧臣、苏轼、杨万里至南宋姜夔、江湖诗派等诗人长期的创作和发展,宋代文人士子普遍形成于萧散简远中自饶悲壮高浑的文化心理,宋代的"清"诗传统在这个发展历程中逐渐形成。宋人以崇尚神品而更尚逸品的文化心理宏扬"清"诗传统,始于梅尧臣首倡之"作诗无古今,唯造平淡难",后经过苏轼之服膺韦、柳而以萧散简远为期,到杨万里参悟王安石晚期闲淡中自含悲壮的诗格而将其归结为三百篇之遗味,"清"美风貌复与造境平淡的诗学观念契合,使宋人进一步明确了作为文人逸兴之审美表现的价值规定。到南宋后期,江湖诗人"稍稍复就清苦之风"的时代作风与宋末时荒寒寂寞的士人心理相表里,遂使"平淡"式的"清"美诗心中平添了几分穷苦刻峭的因素。由于表现清寒冷寂的心境,穷居野处的感吟,使身世家国之思与先天之禀赋交感,又以晋宋人格和晚唐风韵为文化心理之支撑,遂造就了堪为南宋士人人格诗风之某种缩影的独特范式③。韩淲之创作,使南宋士人人格与诗风发展的独特范式得到鲜明体现。分析其诗文化心理的核心内容,主要受宋学援佛老以入儒的思维模式影响,而试图涵纳诗、骚之忧患之思于山水清谈之中,从而造境为如晋宋雅士人格之审美表征的清远空灵

---

① (宋)韩淲《涧泉日记》卷中,文渊阁《四库全书》,第 864 册,第 783 页。

② 栾贵明辑《四库辑本别集拾遗》,第 447 页。

③ 韩经太著《诗学美论与诗学美境》,北京语言文化大学出版社,2000 年,第 316－317 页。

风格，反映出宋人的精神风范。这种范式实乃杜甫"永怀江左逸，多病邺中奇"之心理的历史宏扬。从北宋周敦颐的"雅意林壑"到南宋朱熹"每经行处，闻有佳山水，虽迂途数十里，必往游焉"，无不具有如王维一般的"天机清妙"处。而此所谓"天机清妙"者，既包括"亹亹玄思清，胸中去机巧。物我俱忘情，可以狎鸥鸟"①的主观意念和心境，也包括"独有清秋日，能使高兴尽。景气多明远，风物自凄紧"②的客观气候和风物，而心物交感、主客融合的美学境界，则又如司空图《诗品》之所谓"神出古异，淡不可收。如月之曙，如气之秋"。这也意味着从玄思清言的历史到士林清流的人格，从清丽山水的风光到清谈啸吟的风格，一种渗透着"清"之气韵的诗美风格，终于被确认为追求的理想目标。

其次，还可以从韩淲及其家族一贯奉行清廉的处世哲学溯源。如韩亿廉洁自守，对自己和家人要求非常严格，苏舜钦称其"治家处身，一以素约，起微中至贵，始终无少异者"③。韩淲在《涧泉日记》较为详细地引用司马光有关"清""慎""勤"的论述也可窥见其人生态度：

> 李绪之子秉尝答司马文正问，因以为家诫。司马曰："为官长当清、当慎、当勤。修此三者，何患不治？"顾秉曰："相诫敕正当尔，必不得已，于斯三者何先？"秉曰："清慎之道，相须而成，必不得已，慎乃为大。清者不必慎，慎者必自清。是以《易》称：'囊括无咎，藉用白茅。'皆慎之至也。"④

此外，韩氏家族深厚的文化底蕴、家学传承以及长期随侍韩元吉身边，深受其父及其朋友的熏陶与感染，使韩淲从小具有很高的文学艺术修养，培养了很高的审美情趣和审美品味，为韩淲进行诗文创作、提高

① （梁）江淹《孙廷尉杂述》，（明）胡之骥注、李长路等点校《江文通集汇注》卷4，中华书局，1984年，第153页。

② （晋）殷仲文《南州桓公九井作》，（梁）萧统撰、（唐）李善注《六臣注文选》卷22，中华书局，1977年，第311页。

③ （宋）苏舜钦《赠太子太保韩公行状》，沈文倬校点《苏舜钦集》卷16，上海古籍出版社，1981年，第208页。

④ 栾贵明辑《四库辑本别集拾遗》，第449页。

人格修养奠定了良好的基础。在日常生活中,他既爱好栽花种草,又喜弄琴下棋、吟诗作画,相关描写和记载在其作品中比比皆是:“推门喜见王摩诘,种树栽花兴寄中。一旦青山遽如许,几年黄卷亦书功。人间文物惊无有,天与诗名定不同。乞取成编山里去,坐堆残叶读清风。”(《从王仲可求近诗》)“万叶扶疏落画檐,清风吹影上疏簾。人间翰墨闲游戏,一笔挥成不用添。”(《画竹》)“闲咏遗言理素琴,晚风吹树雨愔愔。”(《闲咏》)“山雨吹凉醉不成,棋声闲与写吟情。”(《野趣轩弈棋》)诗人还经常表现自己闲居时偶尔小酌的淡淡幽趣:“漠漠春从沙际归,野梅官柳杜陵知。风和弄影生香处,常记幽闲小醉时。”(《次韵董景先》)

值得一提的是,宋末元初的文学家方回颇为推重韩淲,究其原因,当与韩淲创作中体现的“清”美风格有密切的关联。在方回集中,我们可以看到不少有关“清”的阐述,如其《冯伯田诗集序》概括“清”的物质和精神体现,“天无云谓之清,水无泥谓之清,风凉谓之清,月皎谓之清,一日之气夜清,四时之气秋清,空山大泽、鹤唳龙吟为清,长松茂竹、雪积露凝为清,荒迥之野笛清,寂静之室琴清,而诗人之诗亦有所谓清焉。清矣,又有所谓新焉。新沐者必弹其冠,新浴者必振其衣,此以蒨而为新者也。古尝黍稻麻麦皆贵新,此名蒨而实新者也”。“诗人之诗,清而后能新,即新而后清耶。老杜谓‘清新庾开府’,并言之未尝别言之也,非清不新,非新不清,同出而异名,此非可以体用言也”①。方回对于“清”的内涵进行较为清晰的界定,并分析“清”与“新”的关系,进一步明确了文学家对于“清”美追求的写作意义。

3. 醇:韩淲创作的富贵气

文学批评家对“醇”这种风格的探求并不多,究其实质,“醇”的含义近于“雅”,至于雅则是中国古代文学作品中具有悠久传统的一种风格,因为自《诗经》以来就有风、雅和颂诗。特别是入宋以来,士大夫俸禄优厚,生活优裕,在一定程度上增进了文学家对雅文学的追求,这表现在人们逐渐有意识地从丰富个人的生活情趣入手来提升自身高雅的气质

① (元)方回《桐江集》卷1,《续修四库全书》,第1322册,第361页。

和品味，如宴饮享乐就离不开吟诗作画，即使是最平常最平淡的题材也力图用一种优雅的形式来表现出来，这就是我们经常谈论的宋代文学所呈现的以俗为雅的趋向。而具体到文学创作上，表现在形式上，诗的书卷气、学问气加重，喜欢使事用典，意蕴和意趣文人化气息加重。表达方法花样繁多，特别到江西诗派更是发展到极致，从而使意象和意念更加抽象化、技巧化。

“醇”是韩淲创作中着力追求的艺术风格。据现代汉语词对这个词的解释，其意既含纯，又是清，还有味道浓厚之意，可见，醇美其实又包含在清美之中。韩淲与著名词人姜夔过从甚密。姜夔，字尧章，鄱阳人，寓居武康，与白石洞天为邻。如韩淲有《题姜尧章白石洞》云：“明时乐未正，尚欲追英茎。它年淳气合，肯有爵服情。”其中“它年淳气合”所用“淳”与“醇”义近。如张九成，号横浦先生，字子韶，官至侍郎，为世儒所屈指。韩元吉在道山曾学于其门，评价他因为爱好禅学，而招致“士论或以为不醇尔”。

韩淲对诗歌“醇”美艺术的追求，表现在用寄情山水、啸傲林泉和诗酒风流的生活来表现他的高雅情致，如喜欢咏写高人雅士，如许夷、巢由、林逋、陶渊明，如喜欢表现高雅的事物，即清高傲岸的梅花，清淡高雅的菊花。在韩淲诗词中，有时候 “醇”或用其近义词“雅”代替。如评赵蕃诗：“诗情闲雅笔舒明，吟到平时字亦成。老不厌山怀玉秀，静宜流水章泉声。殷勤题寄情何过，展转看来眼自惊。一任人间无此作，近闻巩至得同盟。”①吕本中，字居仁，号东莱先生。韩淲在《涧泉日记》提到他“评论诗文，必归醇雅”。庞谦孺，字佑甫，自号白苹老人，是韩元吉的朋友，韩淲评他“善骚雅，高甚”②。另外，韩淲又多次写到“雅怀”，如《借章泉翁韵回斋》云：“狂澜正倒筑新斋，回我家声属雅怀。”又写到“雅淡”，如《次韵次公》云：“风流往事高情外，雅淡新知醉眼边。”或用“闲雅”，如《昌甫寄近诗一卷》云：“诗情闲雅笔舒明，吟到平时字亦成。”诗人反复描述自己的闲雅情致。

分析韩淲对“醇”雅之美的表现，反映出他将其视为一种自觉的修

---

① （宋）韩淲《昌甫寄近诗一卷》，《全宋诗》，第 52 册，第 32673 页。

② （宋）韩淲《涧泉日记》卷中，文渊阁《四库全书》，第 864 册，第 781 页。

养,这种审美态度源于其家族长久和深厚的文化传承。他不但在文学创作方面汲汲追求,而且培养了颇为高雅的情趣。他品味高雅,富有情趣,爱好栽花种草,琴、棋、书、画样样精通,他常常在作品中展现自己闲雅的日常生活,如《从王仲可求近诗》云:"推门喜见王摩诘,种树栽花兴寄中。"又如《画竹》云:"万叶扶疏落画檐,清风吹影上疏簾。人间翰墨闲游戏,一笔挥成不用添。"又如《闲咏》云:"闲咏遗言理素琴,晚风吹树雨愔愔。"另有《野趣轩弈棋》云:"山雨吹凉醉不成,棋声闲与写吟情。"

他也常常写自己的饮酒生活。酒是诗人的至爱,偶尔小酌一杯,让他心醉,这样的作品涣发出一种淡淡的幽趣。其《次韵董景先》其二说:"风和弄影生香处,常记幽闲小醉时。"韩淲全心归隐,与尘世的俗人、俗事隔绝起来,不让他们影响自己对高雅志趣和情操的修养,其《两峰堂》云:"两峰堂上两峰寒,不许他人俗眼看。"又有《过邻家》云:"绝口不谈闲俗事,只寻棋具看煎茶。"韩淲的德行、风度和文章深受当时人追模,赵蕃在诗中屡屡描摹其风采情韵,对之赞叹不已,"儒雅风流真不愧,两贤真可作三贤。""海内知名长少公,在今谁复可同风"[1]。戴复古有《哭涧泉韩仲止二首》云:"雅志不同俗,休官二十年。隐居溪上宅,清酌涧中泉。慷慨伤时事,凄凉绝笔篇。三篇遗稿在,当并史书传。""忍贫长傲世,风节似君稀。死后女方嫁,峡中儿未归。门人集诗稿,故卒服麻衣。涧上梅花发,吟魂何处飞。"[2]

韩淲对闲雅境界的表现与追求,继承了中国古代士人陶怡于宁静而美丽的山水,崇尚优雅、闲适而恬淡的生活,追求个人心灵和精神的自由,追求独立和完善的人格的文化精神。早在东晋,谢安写给王胡之的一首诗描写他的理想生活是:"朝乐朗日,啸歌丘林。夕玩望舒,入室鸣琴。五弦清激,南风披襟。醇醪淬虑,微言洗心。幽畅者谁,在我赏音。"可见,赏月、弹琴、饮酒、清言,这些闲雅而充满闲情逸致的活动,被视为士人们"幽雅"生活必不可少的一部分,似乎不如此不能表现他们的风度,又或缺少它们就不能满足精神上的要求。

韩淲往往借助于外在美好的事物寄托自己的精神,远离日常杂务

---

① (宋)赵蕃《寄韩仲止主簿》,《全宋诗》,第49册,第30923页。

② 《全宋诗》,第54册,第33526页。

的萦绕，使自己的追求置于日常生活之外的情趣之上。韩淲的追求，在宋代士人群体中并不是偶然的个案，而具有一定的普遍性。究其原因，是由于宋代推重读书人，为文人士子提供了空前优越的经济条件和物质生活，因而使文人的精神面貌相比之前的时代更为丰富多彩。既有充裕的物质条件，有享有各种休假、休闲时间，使宋代文人能够不仅仅驻足于对社会政治的关心和对个体生命意义的寻求，他们还能够有机会沉溺于各种情趣、意味的追求和体验。诗文、琴棋、书画成为他们提高人生品味的主要方式。自然界的花花草草、蛙声蝉鸣常常让他们自得其乐，流连忘返。漫长而丰富的读书生活与为官经历又使他们不愿意随便接受任何理性法则的制约，使他们对人生的功利追求也变得逐渐淡化。当然，他们有时也免不了会受到现实生活的困扰，但那仅仅是很短暂的时候。相比对现实物质的追求，他们更为重视自己对现实人生的超越，通过这种方式使自己的心灵提升到更高的精神境界。由此也可以窥见，宋代文人士子，虽然不一定强调诗文的审美特性，但无一例外都十分讲究文法、诗法，注重文学的审美价值。因为这不但是宋代文学发展的潮流，也是他们的生活和情趣在创作中的投射。

第三章　入派江西："上饶二泉"的诗学渊源与诗学理论

宋代诗歌流派众多，欲了解宋诗，必先了解其流派。严羽《沧浪诗话·诗辨》论宋诗发展称："国初之诗尚沿袭唐人，王黄州学白乐天，杨文公、刘中山学李商隐，盛文肃学韦苏州，欧阳公学韩退之古诗，梅圣俞学唐人平淡处。至东坡、山谷始自出已意以为诗，唐人之风变矣。山谷用工尤为深刻，其后法席盛行，海内称为江西宗派。近世赵紫芝、翁灵舒辈，独喜贾岛、姚合之诗，稍稍复就清苦之风；江湖诗人多效其体，一时自谓之唐宗。"①分析严羽所述，宋初学习白体、西昆体、晚唐体等唐体，至苏黄始自出机杼，独创宋体。特别是由黄庭坚创立的江西诗派，被誉为宋代乃至中国古代文学史上第一大诗歌流派。不过，从江西诗派成员的籍贯、诗学主张和交游等来看，这并不是一个体系非常严密的派系，其形成的主要原因在于诗派成员均被吕本中列入《江西诗社宗派图》，并具有颇为相似的创作倾向。一般认为，江西诗派始创于黄庭坚，建构完成于吕本中，在北宋末年和南宋前期风靡一时，对于宋代诗学特色的形成，发挥了非常重要的作用，诚如郑天锡《江西宗派》诗云："西江一水活春茶，寒谷春灯夜拨花。人比建安多作者，诗从元祐总名家。"②不过，江西诗派在发展过程中，创作上也滋长了不少弊端，许多批评家称之为"江西末流"。"江西末流"的出现，在黄庭坚、陈师道建构江西诗派之时就已有端倪，及至吕本中拟定《江西诗社宗派图》，列入其中之诗

---

① （宋）严羽著、郭绍虞校释《沧浪诗话校释》，人民文学出版社，1983年，第26页。
② 《全宋诗》，第72册，第45188页。

人亦被认为存在一种过于步趋黄、陈而显得瘦硬枯涩的诗风。分析“江西末流”之出现，源于诗人们对黄、陈开拓诗歌艺术技巧的误读，源于他们堕入简单化、粗浅化理解黄陈诗歌创作追求章法格律、用典炼字的匠心，从而走上刻意追求深险怪僻、刻意推敲的歧途。

“上饶二泉”同被当时人续入江西诗派，南宋诗人谢枋得《萧冰崖诗卷跋》云：“诗有江西派而文清昌之，传至章泉、涧泉二先生，诗与道俱隆。自二先生没，中原文献无足证，江西气脉将间断矣。”①近人刘大杰研究后期江西诗派的发展提及“二泉”称：“嘉定以降，江西诗渐为人所厌，而有四灵派的兴起，但当日称为‘二赵’的赵汝谠、汝谈兄弟，以及‘二泉’的赵章泉（赵蕃）、韩涧泉（韩淲），仍守着江西诗派的藩篱，在诗坛上也还有相当的力量。”②“二泉”入派江西，其作诗之方法、习尚及长短颇有相似之处。其中，赵蕃有诗法流传于世，韩淲的诗学理论虽无专书记载，亦散见于其诗特别是《涧泉日记》中。世人皆将“二泉”视为江西诗派中人，还与他们自觉继承江西诗法，与江西诗派代表诗人广泛交游以及创作中体现出江西诗风等种种因素皆有关系。不过，两人所受江西诗派影响的程度深浅还是有所区别，其中以赵蕃表现较为明显。通过阅读和分析他们的作品，这些区别有时可以直接感受到，有时又需要仔细体会方能辨别出来。

第一节　江西诗派流变简述：论“江西续派”与“江西末流”

一种文学或思想的发展往往是曲折变化的，有盛有衰，有荣有枯，有其优长亦有其不足。以唐诗为例，纵然被誉为中国古代诗歌发展之巅峰，然其诗和诗人也分为数等，以时期而论，则有初、盛、中、晚四个时期，各个不同时期，风格各不相同。严羽谓“大历以还之诗，则小乘禅

---

① （宋）谢枋得《萧冰崖诗卷跋》，《叠山集》卷3，文渊阁《四库全书》，第1184册，第886页。

② 刘大杰著《中国文学发展史》，上海书店，1990年，第690页。

也，已落第二义矣。晚唐之诗，则声闻、辟支果也"[①]，殆即有见于此。严羽《沧浪诗话》极力推举盛唐，称"诗必盛唐"，其目的无非是通过提倡盛唐，以贬黜中、晚唐，达到痛斥热衷于宗中晚唐之宋诗之目的。江西诗派自北宋末年风靡于世后，余波所及，延续至清末民初，其影响大，发展时间长。自宋以后，人们研究和讨论江西流派，曾使用"江西宗派""江西续派""江西后社""江西后派""江西别派"等很多不同称呼。吕本中《江西诗社宗派图》列出代表诗人二十五位，主要指黄庭坚及认可其创作成就、学习其作法诗则的追随者。不过，在文学史上，对于吕本中拟定的这份名单历来争议较大，不但在当时已掀起轩然大波，而且后人也一直存在质疑。直到现在，人们对这个诗歌流派的发展规模、具体成员及其发展状况仍然存在分歧。以下，将从三个方面就与江西诗派发展有关的几个主要问题略作探讨。

1. 后期江西诗派之发展

宗随派列。至南宋中后期，江西诗派继续发展，出现了一系列重要转变，在当时已有诗人发现并指出来，释大观《浮清诗序》云：

> 诗盟江西为盛，山谷执牛耳，诸君子争歃血，法度森严，追浣花翁而与之偕，过是又强弩之末矣。诚斋忽作，斫风雅轮，体备百家，所谓"刺手拔鲸牙，举瓢酌天浆"者也。然法度自是一变，终不可复。故今之宗江西者，亦兼有晚唐风味，斯可以观时矣。浮清一老之作，句炼而熟，字清而响，其匠意成体，则不失乎宗派而似唐者。[②]

释大观论及江西诗派从山谷初创，到杨万里诗变，以及其后江西宗晚唐的三个变化。至宋末元初，批评家方回在其《送罗寿可诗序》更为清楚地梳理江西诗派的发展脉络，并对江西诗派进行较为全面的探讨：

---

① (宋)严羽著、郭绍虞校释《沧浪诗话校释》，第12页。

② 许红霞辑著《珍本宋集五种：日藏宋僧诗文集整理研究》，北京大学出版社，2013年，第781－782页。

> 苏长公踵欧阳公而起，王半山备众体，精绝句，五言或三谢，独黄双井专尚少陵，秦、晁莫窥其藩。张文潜自然有唐风，别成一宗。惟吕居仁克肖。陈后山弃所学学双井，黄致广大，陈极精微，天下诗人北面矣。立为江西派之说者。铨取或不尽然，胡致堂诋之。乃后陈简斋、曾文清为渡江之巨擘。乾淳以来，尤、范、杨、陆、萧其尤也。道学宗师，于书无所不通，于文无所不能。诗其余事，而高古清劲尽扫余子。又有一朱文公。嘉定而降，稍厌江西。永嘉四灵，复为九僧旧，晚唐体非始于此四人也。后生晚进，不知颠末，靡然宗之，涉其波而不究其源，日浅日下。然尚有余杭二赵、上饶二泉，典刑未泯，今学诗者不于三千年间上泝下沿，穷探邃索，而徒追逐近世六七十年间之所偏，非区区所敢知也。①

在此文中，方回将宋诗分为十体：一是白体，二是昆体，三是晚唐，四是欧阳修，五是梅尧臣，六是苏轼，七是王安石，八是江西，九是道学，十是“四灵”。同时，按其观点，已将吕、陈、曾三公，尤、杨、范、陆、萧五公及二赵、二泉之脉络，隐约析为江西之三期，这种分法有可取之处，只是以欧阳修、梅尧臣单独列为二体，有失恰当。值得一提的是，到上世纪初，台湾学者梁昆继承和发展了方回对江西诗派的这种评价观，其专著《宋诗派别论》论“江西派”将江西诗派之发展分为五个阶段，他认为江西派第一期主要代表是吕本中《宗派图》所列黄庭坚及以下二十五人。第二期代表是吕本中、曾几和陈与义。第三期代表是“中兴四大家”——尤袤、杨万里、范成大和陆游，还有与四大家交往甚密的萧千岩。第四期代表是“南塘二赵”与“上饶二泉”。第五期代表是刘辰翁和方回，被其视为宋代江西诗派之余响。梁昆这种划分比方回更加详细，但是人们对于江西诗派具体成员及发展阶段仍存在争议。深入考察江西诗派发展历程，这种聚讼纷纭的局面实则由来已久，早在江西诗派产生之初就已存在。只是，时至今日，人们对于江西诗派前三期代表的争议渐渐平息，可是，对于“二泉”与“二赵”，由于前者虽有大量作品留存，然《宋史》无传；而后者虽《宋史》有传，惜作品早已亡佚。故这四位诗人

① （元）方回《桐江续集》卷32，文渊阁《四库全书》，第1193册，第662页。

究竟是否能代表第四期的创作水平、创作特色,仍颇受人们质疑。究竟人们所持的这种态度是否客观,受到哪些因素影响?同时,此期除了“二泉”与“二赵”,是否另有成员?为解决这些疑问,特对江西诗派早期发展及后来受到种种批判和争议的有关情况进行一番回顾。

众所周知,“江西宗派”之说始见于吕本中《江西诗社宗派图》,此图列出黄庭坚以下共二十六人,奠定了江西诗派最早刍形,代表了吕本中对图中这部分诗人的个人认识。客观上,吕本中此举契合了当时诗歌发展的潮流,也符合一部分拥护黄庭坚诗学的追随者的主观愿望,对江西诗派具有开创之功。据记载,吕本中此举的初衷是将以黄庭坚为首的具有师友渊源甚至姻亲关系的这些诗人形成的小团体列出来,昭示世人,为诗歌创作树立榜样。可是,由于吕本中对当时诗歌发展形势在地域上和认识上的局限,加上江西诗派后期发展出现的问题,以及人们理解上的偏颇等诸多因素的影响,当《宗派图》甫一出现,马上招来不少争议。首先,是对其列入诗派中之诗人及其排序是否恰当存在反对之声,有人认为陈师道与黄庭坚并为苏轼门下弟子,如果未死,未必甘于黄下。徐俯发出“吾乃居行间乎”的感叹,韩子苍也说“我自学古人”,夏倪也以在下为耻[①]。此外,在当时已有不少人质疑《宗派图》中有的诗人名不符实,除了质量参差不齐,存诗数量亦多少不一,如洪朋存诗178首,而何颙、潘大观虽有姓名却无诗传世。王直方仅存诗5首,且无可取之处。《诗人玉屑》卷十八引《苕溪渔隐丛话》云:“所列二十五人,其间知名之士,有诗句传于世,为时所称道者,止数人而已。其余无闻焉,亦滥登其列。居仁此图之作,选择弗精,议论不公,余是以辨之。”[②]另外,《宗派图》诗人在世界观和人生观等方面也存在较大差别,“韩子苍诸人或自鬻其技,至贵显,二谢乃老死布衣,其高节亦不可及”[③],而高荷尽管在当时诗名较高,甚至可与张耒、晁补之相提并论,但因晚年曾为童贯客而长期为人诟病。因此,“选择弗精”“议论不公”

---

① (宋)赵彦卫《云麓漫抄》卷14,文渊阁《四库全书》,第864册,第396页。

② (宋)魏庆之《诗人玉屑》卷18,第391页。

③ (宋)刘克庄《江西诗派小序》,《后村先生大全集》卷95,《四部丛刊初编》,第276册,第824页。

被认为是吕本中《宗派图》最为明显的不足①。吕本中后来也认识到这一点，乃自谦《宗派图》为"少时所作"。吕本中这席话后来又引发了一场关于"宗派图"究竟是其少时所作，还是中年所作的大讨论。据宋人范季随《陵阳室中语》云：家父尝具饭，招公（韩驹）与吕十一郎中昆仲。吕郎中先至，过仆书室，取案间书读，乃《江西宗派图》也。吕云："安得此书？切勿示人，乃少时戏作耳。"他日公前道此语，公曰："居仁却如此说。"②究竟吕本中《宗派图》是不是少时之作，是否其搪塞之言，无从确考。但范季随此记至少反映了韩驹对吕本中创作此图的认识。据说吕本中"后来不但懊悔做了这个《宗派图》，而且认为黄庭坚也有'短处'，所以他说专学杜甫和黄庭坚是不够的，应该师法李白和苏轼，尤其是苏轼"③。除了对于诗派成员的争议，对于江西诗派在创作过程中所暴露的一些弊端，人们也有不少批判的声音，至宋末"永嘉四灵"登上文学史舞台，尤其发展到一个高潮。宋末刘克庄《后村诗话》云："近世以来，学江西诗不善其学。往往音节聱牙，意象迫切，且议论太多，失古诗吟咏性情之本意。"又云："近岁诗人，杂博者堆队仗，空疏者窘材料，出奇者费搜索，缚律者少变化。"④不过，尽管受到诸多批评，江西诗派独特的诗学特色，对两宋及宋以后诗坛所产生的重要影响，仍然不可否认。

追溯自北宋末至今近八百余年间的诗学批评史，人们对江西诗派始终褒贬不一，持续时间相当长。客观分析，这些批判既有门户之见，也有特定的复杂的社会原因。就诗派本身的发展而言，特别是南渡后许多成员的创作已逐渐远离黄庭坚最初的诗歌创作路线，到建炎、绍兴时，已只有少数诗人如吕本中、曾几、汪藻、韩驹和徐俯等人还能遵守江西诗派的诗法创作，其余许多成员徒知于形式上争奇斗艳，追求字拟句摹，忽视了在诗意、诗法和诗境上的求新、求变，这无疑是其招来非议的原因之一。同时，随着社会的变迁、文化的发展，人们对于诗歌审美出

① （宋）胡仔《苕溪渔隐丛话》前集卷 48，人民文学出版社，1962 年，第 328 页。

② （宋）范季随《陵阳室中语》，陶宗仪撰《说郛》卷 43，上海古籍出版社，1988 年，第 704 页。

③ 钱锺书著《宋诗选注》，人民文学出版社，2002 年，第 116 页。

④ （宋）刘克庄《后村诗话》前集卷 2，第 31 页。

现了不同追求,对于江西诗派成员的批评出现了不同声音。因此,超越吕本中《宗派图》中所列二十余位诗人,放宽视野,重新审视过去对于“江西诗派”的界定,全面研究江西诗派,方是研究“江西续派”之意义所在。

2. 论“江西续派”

北宋末至南宋初,陆续已有诗人或批评家对江西诗派进行增补。如,吕本中列出《宗派图》时,并没有把自己包括在内,南宋赵彦卫《云麓漫钞》率先把吕本中增补进入江西诗派。后来,刘克庄在《江西诗派小序》增补吕本中,又在《〈茶山诚斋诗选〉序》补入曾几、杨万里。严羽也提出陈与义“亦江西之派而小异”,对江西宗派成员进行增补。宋末元初,方回提出著名的“一祖三宗”之说,将江西诗派的理论系统化,还将南宋一些小诗人纳入江西诗派范畴,他对于“二泉”推崇备至,其《瀛奎律髓》品评其诗歌与江西诗派的关系,又在《桐江集》《桐江续集》多次肯定他们在江西诗派发展过程中的重要地位。不过,最早使用“江西续派”一语的却是杨万里,其《江西续派二曾居士诗集序》云:

> 南丰先生之族子有二诗人焉,曰“临汉居士”伯容者,南丰从兄弟曰子山名阜之子也。曰“怀岘居士”显道者,伯容之子也。子山尝位于朝,出漕湖南,后家于襄阳,遂为襄阳人。伯容一世豪俊而能文,其诗源委山谷先生。然以不肯伈俔于世,有官而终身不就列。显道得其父之句法,亦以气节高雅,尝宰祁阳,小不可其意即弃去,隐于衡之常宁者三十年。此君子之一不幸也。伯容放浪江湖,间与夏均父诸诗人游从唱和,其题与韵见于均父集中者三十有二篇。予每诵均父之诗云“曾侯第一”,又云“五言类玄度”,又云“秀句无一尘”,想其诗而恨不见也。行天下五十年,每见士大夫必问伯容父子诗,皆无能传之者,此又君子之一不幸也。兹非所谓生不用于时,没又不传于后,不幸之不幸者欤。今日忽得故人尚书郎、江西漕使雷公朝宗书寄予以《二曾诗集》二编,属予序之。欣然盥手披读三过,蔚乎若玉井之莲敷月露之下也,沛乎若雪山之水泻滟滪而东也,琅乎若岐山之凤鸣梧竹之风也。望山谷之宫庭,盖排

阒而入、历阶而升者欤？昔人之诗有诗传，而人逸者矣，《二南》是也。有人传而诗逸者矣，《祈招》是也。有人与诗俱传者矣，《载驰》是也。然祭公、谋父之作，虽逸于三百篇之外，而“式金式玉”之句犹略见于《梼杌》之史者，以子革之诵也。二曾之诗，昔无传而今有传，不以朝宗能诵之欤？不曰二曾不幸之幸欤，不曰后学大幸之幸欤，因命之曰“江西续派”而书其右，以补吕居仁之遗云。伯容名纮，显道名思。①

杨万里题中之“二曾”，乃曾巩族子曾纮与曾思，文中所说“补吕居仁之遗”即指将他们续入“江西诗派”。陈振孙《直斋书录解题》记载二曾及其诗集云：“《临汉居士》集，七卷。南丰曾纮伯容撰。其父阜子山，于子固为从兄弟。”“《怀岘居士》集，六卷。曾思显道撰。纮之子也。”②遗憾的是，二人诗集皆已不传。虽然我们现在无法窥知他们诗歌的风貌。但是后人把他们的诗集均列入“江西续派”却是事实，据《直斋书录解题》载：“江西诗派一百三十七卷，续派十三卷。”③《宋史·艺文志》云：“吕本中《江西宗派诗集》一百十五卷，曾纮《江西续宗派诗集》二卷。”④

杨万里之所以将二曾续入“江西诗派”，有两个原因：首先，服膺两人的诗艺。因为曾纮曾师从黄庭坚，诗歌创作水平很高。如夏倪（均父）在诗中称其诗“曾侯第一”，又云：“五言类玄度。”又云：“秀句无一尘。”可见不同凡响。因而，杨万里“想其诗而恨不见也”。及至故人尚书郎、江西漕使雷公朝宗寄《二曾诗集》二编要他作序见到后，怀着迫切的心情一连认真阅读了三遍。他还用“蔚乎若玉井之莲敷月露之下也，沛乎若雪山之水泻滟滪而东也，琅乎若岐山之凤鸣梧竹之风也。望山谷之宫庭，盖排阒而入、历阶而升者欤”形容其诗，虽不乏溢美之词，也足可见二曾之诗还是有很高的艺术水准的。其次，两人品格高尚，为杨

① （宋）杨万里《诚斋集》卷83，《四部丛刊初编》，第255册，第693页。
② （宋）陈振孙《直斋书录解题》卷20，第600页。
③ （宋）陈振孙《直斋书录解题》卷15，第449页。
④ （元）脱脱《宋史》卷209，第5403页。

万里所仰慕。如曾纮,“伯容一世豪俊而能文,其诗源委山谷先生,然以不肯伈俔于世有官,而终身不就列”。又如曾思更是有陶潜不为五斗米折腰之节,“显道得其父之句法,亦以气节高雅。尝宰祁阳,小不可其意即弃去,隐于衡之常宁者三十年”。杨万里以人品与诗品为标准,称“二曾”可入江西诗派,在这一点上与吕本中将早期江西诗派列入宗派图的标准颇为相似。杨万里于《江西宗派诗序》称:

> 高子勉不似二谢,二谢不似三洪,三洪不似徐师川,师川不似陈后山,而况似山谷乎!味焉而已矣。酸咸异和,山海异珍,而调腼之妙出乎一手也。似与不似,求之可也,遗之亦可也。大抵公侯之家有阀阅,岂惟公侯哉。诗家亦然。窭人子崛起委巷,而一旦纡以银黄,缨以端委,视之言公侯也。貌公侯也,公侯则公侯乎,尔遇王谢子弟公侯乎。江西之诗,世俗之作,知味者当能别之矣。昔者诗人之诗,其来遥遥也。然唐云李杜,宋言苏黄,将四家之外,举无其人乎?门固有伐,业固有承也。虽然四家者流,一其形,二其味;二其味,一其法者也。①

杨万里在此文中提出“诗味说”以解释江西诗派成员具有相似的创作方法,而创作风格上实各具特色。这是其对“江西续派”进行增补的主要诗学原因。至于什么是“江西续派”,顾名思义是指被续入江西诗派中的诗人。它是在江西宗派基础上对江西诗派成员的增补。已有江西诗派,又出现“江西续派”,主要有两个重要原因:一方面,江西诗派的影响越来越大,出现了更多拥护黄庭坚,欣赏其诗歌并学习其创作方法的诗人;另一方面,江西诗派发展到吕本中、陈与义、曾几登上诗坛的时期,诗歌创作出现许多新的转变,如吕本中创作“活法诗”,陈与义诗风“词句明净”“声调响亮”,曾几诗风格活泼轻快,这些都呈现出迥异于前期江西宗派诗人的新风格,他们吸引了一批新的追随者,即由学黄、陈(师道)转学吕、曾、陈三人,但从诗学渊源上来看,他们又无疑是绍继黄庭坚的,故也应该视为江西诗派中人。因此,从江西诗派的发展史来

---

① (宋)杨万里《诚斋集》卷80,《四部丛刊初编》,第255册,第666页。

看,江西宗派称作江西诗派,这指的是狭义的江西诗派。“江西宗派”和“江西续派”合称,当是广义的江西诗派,也就是我们通常所说的江西诗派。相比“江西宗派”,“江西续派”是一个发展时间更长久、发展空间更广阔的范畴。也就是说,随着多年发展,江西诗派已经突破地域限制,其他地区一部分宗法黄陈的诗人也被纳入这个诗派范围。元代袁桷《书黄彦章诗编后》云:“元祐之学鸣绍兴,豫章太史诗行于天下。方是时,纷立角进,漫不知统绪。谨懦者循音节,宕跌者择险固。独东莱吕舍人悯而忧之,定其派系,限截数百辈无以议,而宗豫章为江西焉。豫章之诗,夫岂惟江西哉?”言下之意,他也不赞同江西诗派仅限于吕本中《宗派图》列举的这批诗人。至于江西诗派究竟还包括哪些诗人,历代学者提出过不同意见,如张泰来《江西诗社宗派图录》云:“至山谷而衣钵始传,似宗派尽于二十五人也。及考绍兴初,晁仲石尝与范顾言、曾裘父同学诗于居仁。后湖居士苏养直,歌诗清腴,盖江西之派别。坡公谓‘秦少章句法本黄子’。夏均父亦称‘张彦实诗出江西诸人,范元实曾从山谷学诗’。”①他这段话新列举出范顾言、曾裘父、苏养直、秦少章和张彦实等人。其中,秦少章,是秦观弟弟。他与黄庭坚、陈师道唱和诗歌及书信来往颇多,见于黄庭坚《次韵秦少章晁适道赠答诗》《次韵答秦少章乞酒》和《与秦少章书》等,亦见于陈师道《次韵答秦少章》《秦少章见过》等诗篇。周必大《跋秦少章诗卷》云:“秦少章古律诗一卷。宗人愚卿兄弟示予求跋。昔东坡苏公送少章云‘秦郎忽过我,赋诗如卷阿’句法本黄子。谓鲁直也。……少章诗名为不朽矣。”②曾裘父,原名曾季狸,号艇斋,临川人,一作南丰人。宰曾孙。举进士不第,终身不仕。师事韩驹、吕本中、徐俯,又与朱熹、张栻往来较多,在宋孝宗乾淳年间有诗名。著有《艇斋杂著》一卷,已佚。今存《艇斋诗话》一卷。事见《渭南文集》卷一五之《曾裘父诗集序》、《直斋书录解题》卷一八,《两宋名贤小集》卷一二五有《艇斋小集》附传。至于张彦实,据《紫微诗话》记载:“夏均父称张彦实诗出江西诸人。彦实《送均父作江守诗》云:‘平时衮衮向诸公,投老犹推作郡公。未觉朝廷疏汲黯,极知州郡要文翁。’均父

① (清)张泰来《江西诗社宗派图录》,《续修四库全书》,第1698册,第58页。
② (宋)周必大《文忠集》卷50,文渊阁《四库全书》,第1147册,第531页。

每讽诵之。”①

关于宋末元初江西诗派的流传情况,史伟曾撰文进行探讨,不过,据我拙见,他并未使用“江西续派”一语来概括宋末元初那批学江西诗派的诗人。在他看来,这个阶段的江西诗派主要具有两个特征:其一是诗人社会地位普遍比较高,多进士。比如文天祥,国破之后,诗学老杜,得其神髓。《赠桂岩杨相士》云:“荣悴纷纷未可期,夕多未振已朝披。得刚难免于今世,行好须看有验时。萱书堂前惟有母,槐阴庭下岂无儿。好官要做无难做,身后生前是两岐。”②其诗句律粗疏豪宕,见筋见骨。另有马廷鸾,官至右丞相和枢密使,是当时学江西诗官位最高者。他评价其诗“句律顿挫劲健,用典而期于融化无痕,亦不出江西手法”,如其《次韵李竹坞怀古》云:“宝箓炎图未百年,神徂圣伏一凄然。征先生起淹中礼,与老人期圯上编。柯烂不惊人换世,飘空独乐士希贤。昌黎愤世犹稽古,难拗何妨只自鞭。”③此外,陈杰,字寿夫,淳佑十年进士,有《自堂存稿》存世。他与方回处在师友之间,过从颇密。其诗如《即事二首》之一云:“高空自泻轩皇乐,元气常涵杜老诗。”宋元诗人宗老杜,不过“江西”诗人所宗多为老杜夔州以后诗,故陈杰于《和后林寄以梦中不知天尽头之韵》一诗言:“诗筒自江社,句律到夔州。”④《四库全书总目》称他“诗虽源出江西,而风姿峭倩,颇参以石湖、剑南格调”⑤,可见,其继承江西诗派自徐俯、陈与义、范成大以下清新流丽的风格。如牟巘,据《四库全书总目》云:“王士祯《居易录》称其“诗有坡、谷门风,文皆典实详雅”。今观所作,知士禛之论不诬。”⑥其《再和虚谷韵》中称“苕曲新添渔隐话,陵阳别论派家诗”⑦也可以印证。又如尝登淳祐十年进士的方逢辰,在他保留不多的诗中,亦有江西风味。

---

① (宋)吕本中《紫微诗话》,(清)何文焕辑《历代诗话》,中华书局,2001 年,第 369 页。

② 《全宋诗》,第 68 册,第 42943 页。

③ 《全宋诗》,第 66 册,第 41251 页。

④ (元)陈杰《自堂存稿》卷 2,文渊阁《四库全书》,第 1189 册,第 753 页。

⑤ (清)纪昀等编《钦定四库全书总目》卷 165,第 2197 页。

⑥ (清)纪昀等编《钦定四库全书总目》卷 165,第 2189 页。

⑦ (元)牟巘《牟氏陵阳集》卷 4,文渊阁《四库全书》,第 1188 册,第 34 页。

其二是从地域来看，主要集中在杭州和江西一带。江西本是江西诗派的发源地及其创作、传播的重地。在杭州亦能够得到发展主要是因为方回罢官后寓居杭州十多年，这段时间在他周围形成了一个与其诗风相近的诗人群体，这些人有的是杭州人，有的在杭州做官、为吏，有的也像方回一样寓居杭州，有的则是辗转来杭，向方回拜谒请教。他们中有的直接受到方回的指导，属于方回的弟子辈，有的只是宗趣契合。但无论如何，这样一个以“江西”诗风为主的诗人群体是存在的。比如著名代表有何梦桂，浙中淳安人，宋咸淳元年进士，累迁监察御史，入元隐居不仕。他与方逢辰、谢翱、林景熙等都有密切来往。马臻，字志道，号虚中，钱塘人，有《霞外诗集》传世。他是一个道士，而言论却迥不似方外人语。其《诗》云：“六义关风教，吟须字字安。苦心雕琢易，出口浑成难。道合天心动，篇终鬼胆寒。极玄言不得，休作等闲看。”[①]其诗虚字斡旋，拗折豪健，俨然江西声音。从方回《桐江续集》的赠答唱酬之作可见这个群体规模不小，对当时诗坛起到某种导向作用[②]。

除了上述这些代表，以下还列举另外几位，目的是希望引起学界对“江西续派”群体给予更多重视，并进行深入而广泛的研究。惠洪(1071—1128)，字觉范，俗姓彭，筠州新昌(今江西宜丰县)人。少孤，能文工诗。其作品有《石门文字禅》三十卷，诗集十六卷，收诗一千一百余首。其诗出入于苏黄之间，意境刻峭，多抒写胸臆之作。陈振孙《直斋书录解题》称“其文俊伟，不类浮屠语，韩驹子苍为塔铭云”[③]。《宋诗钞·石门诗钞》云：“‘洪’诗雄健振踔，为宋僧之冠。”[④]由于与张商英、郭天信的来往以及又受前者牵联而贬谪朱崖一直受人非议。但他与江西宗派中人黄庭坚、韩驹等人交游非常密切在当时有目共睹，特别是被江西诗派奉为理论纲领的“夺胎换骨”这一说法出自其《冷斋夜话》“换骨夺胎法”云：“山谷云：诗意无穷，而人之才有限；以有限之才，追无穷

① (元)马臻《霞诗外集》卷2，文渊阁《四库全书》，第1204册，第73页。

② 史伟《宋末元初江西诗派的流传》，《南开学报》(哲社版)2002年第3期。

③ (宋)陈振孙《直斋书录解题》卷17，第521页。

④ (清)吴之振、吕留良、吴自牧选，(清)管庭芬、蒋光煦补《宋诗钞》，中华书局，1986年，第3008页。

之意,虽渊明、少陵,不得工也。然不易其意而造其语,谓之换骨法;窥入其意而形容之,谓之夺胎法。”[①]惠洪作诗模仿黄庭坚几乎达到乱真的地步。方回认为黄庭坚诗“有深意”,并以意之深浅,判别其诗之真伪,他评《赠惠洪》云:“山谷谪宜州,洪觉范在长沙岳麓寺曾见山谷,于是伪作山谷七言赠诗,所谓气爽绝类徐师川者,予于《名僧诗话》已详辨其事。此诗亦恐非山谷作,山谷乙酉年死于宜州,觉范始年三十五岁,撰此诗以惑众,而山谷甥洪氏误信为然,故收之云。五、六(堕我玉麈尾,乞君宫锦袍)虽壮丽,恐非山谷语,意浅。”[②]虽然,惠洪未被列入吕本中《宗派图》,窃以为很可能是其道德和人品受到人们质疑而受到影响的缘故。但是,无论从师友渊源,还是从诗歌风格来说,他都理应被视为江西诗社里人[③]。

周紫芝,有《竹坡诗话》一卷[④]。其虽未因江西诗法著称,但其生于元丰四年,犹及见张文潜、李端叔、晁以道诸人,又与曾吉父、韩子苍、崔德符、强幼安、关子东等人相熟,熟悉苏黄诸论,旨趣接近江西,今其诗话中论及宗派图者,有云:“吕舍人作江西宗派图,自是云门、临济始分矣。”[⑤]

裘万顷(?—1219),字符量,自号竹斋,新建(今江西南昌)人。有《竹斋诗集》三卷。孝宗淳熙十四年(1187)进士,光宗绍熙四年(1193)授乐平薄,宁宗嘉定六年(1213)召除吏部架阁。七年,迁大理寺司直,寻出为江西抚干,秩满退隐西山。十二年再入江西幕,未及一月卒于官所。陈宏绪《寒夜录》称裘万顷在当时与胡桐原、万澹庵、徐竹堂往来唱和,号为“四杰”。今其他三人已湮没无闻,惟裘万顷集存。刘克庄《裘元量司直诗跋》称其“标致高胜,有颜氏之臞、龚生之洁”。其言若近而远,若淡而深[⑥]。当时人欲将他纳入江西派,如赵蕃评价其诗“气和韵

① (宋)惠洪《冷斋夜话》卷1,中华书局,1988年,第15页。
② (元)方回选、李庆甲校《瀛奎律髓汇评》卷47,第1708页。
③ 陈永正选注《江西派诗选注》,第204页。
④ (元)脱脱《宋史》卷209,第5410页。
⑤ (宋)周紫芝《竹坡诗话》,(清)何文焕辑《历代诗话》,第355页。
⑥ (清)纪昀等编《钦定四库全书总目》卷161,第2152页。

远，当入江西后派”。因为裘万顷之诗“词致疏爽，非江西之襞积”，虽“不乐土风”，但“格调槎枒，仍时露江西句法也”。后来的批评家又称赞他是江西人而能不传染江西派的习气，“其诗不作硬语，清疏韶亮，异乎鲁直流派”。因为裘万顷与江湖派高翥、宋伯仁有唱和，而且其唱和诗已不知不觉染上了江湖风味，已是“江湖体”。其实，南宋从杨万里开始，许多江西籍贯的诗人都从江西派的影响里挣扎出来，裘万顷也是一个，可是还常常流露出江西派的套语，跟江湖派终不相同。从其身上，我们可以看到江西诗派发展到后期与江湖诗派的融合与相互吸引①。

此外，刘辰翁，字会孟，庐陵（今江西吉安）人。生于绍定五年(1232)，卒于大德元年(1297)。景定三年(1262)廷试对策，忤贾似道，置丙第。以亲老，请濂溪书院山长。荐居史馆，除太学博士，皆固辞。宋亡，隐居。有《须溪集》。352首词。另有四首存调名。还有萧立之，字斯立，一名立等，号冰崖，宁都人。登方逢辰榜进士。仕至通守。归隐后，日放于诗，大旨宗江西派。《宋诗纪事》尝采其诗。丁丙《善本书室藏书志》卷三二收“《萧冰崖诗集》三卷”。这三卷诗仅五七言古体、五七律及七绝。据其九世孙原跋称“向有诗二十六卷”。故其诗散佚很严重。丁丙称其集“虽存什一，但罗伦序称‘其纳交吴氏草庐，见知谢氏叠山’，是诗以人重，一鳞片羽，亦可见其珍贵”②。

本书的研究对象“二泉”，以及宋末元初的方回，在当时都被世人公认为江西诗派的继承者，下文将分别予以论述。而以上提到的诸位诗人均是在江西宗派基础上进行增补，他们都应列入“江西续派”范围。另外，平常我们经常谈到的吕本中、曾几和陈与义及后来的杨万里、陆游、范成大等诗人，从他们的诗学渊源与诗学风格来看，其实严格来说都属于“江西续派”。总的来说，从时间上来看，“江西续派”前期的发展与江西宗派有平行，大致经历了前、中、后三个阶段。前期代表自黄陈等宗派图诗人刚刚确定出现争议时就已经产生，中期代表与吕本中、陈与义、曾几、中兴四大诗人等人同时，后期代表人物则自“二泉”“南塘二赵”、裘万顷延伸到宋末元初刘辰翁和方回等人。诚如杨万里《江西宗

① 钱锺书著《宋诗选注》，第227页。

② （清）丁丙《善本书室藏书志》卷32，中华书局，1990年，第778页。

派诗序》所语"江西宗派诗者,诗江西也,人非皆江西也。人非皆江西,而诗曰江西者何?系之也,系之者何?以味不以形也"①,其从理论上解释江西宗派地域上存在的差别,充分证明"江西续派"存在的客观性。因此,"江西续派"延伸了江西诗派的内涵,使江西诗派延续的时间更长,并使江西诗派超越地域限制,成为具有一定概念性的实体,为江西诗派的发展和影响探寻出更为广阔的空间。

3. 论"江西末流"

"江西末流"一语最早见于宋人吴萃《视听钞》所录"山谷诗",其这段文字指出江西诗派在发展过程中产生了不少为世人所诟病的问题,并分析其具体表现,"诗所以吟咏情性,乃闲中之一适,非欲以求名也。予诗自知其浅,然却是自作生活,未尝寄人篱下。若有以艰深之辞文之人,未必以为浅也。黄鲁直诗非不清奇,不知自立者翕然宗之,如多用释氏语,卒推堕于潮渍之中,本非其长处也,而乃字字剽窃,万首一律,不从事于其本而影响于其末,读之令人厌。章茂深郎中,叶石林甥也,自言从小学作江西诗。石林每见之,必颦蹙曰:'何用事此死声活气语也!'此言真有味。《石林诗话》谈山谷之诗不容口,非不取之,恶夫学之者过也。"②他主张作诗是用来"吟咏情性"的,不能用来"求名",不能"寄人篱下"。他肯定黄庭坚诗歌创作的成就,"非不清奇"。然而也遗憾江西诗派有的成员"不知自立",盲目因袭模仿,不能创新,诗风艰涩,以致走向诗歌创作的死胡同,让人不忍卒读。他使用"不从事于其本,而影响于其末"来形容造成诗病的原因,并用"以艰深之辞""多用释氏语""字字剽窃""万首一律""读之令人厌"这样一些词语来描述枯涩、瘦硬之江西诗病,指出江西诗派创作中客观存在一部分艺术水平粗糙的作品。莫砺锋《江西诗派研究》用到"江西末流"并作注释即引用吴萃之说法:"现已不清楚究竟指哪些诗人。宋人书中时有对他们的批评,例如吴萃云:'黄鲁直诗非不清奇,不知自立者翕然宗之……而乃字字剽窃,万首一律,不从事于其本而影响于其末,读之令人厌。'可能就是因

---

① (宋)杨万里《诚斋集》卷 80,《四部丛刊初编》,第 255 册,第 666 页。

② (宋)吴萃《视听钞》,吴文治主编《宋诗话全编》,第 10491 页。

为他们的作品徒知蹈袭而毫无新意，所以已湮灭无遗了。”①

吴萃之后，南宋严羽《沧浪诗话》标举诗有“别材”“别趣”，写诗当写“吟咏情性”之作，他非常不满江西诗派末流及宗尚晚唐贾岛、姚合、取径狭窄的“四灵”一派以至江湖诗人诗风，他说：

> 近代诸公乃作奇特解会，遂以文字为诗，以才学为诗，以议论为诗；夫岂不工，终非古人之诗也，盖于一唱三叹之音，有所歉焉。且其作多务使事，不问兴致，用字必有来历，押韵必有出处，读之反复终篇，不知着到何处。其末流甚者，叫噪怒张，殊乖忠厚之风，殆以骂詈为诗。诗而至此，可谓一厄也。然则近代之诗无取乎？曰有之，吾取其合于古人者而已。国初之诗，尚沿袭唐人，王黄州学白乐天，杨文公、刘中山学李商隐，盛文肃学韦苏州，欧阳公学韩退之古诗，梅圣俞学唐人平澹处，至东坡、山谷始自出己意以为诗，唐人之风变矣。②

严羽认为诗歌当“吟咏情性”，他论诗，以师法盛唐为主旨，将汉魏至唐宋的诗歌区分为四种类型，并由此出发，述及宋诗存在的一系列问题。采用评价盛唐诗的标准“兴趣”“羚羊挂角”等含蓄之美来讨伐宋诗有乖诗道，具体来说反对的是“近代诸公乃作奇特解会，遂以文字为诗，以才学为诗，以议论为诗”，又反对“要其时宋代之诗竞涉论宗，又四灵之派方盛，世皆以晚唐相高，故为此一家之言以救一时之弊”之说，他在句中提到所谓“近代诸公”，根据上下文可以理解为指江西诗派末流及四灵一派而言。其所谓“其末流甚者，叫噪怒张，殊乖忠厚之风，殆以骂詈为诗”，所用批判之语，措辞极为严厉，具体所指不知为哪些诗人，但可以肯定的是，他反对那种过于直白浅俗的诗风，提倡以“尚意兴”为特征的诗歌美，希望人们从诗中去追索、领略那种“透彻玲珑，不可凑泊”，“言有尽而意无穷”的美学境界。

又如，王若虚《滹南诗话》云：“古之诗人，虽趣尚不同，体制不一，要

---

① 莫砺锋著《江西诗派研究》，第300页。

② (宋)严羽《沧浪诗话·诗辨》，(清)何文焕辑《历代诗话》，第688页。

皆出于自得。至其辞达理顺,皆足以名家,何尝有以句法绳人者!鲁直开口论句法,此便是不及古人处。而门徒亲党,以衣钵相传,号称‘法嗣’,岂诗之真理也哉!鲁直于诗:或得一句,而终无好对;或得一联,而卒不能成篇;或偶有得,而未知可以赠谁。何尝见古之作者如是哉!”①王若虚主张“辞达理顺”,推崇“以意为主”,文理自然,不拘形式,反对拟古主义和形式主义。不但对黄庭坚讲句法颇为不满,对其“而门徒亲党以衣钵相传,号称法嗣,岂诗之真理也哉”更是一律否定。另外,他对于学习黄庭坚的许多诗人皆给予无情批判,大有统统列入“江西末流”之势。

元代袁桷《书余国辅诗后》云:“诗盛于周,稍变于建安、黄初,下于唐,其声犹同也。豫章黄太史出,感比物联事之冗,于是谓声由心生,因声以求,几逐于外,清浊高下,语必先之,于声何病焉。法立则弊生,骤相模仿,豪宕怪奇,而诗益浸淫矣。”他论诗推崇《诗经》的风、雅、颂,对江西诗派非常不满。他分析江西诗病产生的原因在于对作诗方法的片面追求,对江西诗派片面追求形式的倾向提出了批评,他主张以唐诗流畅的音节、适度的情蕴来救弊,因此,对于“为诗质者合自然,华者存至理,雍容悼叹,感时之不遇,犹先王国风之意”的作法很赏识。其《书黄彦章诗编后》亦云:“豫章之诗,夫岂惟江西哉。解之者曰:诗至于是,蔑有能继者矣。数十年来诗益废。为江西者,尝慷慨自许。掉鞅出门,卒遇虎象,空拳恣睢,复却立循,避不敢近。使解者之言迄幸而中。噫,然则其果不可以复古与。”②他认为以江西为诗统,酷肖宋人所谓道统、文统。宋代诗歌发展到江西诗派,已经走入死胡同,只有“复古”才能改变现状。元代刘埙《隐居通议·评本之诗》已经隐含了这个意思,“李文叔云:‘出乎江西,则未免狂怪傲僻,而无檃括之妙;入乎江西,则又腐熟窃袭,而乏警拔之意’”③。

至清代,人们对于“江西末流”的批判越来越多,《四库全书总目·〈诚斋集〉提要》称:“方回《瀛奎律髓》称其‘一官一集,每集必变一格,虽

---

① (金)王若虚撰、霍松林校《滹南诗话》,人民文学出版社,1983年,第85页。
② (元)袁桷《清容居士集》卷48,文渊阁《四库全书》,第1203册,第636页。
③ (元)刘埙《隐居通议》卷6,文渊阁《四库全书》,第866册,第67页。

沿江西诗派之末流，不免有颓唐粗俚之处’。”①其中引用方回对杨万里诗歌的批判也使用了此语，使“江西末流”群体的范围有所扩大。杨万里为什么也被批判，究其原因如陈訏《宋十五家诗选》所称：“杨诚斋矫矫拔俗，魄力又足以胜之，雄杰排奡，有笼挫万象之概，然未免过于摆脱，不但洗净铅华，且粗服乱头。”②可见，主要由于杨万里志在谐俗，而其特色则在状物写情，曲尽其妙，明易流畅，其弊端则在拖泥带水，至于冗俚。袁枚《随园诗话》也说：“诚斋一代作手，后人嫌其太雕刻，往往轻之，不知其天才清妙，绝类太白，瑕瑜不掩，正是此公真处。”③《四库全书总目·〈渭南文集〉提要》云：“游以诗名一代，而文不甚著。集中诸作，边幅颇狭，然元祐党家世承文献，遣词命意，尚有北宋典型，故根柢不必其深厚，而修洁有余，波澜不必其壮阔，而尺寸不失。士龙清省，庶乎近之，较南渡末流以鄙俚为真切，以庸沓为详尽者，有云泥之别矣。”④《四库全书总目·〈橘山四六〉提要》云：“北宋四六，大都以典重渊雅为宗，南渡末流渐流纤弱。廷忠生当淳熙、绍熙之间，正风会将变之时，故所作体格稍卑，往往好博矜新，转伤繁冗。”⑤这样看来，至清代又出现“江西末流”之代名词即“南渡末流”，杨万里也被包括进去，从而使存在江西诗弊的群体进一步扩大。龚鹏程《江西诗社宗派研究》云：“江西诗，或谓其槎枒兀峭，或谓其巧丽圆美……而实各得其一偏而已。吕本中取其圆美，遂谓杜诗质野处为其所短，不犹南宋以来病江西诗者，辄谓其为腐木败革乎？知两者之同趋，揭西江之秘奥，厥惟叶适。”⑥他指出对于“江西末流”的评价，仁者见仁，智者见智，人们的看法并不一致。

随着历史的推移，人们对“江西末流”的批判不但没有消减，在一定时间、一定范围甚至还呈现越来越严厉的趋势。人们在批判“江西末

---

①④ （清）纪昀等编《钦定四库全书总目》卷160，第2142，2143页。

② （清）陈訏《宋十五家诗选》，《四库全书存目丛书》，集部第410册，齐鲁书社，1997年，第283页。

③ （清）袁枚著、顾学颉校点《随园诗话》，人民文学出版社，1999年，第249页。

⑤ （清）纪昀等编《钦定四库全书总目》卷161，第2152页。

⑥ 龚鹏程著《江西诗社宗派研究》，第172页。

流"的同时，又出现了另一个说法"江西末流之弊"，论人们对两者批判的指向其实有相似之处。木斋《宋诗流派》分析吕本中在江西派中具有承上启下的地位，他看到江西末流的弊端，起而提倡"活法"，发出转变江西诗风的消息，"总观吕本中之诗，具有承上启下的地位。一方面，他所受江西衣钵，有着灯传的使命感，这使他不能像杨万里那样毅然与江西决裂；另一方面，他看到江西末流的弊端，起而提倡'活法'，发出了转变江西诗风的消息"①。

通过对自宋至今人们有关江西诗派批判的梳理，可以发现主要集中于对江西末流的批判，而不同阶段人们所用标准和批判范围又略有区别，不过，对于"江西末流"的具体内涵尚缺乏较为充分的阐释，人们对其称呼也从"江西末流"转变为"南渡末流"，批判的对象或指向某种文学现象，或指向某些群体或个人，"中兴四大诗人"之杨万里也被卷入这个批判漩涡，由于批判对象不明确，与此相关的一些说法模棱两可，又使人们产生新的错误的认识，即以为对"江西末流"的批判乃指向后期江西诗派的批判，造成人们产生一种印象，即到了江西诗派发展后期，缺少创作成就高的诗人，后期江西诗人缺少佳作，这些诗人与作品缺少研究价值。那么，事实究竟怎样呢？

实际上，江西诗派成立初期，创作弊端就已经暴露出来。吕本中《宗派图》出现不久，即有江西宗派诗人在诗歌创作上因为束缚于前人的创作经验和具体的艺术技巧而不能自立，不能继承黄庭坚诗论中最主要的精神，由此暴露的缺点经常遭到时人批评。江西诗人学杜甫瘦硬通神诗风，皆以格高为标准。而晚唐、四灵、江湖提倡柔媚诗风、追求偶对藻丽，皆格卑而语下。江西诗人极力追求"避俗弱"，其末流又滋生出粗率生涩之弊。方回对江西诗派进行总结时认识到这一不足，评价江西诗派与江湖诗派之区别，"江西诗，晚唐家甚恶之，然粗则有之，无一点俗也。晚唐家吟不着，卑而又俗，浅而又陋，无江西之骨之律"②。对于江西诗人徐俯，方回并未因为他是黄庭坚之甥就稍许宽容，而是严厉批评其诗之粗率，"《东湖居士诗》三大卷，上卷古体，中卷五言近体，

① 木斋著《宋诗流变》，京华出版社，1999 年，第 342 页。
② （元）方回选、李庆甲校《瀛奎律髓汇评》，第 1753 页。

下卷七言近体。以予考之，殆以山谷之甥，尝亲见之，故当世不敢有异论，江西派中无甚奇也。惟压卷诗数首可观，亦人所可到，律诗绝无可选”[1]。方回又评谢无逸《社日》诗云：“徐师川亦有《社日》诗，乃云‘哀公问松柏，田父祭春秋’，殊为粗率。学晚唐人厌江西诗，如师川诗，不律不精，可厌也。”[2]

其实，不止方回，在吕本中时就已经意识到江西诗派创作中存在的一些不足及问题，吕本中于绍兴元年(1131)致曾几之信云：“近世江西之学者，虽左规右矩，不遗余力，而往往不知出此，故百尺竿头不能更进一步，亦失山谷之旨也。”与吕本中同时的诗人如李格非、叶梦得等人也对江西诗派创作之缺点提出严厉批评。如王庭珪虽然和叶梦得一样，其诗好些地方模仿黄庭坚的格调，承袭他的词句，运用经他运用而流行的成语故典，但实质上瞧不起江西派而对黄庭坚却另眼看待的[3]。吕本中对于这种风尚应当有所了解，为了矫正流弊，其论诗着重于发扬黄庭坚诗论的主要精髓，提出有名的“活法”说。综合宋人的评价，概括“江西末流”的具体含义，主要指体现出“腐熟窃袭”“死声活气”“以艰深之词文之”“字字剽窃”等创作特征的一批诗人。由此可见，江西末流、“江西末流之弊”并不是江西诗派发展到后期才出现，对于它们的讨论与江西诗派发展阶段的前后无关。伍晓蔓《江西宗派研究》同时使用“江西末学”和“江西诗病”两个概念明确阐述江西诗派发展阶段及其诗歌创作的弊端，并概括江西诗派之弊主要表现在两个方面：

> 其一，山谷诗学以狷介自守的气格为尚，讲究不俗，是士大夫雅文学的极致，但这种雅不是大雅，而是变风、变雅，用黄庭坚的话来说，是“候虫之声”“末世诗人之言”，丧失水深林茂气象及触物生春的活力，所立极为狭窄。后学摹之，更成为死声活气语，枯索无味。在这种情况下，诗歌有向世俗精神转向的需要。
>
> 其二，山谷诗学以意为主，诗人的情感在所谓“呻吟调笑之声”

① (元)方回选、李庆甲校《瀛奎律髓汇评》，第889页。

② (元)方回选、李庆甲校《瀛奎律髓汇评》，第588页。

③ 钱锺书著《宋诗选注》，第124页。

中,受到政治环境、心性修养的规范,表达上“十度欲言九度休,万人丛中一人晓”,晦涩、生新、瘦硬,乃诗学之偏峰。后学衍之,更流为偏执。这偏离了审美生存的诗学精神,需要重新济之以情韵。①

伍晓蔓强调,因为缺乏创新,在黄庭坚和陈师道手里捧若至宝的瘦硬、生涩的诗风到了江西末学那里成了东施效颦,从而使江西诗派的弊端暴露无遗,并最终使江西宗派体诗从诗歌的主流席上撤离。通过对“江西宗派”“江西续派”“江西末流”三种说法的分析表明,江西诗派自登上历史舞台,就是优点与缺点并存,伴随着质疑甚至是责骂,颇有争议。但是它在中国文学史上的发展仍然备受关注。刘大杰《中国文学发展史》云:“在宋代的诗坛,江西诗派的势力,由元祐黄、陈,以迄宋末刘、方,延长到二百间,并且南渡以后,大诗人无不蒙受其影响。朱彝尊云:‘宋自汴京南渡,学诗多以黄鲁直为师。……盖终宋之世,诗集流传于今者,惟江西最盛。’”②其实不仅江西诗派出现了末流之弊,江湖诗派末流的诗病在当时也为人讥评。如《四库全书总目·〈姚少监诗集〉提要》云:“其集在北宋不甚显,至南宋永嘉四灵始奉以为宗。其末流写景于琐屑,寄情于偏僻,遂为论者所排。然由摹仿者滞于一家,趋而愈下,要不必追咎作始,遽惩羹而吹齑也。”③元代袁桷《书汤西楼诗后》云:“至乾淳间,诸老以道德性命为宗,其发为声诗不过若释氏辈,条达明朗。而眉山、江西之宗亦绝。永嘉叶正则始取徐、翁、赵氏为四灵,而唐声渐复。至于末造,号为诗人者,极凄切于风云花月之摹写,力孱气消,规规晚唐之音调,而三宗泯然无余矣。”④客观来说,江西诗派在南宋前中期随着创作队伍扩大,出现的弊端越来越多。由于注重句模字拟,取径越来越窄,因而不断受到人们质疑和批判。南宋中后期,随着“四灵”崛起,他们用姚合、贾岛相号召。后来,江湖诗派亦高举“反江西”大旗。最后,严羽提出“以汉魏、盛唐为师”主张,作了又一轮新的反

① 伍晓蔓著《江西宗派研究》,巴蜀书社,2005 年,第 449－450 页。
② 刘大杰著《中国文学发展史》,第 690 页。
③ (清)纪昀等编《钦定四库全书总目》卷 151,第 2020 页。
④ (元)袁桷《清容居士集》卷 48,文渊阁《四库全书》,第 1203 册,第 631 页。

拨，但人们对江西诗派的批驳并没有消减。直到宋末元初，在方回大力宏扬下，江西诗派又出现新的发展势头。评价江西诗弊，应当避免将它与后期江西诗派划等号，因为这样将导致忽视对后期江西诗派的关注、研究，导致江西诗派研究出现局限性、片面性，失去一些仍可继续发掘的空间。

第二节 赵蕃的诗学思想及其对江西诗派的继承

1. 赵蕃论历代诗人

宋人喜好论诗评文，他们的文学批评是一种高度自觉的文学批评①。江西诗派号称为天下文学第一派，其成员大多特别重视理论创建和诗歌创新，诗派中人大多经过一番“转益多师是汝师”的学习过程。以赵蕃为例，他多次称道两汉、建安、正始诗人，如《奉送纯父元之昆仲》云：“中垒经穷旨，建安诗著名。”《送唐德舆》云：“国朝唐与苏，不数汉相如。”“郑虔归系马，阮籍倒乘驴。”东晋陶渊明被赵蕃视为人生典范，其诗中多学陶之作，亦多论陶诗，在为人、品格上更是多方规摹。以下，将从其品评唐代与本朝诗人来论析其诗学历程：

赵蕃论唐代诗人，咏李白，如《寄送府判官寺簿先生二首》（一）云：“几年风月欠李白，今日河山须子长。”咏韩愈，如《有怀子肃读其诗卷因成数语》云：“退之以文鸣，余事尤长诗。名家贾孟流，未必逾于斯。”咏柳宗元，如《江天暮雪》云：“超绝柳州句，粗疏郑谷诗。扁舟钓台下，曾见雪初时。”唐代诗人众多，赵蕃尤喜贾岛和孟郊。关于这一点，将在第四章详细论述。

赵蕃论宋代诗人，除江西诗派，题咏苏轼数量颇多。赵蕃诗中多次提及苏轼诗，如《雨入丈七坳》云：“信是长安远，休疑蜀道难。千崖悬尽斗，万石列皆攒。举足无非仄，扪心每为寒。不堪天更雨，政欲助吾官。”诗中“天雨助官政”一句，赵蕃自注云：“（此为）坡翁杭州雨中督役

① 参张伯伟著《中国古代文学批评方法研究》，中华书局，2002年，第455页。

诗也。"①检苏轼原诗，题为《汤村开运盐河雨中督役》，诗云："居官不任事，萧散羡长卿。胡不归去来，滞留愧渊明。盐事星火急，谁能恤农耕。薨薨晓鼓动，万指罗沟坑。天雨助官政，泫然淋衣缨。人如鸭与猪，投泥相溅惊。下马荒堤上，四顾但湖泓。线路不容足，又与牛羊争。归田虽贱辱，岂失泥中行。寄语故山友，慎毋厌藜羹。"②赵蕃又有《次韵签判丈喜雪二首》其二云："鬓非丝素白，颜是酒争红。献瑞吾无与，哦诗且课功。要携藜杖出，安得冻泥通。事已空梁苑，公今亦醉翁。"赵蕃自注云：事见坡公《聚星堂雪诗》。他又有《读东坡和陶诗》云："食已无余事，坡诗信手翻。"其《郁孤台》将苏、黄并提，诗云："士人皆孙李，必诵苏与黄。"如《二十七日复雪用东坡聚星堂雪韵禁物体作诗约诸友同赋》亦云："昌黎咏雪故雄健，取喻未免收琐屑。争如欧苏两仙伯，一白解遮群丑瞥。我今困客乃自困，韩非说难竟死说。"此外，他还题咏林逋诗风格清妙，如《寄文叔且问畏知近讯五首》其四云："今岁定无牢落叹，君诗清绝似林逋。"题咏张安国，如《送张王臣还峡州》云："九州四海张安国，翰墨文章自出奇。"

赵蕃于诗中自称继承江西诗风，如《病卧闻益卿未行不能晤语成四十字》云："文选君精理，江西我滥名。官曹敢论契，翰墨且寻盟。"他入派江西，论江西诗人亦多。曾几云："老杜诗家初祖，涪翁句法曹溪。"赵蕃延续曾几此论，对江西诗派始学杜甫，直到黄庭坚、徐俯、洪朋等代表相继产生较大影响的脉络进行梳理。如《挽宋柳州绶》诗云："少陵在大历，涪翁在元祐。相去几百载，合若出一手。流传到徐洪，继起鸣江右。遂令风雅作，千载亡遗究。"他还评说过学杜存在的不足，"学诗者莫不以杜为师，然能如师者鲜矣。句或有似之，而篇之全似者绝难得"③。据赵蕃所称，读杜甫诗是他每天必须完成的功课，其《二日晚得少空偶阅杜集无何坠火焚者数叶谨成古句致愧惜之意呈明叔仲威》云：

去年鼠啮涪翁文，今年火攻少陵诗。虽云成毁有定数，天意于

① 《全宋诗》，第49册，第30872页。

② （宋）王十朋《东坡诗集注》卷1，文渊阁《四库全书》，第1109册，第23页。

③ （宋）魏庆之《诗人玉屑》卷19，第431页。

此可逆知。我之所嗜何足计，上有先墨颜之姿。况渠诗本贯忠义，在处神物宜护持。向来一字且莫补，脱此千百何蹊追。我诗不工空自欺，天意岂欲警戒之。不然身当贫到骨，俱应蓄此瑰玮词。又疑风来劝勤读，邂逅俾之遭祸奇。平生学易未有得，损益二卦须湛思。诗成书以示我友，不惟自讼仍求规。①

赵蕃在集中多次论及杜甫，如《曾裘父寄二绝并呈审知一再次韵前以寄曾后寄审知四首》其二云："纷纷竞说杜陵翁，此老真能数百容。"其三云："南丰惠我新诗什，亦复怀君旧琢磨。"如《枕榜有杜集看其行役诸诗有感复书》云："既将取诗名，先应历诗穷。不见杜陵老，飘转一世中。世学汝不嗜，而顾思此工。岂惟人汝憎，造物且见攻。无须叹苦绝，甑倒与囊空。"赵蕃有《秋日书怀》云："工部诗陶写，平南酒拍浮。"《以山药傅担团茶送向伯原用旧韵》云："江郊重数少陵堂，草木依人亦宠光。柏藉扶持难雨溜，竹逃剪伐易云长。鸡苏莺粟类熟炙，山茗溪茶同摘苍。我愿麋琼更加璧，助其问字有过扬。"诗中"鸡苏莺粟类熟炙"自注云"熟炙事见《林间录》"，"山茗溪茶同摘苍"自注云"杜诗有《摘苍耳诗》"。《困坐穷山无以娱日用随斋问讯韵寄莘夫并呈随斋》云："少陵苦忆将廉颇，才似淮阴亦奈何。"《张涪州出诗数轴皆纪用兵以来时事有感借其韵》云："感时赋咏属英游，又向涪江说去秋。兵甲未休须壮士，闾阎乃敢问封侯。频年青坂陈陶恨，到处阳春白雪留。谁道东归穷彻骨，骊书落落照书舟。"赵蕃于诗后自注云："杜诗《去秋行》：'去秋涪江木落时，臂枪走马谁家儿。'"

赵蕃诗中亦多次提及江西宗派，对黄庭坚，不但称他于江西诗派有开派之功，而且才艺很高、思想高尚，"涪翁孝友、忠信、笃行，君子人也。世但见其嗜佛老、工嘲咏、善品藻书画，遂以苏门学士例目之"，特别是他在剧烈的党争中能够"超然其间，无一语党同"②，尤为赵蕃所赞赏。据赵蕃介绍，他日常学习经常课读山谷诗文，如《读山谷文》云："深居度

① 《全宋诗》，第 49 册，第 30537 页。

② （宋）黄震《黄氏日钞》卷 65，程毅中编《宋人诗话外编》，国际文化出版公司，1996 年，第 1375 页。

日浑亡赖,小役逾旬抑又疲。到处青山恃青眼,随行黄卷有黄诗。少陵授受后千载,此老风流彼一时。众作沛然虽莫御,要云万折必东之。”①《和折子明丈闲居杂兴十首》(五)反映赵蕃费尽一番苦心追摹黄庭坚,诗云:“诗有江西派,首书江夏黄。精神如有得,形似直堪忘。拱把至合抱,江流由滥觞。屹然成巨室,勇若泛飞艎。”②其《寄衡州舅氏》云:“永怀豫章公,斯文金玉音。徐洪盖出自,源流高以深。吾舅之于黄,端若一体临。”诗中已俨然以江西诗派中黄庭坚传人自居。其《寄周内翰》云:“江山我敢涪翁后,事业公真六一余。”对黄庭坚的成就评价非常高,如《琛卿论诗用前韵示之》云:“活法端知自结融,可须琢刻见玲珑。涪翁不作东莱死,安得斯文日再中。”《简沈阮陵求潮州韩文公庙碑并抄山谷碑诗二首》云:“涪翁昔在黔戎贬,逸翰遗章久更多。”《得晴欲过江访梅已忽病作天》云:“涪翁访岑公,亦叹连朝雨。”另外,赵蕃有《晓登快阁二首》,据《胜览》云:“快阁,在太和县寺。黄鲁直在《登快阁诗》云:‘落木千山天远大,澄江一道月分明。’杨廷秀《题大和宰卓士真寄新刻山谷快阁诗真迹》云:‘太史留题快阁诗,旧碑未必是真题。’”③赵蕃学黄庭坚取得一定成就,《晚晴》云:“残风落日乱蝉鸣,细履小园欣晚晴。投林倦鸟分暝色,满地落叶无秋声。卫尉一钱曾不直,阮郎几屐毕平生。三十六中第一策,脱却世故甘佣耕。”方回曾评赵蕃此诗如“吴体”,认为其尾句与山谷逼真,乃赵蕃学诗妙言④。

赵蕃本有志学黄庭坚,惜未能达到后者出神入化之妙境,倒是对陈师道朴拙风格的模仿达到几分乱真的境地。陈师道,字履常,一字无己,彭城人。从小好学苦志。在十六岁时拜谒曾巩,巩一见奇之,留受业。熙宁中,陈师道绝意进取。他高介有节,安贫乐道。为文精深雅奥。喜作诗,自云学黄庭坚,至其高处,或谓过之,然小不中意,辄焚去,现存诗歌不过才十分之一。章惇数致意,终不往。寒甚,妻就假于挺之

---

① 《全宋诗》,第 49 册,第 30673 页。
② 《全宋诗》,第 49 册,第 30629 页。
③ (宋)祝穆《方舆胜览》,文渊阁《四库全书》,第 47 册,第 731 页。
④ (元)方回选、李庆甲校《瀛奎律髓汇评》,第 709 页。

家，问所从得，却去，不肯服，遂以寒疾死[①]。陈与义曾称"本朝诗人之诗有慎不可读者，有不可不读者。慎不可读者，梅圣俞；不可不读者，陈无已也"[②]。陈师道《早起》云："邻鸡接响作三鸣，残点连声杀五更。寒气挟霜侵败絮，宾鸿将子度微明。有家无食违高枕，百巧千穷只短檠。翰墨日疏身日远，世间安得尚虚名。"[③]方回称此诗"字字锻炼，不遗余力"[④]。赵蕃非常仰慕陈师道的人品和诗歌，《章泉稿拾遗・石屏诗集序》云："学诗者莫不以杜师，然能如师者鲜矣。句或有似之，而篇之全似者绝难得。陈后山《寄外舅郭大夫》：'巴蜀通归使，妻孥且定居。深知报消息，不忍问何如。身健何妨远，情亲未肯疏。功名欺老病，泪尽数行书。'此陈之全篇似杜者也。戴式之亦有《思家》用陈韵云：'湖海三年客，妻孥四壁居。饥寒应不免，疾病又何如。日夜思归切，平生作计疏。愁来仍酒醒，不忍读家书。'此式之全篇似陈者也。"[⑤]赵蕃作诗多学陈师道，《雨中不出呈斯远兼示成甫》云："湖外频年客，江东迩日归。欲知年事迫，看取鬓毛非。寄意虽梅柳，关心在蕨薇。今予倒芒屦，须子叩柴扉。"方回曾评此诗："此等诗老杜、后山之苗裔欤。"纪昀亦谓此诗"体格略似后山"[⑥]。赵蕃与陈师道，有相似的贫病生活经历，如陈师道穷至"累日不炊"，"贫无以养，寄其孥妇氏。当权者或召见之，顾非其好，不往"[⑦]，赵蕃不但在生活上，在创作中亦对其境遇能够感同身受；同时，陈师道与晁补之兄弟等家族成员交情甚厚，而晁氏又是赵蕃舅祖家，这层姻亲关系很可能也促使他学陈师道更力。方回充分肯定赵蕃学陈师道甚力，甚至认为学陈师道，须以学赵蕃为门径，《杂书五首》其五云："欲诣彭城陈正字，须参南岳赵章泉。"[⑧]关于赵蕃诗学陈师道，并且还对方回产生不小的影响，将在第六章进一步深入论及，兹不赘述。

---

① (元)脱脱《宋史》卷444，第13115－13116页。

② (宋)徐度《却扫编》卷中，程毅中编《宋人诗话外编》，第329页。

③ (宋)陈师道《后山居士文集》卷5，上海古籍出版社，1984年，第342页。

④ (元)方回选、李庆甲校《瀛奎律髓汇评》，第524页。

⑤ 吴文治主编《宋诗话全编》，第7354页。

⑥ (元)方回选、李庆甲校《瀛奎律髓汇评》，第688页。

⑦ (宋)谢克家序，(宋)陈师道《后山居士文集》，第3页。

⑧ (元)方回《桐江续集》卷20，文渊阁《四库全书》，第1193册，第473页。

赵蕃于江西宗派其他诗人,多题咏徐俯之作。俯字师川,年少才俊,与曾几、吕本中交游颇广,洪州分宁人。以父禧死国事,授通直郎,累官至司门郎。靖康中,张邦昌僭位,俯遂致仕。建炎初,落致仕,奉祠。于绍兴九年,知信州。中丞王次翁论其不理郡事,予祠。明年,卒。有诗集六卷①。赵蕃《以孟夏唱酬陈子高诗寄季承并借穷愁志及其兄兴化集四首》其二云:“东湖共款竹多竿,妙果同登塔几盘。……派后江西有惊坐,封题并与略评看。”特别是于《读东湖集二首》其一直接称徐俯为自己之师,诗云:“世竞江西派,人吟老杜诗。五言真有律,徐稺是吾师。不但时相似,还能猛出奇。平生误学处,深恐不能医。”又有《贾丈用昂字韵作诗中有见及复用韵奉呈并简徐谢二丈》云:“人谓先生老,诗坛近一昂。共知文力健,何有鬓毛霜。自料才非敌,从今气减狂。同宗有徐谢,我亦漫窥墙。”赵蕃自注云:“徐东湖、谢溪堂皆入宗派者。”论韩驹,《季萧兄三贶诗且辱出示陵阳墨帖敢次韵一首为谢》云:“中朝当极治,人物近皋夔。南渡更衰乱,诸贤困逸遗。舍人名最早,白首但论思。尚喜诗传派,于今学有涯。居然老成独,异彼俗书姿。明眼逢吾子,掀髯话昔时。端能继芜累,所见匪狐疑。愧我安能友,酬篇只韵随。”论及夏倪、洪龟父等人,见于《在伯欲见洪龟父夏均父诗因逸归玉山取之自常德先寄以来偶得长句遣呈》。此外,赵蕃也提到谢逸,《读谢幼槃集》云:“茗椀不能驱睡魔,漫携诗册向庭柯。世人祇爱高官职,孰与公家兄弟过。”“自汲清泉除砚垢,树阴微息晚凉初。个中得意谁知我,笔下忘言我羡渠。”又提及林敏夫,如《寄林敏夫二首》。

江西诗派中吕本中和曾几皆曾寓居于上饶,赵蕃不但屡屡提及他们二人,而且与其后代结下深厚情谊。吕本中提出著名的“活法”说,赵蕃的“诗法学”与其有相似之处。曾几,字吉甫,其先赣州人,徙河南府。尝侨居上饶七年。早年从舅氏孔文仲、武仲讲学。桧死,起为浙西提刑、知台州。孝宗受禅,几又上疏数千言。将召,屡请老,乃迁通奉大夫,致仕,擢其子逮为浙西提刑以便养。乾道二年卒,年八十二,谥文清。虽然几度出仕,然家无余物,人称其廉。避地衡岳,又从胡安国游,

① (元)脱脱《宋史》卷372,第11540页。

其学益粹。为文纯正雅健，诗尤工。有《经说》二十卷、文集三十卷[①]。曾几论诗，具有浓郁的江西诗派之风格，陆游曾向曾几学习锻炼的功夫和格律的妥帖，并进行记载道：

> 茶山先生云："徐师川拟荆公'细数落花因坐久，缓寻芳草得归迟'，云：'细落李花那可数，偶行芳草步因迟。'初不解其意，久乃得之。盖师川专师陶渊明者也。渊明之诗，皆适然寓意而不留于物，如'悠然见南山'，东坡所以知其决非望南山也。今云细数落花，缓寻芳草，留意甚矣，故易之。"又云："荆公多用渊明语而意异，如'柴门虽设要常关，云向无心能出岫'。'要'字、'能'字，皆非渊明本意也。"[②]

据曾几此说，王安石采用师其语而异其意的方法改造陶渊明诗歌，虽然已非陶渊明本意，但是翻出新意，这即是黄庭坚所谓"夺胎换骨"法。徐俯改造王安石之诗，将王安石一首有心而作的诗变成无心随意之作，这种方法即所谓"点铁成金"。赵蕃《途中阅曾运使所况文清集得四绝句寄之》其一称道曾几气节之高云："玉山冰水是吾家，城郭屡过三姓茶。满庭修绿谁人种，高节岁寒仍有加。"其二赞扬其诗作成就之高云："旧抄题作茶山集，每恨不多看易穷。全编敢意落吾手，何自得之从长公。"赵蕃又有《观曾文清诗刻》云："我访茶山公已仙，向人惟有竹苍然。摩挲欲问当时事，竹不能言风为传。"《怀曾文清公长句用韵作四首》其一云："有怀曾子今冥漠，雨泪真成满面丝。"第四首云："叹息茶山识面迟，经过旧宅恨推移。听泉尚想甘瓢乐，抚竹如亲与物离。"这两首都表达了曾几去世后诗人的悲痛与追忆。又如《投曾秀州逢四首》其四称"请到江西得正宗，后来曾吕出群雄"。赵蕃曾亲受曾几之指导和赠诗，如《曾裘父寄二绝并呈审知一再次韵前以寄曾后寄审知四首》其三叙及："南丰惠我新诗什，亦复怀君旧琢磨。"赵蕃诗中也多次提及曾氏后人如曾裘父、曾逮、曾耆英等人，如《送曾耆英持胡端殿书谒张袁州四

① (元)脱脱《宋史》卷 382，第 11767 - 11769 页。

② (宋)陆游《老学庵笔记》卷 4，第 50 页。

首》其一云："是家风节在峨岷，仍见诸孙文字贫。闻道江南有蜀士，不辞奔走犯萧晨。"赵自注云："曾之祖南夫尝使蜀。"曾裘父，原名曾季狸，号艇斋，据其诗学渊源及创作分析，似也应续入江西诗派，如赵蕃《寄赠曾裘父兼呈严黎二师》云："忆昨初南渡，吾家住信州。枢庭尝牧守，词掖旧淹留。生世夫何晚，斯人不易求。风流付篇翰，零落卧山邱。尚友当论世，如公实并游。"

赵蕃与"中兴四大家"交游颇多，其诗中多次叙及。如咏尤袤，有《赠尤检正四首》《以近诗寄尤运使》等诗。又有《呈尤运使袤延之五首》其一赞尤袤曰："斯文独许公，是谓言可否。几年阙通谒，今乃获拜手。"第二、三、四首对其推赞之意更甚，诗云：

今时使者中，所进非一律。学术用其长，公独名副实。江左更江右，非为循更迭。政以岁方艰，当遣德星出。

少年见公文，大类韩退之。集古一千卷，复楷欧少师。楷欧亦类韩，万顷定渺弥。于今到收敛，宁易窥涘涯。

翰墨有先达，知已仅三数。省斋怜其贫，晦庵过其誉。怀哉介庵老，先我骑鲸去。公如幸教之，岂叹岁不与。①

赵蕃咏杨万里。如《次韵杨廷秀太和万安道中所寄七首》其五云："先生力学自诚明，忠信今知蛮貊行。"短短两句诗，既赞其勤奋学习，又赞其"诚""忠""信"等品行。赵蕃赞赏杨万里之诗歌艺术，如《雪中读诚斋荆溪诸集》云："诚斋入讽咏，思隐称记许。甘能膏齿颊，清且醒肺腑。"《寄题林景思雪巢》云："长镵长镵吾与汝，诗瘦谁令如杜甫。我尝快读诚斋赋，凛凛风前留不住。"此外，还有《追路送诚斋到滩头驿》《因诚斋寄张三十叔》等诗提到杨万里，《寄诚斋先生》记其在辰州对杨万里的想念之情，诗云：

迩日使岭表，历论无此贤。谁欤记南海，久矣赋贪泉。已上蓬山直，还居吏部铨。省郎迟岂恨，宣室夜重前。掌制宜鸿笔，谈经

① 《全宋诗》，第49册，第30857页。

合细旃。兹为重儒术，何止用诗仙。四海推鸣凤，孤生怅跕鸢。长安近抵日，蜀道远如天。裋褐春风倚，归心夜雨悬。十年期撰屦，斗食政穷边。①

又咏范成大。有《建康回使寄范帅从求诗帖许而未至》《别范建康》《范参政自建康德资政宫祠六诗寄呈》等诗。其《寄范建康》云：

平生闻石湖，谓是千载人。去年此何缘，乃获身造门。公盖廊庙贵，我乃裋褐贫。既以宾客见，复叨尊俎陈。谈间必文字，愧我非比论。虽知愧公厚，猥诵终惭新。别来才一书，无使无由频。河内闻发粟，原思阙周邻。江东且云然，湖外将何因。再拜谢洪乔，浮沉问水滨。②

咏萧德藻，有《赠萧参议德藻二首》，其一赞其诗艺高超，其二称道其志趣高明，乃隐士中之高人。诗云：

诸侯宾客湖南盛，东海萧生汉帝知。前后相望真一揆，流传况复有新诗。乡来识面嗟无地，今日登门可自迟。未信千岩趣归去，近传新把峡州麾。

平生苕霅几扁舟，意在斯人岂漫游。闻道千岩有高隐，甚思一见苦无由。虽云药石稍亲近，未害烟霞廛揽收。况是交承我伯父，援兹论契许前不。③

“中兴四大家”中，赵蕃与陆游关系尤为亲密。陆游曾从曾几学作诗之炼字造句、对仗用典之法，又学如何从前人诗作中翻出新意。陆游之母即为晁氏，赵蕃舅翁家亦为晁氏，两人不但同以曾几为师，又有姻亲关系，寄赠唱和，往来频繁，使交情更为紧密。陆游《寄赵昌甫并简徐

---

① 《全宋诗》，第 49 册，第 30668 页。
② 《全宋诗》，第 49 册，第 30425 页。
③ 《全宋诗》，第 49 册，第 30674 页。

斯远》云："我诗非大手，我酒亦小户。得游名胜间，独以用心苦。赵子乃宿士，山立谁敢侮。寓名祝融祠，蓑笠卧烟雨。高吟三千篇，一字无尘土。朱先少许可，书每说昌甫。虽云忍饥瘦，得丧亦相补。嗟君与斯远，文中真二虎。我老日益衰，想象气如缕。"①又有《寄赵昌甫》云："杳杳双鹊鸣庭除，东阳吏传昌甫书。纸穷乃复得杰作，字字如刮造化炉。尔来此道苦寂寞，千里一士如邻居。小儿得禄在傍邑，我贫初办一鹿车。过门剥啄亦奇事，拜起幸未须人扶。君看幼安气如虎，一病遽已归荒墟。吾曹虽健固难恃，相觅宁待折简呼。余寒更祝勤自爱，时寄新诗来起予。"②

2. 赵蕃的诗法说

诗法，内涵较为丰富，强调作诗有法。主要讨论的范围包括作诗的方法，涉及与作诗有关的音韵安排之法、句式的锤炼及引经据典之法。或指篇法，或指句法，或指用字之法。"宋人生唐后，开辟真难为"。由于宋人学诗入门阶段即面临如何超越前人，如何进入一个自由而广阔的领域的考验，因此，其创作必然遇到法与非法的问题。法，强调必然，意味着限制，强调规范。宋朝自开国以来，从白体到西昆体和晚唐体，有一段较长时间的学古和拟古诗风。宋人学古人，风格各异，大抵能不囿于古人而自出一格，取得开创性成果。宋人读书喜欢论读书法，写诗喜欢论字法、句法。如方回批陈简斋《与大先同登封州山阁诗》诗云："老杜诗为唐诗之冠，黄陈诗为宋诗之冠，黄陈诗学老杜者也。"③纪昀评王安石《登小茅山》"物外真游来几席，人间荣愿付苓通"之"苓通"，认为此二字"新而稳，然此是宋人字法"④。方回批晁君成《甘露寺》云："惟山谷法老杜，后山弃其旧而学焉，遂名黄陈，号江西派，非自为一家也，老杜实初祖也。"⑤从北宋末至南宋初，宋诗创作形成一股不小的

① （宋）陆游撰、钱仲联校《剑南诗稿》卷45，上海古籍出版社，1985年，第2762页。
② （宋）陆游撰、钱仲联校《剑南诗稿》卷80，第4328页。
③ （元）方回选、李庆甲校《瀛奎律髓汇评》，第42页。
④ （元）方回选、李庆甲校《瀛奎律髓汇评》，第33页。
⑤ （元）方回选、李庆甲校《瀛奎律髓汇评》，第18页。

"诗法热"。陆游《杨梦锡集句杜诗序》云:"文章要法,在得古作者之意。意既深远,非用力精到,则不能造也。"①《天厨禁脔》云:"鲁直换字对句法,如'只今满座且尊酒,后夜此堂空月明'……其法于当下平字处,以仄字易之,欲其气挺然不群。前此未有人作此体,独鲁直变之。"②

江西诗派历来以追求做诗之法而闻名,自然关于诗法的讨论也很多。如黄庭坚云"杜之诗法出审言,句法出庾信,但过之耳。杜之诗法,韩之文法也"③等。宋人李处全语云:"少陵句法出审言,豫章句法出亚夫。"④罗大经评赵蕃、杨万里诗法称"以学为诗:赵昌父云:'古人以学为诗,今人以诗为学。'夫以诗为学,自唐以来则然。如呕出心肝,掐擢胃肾,此生精力尽于诗者,是诚弊精神于无用矣。乃若古人,亦何尝以学为诗哉!""杨诚斋云:'古人之诗,天也;后世之诗,人焉而已矣。'此论得之"⑤。

宋人讲究作诗之法,推崇"言之不文,行而不远",追求诗能浅意深说,直意曲说,正意反说。王安石《明妃曲》诗云:"意态由来画不成。"黄庭坚主张"宁律不谐,不使句弱;宁用字不工,不使语俗"⑥。梁昆《宋诗派别论》论及山谷追求瘦硬,谓其参诸昌黎之法,于篇中使无闲句,句中使无闲字,嫌写景之失弱也,而多写情,嫌写情之微失弱也,而更多写意,此皆山谷诗求硬之法。如黄庭坚《六月十七日昼寝》云:"红尘席帽乌鞾里,想见沧洲白鸟双。马啮枯萁喧午枕,梦成风雨浪翻江。"⑦除江西派外,其作法如此者,还有被梁昆称为"昌黎体"的一批诗人,如穆修、石介、余靖、石延年、梅尧臣、苏舜钦、苏舜元、欧阳修。宋人于句法、诗法、响字、拗救等用力最勤。他们经常尝试运用一些特殊的句法语言、意象、形式,追求"宁朴勿华、宁拙勿巧"等特色。《石林诗话》云:"王荆

① (宋)陆游《渭南文集》卷15,《四部丛刊初编》,第258册,第139页。
② (宋)魏庆之《诗人玉屑》卷2,第37页。
③ (宋)陈师道《后山诗话》,(清)何文焕辑《历代诗话》,第303页。
④ (宋)李处全语,《松庵集序》,文渊阁《四库全书》,第1135册,第579页。
⑤ (宋)罗大经《鹤林玉露》(乙编卷三),程毅中编《宋人诗话外编》,第1307页。
⑥ (宋)黄庭坚《题意可诗后》,黄庭坚撰、刘琳校《黄庭坚全集》卷25,第665页。
⑦ (宋)黄庭坚撰、刘琳校《黄庭坚全集》卷10,第257页。

公晚年诗律尤精严，造语用字、间不容发。”①王安石诗原出杜甫，造意甚峻刻，少时所作，颇以意气自许，不复有所涵蓄。晚更取唐人诗集观之，乃始悟深婉不迫之趣。吴之振等编《宋诗钞》称“所得而论者，谓其有工致，无悲壮，读之久则令人笔拘而格退。余以为不然，安石遣情世外，其悲壮即寓闲淡之中，独是议论过多，亦是一病尔”②。故胡仔《苕溪渔隐丛话·前集》卷四九云：

近时学诗者，率宗江西，然殊不知江西本亦学少陵者也。故陈无已曰：“豫章之学博矣，而得法于少陵，故其诗近之。”今少陵之诗，后生少年不复过目，抑亦失江西之意乎？江西平日语学者为诗旨趣，亦独宗少陵一人而已。余为是说，盖欲学诗者师少陵而友江西，则两得矣。③

赵蕃被称为江西诗派后劲，亦提出过一系列有关诗歌创作技法的观点，郭绍虞《宋诗话考》考证：

《诗法》，不知卷数，赵蕃撰，佚。案：昔人不言蕃有《诗法》，魏庆之《诗人玉屑》引其语甚多，但不言有《诗法》。惟蔡正孙《诗林广记》论王维《南山遣兴》诗中水穷云起一联与杜甫《江亭》诗水流云在一联，谓出赵蕃《诗法》。案章泉有《诗法诗》，见《诗人玉屑》。是否章泉别有《诗法》之著，不可考知，姑志于此。④

郭绍虞《宋诗话辑佚》卷下《玉林诗话》录赵蕃事两则。其一为《戴石屏三则》中一则，赵蕃以陈师道诗歌的标准品评江湖诗人戴复古云：

学诗者莫不以杜为师，然能如师者鲜矣。句或有似之，而篇之

① (宋)叶梦得《石林诗话》，(清)何文焕辑《历代诗话》，第406页。

② (清)吴之振、吕留良、吴自牧选，(清)管庭芬、蒋光煦补《宋诗钞》，第564页。

③ (宋)胡仔《苕溪渔隐丛话》，人民文学出版社，1962年，第332页。

④ 郭绍虞著《宋诗话考》卷下，第215页。

全似者绝难得。陈后山《寄外舅郭大夫》:"巴蜀通归使,妻孥定居。深知报消息,不忍问何如。身健何妨远,情亲未肯疏。功名欺老病,泪尽数行书。"此陈之全篇似杜者也。戴式之亦有《思家》用陈韵云:"湖海三年客,妻孥四壁居。饥寒应不免,疾病又何如。日夜思归切,平生作计疏。愁来仍酒醒,不忍读家书。"此式之全篇似陈者也。赵蹈中所选,乃不在数,何耶?①

郭绍虞提及赵蕃诗论为《诗人玉屑》卷一所转录,其中即有"赵章泉诗法"说:

或问诗法于晏叟,因以五十六字答之云:"问诗端合如何作?待欲学耶毋用学。今一秃翁曾总角,学竟无方作无略。欲从鄙律恐坐缚,力若不加还病弱。眼前草树聊渠若,子结成阴花自落。"②

《诗人玉屑》卷一又有"赵章泉谓规模既大波澜自阔"说:

赣川曾文清公题吴郡所刊东莱吕居仁公诗后语云:"诗卷熟读,治择工夫已胜,而波澜尚未阔。欲波澜之阔,须令规模宏放,以涵养吾气而后可,规模既大,波澜自阔。少加治择,功已倍于古矣。"蕃尝苦人来问诗,答之费辞,一日阅东莱诗,以此语为四十字,异日有来问者,当誊以示之云:"若欲波澜阔,规模须放弘。端由吾气养,匪自历阶升。勿漫工夫觅,况于治择能!斯言谁语汝,吕昔告于曾。"③

又有"赵章泉论诗贵乎似"说:

论诗者贵乎似,论似者可以言尽耶!少陵春水生二首云:"二月六夜春水生,门前小滩浑欲平。鸬鹚鸂鶒莫漫喜,吾与汝曹俱眼

① 郭绍虞辑《宋诗话辑佚》,第504页。

②③ (宋)魏庆之《诗人玉屑》,第6页。

明。""一夜水高二尺强,数日不敢更禁当。南市津头有船卖,无钱即买系篱傍。"曾空青清樾轩二诗云:"卧听滩声㶁㶁流,冷风凄雨似深秋。江边石上乌臼树,一夜水长到梢头。""竹间嘉树密扶疏,异乡物色似吾庐。清晓开门出负水,已有小舟来卖鱼。"似耶不似耶?学诗者不可以不辨。①

另外,赵蕃还作有几首论诗诗,《琛卿论诗用前韵》云:"活法端知自结融,可须琢刻见玲珑。涪翁不作东莱死,安得斯文日再中。""赵章泉题品三联"云:"'隔林仿佛闻机杼,知有人家住翠微'。'片片梅花随雨脱,浑疑春雪堕林梢'。'三年受用惟栽竹,一日工夫半为梅'。'渊明不可得见矣,得见菊花斯可尔'。前十四字,或以为坡语,或以为参寥子十四字师号。余亦以后六句为道章少隐、王梦弼应求、范炎黄中十四字师号,范乃稼轩婿也。"②又有"章泉谓可与言诗"说:"王摩诘云:'行到水穷处,坐看云起时。'少陵云:'水流心不竞,云在意俱迟。'介甫云:'细数落花因坐久,缓寻芳草得归迟。'徐师川云:'细落李花那可数,偶行芳草步因迟。'知诗者于此不可以无语。或以二小诗复之曰:'水穷云起初无意,云在水流终有心。傥若不将无有判,浑然谁会伯牙琴?''谁将古瓦磨成砚,坐久归迟总是机。草自偶逢花偶见,海沤不动瑟音希'。公曰:此所谓可与言诗矣。"③又阅《复斋闲纪》所载吴思道、龚圣任学诗三首,因次其韵云:"学诗浑似学参禅,识取初年与暮年。巧匠曷能雕朽木,燎原宁复死灰然。""学诗浑似学参禅,要保心传与耳传。秋菊春兰宁易地,清风明月本同天。""学诗浑似学参禅,束缚宁论句与联。四海九州何历历,千秋万岁孰传传。"④

赵蕃提出的诗法说,不出"拗""健"二字,力主雕章琢句,避免雷同,其诗云:"欲从鄙律恐坐缚,力若不加还病弱。"赵蕃提出的诗法诗沿袭了江西诗派的主要观点,归纳起来,主要表现在以下两个方面:其一论参禅说;其二论活法说。

---

①②③ (宋)魏庆之《诗人玉屑》,第7页。

④ (宋)魏庆之《诗人玉屑》,第8页。

首先，对赵蕃论参禅与学诗之关系进行探析。参诗之说，似肇始于苏轼。而学诗诗则为吴可首唱。两者本身皆属以禅论诗范畴。江西诗派所谓参禅学诗，原与风格无关，主要关涉诗家人格识解。陈师道论学诗如参禅、学仙云：

> 学诗如学仙，时至骨自换。缥缈鸿鹄上，众目焉能玩。子从淮海来，一喙当百难。师儒有韩孟，拭目互惊惋。老生时在傍，缩手媿颜汗。黄公金华伯，莞尔回一眄。彼方试子难，疾前不应懦。要当攻石坚，勿作搏沙散。珪璧虽具美，砻错加璀璨。我老不足畏，后生何可慢。①

陈师道此说，黄庭坚《赠陈师道》亦专门论及：

> 陈侯学诗如学道，又似秋虫噫寒草。日晏肠鸣不俯眉，得意古人便忘老。君不见向来河伯负两河，观海乃知身一蠡。旋床争席方归去，秋水黏天不自多。春风吹园动花鸟，霜月入户寒皎皎。十度欲言九度休，万人丛中一人晓。贫无置锥人所怜，穷到无锥不属天。呻吟成声可管弦，能与不能安足言。②

宋人阮阅《诗话总龟》称陈师道学杜甫之法：后山诗其要在于点化杜甫语尔。杜云“昨夜月同行”，后山则云“勤勤有月与同归”。杜云“林昏罢幽磬”，后山则云“林昏出幽磬”。杜云“古人日已远”，后山则云“斯人日已远”。杜云“中原鼓角悲”，后山则云“风连鼓角悲”。杜云“暗飞萤自照”，后山则云“飞萤元失照”。杜云“更觉追随尽”，后山则云“林湖更觉追随尽”。杜云“文章千古事”，后山则曰“文章平日事”。杜云“乾坤一腐儒”，后山则曰“乾坤着腐儒”。杜云“孤城隐雾深”，后山则曰“寒城着雾深”。杜云“寒花只暂香”，后山则曰“寒花只自香”。诸如此类甚

① （宋）陈师道《次韵答秦少章》，《后山居士文集》卷1，上海古籍出版社，1984年，第145页。

② （宋）黄庭坚撰、刘琳校《黄庭坚全集》外集卷7，第1039页。

多，岂非点化老杜之语而成者？余谓不然。后山诗格律高古，真所谓"碌碌盆盎中，见此古罍洗"者，用语稍同，乃是读少陵诗熟，不觉在其笔下，又何以足病公①？

陈师道之后，江西诗派其他诗人对此诗说进行了引申与发展，李彭《遣兴作十章兼寄云叟》有："学诗如食蜜，甘芳无中边。陈言初务去，晚乃换骨仙。"②曾几《读吕居仁旧诗有怀其人作诗寄之》云："学诗如参禅，慎勿参死句。纵横无不可，乃在欢喜处。又如学仙子，辛苦终不遇。忽然毛骨换，正用口诀故。居仁说活法，大意欲人悟。常言古作者，一一从此路。岂惟如是说，实亦造佳处。其圆如金弹，所向若脱兔。风吹春空云，顷刻多态度。锵然奏琴筑，间以八珍具。人谁无口耳，宁不起欣慕。一编落吾手，贪读不能去。尝疑君胸中，食饮但风露。经年阙亲近，方寸满尘务。足音何时来，招唤亦云屡。贱子当为君，移家七闽住。"③葛天民《寄杨诚斋诗》云："参禅学诗无两法，死蛇解弄活泼泼。气正心空眼自高，吹毛不动会生杀。"其说学诗如参禅，实是儒者之养气。杨万里说过："要知诗客参江西，正如禅客参曹溪。"赵蕃《常山道中》其一云："画中端有句，诗里亦安禅。"其二云："有债成诗瘦，无钱罢饮醇。"④赵蕃另有《论诗寄硕父五首》其三云："学诗如学道，先须养其气。植苗无它术，务在除荒秽。滔滔江汉流，源从滥觞至。要作千里行，无为半途滞。"⑤

宋人以禅入诗，以禅论诗，究其主要原因在于宋代禅风浓厚，南、北宋参禅者皆多，不少政治家、文学家和思想家都有习禅经历，如王安石"访蒋山元禅师"："公居金陵，由蒋山至其故宅当半道，后请以宅为寺，因号半山。"⑥苏辙，"会黄檗全禅师于城寺"，"尝自号东轩长老"⑦。黄

---

① （宋）阮阅《诗话总龟》后集卷13"评论门"，人民文学出版社，1998年，第76页。
② 《全宋诗》，第24册，第15861页。
③ 《全宋诗》，第29册，第18594页。
④ 《全宋诗》，第49册，第30882页。
⑤ 《全宋诗》，第49册，第30474页。
⑥ 吴之鲸《武林梵志》，杜洁祥编《中国佛寺史志汇刊》，明文书局，1980年，第650页。
⑦ 吴之鲸《武林梵志》，杜洁祥编《中国佛寺史志汇刊》，第653页。

庭坚,“尝参黄龙庵晦堂”①。张浚,“尝问道于圆悟勤禅师”②。长期修习禅对诗人产生潜移默化的影响,使他们重视感性美和感性享受带来的审美愉快的社会作用,也使其诗文追求感性心理欲求和理性道德规范、审美感受的形式与政治教化的内容、诗文艺术风格与心性修养工夫的和谐统一。再加上深厚的佛禅修养以及对诗歌艺术的追求,使以禅喻学诗之说在当时颇为盛行,《诗人玉屑》载“吴思道学诗”云:“学诗浑似学参禅,竹榻蒲团不计年。直待自家都了得,等闲拈出便超然。”“学诗浑似学参禅,头上安头不足传。跳出少陵窠外,丈夫志气本冲天”。“学诗浑似学参禅,自古圆成有几联。春草池塘一句子,惊天动地至今传”③。又有“龚圣任学诗”云:“学诗浑似学参禅,悟了方知岁是年。点铁成金犹是妄,高山流水自依然。”“学诗浑似学参禅,语可安排意莫传。会意即超声律界,不须炼石补青天”。“学诗浑似学参禅,几许搜肠觅句联。欲识少陵奇绝处,初无言句与人传。”④

其次,对赵蕃活法说的具体内容进行论析。活法悟入者,本是参禅习静之业。要得活法,重在融会贯通,达到佛家所说的转识成智,去俗成真,需使胸次超旷,如佛家所谓实性圆成,而不能简单地追求形式无关。吕本中,是江西诗派非常重要的代表,其《夏均父集序》中提出“活法”理论曰:“学诗当识活法。所谓活法者,规矩备具而能出于规矩之外;变化不测而亦不背于规矩也。是道也,盖有定法而无定法。知是者,则可以与语活法矣。谢玄晖有言‘好诗流转圆美如弹丸。’此真活法也。”⑤他创获颇丰,称得上是江西诗派重要的代表作家之一。如其《别

① 吴之鲸《武林梵志》,杜洁祥编《中国佛寺史志汇刊》,第666页。

② 吴之鲸《武林梵志》,杜洁祥编《中国佛寺史志汇刊》,第675页。

③ (宋)魏庆之《诗人玉屑》卷1,第8页。

④ (宋)魏庆之《诗人玉屑》卷1,第9页。

⑤ (宋)刘克庄《后村先生大全集》卷95《江西诗派小序》引吕本中作《夏均父诗集序》。(《四部丛刊初编》,第276册,第826页)张泰来《江西诗社宗派图录》引吕本中作《诗社宗派图序》,谢迈《谢幼槃文集》卷1《读吕居仁诗》,陈起《前贤小集拾遗》卷4载曾几《读吕居仁旧诗有怀其人》。刘克庄在《江西诗派总序》里还说杨万里“真得”吕本中“所谓活法”。(《四部丛刊初编》,第276册,第822页)

后寄舍弟三十韵》云:“笔头传活法,胸次即圆成。”①赵蕃非常仰慕他,其诗《以旧诗寄投谢昌国三首》其三云:“活法公家论,东莱盖有承。”又有《奉寄斯远兼属文鼎处州子永提属五首》其三云:“耆旧难忘是曾吕,逸遗更取孟郊篇。”赵蕃自注云:“孟东野有《题陆鸿渐上饶新开山舍诗》云‘惊彼武林状,移归此岩边。开亭拟贮云,凿石先得泉。啸竹引清吹,吟花成新篇。乃知高洁情,摆落区中缘。”大概因为吕本中提出“活法”诗说,赵蕃将其在江西诗派提到很高的地位,如《蕃亦赋诗十二韵以纪其事》云:“东莱先理致,朱老继颠狂。”他甚至将吕本中视为江西诗派的正宗领袖,认为其可以上继黄庭坚,赵蕃曾在《寄刘凝远峦四首》其三云:“少陵衣钵在涪翁,传述东莱得正宗。”其《书紫微集后》亦云:“诗家初祖杜少陵,涪翁再续江西灯。陈潘徐洪不可作,阃奥晚许东莱登。遗书散落亦已久,是编颇得十八九。景公千驷何足云,伯夷垂名端不朽。”②

此外,赵蕃还以东莱与涪翁并称,屡道圆活,他对吕本中的活法体认很深,如《论诗寄硕父五首》其四云:“东莱老先生,曾作江西派。平生论活法,到底无窒碍。微言虽可想,恨不床下拜。欲收一日功,要出文字外。”又如《与琛卿论诗》这首绝句云:“活法端须自结融,可知琢刻见玲珑。涪翁不作东莱死,安得斯文日再中。”赵蕃“学诗浑似学参禅”绝句早为《诗人玉屑》卷一所采,其《诸君皆和诗再和韵并属湛挺之》之六复曰:“浑忘诗似禅”,而《和折子明文闲居杂兴》其八曰:“曷日仙能至,何时弹比圆”,盖喻仙喻禅,初无固必也。

其实,江西诗派除了吕本中,杨万里《酬阁皂山碧崖道士甘叔懷赠美名人不及佳句法如何》亦云:“赠我新诗字字奇,一奁八百颗珠玑。问侬佳句如何法,无法无盂也没衣。”③“无法无盂也没衣”实际上即是指创作不能因循守旧,要活学活用。因此,杨万里虽然早年学江西,后来却能跳出这个圈子,自创“诚斋体”。此诗体主要表现为以“活法”为诗,想象丰富,境界奇特,不但景物活,而且意趣活;其诗歌语言自然活泼,

① 《全宋诗》,第28册,第18085页。
② 《全宋诗》,第49册,第30469页。
③ (宋)杨万里《诚斋集》卷38,《四部丛刊初编》,第253册,第363页。

平易浅近，并且善于提炼口语、俗谚入诗；加上他思维敏捷，富有幽默感，大自然的一切，大至山川日月，小至花草蜂蝶，他一律可掇拾入诗，涉笔成趣，故诗中多谐趣之作，难怪姜夔在《送朝天续集归诚斋时在金陵》云："年年花月无闲日，处处山川怕见君。"①宋末严羽《沧浪诗话》"诗体"于南宋诗人单独列出"杨诚斋体"，并于《跋徐恭仲省干近诗》告诫后学者不宜盲目跟风，而应该努力在突破古人和近时前辈上下功夫，其诗云："传派传宗我替羞，作家各自一风流。黄陈篱下休安脚，陶谢行前更出头。"②

从吕本中提出"活法"理论，到杨万里勇于跳出江西诗派的创作牢笼，自创新体，写出"活法"诗，两人皆可谓是江西诗派发展过程中学有所获的成功典型，他们的诗学转型也说明一个道理：学习和模仿只是诗歌创作之始的一种方法，如果要保持作品的长久生命力一定要努力创新，不仅理论上是这样，创作上也同样要独具一格。两宋之交、南宋初年吕、杨二人本已为赵蕃提供学习、借鉴的榜样。可是，赵蕃仍执着地坚守黄陈诗学之藩篱，似未能领悟到黄庭坚诗学的真谛，诚如莫砺锋《江西诗派研究》所称："黄庭坚诗论的主要精神则是：诗人应该在熟精艺术技巧并广泛地借鉴前人的诗歌艺术之后摆脱这二者的束缚，从而自成一定。……江西诗派的理论纲领决不是'夺胎换骨、点铁成金'，而是从'学'到'悟'的艺术修养程式。"反观赵蕃，却规行矩步，雕章琢句，有时甚至无病呻吟，这是其诗为人诟病的重要原因。

3. 赵蕃对江西诗学的传承

赵蕃自觉继承江西诗法，主要表现在深谙江西诗派作诗之道，诗歌创作讲究使事、用典，造句、遣词非常注意技巧和方法。如方回评《送赵成都二首》曰："昌甫诗参透江西而近后山，此殆迫老杜矣。"③方回评《出郭》曰："江西苦于丽而冗，章泉得其法而能瘦能淡，能不拘对又能变

① （宋）姜夔著、夏承焘校《白石诗词集》，人民文学出版社，1959 年，第 33 页。
② （宋）杨万里《诚斋集》卷 26，《四部丛刊初编》，第 253 册，第 251 页。
③ （元）方回选、李庆甲校《瀛奎律髓汇评》，第 1067 页。

化而活动。"[1]赵蕃确实创作出一批具有江西诗派"瘦淡"风格的作品，这类诗受到方回大力肯定的同时，也遭到严厉批评。如《菊》云："漫菊伶俜不自持，细香仍着野风吹。……明日萧条更自悲。潭水解令胡广寿，夕阴何补屈原饥。我今谩学浔阳隐，晚立寄怀空有诗。"诗中"所用二事谓能为胡广之寿，而不能捄屈原之饥，殆亦有所谓而发也"。"章泉全是枯骨劲铁，不入俗眼"[2]。其《送王子遵赴衡阳丞》云："王郎妙人物，独步向江东。昔尉既不醉，今丞宁肯聋？相依唇齿国，忽去马牛风。清绝宫曹外，何年着我同？"此诗"'醉尉''聋丞'事，融化神妙。五、六尤善用事"。冯班认为，此诗次联为"江西"恶句，不通。如此用事，是"江西"弊病。纪昀也认为"鄙野之甚，殆不足讥"[3]。宋人称诗文之佳者，动辄曰奇曰古，而对于奇的追求，表现在辞高意深而不谐俗。赵蕃诗中即有尚奇避俗之趋向，如《梅花》云："平生欠汝哦诗债，岁岁年年须要还。未至腊时须访问，已过春月尚跻攀。直从开后至落后，不问山间与水间。却笑渊明赋去，庭柯目盼自怡颜。"诗中首联被批为"鄙野之甚"[4]，并且因为连用三个复字"须""后""间"，使清新可爱的梅花诗顿时变得艰涩难读。

又如其诗《早立寺门作》云："春天阴晴无定姿，阴云未卷晴风吹。青山表见花颜色，绿水增添鹭羽仪。郭外不知谁是主？眼中今见我题诗。"方回称"三、四'江西'法"。纪昀认为"后半自好"，但同时又谓其为"'江西派'之恶者"。查慎行称"三、四俗调，'表见''增添'四字尤浅而俗，此吾所以不喜'江西派'也"。如《出郭》云："疏篱树树李花雪，野寺条条杨柳丝。春风收雨雨收后，白日变晴晴变时。有余不足无尽景，截长补短何限诗。烟霞痼疾句成僻，老矣折肱真得医。"方回评曰："'江西'苦于丽而冗，章泉得其法而能瘦、能淡，能不拘对，又能变化而活动，此诗是也。"纪昀认为方回此评不恰当，"'江西派'粗犷则有之，未见丽而冗"。又说，"调更恶"。冯舒对赵蕃此诗暴露出的创作习气极为不

① (元)方回选、李庆甲校《瀛奎律髓汇评》，第386页。
② (元)方回选、李庆甲校《瀛奎律髓汇评》，第1210页。
③ (元)方回选、李庆甲校《瀛奎律髓汇评》，第1053页。
④ (元)方回选、李庆甲校《瀛奎律髓汇评》，第835页。

满，他说“恶习，可憎”。冯班也称“腹联恶”。查慎行肯定此诗的“三、四调虽新”，但也认为此诗总的来说“却无趣味，后人学之最坏手笔”[①]。此外，赵蕃还有两首诗更具江西诗风。如《十一月五日晨起书呈叶德璋司法》云：“政自摧颓同病鹤，况堪吟讽类寒虫。忽思有客浑如我，却念题诗不似公。”至于《次韵叶德璋见示》所云：“穷冬未省见梅班，故里何由投竹安。归意宁须卜以决，衰颜休待镜频看。交情谢子来今雨，节物娱予后苦寒。独酌更怜终漫兴，不如骫骳得天欢。”更是枯涩拗劲，音韵险仄。

另外，据赵蕃集中诗作，还可见其以惠洪为师，并向惠洪学习，如《用洪觉范诗为首作四绝》其一云：“剩水残山惨淡间，道人名字满江干。向疑此语来天上，何意真成朝暮看。”其二云：“钓舟无事白鸥闲，自是江湖境界宽。我欲泛然随所往，竹君谁与报平安。”其三云：“个中着我添图画，能画今谁如辋川。但写一蓑仍一笠，不须羽服记蹁跹。”其四云：“便似华亭落照湾，要人弹压愧诗孱。余霞散尽空无绮，新月初升势已弯。”[②]赵蕃作这组诗，源于惠洪曾作《次韵宁乡道中》云：“夹道传呼部曲奔，遥知秋色动吟魂。黄柑绿橘平芜路，剩水残山夕照村。似镜此心清自迥，如云往事去无痕。钟声有寺藏烟翠，忽见林间窈窕门。”[③]诗中有句“剩山残水夕照村”。惠洪另有一首《舟行书所见》云：“剩水残山惨淡间，白鸥无事小舟闲。个中着我添图画，便似华亭落照湾。”[④]此诗惠洪于《冷斋夜话》卷三“诗说烟波缥缈处”有谈及。韩淲之《雪晴归自湖团》诗也有“瓦沟残雪滴春风，剩水残山淡蔼中。禽鸟不知人意老，数声啼落野梅红”之语，亦可见惠洪对其影响。

总之，赵蕃终其一生，似未跳出江西的樊篱，诗学以老杜、黄陈、吕曾为主，取法对象非常有限。分析赵蕃之入派江西，一方面得定居江西上饶之地利，与众多江西诗人交游，甚至有机会亲自接受江西诗派中诗学大师的教诲。同时，他不仅沿袭了江西诗派前期所提出的一系列有

---

① （元）方回选、李庆甲校《瀛奎律髓汇评》，第 385－386 页。

② 《全宋诗》，第 49 册，第 30770 页。

③ （宋）惠洪《石门文字禅》卷 13，《四部丛刊初编》，第 169 册。

④ （宋）惠洪《石门文字禅》卷 16，《四部丛刊初编》，第 169 册。

代表性的诗歌理论，还在创作中努力实践江西诗派作诗提倡的一些技法。分析其诗作，可见其倾心江西诗派的诗歌理论，创作技巧主要是句模字拟，徒知在语言形式上出奇翻新，缺少融汇贯通，对于诗歌创作最重视的特性妙悟涵咏重视不够。朱熹曾与赵蕃讨论"活法为诗"与"悟入"，肯定其诗不乏佳作，但认为"固是好，但终非活法尔"。赵蕃向朱熹请教时，朱熹说："当从实处作工夫。"①朱熹后来与林择之讨论赵蕃诗称："今人不去讲义理，只去学诗文，已落第二义，况又不去学好底，却只学去做那不好底。作诗又不学李杜，只学那峣崎底。今便学得十分好后，把作甚么用？莫道更不好。如近时人学山谷诗，然又不学山谷好底，只学得那山谷不好处。"又称："江西之诗，自山谷一变至杨廷秀，又再变，遂至于此"②。从这些对话与言语中，可见朱熹对赵蕃诗略有批评，同时，其对赵蕃创作的不足剖析准确，提出的有关建议和批评不无道理。综合对赵蕃诗歌创作成果、诗学理论以及有关评价的分析表明，江西诗派发展过程中确有一部分诗人学习江西诗，并以其诗学理论互相标榜，他们追攀黄、陈，惜未能真正体会到诗派创作的精髓，既未学其妙处，又未能在诗歌创作修养和方法上不断提高自己，徒留满纸村气，以致成为江西诗派的末流，这很可能是导致后期江西诗派日渐末落的重要原因。

第三节　韩淲的诗学理论及其与江西诗派的渊源

韩淲与赵蕃同被方回续入江西诗派，不过，相比赵蕃的寒瘦与枯淡，他着力追求清新自然的风格，注重营造清淡简朴的意境，诗语浅切通俗，如其《晚春》云：

幽砌疏畦送晚春，水流山静见闲身。行吟散去风光好，熟睡醒

① （宋）黎德靖编、王星贤校《朱子语类》卷120，中华书局，1986年，第2890页。
② （宋）黎德靖编、王星贤校《朱子语类》卷121，第3334页。

来雨气新。木笔岂非浓意态，石楠终是淡精神。莺声圆处鹃声急，景物要之不负人。①

方回选评此诗对其有所称道，称“三、四已佳，‘木笔’、‘石楠’之联人所未道”。纪昀也肯定其诗“疏爽”，不过又认为“虽新而佻”，“结句尤恶”。冯舒则力批其为江西“恶派”之音②。嘉定十三年庚辰，韩淲曾作《七月》四首，其诗云：

水石云山里，归来已九秋。隔城如浅近，邻寺始深幽。慧远逢修静，文渊说少游。径荒殊不扫，风叶上牵牛。③

地僻稀人迹，重林日自虚。鸟飞晨气外，蝉噪晚凉初。余润从侵屧，浮埃倦整书。樵渔时上下，闭户又何居？

木末芙蓉起，亭亭绿且青。墙犹承片瓦，窗不碍疏棂。次第花擎盖，纵横叶展屏。石丁谁主者，仙岂待沉冥？

拥砌丛生菊，何关老意多。浇花惊易燥，耘草喜成科。枕腊尤宜睡，餐香岂待哦？渊明藏不尽，满把尚婆娑。④

四首诗中，第一首五、六用人名而不觉其冗，尾句幽雅。第二首中四句俱工。第三首只言木芙蓉。第四首诗言菊，后人指摘尤多，如“枕腊”之中“腊”字，《山海经》郭璞注此字云“腊为梅”，此诗借用，而被冯舒讥为是“江西”恶派。又因用“岂待哦”，被其讥为“江西”恶语。“渊明藏不尽，满把尚婆娑”也被讥为是“江西”恶语。纪昀认为诗中“惊”“易”“燥”三字未雅，草不须耘，如曰耘而去之，又与“喜成科”不贯通，他对第五、六句批评尤严，认为“不成语”“七句亦浅拙”⑤。

韩淲年少于赵蕃，其生活的时代较赵蕃略晚，主要在南宋孝宗、光

① 《全宋诗》，第 52 册，第 30588 页。

② （元）方回选、李庆甲校《瀛奎律髓汇评》，第 387 页。

③ 《全宋诗》，第 52 册，第 32514 页。

④ 《全宋诗》，第 52 册，第 32776 页。

⑤ （元）方回选、李庆甲校《瀛奎律髓汇评》，第 449 页。

宗、宁宗时，他的创作亦受江西信州地域文化影响，其很难脱离当地诗坛而不学江西诗派。分析其学江西的表现和特征主要有两个：其一，韩淲诗学江西，最早不是来自江西诗派中人，而是来自于其家学渊源。其二，韩淲从一开始并没有为自己设立只学黄陈的目标，他能够广泛学习历代诗人，从而形成了属于自己的风格，在创作上取得的成就较多，也较为突出，甚至超过了赵蕃。韩淲诗学江西也受到不少批评，主要表现在：诗意粗浅，用语轻佻，不过，并无赵蕃诗中所常见的以艰深之辞来造语的毛病，刻意斟酌字句、押险韵、造险境的现象也比较少。

1. 韩淲的诗学历程和诗论

由于韩氏家族自北宋以来就留下了良好的文化传统，加下韩淲之父韩元吉文学成就不凡，与当时的文坛名士交游广泛，使韩淲从小就受到良好的文学和文化熏陶，得到很多机会全面学习前人和取法今人。从现存的文献记载来看，韩淲并没有留下赵蕃那样专门谈诗论文学的著作。不过，检阅其诗与《涧泉日记》仍可见其不少相关方面的言论。韩淲取法对象多，诗学兴趣广博，学习颇有心得。诗中多次叙其学习魏晋诗人，如《竹林七贤》云："西晋风流付竹林，山王嵇阮本何心。便饶江左夷吾在，回首红尘河洛深。"如《十九日回途与郑一娇首不能去》云："行吟应更笑刘伶，醉里云山传逸山。华发萧萧天广大，岁寒碧色是松林。"至于韩淲学陶，则更不必多说，前文已有论及。

南朝齐梁体诗，向以香艳著称，韩淲也有不少学习、模仿之作，如《效齐梁体》云："徘徊碧山崦，想象碧山人。落日寒未昏，飞鸿过之频。自视悖俗姿，忍与众小邻。一朝入圣门，毕世遗清尘。只今崖边松，可以经千春。"他又常读谢安、谢灵运、鲍照诗，如《东山吟》云："谢安久不作，东山尚谁论。"《读鲍谢诗》云："山水能娱人，清气溢方州。曳杖僧坊侧，积潦看横流。风光草际变，云物天中浮。士岂悉慕蔺，吾其不梦周。缅邈五柳陶，归来事西畴。"《短吟》云："灵运穿高屐，渊明理素琴。"又如《滕黄梅遗鲍参军集》云："遗我鲍照诗，遐叹睇前修。"

唐人诗，韩淲取法对象比较多，如李白、杜甫、韩愈、王昌龄、孟浩然、韦应物和刘禹锡等人。读杜甫诗，评价其诗艺随年龄增长而愈老辣。如《仲至看杜诗分古语妙语老语甚精微》云："刺骨分三语，刳心就一编。古来虽简短，妙处实绵延。飞动徐陈外，淋漓刘柳边。泉溪有底急，老乃更精研。"《九月二十日》云："渊明笑杀惠远酒，已公消得杜老诗。"相比赵蕃而言，韩淲对杜甫少了那份顶礼膜拜的虔敬情愫。他多次咏及李白，强调其风神秀貌，如《李白泛舟图》云："采石矶头捉月仙，脱靴意气尚飘然。沈香亭北惊尘世，且惜闲身棹酒船。"如《江祖石太白钓台》云："平步飘然上玉堂，也来江祖钓沧浪。一生不得文章力，犹有虚名万古光。"另外，还有《次韵昌甫仲春读谪仙诗》。又如《次韵斯远和答昌甫读谪仙诗》云："琴樽发清谣，老眼度闲日。君侯句愈奇，天然去雕织。得诗喜欲舞，此意越今昔。一从陶谢远，谁复见真迹。直疑天地来，不在口耳觅。扶摇九万鹏，天池可同息。章泉泉水清，为我洗胸臆。绿叶青春深，夜月梦遥夕。"韩淲高度评价李白"清新""天然"的风格，表达自己对其诗的钟爱之情。唐人诗，韩淲还读王昌龄诗，《录王昌龄诗》云："千古万古琉璃堂，中有一人万丈光。长篇短篇任摸索，小句大句宜忖量。风花雪月初非远，城郭山林各是忙。惆怅无因见范蠡，空留佳话说南唐。"又喜孟浩然诗，如《孟襄阳灞桥风雪》。读韩愈诗，如《读唐韩文公和皇甫持正陆浑山火诗》云："神焦鬼烂陆浑山，皇甫与韩吟其间。曲突徙薪城市事，可怜焦土是咸关。"读韦应物诗，如《丁使君和昌父诗朱卿亦有句次韵呈之》云："韦苏州集多酬唱，亦有州民钓客家。"又有《读韦苏州诗呈申之兼示八侄直之》。读张祜诗，《和张祜孤山寺诗》云："谁与寻诗句，空怀处士林。"读贾岛诗，如《仲至除帑辖后移居》云："贾岛并州虽客舍，陶潜栗里祗吾庐。推敲终久诚无恙，拣择须臾便有余。"读刘禹锡诗，如《去年间在北高峰下邂逅示我竹枝歌》云："方家谷里刘家寺，书记忽云宁少耘。吴人莫唱楚人曲，肠断竹枝谁忍闻。"

本朝诗人，韩淲读苏轼作品较多，如有《正月五日读东坡和斜川诗于霞山》。其《归雁亭观东坡诗》"江湖秋水已如许，惭愧仇池徙倚时"提及"仇池"。韩淲经常以东坡诗为韵，如《鲁解元以坡语空山无人水流花开为诗和韵》。苏轼谈"无肉使人瘦，无竹使人俗"，韩淲《绿筠轩观坡翁诗刻》亦论"人俗真难疗，言高不可埋"。对于苏轼九死一生的经历，韩淲在诗中颇有感慨，如其《坡翁》诗云："鸡豚社酒属东坡，秋到黄州奈若何。主圣自应无所损，时清到了不能磨。后来海上归犹在，今则文忠谥孰过。三叹志林真不朽,儿童楚语任吴歌。"①此诗表现韩淲既敬重苏轼人品,又服膺其作品。其次,他读和靖诗也较多,如《斯远诸兄偕来留饮因咏林逋诗约同赋》组诗三首,《呈王十二丈》亦云:"渊哉和靖相传处,多少声名耸缙绅。"《周子静示诗卷》其二云:"陆羽泉头忻考德,林逋湖面得敦诗。"读魏野诗,如《读魏仲先处士诗有感偶成二首》。他也多读欧阳文,如《近从校书得太玄今又得蜀本欧阳文》云:"本朝二百年,古文盛欧阳。平生几讨论,皓首诵山房。"又读半山诗,如《读半山诗》云:"钟山投老漫寻诗,幽草闲花水满陂。"他与陆游多有交游往来,如《陆丈剑南诗斯远约各赋一首》。他也常与江湖诗人姜夔经常切磋诗艺,作有《书姜白石昔游诗后》。

韩淲不仅读本朝人诗文作品多,而且尤为关注江西诗派中人,如《涧泉日记》论及黄庭坚和陈师道云:"黄鲁直意趣极高,陈后山文字才气短,所可尚者,步骤雅洁尔。"②韩淲在诗中也论及陈师道"意远",其《伯皋索题真益斋语盖以后山诗为名》云:"彭城居士意甚远,彼自丹青金石苑。平生心力漫收敛,眼所到处聊排遣。伯皋伯皋真有益,此语令我长太息。南渡草草今百年,笑倒米家书画船。"谈到晁补之诗歌遗风留存,如《蒙泉》云:"太史晁鸡肋,遗吟尚可传。"提到瘦权癞可"名高直隐",如《次韵昌甫所赋癞可瘦权且言去岁到白鹿洞》云:"踏雪寻僧已是诗,更将书册试同披。名高直隐江西社,五字非君熟和斯。""当年权可气横秋,此日匡山亦雪不。莫恨禅床人寂寂,可论书院鹿呦呦。"叙及吕本中之"活法",他感叹吕氏家族文化鼎盛,以文献传家,如《弈棋》云:"活法要须能自悟,危机何用苦寻思。"《饮横碧轩》云:"僧舍颓檐屋一间,吕曾南渡此看山。风光流转人虽远,诗句磨镌景自闲。"《拜吕舍人墓》云:"生晚常嗟南北分,故家文献少知闻。襄阳耆旧无庞老,独对高坟看白云。"他又多次在诗中表达怀念曾几之情,如《横碧轩》云:"文清来此地,留下横碧轩。寂寂今无主,空山起夕烟。"《致虚斋有叶少蕴曾公衮曾吉甫题句》云:"我作高斋老石林,题诗无复旧知音。空青何在茶山远,满径秋风生夕阴。"《赠吴子似》其二云:"渐老方知欠往还,等闲萧

① 《全宋诗》,第 52 册,第 32671 页。

② (宋)韩淲《涧泉日记》卷下,文渊阁《四库全书》,第 864 册,第 791 页。

寺得同盘。吕曾旧事今如梦，且上南山横碧看。”《赠曾承务》云：“绍兴人物志，赣上盛诸曾。积厚培应固，流长续更兴。四明愁独散，二浙喜相承。再缉文盟日，吾侪岂面朋。”

中兴四大诗人中，韩淲论杨万里诗“篇篇出众”，服其“清格”诗风，不过，也讥其诗用语过于俚“俗”，如《杨秘监江东集》云：“江东集里好清诗，未看争知看便知。句句多般有清格，篇篇出众不趋时。包藏许大冰霜骨，搭带些儿锦绣皮。却被铁钱赶归去，诚斋老子也便宜。”①陆游与韩元吉既为姻亲，关系紧密，韩淲常有机会聆听其教诲，因此，颇为熟悉其诗歌及其创作艺术，他常于诗中提及这位前辈，如《题昌甫所得陆待制手书次韵昌甫之题句》论其诗歌地位和影响云：“放翁遗墨几何年，云绕秋山月满川。摸索空惊久零落，追思犹恨少留连。贞元人事诚如梦，正始文风信若仙。江海凄凉易陈迹，山阴茅宇贺家船。”②他曾多次与赵蕃一起习读陆游诗，在诗中也多有记载，“长笛残星赵倚楼，吟边供断一生愁。渭南作尉诚微宦，江上逢人忆远游。风景不因今古异，琴樽宁与是非休。章泉传到涧泉上，凉意满天河影秋”③。

此外，韩淲评论赵蕃诗作尤多，如前述及二人交游已经提到，兹举两例，如评其作诗句中有眼，《题鱼计编后》云：“诗编多少临渊兴，徒得旁观句眼明。”如论其诗情闲雅，《昌甫寄近诗一卷》云：“诗情闲雅笔舒明，吟到平时字亦成。”

2. 韩淲与江西诗派的渊源

韩淲学习江西诗，首先来自于其家学影响。韩淲家族成员、姻亲皆与江西诗派颇有渊源，这种关系可以追溯到其五世祖韩维。韩维对江西诗宗黄庭坚师法老杜产生较大影响，关于这一点目前尚不为人熟知。《艇斋诗话》云：山谷诗妙天下，然自谓得句法于谢师厚，得用事于韩持国。韩维，与王安石同游于欧阳修之门，从苏舜钦、梅尧臣唱和，声名甚

① 《全宋诗》，第 52 册，第 32672 页。
② （宋）韩淲《题昌甫所得陆待制手书次韵昌甫之题句》，《全宋诗》，第 52 册，第 32672 页。
③ （宋）韩淲《昌甫携渭南诗见过》，《全宋诗》，第 52 册，第 32679 页。

振,与王安石等同被誉为“嘉祐四友”①。韩维创作以工稳著称,后人评价颇高。《郡斋读书志》著录“《韩维诗》三卷”,并称“韩持国最能诗,世传其‘酴醾’绝句”②。《墨庄漫录》卷六称“韩维持国诗格甚奇”③。吴之振《宋诗钞·南阳诗钞》称其“深远不及圣俞,温润不及永叔。然古淡疏畅,故足为两家之鼓吹也”④。从韩维的诗歌创作实际来看,确实具有较高成就,《和曾通判招饮后见贻》云:“竹际松间构小堂,高眠客榻燕华觞。每询浊酒频加酿,不问余金几在囊。自愧效陶无好语,敢烦凌杜发新章。庆门又喜亲才子,藉藉声华满士乡。”⑤其中,“自愧效陶无好语,敢烦凌杜发新章”被誉为佳句,为人所看重。韩维曾经自言其诗学陶渊明,不过也有人认为其诗不似渊明,如其《读杜子美诗》:“寒灯熠熠宵漏长,颠倒图史形劳伤。取观杜诗尽累纸,坐觉神气来洋洋。高言大义经比重,往往变化安能常。壮哉起我不暇寐,满座叹息喧中堂。唐之诗人以百数,罗列众制何煌煌。太阳重光烛万物,星宿安得舒其芒。读之踊跃精胆张,径欲追摄忘愚狂。徘徊揽笔不得下,元气混浩神无方。”⑥已可见其学习老杜体之用心。《谢尧夫寄新酒诗》云:“故人一别两重阳,每欲从之道路长。有客忽传龙坂至,开樽如对马军尝。定将琼液都为色,疑有金英借密香。却笑当年彭泽令,篱边终日叹空觞。”⑦其中,“开樽如对马军尝”自注云:“尝怪杜诗曰‘洗盏开尝对马军’,及得锦屏山题名有《寄河南府使马军送新酒》者,然后跃然。”“篱边终日叹空觞”自注云:“陶靖节云:‘秋菊盈园而时醪靡至。’”此一诗连用陶渊明和杜甫两人故事,可见其兼学陶、杜也。韩维作诗重性情,其《览梅圣俞诗编》云:“乃知文章作,中与性情通。”⑧韩元吉《高祖宫师文编序》云:“少喜为诗,然见子弟传录辄毁去。……豫章黄太史自言因公诗得用事法,岂道

① (宋)曾季貍《艇斋诗话》,《琳琅秘室丛书》本。
② (宋)晁公武《郡斋读书志》后志卷2,文渊阁《四库全书》,第674册,第428页。
③ (宋)张邦基《墨庄漫录》卷6,文渊阁《四库全书》,第864册,第62页。
④ (清)吴之振、吕留良、吴自牧选,(清)管庭芬、蒋光煦补《宋诗钞》,第524页。
⑤《全宋诗》,第8册,第5249页。
⑥《全宋诗》,第8册,第5114页。
⑦《全宋诗》,第8册,第5241页。
⑧《全宋诗》,第8册,第5116页。

德之蕴于内者深，其发于文词者皆余事哉？”[①]

黄庭坚之师从韩维学诗法，除了因为韩维诗歌创作水平较高，还离不开另一个人即谢师厚的影响。谢师厚，字景初，南阳人。庆历六年进士，官朝散大夫，以屯田郎致仕，长于诗，有“倒着衣裳迎户外，尽呼儿女拜灯前”[②]之句，最为人称赏。所著《宛陵集》已佚。尝与欧阳修、梅尧臣及韩维相唱和。陈师道《后山诗话》云：“唐人不学杜诗，惟唐彦谦与今黄亚夫庶、谢师厚景初学之。鲁直，黄之子，谢之婿也，其于二父犹子美之于审言也。然过于出奇，不如杜之遇物而奇也。三江、五湖平漫千里，因风石而奇尔。”[③]陆游《跋谢师厚书》云：“谢师厚早岁与欧阳兖公、王荆公、梅直讲、江记注诸人游，名甚盛，晚更蹭蹬。居穰下二十余年，学愈进，文章愈成，独后诸公死。子愔、悰，甥黄鲁直，皆知名天下。”[④]然谢景初之诗，受王安石影响很深[⑤]。其《石谷亭飞瀑》云：“落泉下峭壁，陡绝千万丈。溅急雪片飞，望若匹练广。曲岭隔青林，三里已闻响。其傍有巨石，平润可俯仰。愚俗所不道，我辈数来赏。须期秋色清，攀萝将尔上。”[⑥]韩维曾封南阳郡公，与谢师厚交谊很深，二人经常一起宴饮游赏，多有诗歌唱和，如《讲武池和师厚》云：“沧池拟溟渤，莽漾豁厚地。日吾神祖为，气象固宜尔。”[⑦]

韩淲之父韩元吉，清代陆心源《宋史翼》卷一四有传。《四库全书总目》称其“诗体、文格均有欧、苏之遗，不在南宋诸人下”，“元吉本文献世家，据其跋尹焞手迹自称门人，则距程子仅再传。又与朱子最善，尝举以自代，其状今载集中，故其学问渊源颇为醇正。其他诗文倡和者如叶梦得、张浚、曾几、曾丰、陈岩肖、龚颐正、章甫、陈亮、陆游、赵蕃诸人，皆当代胜流，故文章矩矱亦具有师承”[⑧]。可见其学有渊源，且与曾几、中

① （宋）韩元吉《南涧甲乙稿》卷14，文渊阁《四库全书》，第1165册，第200页。

② （宋）陈师道《后山诗话》，（清）何文焕辑《历代诗话》，第307页。

③ （宋）陈师道《后山诗话》，（清）何文焕辑《历代诗话》，第307页。

④ （宋）陆游《渭南文集》卷29，《四部丛刊初编》，259册，第262页。

⑤ 梁昆著《宋诗派别论》，第51页。

⑥ （清）厉鹗《宋诗纪事》卷16，上海古籍出版社，1983年，第418页。

⑦ 《全宋诗》，第8册，第5106页。

⑧ （清）纪昀等编《钦定四库全书总目》卷160，第2146页。

兴四大诗人皆交情不错。他与赵蕃唱和往来亦多，前文已有论及。韩元吉与同时诗人关系最为亲密者当属陆游，如其《送陆务观得倅镇江还越》一诗综合评价陆游虽未登第，然诗文名动九州，有报国热忱，然一生功业无成，诗云："高文不试紫云楼，犹得声名动九州。金马渐登难避世，蓬莱已近却回舟。烧城赤舌知何事，许国丹心惜未酬。归卧镜湖聊洗眼，雨余层壑正奔流。"①又如《送陆务观福建提仓》云："觥船相对百分空，京口追随一梦中。落纸云烟君似旧，盈巾霜雪我成翁。春来茗叶还争白，腊近梅梢尽放红。领略溪山终妙语，小迂旌节上凌风。"②此外，还有如《陆务观赴阙经从留饮》云："溪岸风高霜作棱，杯盘草草对青灯。已甘盐莱待梁柳，况有酒浆延杜陵。岁晚鬓毛纷似雪，天寒门巷冷于冰。春风稳送金闺步，看蹑鳌山最上层。"③韩元吉亦叙及与曾几之交往，《陪曾吉甫游中山》云："去天尺五城南寺，目极层轩得此游。山阔雨收云点缀，江清日淡柳风流。僧扉缭绕牛鸣地，楼阁参差斗大州。公自蓬莱旧仙伯，一麾真复占鳌头。"④《李彭元携曾吉甫诗卷数帖见过》云："十年松竹暗茶山，君有诗声旧将坛。食荠谁如东野苦，无毡不奈广文寒。闭门久咏高轩过，弹铗今嗟行路难。我亦凋零旧宾客，遗编聊共拂尘看。"⑤曾几去世后，韩元吉为其作《祭曾吉甫待制文》，不但对其诗歌创作风格、艺术成就及其影响进行全面总结，并表达自己的感佩之情，其文曰："发为文章，粲然一时，珪璧琳琅。……从衡蹈厉，世莫敢当。而公之学，肆其汪洋，执德不回，用心允刚。本于《六经》，蹈乎大方。中婴险巇，澹然则藏。晚生有逢乘风而翔，孰又基之俾脱其箱。公虽在远，告猷益臧。道山曲台，典型有光。"⑥韩元吉集中亦提及范成大和朱熹，《松江别范至能朱伯阳》云："弹铗功名易白头，归欤未办五湖舟。送君与我皆为守，到处逢山且纵游。薄日连云千嶂晓，斜风吹雨一

①②《全宋诗》，第38册，第23667页。

③《全宋诗》，第38册，第23664页。

④《全宋诗》，第38册，第23655页。

⑤《全宋诗》，第38册，第23661页。

⑥（宋）韩元吉《南涧甲乙稿》卷14，文渊阁《四库全书》，第1165册，第286页。

江秋。买鱼斫鲙垂虹上，更为今年好景留。”①

3. 韩淲对“满城风雨近重阳”断句诗之接受

潘大临，字邠老，黄冈人，能诗，终身不仕，崇宁五年(1106)卒，有《柯山集》，已佚。早负盛名。他常与苏轼、黄庭坚、徐俯、洪驹父交游来往，诗法精妙，句律精工。《诗人玉屑》引《潘子真诗话》录“天下奇才”云：“‘白鸟没飞烟，微风逆上船。江从樊口转，山自武昌连。日月悬终古，乾坤别逝川。罗浮南斗外，黔府古河边。波浪三江口，风云八字山。断崖东北际，虚艇有无间。卧柳堆生岸，跳鱼水捣湾。悠然小轩冕，幽兴满乡关。西山连虎穴，赤壁隐龙宫。形胜三分国，波流万世功。沙明拳宿鹭，天阔退飞鸿。最羡鱼竿客，归船雨打蓬。落日春江上，无人倚杖时。私蛙鸣鼓吹，官柳舞腰肢。猎退频翻臂，渔深数治丝。我犹无彼是，风岂有雄雌。’此邠老江间所赋也。邠老，唐太仆卿季荀之后，衢之曾孙，鲠之子。寓居齐安，得句法于东坡。顷与洪驹父、徐师川、洎予友善。山谷尝称邠老‘天下奇才’也。其为诗文，他皆称是。”②陈振孙《直斋书录解题》录“《柯山集》二卷”，并云：“齐安潘大临邠老撰，所谓‘满城风雨近重阳’者也。”③可见，“满城风雨近重阳”已成为潘邠老的代名词，得到大家的公认。《冷斋夜话》记录此句成诗经过云：

> 黄州潘大临工诗，多佳句，然甚贫。东坡、山谷尤喜之。临川谢无逸以书问：“有新作否？”潘答书曰：“秋来景物，件件是佳句，恨为俗氛所蔽翳。昨日闲卧，闻搅林风雨声，欣然起，题其壁曰‘满城风雨近重阳’，忽催租人至，遂败意。止此一句，奉寄。”闻者笑其迂阔。④

惠洪所叙潘邠老所作“满城风雨近重阳”断句诗，实仅作一句，但因

① 《全宋诗》，第38册，第23665页。
② (宋)魏庆之《诗人玉屑》卷18，上海古籍出版社，1978年，第412页。
③ (宋)陈振孙《直斋书录解题》卷20，第596页。
④ (宋)惠洪撰、陈新校《冷斋夜话》卷4，第35页。

其整体上已具较高诗艺，不断吸引江西诗派后学及其他诗人续作。如谢逵作诗两首，题为《潘邠老尝作诗云满城风雨近重阳，邠老亡后，无逸兄用此句足成四篇。今兹重阳只数日，风雨不止，凄然增怀，作二绝句念泉下二人不再作，不觉流涕覆面也》，其一云：“地下修文两玉人，清诗传世墨犹新。却因风雨重阳近，独立苍茫泪一巾。”其二云：“阿兄温润玉介导，我友淡薄朱丝弦。只疑蝉蜕游人世，醉插茱萸若个边。”①谢逵诗中提到其兄谢逸曾用“满城风雨近重阳”之句作诗四首。不过，谢逸现存诗集中仅见三首，其诗题为《亡友潘邠老有‘满城风雨近重阳’之句，今去重阳四日，而风雨大作，遂用邠老之句，广为三绝句》，其诗是：“满城风雨近重阳，无奈黄花恼意香；雪浪翻天迷赤壁，令人西望忆潘郎。”“满城风雨近重阳，不见修文地下郎；想得武昌门外柳，垂垂老叶半青黄”。“满城风雨近重阳，安得斯人共一觞；欲问小冯公健否，云中孤雁不成行。”②

谢逵之后，吕本中也有续作，并提到王立之即王直方也曾有类似续作，吕本中赞潘邠老作诗之精苦，尝作诗，题为《潘邠老尝得诗“满城风雨近重阳”，文章之妙至此得矣。后有诗托谢无逸，缀成云“病思王子同倾酒，愁忆潘郎共赋诗”，为此语也。王子立之也作此诗。未数年而立之、邠老墓木已拱。无逸穷困，江南未有定止，感叹之余，辄成二绝》，其诗云：“漫营新句补残章，寄与乌衣玉树郎。他日无人识佳景，满城风雨近重阳。”“好诗政似佳风月，会赏能知已不凡。万里潘郎旧乡县，半江斜日落归帆。”③

吕本中之后，赵蕃继作《人爱九日多以靖节之故仆以邠老七字为可以益其爱者且连日不雨即风尤觉此句妙处赋诗八韵》云：“潘子夙所尚，陶翁何敢师。”表达自己学习潘邠老隐而不仕精神的愿望，“亦愿如邠老，白首丘壑期”。赵蕃又于《重阳近矣风雨骤至诵邠老满城风雨近重阳之句辄为一章书呈教授沅陵》称赞潘邠老虽只作一句共七字，已能“敌三千首”，感叹作诗佳句之可贵、之难得，诗云：“好诗不在多，自足传

---

①《全宋诗》，第 24 册，第 15790 页。

②《全宋诗》，第 22 册，第 14854 页。

③《全宋诗》，第 28 册，第 18065 页。

不朽。池塘生春草，余句世无取。诗家黄州潘，苏黄逮师友。六义极渊源，一贯相授受。秋风有奇思，箪瓢忘巷陋。奈何催租人，败之不使就。我谓此七字，已敌三千首。政使无败者，意尽终难又。纵令葺成章，未免加饤饾。衣锦欲尚絅，何尝炫文绣。一洗凡马空，浪说充天厩。重阳晴则已，雨必风在口。今兹季月来，阴雨变时候。愔愔爵罗门，寂寂鸟噪牖。黄花冷未芳，黄叶扫复有。颇将写吾怀，渠在那出手。并想东篱人，瞻前忽焉后。"[①]赵蕃也曾以此句作为开头，续成《连日风雨有怀沈仲良欧阳全真》一首："满城风雨重阳近，此句岂惟时节咏。古今凡历几诗人，独觉柯山有余韵。临川之谢东莱吕，往往怀潘用兹语。我尝评此七字句，政似江边乌臼树。去年此节虽凄凉，和诗有沈与欧阳。今年愁绝不可道，三人各在天一方。"[②]

宋末许月卿，字太空，婺源人。后字宋士。人称山屋先生。字驹父，从董介轩，是程正思、朱子门人。又曾受学魏鹤山。贾似道当国，以月卿试馆职，言不合，罢去。买田宅于姑苏，已而散之。归故里，闭门著书，号泉田子。宋亡，深居一室，但书"范粲寝所乘车"数字，不言，几十年而卒，年七十。谢叠山尝书其门曰："要看今日谢枋得，便是当年许月卿。"月卿自比履善、甫盖，无媿三仁焉。他也有一首《满城风雨近重阳》，亦并附于此，其诗云："满城风雨近重阳，一舸烟波入醉乡。心事已同鸥鸟白，眼界空有云山苍。酒安能管兴亡事，菊亦颇复时世妆。何似长歌明月里，月明天阔地更长。"[③]

宋末元初，癸未年(1283)重九前五天，方回写下《重阳吟》五首，其四云："此身生死国兴亡，摇落年年本是常。无奈潘郎解凄怨，满城风雨近重阳。"其五云："衣冠南渡紫微郎，流落天涯事可伤。不是诗人终不会，乱山深处过重阳。"此诗前有小序，方回评述潘邠老此断句，并论世人续诗并未得其深意：

兴有不同，而皆极天下之感。君子以之冥心焉，陶渊明曰"闲

---

① 《全宋诗》，第 49 册，第 30418 页。
② 《全宋诗》，第 49 册，第 30863 页。
③ 《全宋诗》，第 65 册，第 40549 页。

> 居爱重九"之名，此闲寂之极感也。苏长翁曰："菊花开时，即重阳。此旷达之极感也。"潘邠老曰："满城风雨近重阳，此衰谢之极感也。"吕居仁曰"乱山深处过重阳"，此羁旅之极感也。予不肖，何足以跂前人，尝有诗曰"干戈丛里见重阳"，此亦乱离之极感也。世人徒赏邠老之句，窃意其未必得斯句之意。①

方回称"世人徒赏邠老之句"，"未必得斯句之意"。那么究竟谁得此诗真意呢？方回此序未提及，不过，其《瀛奎律髓》选录韩淲《风雨中诵潘邠老诗》一诗并给予很高评价：

> 满城风雨近重阳，独上吴山看大江。老眼昏花忘远近，壮心轩豁任行藏。从来野色供吟兴，是处秋光合断肠。今古骚人乃如许，暮潮声卷入苍茫。②

韩淲此诗作于庆元戊午(1198)，诗中"江"字出韵，"江""阳"押通韵。这首诗之成功之处首先在于每句第五字讲究锻炼句眼，分别用"近""看""忘""任""供""合""乃"和"卷"。《童蒙训》引潘邠老云："七言诗第五字要响，如'返照入江翻后壁，归云拥树失山村'，翻字、失字，是响字也。五言诗第三字要响，如'圆荷浮小叶，细麦落轻花'，浮字、落字，是响字也。所谓响者，致力处也。予窃以为字字当活，活则字字自响。"方回对韩淲极为推重，大赞其"悲壮激烈"，又称"第一句用潘邠老句，若第二句押不倒则馁矣。此第二句虽是借韵，轩豁痛快，不可言喻。三、四非后生晚进胸次，至第六句则入神矣，至第八句则感极而无遗矣"。其中，用到"轩豁痛快，不可言喻"，"入神""感极而无遗矣"等语，评价极高。不过，冯班认为"第二句未佳"，查慎行认为"'江'字出韵。'从来''是处'四字悬空，与'吟兴''断肠'无关，觉少意味"。纪昀也认为"次句借韵，究不是"。许印芳评此诗最为全面，他说："次句雄阔，足与首句相称，恰似天生此语配合潘诗者。能续潘诗，全在此句接得好。

---

① (元)方回《桐江续集》卷2，文渊阁《四库全书》，第1193册，第231页。

② 《全宋诗》，第52册，第32674页。

虚谷谓若押不倒则馁，可谓切中肯綮。中四句只从空虚写意，盖实景已包入起二句中。此处若再实写，必至叠床架屋。而且挂一漏万，故换笔写意，只用'野色''秋光'映带实景，便与前后消息相通。七句束住中四句，八句回应起二句，将全诗收入景中，有宕往不尽之致。得此一结，中四句虚处皆实，枯处皆润。且措词壮浪，仍与起句相称，极佳。"①若将韩淲与谢逸、谢薖、吕本中、方回及赵蕃等人续作一起比较，不难发现，就诗中立意、描述境界、气魄宏大来看，韩淲此诗堪称潘邠老此断句之最佳续作，关于这一点，从后人之品评不难看出。詹杭伦评此诗称："此诗首尾呼应，中间转折自如，章法井然。转折处善于用虚字斡旋，显得灵动而不板滞。这些都体现了江西诗法的长处。"他认为韩淲"不愧为江西诗派在南宋的后劲，他不仅从字词的对称、押韵的协调等形式上用力，而且更注重意境的提炼，情感的升华"②。值得一提的是，韩淲还在其他诗作也融入"满城风雨近重阳"这一断句作诗，如《李季章参政寄近作绝句次韵答之》云："见说江西多胜士，吟成风雨近重阳。"《次韵吴推官二首》其二云："满城风雨固因尔，欲制颓龄如老何。"足可见其对潘邠老此句诗多方关注，并曾下过一番仔细研读与模仿工夫。

总之，"二泉"皆入派江西，然继承与取法江西诗派之处却各有区别。赵蕃提出"诗法说"，参与到江西诗派对于创作诗歌"法"与"非法"等问题的探讨。不过，由于泥于理论，创新较少，以至被认为堕入江西末流。韩淲则善于兼顾各种风格和流派，虽未提出明确的诗学主张，然能有所创新，力避守旧，其诗学道路、诗学表现与江西诗派黄、陈创始之初的精神较为切近。韩淲尤其钟情于江西诗派晁冲之、瘦权、癞可和二谢、二林等人所表现出的清淡、清逸之诗风，且学有所得。如晁冲之，即具茨先生，与晁说之乃从兄弟，韩淲乃说之孙女婿，从其诗学表现可见其与晁氏渊源密切。晁冲之诗学老杜，遇事写物，意味闲远，又颇具柳柳州之体。如《雪效柳子厚》云："月落鸡声寒，晓色静茅屋。开门惊不知，夜雪压修竹。槎牙生新冰，鳞甲刻溪谷。晶晶洲渚明，冽冽川原肃。孤蹲雀不动，沉酣客犹宿。呼童晨汲归，独漱寒泉玉。"刘后村称其"意

① （元）方回选、李庆甲校《瀛奎律髓》，第466页。

② 詹杭伦语，缪越等编《宋诗鉴赏词典》，上海辞书出版社，2003年，第1202页。

度宏阔,气力宽余,一洗诗人穷饿酸辛之态,南渡放翁可以继之”。① 又如林敏修,字子来,蕲春人,隐居不仕,以诗与其兄敏功及夏倪、饶节相切磋,有《无思集》,已佚。其诗风颇为清爽,如《文湖州作山水横轴吴希全家藏》云:“明窗十日复五日,出此湖光与山色。前身画师语不妄,文侯乃是金门客。乍从云际辨远岫,争数乔林夸眼力。没漂菰米岁事空,水滨柱下南飞鸿。欲投晓渡唤舟子,急桨已入昏烟中。径思天边问归路,错认江乡旧洲渚。能传万里在尺素,豪夺应防卷寒雨。”②又如谢逸兄弟,吕本中语云:“谢康乐诗规摹宏远,为一时之冠;而玄晖诗清新独出,又自有过人者。后之善言诗者,于二公盖未敢有所优劣也。本中窃以为无逸诗似康乐,幼盘诗似玄晖,此平等之论也。”③此外,江西诗派中有两位诗僧,一名祖可,因被恶疾,人号癞可。一名善权,因人物清癯,人目为瘦权。祖可诗具雄爽之气,善权有清淡之味。可诗如“清霜群木落,尽见西山秋”,又“谷口未斜日,数峰生夕阴”,皆为佳句。④韩淲除在诗文中多次提及上述前辈诗人,还在创作上对他们学习和模仿甚力,他还极力主张学习建安、陶谢等人,推崇豪放诗风,对于前朝诗人韦应物、刘禹锡、王昌龄等,本朝诗人如潘阆、林逋、梅尧臣、欧阳修等也比较推崇,同时,又流露出对迂腐儒酸习气的厌弃。相比赵蕃,韩淲的创作实绩更为突出,在南宋中后期有力推动江西诗派写意自然、清丽脱俗一派的发展,代表着江西诗派中的一部分诗人仍然怀抱希望在创作上有所作为,因此,其后期诗作理应受到后人应有的关注和重视。

---

① 陈延杰著《宋诗之派别》,郑振铎编《中国文学研究丛编》(一),龙门书店,1969年,第34页。

② 《全宋诗》,第18册,第12230页。

③ (明)曹学佺《石仓历代诗选》卷167,文渊阁《四库全书》,第1389册,第399页。

④ (宋)魏庆之《诗人玉屑》卷20,第449页。

第四章　晚唐风调:“上饶二泉”与江湖诗派的交游互动

南宋中后期诗坛,与唐末诗歌流派众多、文学风格多样化相比,诗风较为单调,呈现出一种冷寂凄清的氛围。唐末诗坛,张戒《岁寒堂诗话》将其分为七种流派,又如孙克宽分为三派:第一派以李义山、温庭筠和韩渥等为代表,写作大量比兴诗,以美人香草为喻,形成典丽诗风。由于偏于艺术技巧的讲究和个人情感的倾诉,有人称其为唯美派。今人有从韩偓与江湖诗派的关系进行研究,无疑是从末世心态与文人的关系进行的有益探讨。第二派是以罗隐、杜荀鹤和韦庄为代表,诗风浅易,主题是叙述哀怜、讽喻时政,反映社会人生的重大主题,追求通俗易解,有人称之为讽喻派,或是写实派。第三派以皮日休和陆龟蒙为代表,对现实采取消极逃避的办法,不重视诗歌的写作技巧,对社会缺乏热情,隐逸江湖,吟啸风月。而宋末诗坛,随着宋室南渡,偏安心态逐渐扩散,并深入到士人生活的很多方面,如人生追求、生活态度、生活方式、审美旨趣,甚至影响到一种新的文艺思潮形成。南宋初年,中兴四大家特别是陆游和范成大曾亲赴战场,丰富的生活经历使他们在文学中呈现出一种豪放洒脱的气概。但中兴之后,随着偏安心态的发展,士人越来越注重追求宁静退避的精神天地,日益重视描写自己的生活与感情经历,创作风格越来越变得细腻小巧,主要代表是包括“四灵”在内的一批江湖诗人。在文学史上,对于江湖诗人与“四灵”是否应该统归一派,历来有争议。如梁昆《宋诗派别论》将“四灵”与江湖诗派分为两个流派,而张宏生《江湖诗派研究》将“四灵”与江湖诗派合并一起通称为江湖诗派。综合考虑“四灵”与江湖诗人在诗学追求、诗学风格诸方面有不少相似之处,如,从生活年代来看,许多江湖诗人与四灵同时,可以他们的唱酬诗为证;从社会地位来看,他们多是沉沦于社会的下层,生活清苦;从诗学主张来看,他们多宗晚唐,创作出许多清新晓畅、细腻灵巧的诗歌。可以说,"四灵"与江湖诗人大多有着相似的生活经历和创作趣味,他们的诗歌风格与晚唐体类似而有所超越,实可视为一个整体,故将其通称为江湖诗人。

第一节　"上饶二泉"与江湖诗人的交游

据张宏生《江湖诗派研究》统计,江湖诗人共有138位[①]。其中所列出的这些诗人,活动时间主要是南宋中、后期。他们社会地位不高,多隐士布衣,或是不得志之士宦,登显宦者极少;主要活动是结友招群,游谒江湖,推盟首,主宗主,唱和酬咏,消磨岁月。"二泉"与他们生活的时代接近,社会地位与生活方式亦有不少相似之处,他们之间交接往来,留下了许多创作和佳话。

1."上饶二泉"与"永嘉四灵"的文学互动

徐照(?—1211),字道晖,一字灵晖,自号山民。其《题赵昌父林居》云:"谱接江西派,声名过浙间。弃官早从岁,买屋向深山。文集通僧借,渔舟载鹤还。待予归旧里,又得到柴关。"[②]诗中所云"谱接江西派",在一定程度上能够代表当时人对赵蕃诗学江西的评价。可见,虽然赵蕃与江湖诗人颇有交游,但是江湖诗人也认为赵蕃确为江西派无疑矣。"声名过浙间",称赞赵蕃在当时诗坛享有盛誉。徐玑(1162—1214),字文渊,一字致中,号灵渊。其《登横碧轩继赵昌父作》云:"步陟高高寺,徐行不用扶。青天晴又雨,山色有还无。句向闲中觅,茶因醉后呼。所怀论未足,何乃又征途。"[③]翁卷,生卒不详,字续古,一字灵

① 张宏生著《江湖诗派研究》,第297页。

②《全宋诗》,第50册,第31371页。

③《全宋诗》,第53册,第32865页。

舒，其《南涧寻韩仲止不遇》云："树树有佳阴，山蝉不住吟。掬来南涧水，清若主人心。屋上云飞冷，篱根藓积深。留诗在严壁，明日更相寻。"①

赵师秀(1170—1219)，字紫芝，号灵秀，又号天乐。太祖八世孙，光宗绍熙元年进士，为四灵中惟一登科入仕者，仕亦不显。嘉定初入江西安抚司幕，一为筠州推官②。叶适评其诗"守格布词，不失唐风，而变化秀逸过之。观四灵诗，如出一手，紫芝尤为之冠"③。他在诗中多次提及赵蕃，为"四灵"中与其交游最多者。如《寄赵昌父》云："逃名逃未得，几载住章泉。便使重承诏，多应不议边。高风时所系，新集世方传。忆就江楼别，雪晴江月圆。"④《贵溪夜泊寄赵昌甫》云："蓍草占秋动，逢秋得早归。本非为事迫，不欲与心违。波净孤萤度，宵凉数叶飞。远怀高卧者，微月闭松扉。"⑤其《敬谢章泉赵昌甫二十韵》既赞扬赵蕃，又表达对其的思念之情：

> 耆旧半凋落，在者如晨星。与翁别豫章，十见草木青。人生几堪别，梦寐生羽翎。迢迢玉溪波，近时尝再经。携家事多难，所至那得停。山中空望来，日夕不掩扃。岂独负兹约，尺书亦沈冥。逢人问消息，但喜言康宁。堕来两卷什，一以慰飘零。感此故意宏，不我迹以形。文章出晚岁，字画犹壮龄。诵之西湖滨，惊动孤山灵。翁巻游崆峒，一已烦邮铃。幸翁良未衰，吾党存典型。遥闻曾入郛，谅为韩与丁。郡斋待且久，几宿涧上亭。今春少晴时，涧水应泠泠。归来安稳否，熏风入林坰。愿言爱玉骨，逍遥卧殊庭。会面虽未期，忽聚江湖萍。⑥

① 《全宋诗》，第 50 册，第 31422 页。
② 《全宋诗》，第 54 册，第 33834 页。
③ (清)陈焯《宋元诗会》卷 43，文渊阁《四库全书》，第 1463 册，第 680 页。
④ 《全宋诗》，第 54 册，第 33839 页。
⑤ 《全宋诗》，第 54 册，第 33850 页。
⑥ 《全宋诗》，第 54 册，第 33835 页。

白居易诗云"离离原上草,一岁一枯荣"赵师秀诗中"十见草木青"表明两人不相见已有十年。"文章出晚岁,字画犹壮龄"则盛称赵蕃诗文老当益壮,堪称时人学习的典型,故又曰"幸翁良未衰,吾党存典型"。其又与韩淲交往唱酬,有《访韩仲止不遇涧上》云:"隔涧竹扉深,苍童引客寻。虽然乖晤语,犹得见园林。野蔓时妨步,山蝉亦好吟。石根泉数斗,清冷应人心。"[①]韩淲也为此曾作《和韵紫芝留句寄之》云:"一柱观能好,臞仙须讨寻。从渠有丘壑,何处没山林。乍惜灵舒试,或矜庄可吟。飒然秋气冷,清梦水之心。"韩淲又有《昌甫题徐仙民诗集因和韵两篇》评论徐玑、翁卷等江湖诗人在当时的影响之大和声势之盛,其诗云:"断自晚唐后,人人尽做诗。生前由我集,名后得谁碑。眇眇三灵见,萧萧一叶知。塔山林覆土,若奠夫芳卮。"其自注云:三灵,灵芝、灵渊、灵舒;一叶,水心也。"东南蟠海峤,天也斗闲民。岁月高侪侣,江湖竞比伦。杨刘万代手,温李再生身。雪跨水悬处,游魂不见人。"[②]

2. "上饶二泉"与戴复古、刘克庄之交游

"四灵"之后,江湖诗派最突出的代表戴复古和刘克庄均给予"二泉"很高评价。戴复古,字式之,天台黄岩人。居南塘石屏山,自号石屏。幼孤,父戴敏才,精诗,穷死。石屏从林景思、徐渊子、赵师秀讲明句法,又从陆游学。其诗笔秀俊爽,极为作者所推。姚镛跋其诗云"天然不费斧凿处,大似高三十五辈,晚唐诸子当让一面"。方回跋其诗亦称其"清健轻快,自成一家"。虽皆不免稍过其实,而其精思研刻,实自能独辟町畦[③]。戴复古《石屏诗集》中,卷一为近古体,卷二、卷三、卷四皆为五言律,卷五为七言律,卷六为绝句,计有七绝 124 首。也就是说,从诗体来看,他擅长的体裁除了五律之外,与"二泉"有相似之处。戴复古在诗中多次提到"二泉",如其《玉山章泉,本章氏所居,赵昌甫迁居于此,章泉之名遂显》云:"兹山自开辟,有此一泓泉,姓自章而立,名因赵

---

① 《全宋诗》,第 54 册,第 33849 页。

② 《全宋诗》,第 52 册,第 32545 页。

③ (清)纪昀等编《钦定四库全书总目》卷 161,第 2148 页。

以传。源从番水出，地与瑞峰连。寄语山中友，临流著数椽。”①其又有《别章泉定庵二老人》云：“腊里春风转，埙篪一气和地。劝翁新岁酒，唱我老人歌。一世声名重，四方书问多。章泉一泓水，思与海同波。”②《寄韩仲止》亦云：“何以涧泉号，取其清又清。天游一丘壑，孩视几公卿。杯举即时酒，诗留后世名。黄花秋意足，东望忆渊明。”③

刘克庄，字潜夫，号后村，莆田人，以荫入仕，至焕章阁学士，致仕，卒谥文定。享年八十三岁。乃江湖派领袖。能诗，幼年见知于叶水心，水心《题刘潜夫南岳诗稿》叙其继“四灵”之后在诗坛地位之高云：

> 往岁徐道晖诸人，摆落近世诗律，敛情约性，因狭出奇，合于唐人，夸所未有，皆自号“四灵”云。于时刘潜夫年甚少，刻琢精丽，语特惊俗，不甘为雁行比也。今四灵丧其三矣，冢钜沦没，纷唱迭吟，无复第叙。而潜夫思益新，句愈工，涉历老练，布置阔远，建大将旗鼓，非子孰当！昔谢显道谓“陶冶尘思，模写物态，曾不如颜、谢、徐、庾留连光景之诗”。此论既行，而诗因以废矣。悲夫！潜夫以谢公所薄者自鉴，而进于古人不已，参雅、颂，轶风、骚可也，何必四灵哉！④

刘克庄曾师事真德秀，精于四六之文。其诗辞质意浅，体格近似杨诚斋，且好用当时事。后来他渐渐厌倦了“四灵”等人极力学晚唐，认为这样只是达到贾岛、姚合之水平而已，于是便想放弃学唐律，专攻古体。后来听从赵南塘建议，于是仍然兼修律体，但从此以后思想日益新活，锻句愈工于老练，布置阔远。如有人评价其诗：“论者谓江西苦于丽而冗，莆阳得其法而能瘦、能淡、能不拘对，又能变化而活动。盖虽会众

---

① (宋)戴复古《石屏诗集》卷2，文渊阁《四库全书》，第1165册，第576页。

② (宋)戴复古《石屏诗集》卷2，文渊阁《四库全书》，第1165册，第577页。

③ (宋)戴复古《寄韩仲止》，《石屏诗集》卷2，文渊阁《四库全书》，第1165册，第574页。

④ (宋)叶适著，刘公纯、王孝鱼、李哲夫点校《叶适集》卷29，第611页。

作,而自为一宗者也。”①如其《送谢昉》云:“余少嗜章句,格调卑下,故不能高,既老遂废而不为,然江湖社友犹以畴昔虚名相推让,虽屏居田里,载贽而来者,常堆案盈几,不能遍阅。”②刘克庄本是当时公认的江湖诗派的代表之一,他对赵蕃也赞誉有加,如《寄赵昌父》称其为诗坛盟主,“世上久无遗逸礼,此翁头白不弹冠。一生官职监南岳,四海诗盟主玉山”③。《宋元诗会》卷四八选刘克庄此诗时作注云:“章泉诗苦不多,即今所传亦无奇句,而一时名人慕悦如此,则以其志趣超然为难及也。”④刘克庄《寄韩仲止》亦称赞韩淲诗名和隐逸之节气均高:“昨仕京华豪未减,脱靴不问贵游嗔。诗家争欲推盟主,丞相差教作散人。闭户自为千载计,入山又忍十年贫。几思投劾从公去,背笈肩琴涧水滨。”⑤

3. 赵蕃与刘宰之交游

刘宰(1166—1239),字平国,号漫塘,金坛(今属江苏)人。绍熙元年(1190)进士,历江宁尉、真州司法参军、泰兴县令。以浙东仓使干官告归。因不乐韩侂胄用兵而引退,累召不起,隐居三十年。卒,谥文清。有《漫塘文集》三十六卷,其中诗五卷。《镇江志》卷一九、《宋史》卷四〇一有传。《宋诗钞·漫塘诗钞》选其诗56首,并评刘宰云:“以吏事称,而淡于荣利。一时朝廷所不能致者,宰与崔与之耳。诗亦常调,而五言古稍优。”⑥刘宰早有经世志,以微疾不乐出。或言其面黑点,不欲应诏,起者力辞以免。尝大书其印历,以示终身不起云:“怪矣面容,无食肉相。介然褊性,无容物量。智浅而虑不周,材疏而用则旷。不返初服,辄启荣望。”⑦

---

① (清)吴之振、吕留良、吴自牧选,(清)管庭芬、蒋光煦补《宋诗钞》(三),第2506页。
② (宋)刘克庄《后村先生大全集》卷96,《四部丛刊初编》,第276册,第835页。
③⑤ (宋)刘克庄《后村先生大全集》卷1,《四部丛刊初编》,第273册,第10页。
④ (清)陈焯《宋元诗会》卷48,文渊阁《四库全书》,第1463册,第767页。
⑥ (清)吴之振、吕留良、吴自牧选,(清)管庭芬、蒋光煦补《宋诗钞》(三),第2612页。
⑦ (清)潘永因编、刘卓英校《宋稗类钞(上册)》,书目文献出版社,1985年,第142页。

刘宰对赵蕃的创作和品节非常佩服，其《回王中书》自称后辈，“某寒乡晚学，岂敢望昌父万一”[①]，他与赵蕃之间诗书来往较多，其《通赵章泉》云：“某家金坛，去丹阳驿七十里，非时得枉道者不到，故欲寄音无从。中间凡再得诗，三复‘可复自成疏’之句，乡风长怀，几不能遣。莫冬得三诗，欲属范南卿附便，念南卿犹未除丧，宁能作置书邮，又尔中辍。今闻友人王去非将专人过番易，道玉山，谨以奉寄。宣笔百枝、匹札并往。人生七十者稀，过此皆是赢，得吟风啸月，其乐如何！世徒以陶靖节解印绶赋《归去来》为高，不知其《荣木》等篇所期甚远，所任甚重，所乐甚真，洙泗以还，无比气象。先生其斯人比欤？某钦仰。”[②]刘宰对赵蕃诗评价很高，如《寄和赵章泉》云：“章泉先生虎豹章，余子骇逐狐兔藏。少陵游不返衡湘，孤吟风月老林塘。”[③]又有多首诗记叙二人之间的交游，如《丁亥冬感怀寄赵章泉蕃三首》其一云：“遥怜杜陵老，对雪几愁吟。”其二云：“报国知无术，书空竟若何。……瘝忧徒尔耳，远浦听渔歌。”其三云：“我屋方茅下，君家闽楚交，鹿门知得计，燕幕未安巢。涧谷泉堪饮，山田饭可抄。应携灵寿杖，雪蕊嗅梅梢。”[④]又有《用韵烦蒋延陵寄前诗至章泉》云：“沧海狎鸥犹好在，红尘没马肯回不。短篇为寄章泉老，莫听浮沉付石头。”有《谢章泉老再以前韵见寄三首》其一云：“自嗟达巷知夫子，缅想诸荀从太丘。书寄洪乔空尔耳，诗编杜集可容不。”其二云：“风流靖节许同流。诗来几说莺求友，老去自惭狐首丘。……春来是处堪行乐，能复携钱挂杖头。”其三云：“书贤从事我非刘，杰句君争尤壑流。拟学岑参酬杜甫，可能列子识壶丘。倦游审已悬车矣，问字犹多载酒不。无限相思梅发处，手摧残雪嗅枝头。”[⑤]又有《和赵章泉寄诗韵》序云：“来诗有常尔孤高仰庐阜，忽焉并命出容台之句，自揣何敢当此，谨次韵以谢。”诗云：“索居灵琐久尘埃，一读新篇病眼开。妄意严诗编杜集，敢陪郭隗上燕台。纡朱晚岁徒云尔，养素平生

① （宋）刘宰《漫塘文集》卷7，文渊阁《四库全书》，第1170册，第375页。

② （宋）刘宰《漫塘文集》卷6，文渊阁《四库全书》，第1170册，第352页。

③ 《全宋诗》，第53册，第33408页。

④ 《全宋诗》，第53册，第33367页。

⑤ 《全宋诗》，第53册，第33384页。

壮矣哉。更许韩非书传尾,遗荣何止被云来。”①

4. 韩淲与周文璞之交游

周文璞,字晋仙,号方泉,又号野斋、山楹。原籍阳谷(今属山东)。宁宗庆元间为溧阳丞。有《方泉诗集》传世。与姜夔、葛天民、韩淲等人多有唱和。其中与韩淲往还之诗有四首,主要叙日常家居生活,抒往来酬唱之交谊,颂韩淲之安贫乐道、学有渊源。《寄韩涧泉》云:“穷冬孤陋只书痴,肯为凶荒强忍饥。师友渊源似公者,舆台贫贱亦安之。人来山县犹须债,雨映茅檐但要诗。欲诣楼居无逸步,要从老手化神奇。”②《和涧泉赋山楹》云:“共惟古至人,用意事物表。一丘谩摧残,八极自围绕。不劳日月运,坐见岁时了。鲁梦久不作,楚赋那遽晓。既烦匠氏来,谁谓引山小。云衣方纷敷,雪干复夭矫。沐浴抱归藏,乐甚忧悄悄。”③《苦锥歌寄涧泉》云:“我园秋果枝累累,缥青绀黄使相持。役夫牧人记注之。所佳尚者惟苦锥,苦锥两株结蒙密。追惟丈人语天出,遂欲供之作笾实。他往返舍百无一,乃被猿狙打都毕。摧藏睢盱以自佚,季冬初旬日协吉。寒风急霰俱冽栗,自惭囊者信已失,作歌献焉效诙谲。”《送涧泉》云:“一自接道谊,形容生辉光。束情谢流宕,捧咏增惭惶。娇足时切窥,云海何颓唐。长安卖药市,堇堇十载强。复缀守藏书史,得近中书堂。心计常自珍,孰云失其防。稽首谢众去,酹酒相扶将。融风促绿荫,代对日夜忙。石涧流自勇,玉山禾欲长。安得便奋飞,相从决高翔。”④周文璞与韩淲之交游,释永颐有《和韩涧泉韵题周晋仙山楹》为证,“不翦亦不斫,山楹在尘表。石泉声淙淙,秀谷自围绕。是中元览人,未见今日了。君固自无心,世亦不易晓。梦奠何可攀,颓然泰山小。当时岩壑人,百世何娇娇。清吟振霞缨,日翳群阴悄”⑤。

---

①《全宋诗》,第53册,第33386页。

②《全宋诗》,第54册,第33729页。

③《全宋诗》,第54册,第33730页。

④《全宋诗》,第54册,第33734页。

⑤(宋)释永颐《云泉诗集》,《南宋群贤小集》(二),读书斋正本。

5. “上饶二泉”与其他江湖诗人之交游

曹彦约(1157—1229),字简甫,南康军都昌(今属江西)人。孝宗淳熙八年(1181)进士,历建平尉、桂阳军录事参军、提举荆湖南路安抚。开禧八年,除利州路转运判官。十年,知隆兴府兼江南西路安抚,十五年,除兵部侍郎兼同修国史、实录院同修撰。有《昌谷类稿》六十卷等,已佚。事见《鹤山大全集》卷八七《宝章阁学士通议大夫致仕曹公墓志铭》①。《宋元学案》卷六九有传。《四库全书总目》称其“俪词韵语,稍伤质朴,然不事修饰,而自能词达理明,要非学有原本者不能也”②。其《章泉言语妙天下》二首称:

> 珍重章泉辱寄书,应疑不复梦匡庐。本无学术安时论,误入班行拱帝居。老矣应招宁为禄,时乎归钓亦非渔。宦情山色常如此,欲去迟行媿二疏。
>
> 吟罢新诗却看书,先生必自爱吾庐。天开上寿供椽笔,地出佳泉相广居。自古莘耕怀道义,只今舜德起陶渔。直须大老归来好,莫道高情与世疏。③

曹彦约与赵蕃之诗歌酬唱颇多,如其《章泉赵昌父频数寄诗再次韵一首》云:“斗南独立章泉老,四海神交可得亲。适意不忘新进客,作诗时讬远来人。报无琼玖衰缘病,保此珠玑富不贫。命驾已孤千里志,挂冠今欲致为臣。”④

赵崇范(1160—1219),字履道,赵汝愚次子。韩淲《涧泉集》卷三有诗《寄赵十履道》,又有诗《赠赵十有怀其兄》云:“伯氏心轩渠,其迹则隐耀。仲氏迹回翔,其心则显道。”又卷四有诗《余杭拉赵履常昆弟同曾甥守约游巽亭》,则履常、履道为兄弟。考南宋与韩淲生活同时代赵氏字履常者可考者有两人,一是赵汝谈,号南塘,与其弟汝谠在当时俱有名。

① 《全宋诗》,第51册,第32131页。

② (清)纪昀等编《钦定四库全书总目》卷161,第2150页。

③ 《全宋诗》,第51册,第32168页。

④ 《全宋诗》,第51册,第32170页。

两人《宋史》均有传。然汝说字蹈中，显然赵十非此人。另一为赵崇宪，赵汝愚长子，据傅增湘辑《宋代蜀文辑存》卷七十一刘光祖撰《宋丞相忠定赵公墓志铭》云："公讳汝愚，字子直，太宗皇帝之元子汉恭宪王元佐八世孙也。"又云："公凡七男：长曰崇宪，今为朝议郎秘书监；崇范，宣义郎监隆兴府苗米仓，早世；崇楷，奉议郎通判郴州；崇模，从政郎荆湖北路提点刑狱干办公事；崇度，宣义郎权发桂阳军事；崇实，承事郎监建康府量料院；崇斌，承事郎监隆兴府苗米仓。"又据真德秀《西山先生真文忠公文集》卷四十四《赵华文墓志铭》云："维宋中兴四叶，有社稷臣曰丞相忠定赵公……故朝议大夫直华文阁致仕讳崇宪、字履常者，其长子也。"卷四十三《提举吏部赵公墓志铭》云："公名崇度，字履节，忠定公子也。"又据《江苏金石志》卷十五《无锡县重修县学记》云："赵公崇要之为令尹也……公字履简，鄱阳人，今官为宣教郎，丞相忠定公第七子。"又《南宋馆阁续录》卷八"秘书郎"云："赵崇宪，字履常，开封府祥符人。淳熙十一年卫泾榜进士及第，治《礼记》。三年二月除，四年正月为著作佐郎。"

据《宋史》本传，赵汝愚南渡寓居饶之余干县，同时，综上所引，汝愚子之字均冠以"履"字，则赵十履道即赵汝愚子。又据前文引诗中有"伯氏""仲氏"之称呼，以及卷八有诗《监仓赵十忠训挽诗》，则履道为汝愚之次子崇范，监隆兴府苗米仓。又《涧泉集》卷三有诗《赵十读〈通鉴〉有诗和韵赠之》《简赵十诸友》，卷四有《喜赵十访昌莆》，卷五有《次韵赵十》《和韵赵十》，卷六有《赵十同饮》《二十六日赠郑一有怀赵十闽峤之役》《赵十生日作醮事》《闻赵十有诗上饶生朝后两日次韵寄之》，卷九有《同郑处晦尹子潜过赵十》《十三日自赵十家同诸友步至浮梁》，卷十一有《赵十重整山堂南北苍翠在望》，卷十四有《因赵十怀正字兄弟》《赵十将入山避生日》，其中，赵十均履道。

陈起，字宗之。钱塘(今浙江杭州)人。开书肆于睦亲坊，与江湖诗人善，编刊有《江湖集》。亦号陈道人。理宗宝庆初，以江湖诗祸为史弥远所黥，有《芸居乙稿》一卷。事见《梅硐诗话》《瀛奎律髓》等。陈起有《答赵章泉》诗，"新诗将远意，千里附文鳞。清响蝉嘘露，高闲鹤卧云。

但知耕野水，不暇问朝绅。剩欲陪颜笑，凄凉吴楚分”①。张宏生先生在《江湖诗派研究》一书附录四《〈江湖集〉编者陈起交游考》中，对陈起与赵蕃的交游进行了考述，并指出赵蕃“学问文章，名著一时”②。

另外，赵汝回，字几道，永嘉（今浙江温州）人。太宗八世孙。嘉定七年(1214)进士。官终主管进奏院。有《东阁吟稿》，已佚。他在《闻赵昌父赴召》云：“甘得眠云复饮冰，此翁不独擅诗名。山深难避蒲轮召，陛远听扶藜杖行。老去报君心转切，年来守局梦频惊。有时湖上看垂钓，只忆磻溪溪水清。”③综上所述，根据张宏生在《江湖诗派研究》所确定的江湖诗人范围，我们可以发现有四灵、刘克庄、戴复古、徐斯远、刘宰、曹彦约、赵汝回、周文璞、陈起、姜夔、巩仲至等，多达十四人与“二泉”有渊源，他们或者在集中提及“二泉”，或与二人互通来往，他们之间或诗歌酬唱，或品评诗艺，或抒发别离后的思念，或者表达彼此的敬意，他们并没有因为分属于不同诗派或创作观念有区别而彼此有争长较短之偏见，关系还是比较紧密的。不过，分析这部分江湖诗人对“二泉”的评价，具有如下两个特征：其一，在肯定“二泉”诗歌艺术成就的同时，更侧重于对其人品的评价。如陈起评赵蕃诗，“新诗将远意”，评其人“高闲鹤卧云”④。又如曹彦约《章泉言语妙天下》题目是赞赵蕃的诗歌，最后却将基调定格在对其清高情怀的称赞上，“直须大老归来好，莫道高情与世疏”⑤。其二，对赵蕃的关注较多于韩淲，评价也更高，如刘宰《寄和赵章泉》称赞“章泉先生虎豹章”⑥，特别是刘克庄《寄赵昌父》所评“一生官职监南岳，四海诗盟主玉山”⑦尤高。

---

①④《全宋诗》，第58册，第36774页。

② 张宏生著《江湖诗派研究》，中华书局，1995年，第383页。

③《全宋诗》，第57册，第35874页。

⑤《全宋诗》，第51册，第32168页。

⑥《全宋诗》，第53册，第33408页。

⑦（宋）刘克庄《后村先生大全集》卷1，《四部丛刊初编》，第273册，第10页。

第二节　"上饶二泉"创作之晚唐风调

赵蕃与韩淲生活的时代，江湖诗人日益崛起诗坛，明代徐伯龄《宋诗家数》云："叶水心适以文为一时宗，自不工诗。而永嘉四灵从其说，改学晚唐，诗宗贾岛、姚合。凡岛令同时渐染者，皆阴挦取摘用，骤名于时。初学之者不能有所加，日益下矣。名曰厌傍江西篱落，而盛唐一步不能少进。天下皆知'四灵'之为晚唐，而巨公亦或学之。"①"四灵"作诗效仿晚唐姚贾之体，清新工致，格调便利，目的是用以矫江西诗派粗犷之缺失。即如严羽《沧浪诗话·诗辩》所云："近世赵紫芝、翁灵舒辈，独喜贾岛、姚合之诗，稍稍复就清苦之风，江湖诗人多效其体，一时自谓之唐宗。"其中，贾岛，字浪仙，范阳人。《新唐书》本传云："初为浮屠，名无本。来东都，时洛阳令禁僧午后不得出，岛为诗自伤。愈怜之，因教其为文，遂去浮屠，举进士。当其苦吟，虽逢值公卿贵人，皆不之觉也。一日见京兆尹，跨驴不避，呼诘之，久乃得释。累举，不中第。文宗时，坐飞谤，贬长江主簿。会昌初，以普州司仓参军迁司户，未受命卒，年六十五。"②贾岛诗盛于晚唐，故名此派为晚唐诗派。

赵蕃和韩淲诗于此诗风皆有所沾染，只是程度深浅有所不同。从创作的体裁来看，"四灵"擅长的是五律。如前所述笔者对赵蕃 3231 首诗创作的各种体裁粗略统计的结果，七绝最多，1240 首；其次是五律，898 首；另外也钟情于七律，有 570 首；五古，317 首。而韩淲 2614 首诗中，他同样擅长于七绝，1088 首；其次也是五律，718 首；也还有大量七律，357 首；五古，293 首。"二泉"对诗歌体裁的选择也表现出趋同，即七绝。赵蕃与韩淲钟情七绝，次五律，这并不意味着他们没有学习晚唐体的趋向。绝句之源，出于乐府，贵有风人之致。其声可歌，其趣在有意无意之间。盛唐以李白、王昌龄二家最佳，又因李白"清新庾开府，俊逸鲍参军"之风格，故其成就居于王之上。而晚唐快心露骨，便非本色，

---

① （明）徐伯龄《蟫精隽》卷 15，文渊阁《四库全书》，第 867 册，第 176 页。

② （宋）欧阳修、宋祁撰《新唐书》卷 176，中华书局，1975 年，第 5268 页。

议论高处，逗宋诗之径，声调卑处，开大石之门。明代王世懋《艺圃撷余》云："晚唐诗，委靡无足言。独七言绝句，脍炙人口，其妙至欲胜盛唐。愚谓绝句觉妙，正是晚唐未妙处。其胜盛唐，乃其所以不及盛唐也。绝句之源，出于乐府，贵有风人之致和。其声可叹，其趣在有意无意之间，使人莫可捉着。盛唐惟青莲龙标二家诣极，李更自然，故居王上。晚唐快心露骨，便非本色。议论高处，逗宋诗之径；声调卑处，开大石之门。"①

1. 赵蕃诗学姚贾

赵蕃作诗多愁苦之吟，这一点与姚贾诗风相似。如《有感》诗云："食肉固可鄙，枯肠合搜诗。旁观听平亭，蔬笋同阿师。涉春拟办才，才尽不自支。贺也能苦吟，琊体忧素羸。看花辄有感，袖手增愁思。"方回认为学杜门径有三条：其一，由学黄陈入；其二，由杜甫所称咏、敬叹及所交游、唱酬的诗人入；其三，由贾岛入。方回评姚合《题李频新居》诗云："予谓学姚合诗，如此亦可到也。必进而至于贾岛，斯可矣；又进而至于老杜，斯无可无不可矣。或曰：老杜如何可学？曰：自贾岛幽微而参以岑参之壮，王维之洁，沈佺期、宋之问之整。"②对于方回主张由贾岛入学杜，纪昀深为不满，他说："全是欺人之语！学杜由贾岛入，所谓北行而适越。"其实，方回自有其道理。首先，他认为贾岛为老杜之正派。其《恢大山西山小稿序》云：

> 皋歌诗之始，孔删诗之终。屈骚诗之变，论今之诗五、七言古律与绝句凡五体。五言古，汉苏、李，魏曹、刘，晋陶、谢。七言古，汉柏梁，临汾张平子《四愁》。五言律、七言律及绝句，自唐始，盛唐人杜子美、李太白兼五体造其极。王维、岑参、贾至、高适、李泌、孟浩然、韦应物以至韩、柳、郊、岛、杜牧之、张文昌，皆老杜之派也。宋苏、梅、欧、苏、王介甫、黄、陈、晁、张、僧道潜、觉范，以至南渡吕居仁、陈去非，而乾淳诸人，朱文公诗第一。尤、萧、杨、陆、范，亦老

① (明)王世懋撰《艺圃撷余》，(清)何文焕辑《历代诗话》，第779页。

② (元)方回选、李庆甲校《瀛奎律髓汇评》卷23，第960页。

杜之派也。是派至韩南涧父子、赵章泉而止。①

因此,既然贾岛在老杜派中,那么赵蕃由贾入杜,便仍是由下做上、沿波讨源的功夫。学杜是赵蕃诗歌创作的标尺。郭绍虞《宋诗话辑佚》下卷收录赵蕃事两则。其一为《戴石屏三则》中一则,引赵章泉先生云:“学诗者莫不以杜为师,然能如师者鲜矣。句或有似之,而篇之全似者绝难得。陈后山《寄外舅郭大夫》:‘巴蜀通归使,妻孥且旧居。深知报消息,不忍问何如。身健何妨远,情亲未肯疏。功名欺老病,泪尽数行书。’此陈之全篇似杜者也。戴式之亦有《思家》用陈韵云:‘湖海三年客,妻孥四壁居。饥寒应不免,疾病又何如。日夜思归切,平生作计疏。愁来仍酒醒,不忍读家书。’此式之全篇似陈者也。赵蹈中所选,乃不在数,何耶?”②赵蕃学贾岛主要是学其苦吟,追求对诗歌字句、语言韵律、平仄对仗的严整,有时也学对于诗歌意象的借用,随意抒发意理,着力营造意境,以《小园早步》为例,“今朝欣雨止,天气渐柔和。篱落小桃破,阶除驯雀多。占方移果树,带土数疏科。农务侵寻及,吾宁久卧痾”。不但方回评“颇似晚唐”,就连纪昀也说“似晚唐,甚似”。只可惜,赵蕃学晚唐并未走多远,方回评此诗时也指出赵蕃“其后日益高古清瘦,乃不肯作此体”③。

赵蕃又诗学孟郊,他有《奉寄斯远兼属文鼎处州子永提属五首》其一云:“吟诗日日数梅花,梅向飘零我返家。”其三云:“两贤堂下竹参天,雨后涓涓陆子泉。耆旧难忘是曾吕,逸遗更取孟郊篇。”赵蕃自注云:“孟东野有《题陆鸿渐上饶新开山舍诗》云:‘惊彼武林状,移归此岩边。开亭拟贮云,凿石先得泉。啸竹引清吹,吟花成新篇。乃知高洁情,摆落区中缘。’”④孟郊,字东野,湖州人。据《新唐书》本传云:“少隐嵩山,性介,少谐合。愈一见为忘形交。年五十,得进士第,调溧阳尉。县有投金濑、平陵城,林薄蒙翳,下有积水。郊闲坐水旁,徘徊赋诗,而曹务

① (元)方回《桐江续集》卷33,文渊阁《四库全书》,第1193册,第683页。
② 郭绍虞辑《宋诗话辑佚》,第504页。
③ (元)方回选、李庆甲校《瀛奎律髓汇评》,第353页。
④ 《全宋诗》,第49册,第30835页。

多废。令白府，以假尉代之，分其半俸。郑余庆为东都留守，署水陆转运判官。余庆镇兴元，奏为参谋。卒，年六十四。张籍谥曰‘贞曜先生’。郊为诗有理致，最为愈所称，然思苦奇涩。李观亦论其诗曰‘高处在古无上，平处下顾二谢’云。”①明代陆时雍称其“为诗有理，韩愈甚称之。集十卷行世。孟郊语好创造，然多生强，不成章趣。人谓‘郊寒岛瘦’，余谓‘郊拙岛苦’”②。孟郊曾经来过江西上饶，如其集中有《题陆鸿渐上饶新开山舍》诗云：“惊彼武陵状，移归此岩边。开亭拟贮云，凿石先得泉。啸竹引清吹，吟花成新篇。乃知高洁情，摆落区中缘。”③赵蕃有《奉寄斯远兼属文鼎处州子永提属五首》其三诗云：“耆旧难忘是曾吕，逸遗更取孟郊篇。”其自注曰“孟东野有《题陆鸿渐上饶新开山舍诗》”即指此诗。唐代诗人中，赵蕃咏贾岛和孟郊最多。如《送王亢宗赴建德尉》云：“雁断行连雨，梧干叶陨风。悲凉今日别，邂逅几时同。末路多浮梗，吾生甚转蓬。青衫溧阳尉，不叹孟郊穷。”其《游茶山广教寺》云：“在昔鸿渐宅，当年东野诗。两贤虽可象，二士岂难追。”其《寄程可久丈》云：“儒林有韩孟，待诏自严徐。”又如《有怀子肃读其诗卷因成数语》云：“退之以文鸣，余事尤长诗。名家贾孟流，未必逾于斯。”如《雪多矣岂窭人歉岁之所宜哉复用韵呈沅陵丈》云：“雪已伤多尚积阴，风仍助虐屡号林。市人祇喜青帘近，木食应悲黄独深。不但茅茨忧冻死，更闻巢穴作哀音。此诗萧瑟谁能听，有愧当年寒地吟。”蕃自注云：“孟东野有《寒地百姓吟》。”④又有《独过知津阁二首》云：“忆昔孟东野，作尉悲龙钟。有诗即景赋，大吏怒不容。我痴坐移官，避事得养慵。寄语鸥鹭辈，勿惊足音跫。”《文显兄弟见过》云：“贫非原宪病，诗岂孟郊寒。”此外，还有《呈晦庵二首》云：“孟郊五十酸寒尉，想见溧阳神尚游。”孟郊家境非常贫穷，有《借车》诗云：“借车载家具，家具少于车。借者莫弹指，贫穷何足嗟。百年徒校走，万事尽随花。”⑤赵蕃《阎伯善以孟东野集见

① （宋）欧阳修、宋祁撰《新唐书》卷 176，第 5265 页。

② （明）陆时雍《唐诗镜》卷 40，文渊阁《四库全书》，第 1411 册，第 721 页。

③ （唐）孟郊撰、华忱之校《孟东野诗集》卷 5，人民文学出版社，1984 年，第 83 页。

④ 《全宋诗》，第 49 册，第 30915 页。

⑤ （唐）孟郊撰、华忱之校《孟东野诗集》卷 9，第 172 页。

惠二首》其一即以此为诗云:"文字何关达与穷,怅君一尉已龙钟。过君旧邑求君集,行橐萧然足慰侬。"

2. 韩淲诗学晚唐

韩淲不但于诗中提及孟郊,如《诗谢文显兄弟载酒并简子畅二首》云:"几椽牢落依僧住,二妙殷勤载酒来。名节似君真有道,交游着我定怜才。谭高屡激清风起,归近何嫌落日催。苦忆平生溧阳尉,驱车政尔犯黄埃。"他还有一首诗径以"晚唐体"为题云:

> 一撮新愁懒放眉,小庭疏树晚凉低。牵牛织女明河外,纵有诗成无处题。①

韩淲在创作上受到晚唐诗风影响,一方面与当时诗坛风尚不无关系,另一方面也很可能受到与他往来频繁的江湖诗人的影响,如其有《江湖集钱塘刊近人诗》云:

> 才华未若一杯酒,行业尚贪千首诗。今贵几何名得志,古贫最底谓知时。雕残沈谢陶居首,披剥韦陈杜不卑。谁把中兴后收拾,自应江左久参差。②

韩淲诗题中所云"江湖集钱塘刊近人诗"乃指江湖诗人作品的大结集,这件事情在文学史上的意义非常重大,标志着江湖诗派正式诞生。陈起,字宗之,在临安睦亲坊卖书开商铺。据方回追述江湖诗派之原起云:"当宝庆初,史弥远废立之际,钱塘书肆陈起宗之能诗,凡'江湖'诗人皆与之善。宗之刊《江湖集》以售,《南岳稿》与焉。"③其中,"谁把中兴后收拾,自应江左久参差"两句表明韩淲对江湖诗人给予的评价还是很高的。他又有《刘克庄潜夫诗编》云:

---

①《全宋诗》,第52册,第32711页。

②《全宋诗》,第52册,第32674页。

③(元)方回语,方回选、李庆甲校《瀛奎律髓汇评》,第843页。

等闲温李相游戏，有底应刘独怒嗔。雅调纵教胜俗调，古人疑不似今人。时闲作吏元非达，官满归乡必是贫。既往岩居惟野处，由来泽畔则江滨。①

此外，韩淲集中还有《和韵紫芝留句寄之》云："一柱观能好，臞仙须讨寻。从渠有丘壑，何处没山林。乍惜寻舒试，或矜庄可吟。飒然秋气冷，清梦水之心。"又有《昌甫诗来言九日是悼亡日因答和及紫芝是日过城下》等诗表明他与"四灵"之间的来往交游。韩淲在诗中提及最多的江湖诗人是巩丰。巩丰（1148—1217），字仲至，号栗翁，武义人，庭芝孙。少游吕祖谦之门。淳熙十一年以太学上舍对策第进士，尝知临安县，稍迁提辖左藏库。嘉定十年卒，年七十。丰片词半牍，皆清朗得言外趣，尤工诗，有《东平集》二十七卷。事见《巩仲至墓志铭》②、《巩丰传》③、《宋史翼》卷二八、《宋元学案》卷七三、《宋元学案补遗》卷七三、《宋诗纪事》卷五五、《宋诗纪事补遗》卷五五④。方回云："巩栗斋仲至，其先东平府人，南渡后寓居婺州。父嵘大，监广帅。淳熙甲辰，上舍甲科。《东平集》四十卷。其诗甚新，尝学于东莱之门。"⑤巩丰尝从朱子问学，在当时声誉实甚著。其文以理屈人，片词半牍，皆清朗得言外趣。尤工于诗，多至三千余首。有《东平集》二十七卷，又有《耳目志》若干卷⑥。如韩淲诗《次韵仲至》云："若论杜集黄陈事，我爱东平巩睡翁。"有《巩仲至和张少卿韵约同寄一首》云："叹息南湖老，诗禅只自深。"此外，还有《次韵仲至》《初六日呈仲至兄闻告假欲还婺》《仲至早入局有诗次韵因亦自述并谢外日留酌》。其《余伯皋持巩仲至三山诗卷来因借录之》分别云："不见睡翁恰六年，郭文山下正鸣弦。欲求一句无因耳，且录旧诗殊恍然。""敝衣旧絮依冬日，作墨亲传仲至诗。我有斯人容老

① 《全宋诗》，第52册，第32671页。

② （宋）叶适著，刘公纯、王孝鱼、李哲夫点校《叶适集》卷22，第436页。

③ （明）宋濂《文宪集》卷10，文渊阁《四库全书》，第1223册，第522页。

④ 昌彼得、王德毅等编《宋人传记资料索引》（五），中华书局，1988年，第3455页。

⑤ （元）方回选、李庆甲校《瀛奎律髓汇评》，第518页。

⑥ 赵铁寒《宋史翼》，台北文海出版社，1980年，第1244－1245页。

矣,何将凫舄共参差。""雅怀好事伯皋子,游到三山又游江。收得巩郎诗一卷,归来杯酒话吟窗。"其《寄巩仲至》又云:"清言犹可诵君诗,落在人间一任之。"

巩丰诗歌以"清朗"著称,而"清"亦是韩淲极力标举的诗风。韩淲闲居上饶期间所创作的诗歌,描绘出云淡风清、闲适清雅的明丽景象。如《同游山前道院访晋陵道士》云:"天近地严扃宝笈,道通仙隐得清琴。"《别子似》云:"清风朗月闲倾酒,流水高山漫赋诗。"这两诗对于清越琴声、明月清风的描写,无论表现自然景象还是人物情趣都很清新。韩淲闲居诗,不但使用"清"形容具象事物,即如一些抽象的事物,也多次使用"清"来形容。如称好梦为"清梦",《寄斯远》云:"归来清梦尚悠悠。"《次韵赵路分寄昌甫》云:"幽讨荒寻梦亦清。"诗中用"清"形容缥缈的梦境。又如愁,这种令人伤怀的情感,韩淲亦用"清"来形容,如称淡淡的愁为"清愁",《寄永嘉叶丈以昌甫韵》云:"诗到清愁只自知。"此外,韩淲还称好言为"清言",《寄巩仲至》云:"清言犹可诵君诗。"评美妙的音乐为"清谣",《次韵斯远和答昌甫读谪仙诗》云:"琴樽发清谣。"与"清"相关的词语不但在韩淲诗作中反复出现,他还经常用"清"形容他追求的理想生活境界,或用其品评文学之美、人格之美和事物之美,如评杨万里诗"江东集里好清诗,未看争知看便知"①,评陈叔易"与崔德符,晁以道皆以清节照映颍湖"②。此外,韩淲还常用"清"来评价一个人通过内在的清修所达到的理想精神境界为"神清",其《涧泉日记》云:"文子曰:'神者,知之渊也。神清则智明。'"至于何为"神清",他解释曰:"'神清者,嗜欲不误也。故心有所至,则神慨然在之。反之于虚,则消躁藏息矣。'此圣人之游也。"③韩淲对于"清"这一独特美学风格的偏爱,与江湖诗人"稍稍复就清苦之风"的时代作风与宋末时荒寒寂寞的士人心理相表里,遂使"平淡"式的"清"美诗心中平添了几分穷苦刻峭的因素。韩淲之创作,使南宋士人人格与诗风发展的独特范式得到鲜明体现。

---

① (宋)韩淲《杨祕监江东集》,《全宋诗》,第52册,第32671页。

② (宋)韩淲《涧泉日记》卷上,文渊阁《四库全书》,第864册,第778页。

③ 栾贵明辑《四库辑本别集拾遗》,第447页。

第三节　关于“上饶二泉”与江湖诗人交游互动的文学史考察

考察“二泉”与江湖诗人交游、互动之原因，需将他们放置于有宋一代对唐代诗人的接受历程中加以综合关照，究其原因则在于宋人在不同时期学习和模仿唐代不同阶段的诗人，诗学风尚先后发生多次较大的转变。《苕溪渔隐丛话》前集卷二二引《蔡宽夫诗话》说：

> 国初沿袭五代之余，士大夫皆宗白乐天诗，故王黄州主盟一时。祥符、天禧之间，杨文公、刘中山、钱思公专喜李义山，故昆体之作，翕然一变；而文公尤酷嗜唐彦谦诗，至亲书以自随。景祐、庆历后，天下知尚古文，于是李太白、韦苏州诸人，始杂见于世。杜子美最为晚出，三十年来，学诗者非子美不道，虽武夫女子皆知尊异之。①

据此文分析，宋初犹如唐初，仍有前代遗风的影响，它和五代一样，以贾岛、晚唐诗人为典范，对李杜不甚欣赏。最著名者为九僧诗，虽至欧阳修时已不传，从方回的评价仍可见其宗尚晚唐的诗风，“皆学贾岛李贺，多警丽可诵，殆西昆之先导”。但在当时，就有创作精神局限于自我，创作态度亦不免于刻苦以诗为事。西昆体的出现，代表了宋诗创作第一次的反省运动，以李商隐之富缛，取代晚唐之枯淡。欧阳修、梅圣俞等人站在西昆的基础上，更往前推崇韩愈和李白，而不谈杜甫。直到王安石才说韩愈和李商隐各得杜甫之一体，藉此推重杜诗，并压抑李白。可见风格转变史乃是一段价值选择史与认同史。李白、韩愈之所以被欣赏，与古文运动之提倡有关，也显示了此时的诗学意识与唐代中叶的思想文化性质十分接近。而李白与杜甫两人地位的升降也说明了王安石之后，宋代诗学或文化精神的价值取向的特点。唐中叶以后的

① (宋)胡仔《苕溪渔隐丛话》前集卷 22，第 145 页。

哲学突破,是知识分子对历史文化与人类处境沉思的一种表现,因此他们不但要文以贯道,诗以载义,更以文为诗,用文章的秩序来安排诗语,创造新的意象和义理①。这种秩序的追求,表现在元稹写的《杜甫墓志铭》,其序云“铺陈终始,排比声韵”,正是长庆体及和韵长诗的特征。宋代诗歌以文为诗的倾向、和韵酬唱风气、对律体格外注意,和以诗载道……等特征,都承元和体而来。元和时代的古文运动,也获得了宋诗健将的支持和发扬;至于宋代诗人所选取的唐代诗家,除李、杜外,几乎全是元和贞和间人,如欧阳修选韩愈,苏东坡选韦应物、柳宗元、白居易、刘禹锡等。而且其中有些诗人提出来时竟还不被人知,如朱弁《风月堂诗话》卷下记苏辙称赞参寥诗酷似储光羲时,参寥即回答说:“某平生未闻光储名,况其诗乎?”②

宋初出现的白体、西昆体和晚唐体,其中晚唐体俱学贾岛,其流行年代,大抵在太平兴国与天圣年间。太平兴国五年,魏野二十岁,寇准十九岁。历真宗,到仁宗天圣六年(1026),林逋卒。自他死后,此派势力渐衰,这样算来,宋初晚唐体大约流行了四十八年左右。方回说过:“太宗朝诗人皆学晚唐。”③如潘阆诗云:“风雅道何玄,高吟忆阆仙。人虽终百岁,君合寿千年。骨已西埋蜀,魂应北入燕。不知天地内,谁为读遗编。”④如寇准有一首学晚唐的诗很著名,题为《春日登楼怀归》,“高楼聊引望,杳杳一川平。野水无人渡,孤舟尽日横。荒村生断霭,古寺语流莺。旧业遥清渭,沈思忽自惊”⑤。方回评曰:“莱公诗学晚唐,与九僧体相似。”⑥南宋中后期又掀起新一轮学贾岛诗的高潮,主要原因是南宋中叶以后,杨、陆等大诗人之外,学江西的诗人,不能领会其要旨,往往失于危仄,受拘束者多。于是有的诗人倡言由贾入杜,乃是为

① (唐)白居易《与元九书》,《白氏长庆集》卷 45,《四部丛刊初编》,第 124 册,上海书店,1989 年。

② 龚鹏程《知性的反省》,蔡英俊编《意象的流变》,联经出版事业公司,1983 年,第 271-272 页。

③ (元)方回选、李庆甲校《瀛奎律髓汇评》,第 544 页。

④ (宋)潘阆《忆贾浪仙》,《全宋诗》,第 1 册,第 620 页。

⑤ 《全宋诗》,第 2 册,第 1001 页。

⑥ (元)方回选、李庆甲校《瀛奎律髓汇评》,第 342 页。

了救宋季诗坛之弊。陈师道尝言："后世无高学，举俗爱许浑。"①南宋中后期，"四灵"、江湖诗人更是发展到以许浑、姚合为派。

通过如上分析，可以充分证明：从"二泉"对晚唐诗风的体认，到江湖诗人对"二泉"的接受，江西与江湖都只是代表了宋诗发展的一个阶段，诗人们由于诗学旨趣上的宗法对象和追求不同，而走上各不相同风格的创作道路，他们有对立，也有批评，但是并不完全冲突，有时互相学习，甚至互相转变。比如，江湖诗人中隶籍江西者二十七人，浙江者三十九人，福建者十七人。其他各处十七人，未详者六人。凡江西者多出自江西派，浙江者多受到四灵影响，如薛嵎、薛师石等皆是四灵之友。姜夔、刘改之皆习染江西之风。福建与其他各处者，不是与"四灵"有关系即与江西有关，如林希逸、敖陶孙、乐雷发等，皆出自江西，武衍、张弋、林尚仁等，皆出自"四灵"，因此，江湖诗人实际上是"四灵"与江西合并的产物。民国学者梁昆认为，惟出自江西之江湖诗家，莫不受"四灵"之沾染，或与"四灵"为友，或与"四灵"之友为友，而常相酬和投赠者。②故《四库全书总目·〈梅屋集〉提要》云："棐生当诗教极弊之时，沾染于江湖末派"，"大抵以赵紫芝等为矩矱"，"以高翥等为羽翼"，"以书贾陈起为声气之联络"，"以刘克庄为领袖"。又比如，江湖诗人姜夔曾自言学诗从江西派入手：

> 诗本无体，《三百篇》皆天籁自鸣。下逮黄初迄于今，人异韫，故所出亦异。或者弗省，遂艳其各有体也。近过梁溪，见尤延之先生，问余诗自谁氏。余对以异时泛阅众作，已而病其驳如也。三薰三沐师黄太史氏。居数年，一语噤不敢吐，始大悟学即病，顾不若无所学之为得，虽黄诗，亦偃然高阁矣。先生因为余言："近世人士喜宗江西，温润有如范致能者乎？痛快有如杨廷秀者乎？高古如萧东夫，俊逸如陆务观，是皆自出机轴。亶有可观者，又奚以江西为！"余曰："诚斋之说政尔。昔闻其历数作者，亦无出诸公右。特不肯自屈一指耳。虽然诸公之作，殆方圆曲直之不相似，则其所许

---

① (宋)陈师道《次韵苏公西湖观月听琴》，《后山居士文集》卷4，第275页。

② 梁昆著《宋诗派别论》，第124页。

可亦可知矣。”余识千岩于潇湘之上。东来识诚斋、石湖。尝试论兹事,而诸公咸谓其与我合也。……余又自喈曰:“余之诗,余之诗耳。穷居而野处,用是陶写寂寞则可。必欲其步武作者,以钓能诗声,不惟不可,亦不敢。”①

姜夔始学江西,“三薰三沐,师黄太史氏”,可见其郑重其事。后来,“一语噤不敢吐”,似乎不以为荣而以为羞,之所以发生这种转变,一方面,固然是他本人诗学道路发生了改变,另一方面,也印证了一个事实,即江西诗派发展到后来,确实弊病丛生,受到众多的批判。其实,不止江湖诗人学江西,江西诗人早学晚唐也是不争之事实,如杨万里也曾自述其学晚唐之诗云:

予之诗始学江西诸君子,既又学后山五字律,既又学半山老人七字绝句,晚乃学绝句于唐人。学之愈力,作之愈寡。②

杨万里虽叙述自己学晚唐诗无所成就,不过,也对晚唐诗给予很多赞扬:

《国风》之遗音,江左之异曲,其果弦绝而不可煎胶欤?然则谓唐人自李杜之后,有不能诗之士者,是曹丕火浣之论也;谓诗至晚唐有不工之作者,是桓灵宝哀梨之论也。③

夫诗何为者也?尚其词而已矣。曰:善诗者去词。然则,尚其意而已矣。曰:善诗者去意。然则,去词去意,则诗安在乎?曰:去词去意而诗有在矣。……《三百篇》之后,此味绝矣,惟晚唐诸子差近之。《寄边衣》曰:“寄到玉关应万里,戍人犹在玉关西。”《吊古战

① (宋)姜夔《白石道人诗集》,《四部丛刊初编》,第272册。

② (宋)杨万里《诚斋荆溪集序》,《诚斋集》卷81,《四部丛刊初编》,第255册,第672页。

③ (宋)杨万里《唐李推官披沙集序》,《诚斋集》卷82,《四部丛刊初编》,第255册,第679页。

场》曰："可怜无定河边骨，犹是春闺梦里人。"《折杨柳》曰："羌笛何须怨杨柳，春光不度玉门关。"《三百篇》之遗味，黯然犹存也，近世惟半山老人得之。[①]

江湖诗人姜夔始学江西，杨万里始学江西后宗晚唐，他们的诗学道路根据自己在诗学实践中的实际需求，完成创作上的转型，为后来的创作带来长足进展，这充分说明江湖诗人与"二泉"之间本无门户之争，并不是一种对立冲突的关系。

"二泉"与江湖诗人诗学上的互相渗透、互相影响关系，还可以由叶适的评价与记载得到证实。叶适（1150—1223），字正则，号水心，温州永嘉（今浙江温州）。孝宗淳熙五年（1178）进士。授平江节度推官。历武昌军节度判官、浙西提刑司干办、实录院检讨、淮东军马钱粮。宁宗立，韩侂胄专政，赵汝愚被贬，亦被劾主管冲佑观。后起为湖南转运判官。迁知泉州。开禧初，除权工部侍郎。韩侂胄诛，因附侂胄用兵，夺职奉祠凡十三年。有《水心先生文集》《习学记言》等。《宋史》卷四三四有传[②]。《四库全书总目》称叶适"文章雄赡，才气奔逸，在南渡卓然为一大宗"[③]。叶适与"二泉"有较密切的诗书往来，他在诗中对于"二泉"及徐斯远的文学才华及品行给予很高评价。如《和答徐斯远兼简赵昌甫韩仲止》云："江东文士称数人，宝冠霞佩朝灵君。卢敖善游指天去，吕望应招离海滨。有书不止问无恙，平生怀抱陈案上。会看作意鸣朝阳，阴狐夜短空惆怅。"[④]又有《送周明叔王成叟并上昌甫仲止二兄》云："成叟自成身，明叔志明时。二士澍村下，饮醇弃糟醨。澍村去绵邈，二士天所遗。琢琱而佩环，染夏为裳衣。高冈无长松，结根空兔丝。渚行枉又直，帆挂昂复低。饭彼章泉菽，羹以南涧葵。沐浴明月珠，簸弄芙

① （宋）杨万里《颐庵诗稿序》，《诚斋集》卷 84，《四部丛刊初编》，第 255 册，第 690 页。
② 《全宋诗》，第 50 册，第 31199 页。
③ （清）纪昀等编《钦定四库全书总目》卷 160，第 2145 页。
④ 《全宋诗》，第 50 册，第 31210 页。

蓉旗。两邦意气合,一唯万论微。羌余抱兹独,安得往从之。"①《次韵韩仲止》云:"塞户低眠畏北风,诗来唤起自江东。林迷久已随牲鹿,盘止何曾有渐鸿。常日锥刀希楚富,千年铅椠讳丘穷。莫将新意翻棋局,一等成亏付国工。"②而韩淲也有《寄叶正则丈》云:"宿觉庵高何处山,松风江月几人闲。可曾着眼力耕外,也且游心研滴间。春冷种花开较少,年饥求饱食犹艰。浙东浑是江南尔,一崦一重还一湾。"又有《叶侍郎寄乌石茶昌甫诗谢之次韵同赋》云:"瓶茶远自水心寄,缄诗又谢章泉分。"

叶适肯定"二泉"的创作才华,同时也大力奖掖"四灵"。方回曾经说过,"乾淳以来,尤、杨、范、陆为四大诗家。自是始降而为江湖之诗,叶水心适以文为一时宗,自不工诗。而永嘉四灵从其说,改学晚唐,诗宗贾岛、姚合。凡岛、合同时渐染者,皆阴挦取摘,用骤名于时,而学之者不能有所加。日益下矣。名曰厌傍江西篱落,而盛唐一步不能少进"③。可见,"四灵"之诗摹唐人,力矫江西之弊,最早其实学出于叶适。叶适有《题刘潜夫南岳诗稿》云:"往岁徐道晖诸人,摆落近世诗律,敛情约性,因狭出奇,合于唐人,夸所未有,皆自号四灵。"④他又作《徐道晖(徐照)墓志铭》云:"有诗数百,斫思尤奇,皆横绝欻起,冰悬雪跨,使读者变踔憀栗,肯首吟叹不自已;然无异语,皆人所知也,人不能道尔。盖魏、晋名家,多发兴高远之言,少验物切近之实。及沈约、谢朓'永明体'出,士争效之,初犹甚艰,或仅得一偶句,便已名世矣。"⑤又作《徐文渊墓志铭》云:"初,唐诗废久,君与其友徐照、翁卷、赵师秀议曰:'昔人以浮声切响单字只句计巧拙,盖风骚之至精也。近世乃连篇累牍,汗漫而无禁,岂能名家哉?'四人之语遂极其工,而唐诗由此复行矣。君每为余评诗及他文字,高者迥出,深者寂入,郁流瓒中,神洞形外,余辄俯仰终日,不知所言。然则所谓专固而狭陋者,殆未足以讥唐人

---

① 《全宋诗》,第 50 册,第 31227 页。

② 《全宋诗》,第 50 册,第 31256 页。

③ (元)方回选、李庆甲校《瀛奎律髓汇评》,第 771 页。

④ (宋)叶适著,刘公纯、王孝鱼、李哲夫点校《叶适集》卷 29,第 611 页。

⑤ (宋)叶适著,刘公纯、王孝鱼、李哲夫点校《叶适集》卷 17,第 321 页。

也。"[①]上述几篇文章中，叶适对于"四灵"学晚唐取得的诗歌艺术成就非常赞赏。可是到他晚年在《题刘潜夫诗稿》又勉其以自进于古人，不必以"四灵"为限。并在《王木叔诗序》云："木叔不喜唐诗，谓其格卑而气弱。近岁唐诗方盛行，闻者皆以为疑。夫争妍斗巧，极外物之变态，唐人所长也。反求于内，不足以定其志之所止，唐人所短也。"[②]叶适劝刘克庄改学古人，批评唐诗之短，可见，叶适后来对四灵及江湖诗人诗歌的态度也发生了转变。究其原因是，江湖诗人发展到后来也产生了很多弊端。本来四灵、江湖诗人的出现是为转变江西之弊而兴起的，旨在批判江西诗派为诗坛带来的不利影响。它产生之初也遭到江西诗派等诗人讨伐。入元后，人们对他们的批评并没有因为改朝换代而平息，终元之世，以方回、吴澄、戴表元、袁桷等人批判最力。如方回《滕元秀诗集序》云："近世为诗者，七言律宗许浑，五言律宗姚合，自谓足以符水心、四灵之好，而饾饤粉绘，率皆死语哑语。"[③]袁桷《书汤西楼诗后》云："至乾淳间，诸老以道德性命为宗，其发为声诗，不过若释氏辈条达明朗，而眉山、江西之宗亦绝。永嘉叶正则、始取徐翁赵氏为四灵，而唐声渐复，至于末造，号为诗人者，极凄切于风云花月之摹写，力孱气消，规规晚唐之音调，而三宗泯然无余矣。"[④]《四库全书总目》云："然攽在元祐诸人之中，学问最有根柢，所考证论议，可取者多，究非江湖末派钩棘字句、以空谈说诗者比也。"[⑤]纪昀亦曾评价晚唐诗但知点缀景物，故宋人矫之，以本色为工。然此非有真气力，则才薄者浅弱，才大者粗野，初学者易成油滑，老手亦致颓唐，不可不慎也[⑥]。

叶适赞扬"二泉"，奖掖"四灵"，标举晚唐，后来又否定"江湖"，改学古人。可见其亦并无门户之见，其本意并不是要打击江西。分析他标举"江湖"和"四灵"学习晚唐，大抵因江西诗派独盛，远祖少陵，近宗黄

---

① (宋)叶适著，刘公纯、王孝鱼、李哲夫点校《叶适集》卷21，第410页。
② 朱东润著《中国文学批评史大纲》，上海古籍出版社，2005年，第157－158页。
③ (元)方回《桐江集》卷1，《续修四库全书》，第1322册，第359页。
④ (元)袁桷《清容居士集》卷48，文渊阁《四库全书》，第1203册，第631页。
⑤ (清)纪昀等编《钦定四库全书总目》卷195，第2740页。
⑥ (元)方回选、李庆甲校《瀛奎律髓汇评》，第360页。

陈,一若唐人规范,求之此中而皆具,更无待于他求者,已经引起当时人们的反感,于是叶适拈出唐诗。此后严羽独推盛唐,主要是为打破江西诗派垄断唐人之积习而发,特别是江西诗派发展到后来更滋生了一些弊端,于是叶适“其意趣在于补偏救弊。然其人负一代之奇才,识见远到之处,又更迥出于补偏救弊之论以外。粗视之若矛盾,而其实确自有大家数之见地。故目击世人陷溺之深,及见四灵之能自振拔,则诱掖奖劝,惟恐不及”①。“二泉”与江湖诗人在文学史上都没有逃脱被批判的命运,这充分说明:诗歌创作的生命在于不断创新,如果不能如此就将陷入积习难改的泥潭。

不过,若将“二泉”的人品气节与江湖诗人相比,还是有很大区别:许多江湖诗人染上一种恶习,即干谒公卿之风盛行,虽不是人人皆有,但比较多。钱牧斋《序王德操诗集》云:“诗道之衰靡,莫甚于宋南渡以后;而其所谓江湖诗者,尤为尘俗可厌!盖自庆元嘉定之间,刘改之、戴石屏之徒,以诗人启干谒之风,所谓处士者,其风流习尚如此!彼其尘容俗状,填塞于肠胃,而发作于语言文字之间,欲其为清新高雅之诗,如鹤鸣而鸾啸也,其可几乎?”②干谒之风盛行于唐代,但多止于品鉴以获得名位,宋人则出现了毁谤要挟乞金求玉者。方回恰逢其世,亲见耳闻,《瀛奎律髓》卷二〇云:“江湖游士,多以星命相卜,挟中朝尺书,奔走阃台郡县糊口耳;庆元嘉定以来,乃有诗人为谒客,龙洲刘过改之之徒,不一其人,石屏亦其一也。相率成风,至不务举子业,干求一二要路之书为介,谓之阔匾,副以诗篇,动获数千缗以至万缗,如壶山宋谦父自逊,一谒贾似道,获楮币二十万缗,以造华居是也。钱塘湖山,此辈什佰为群。阮梅峰秀实、林可山洪、孙花翁季蕃、高菊磵九万,往往雌黄士大夫,口吻可畏,至于望门倒屣。”③作为诗人,江湖诗派向权贵和豪门兜售个人才艺已为人诟病,更兼因此互相抵毁,坠入颓唐、谄谀、人格卑下,则使诗道沦丧矣。

---

① 朱东润著《中国文学批评史大纲》,第157-158页。

② (清)钱谦益《序王德操诗集》,叶庆炳、吴宏一编《清代文学批评资料汇编》(上),台湾成文出版社,1979年,第19-20页。

③ (元)方回选、李庆甲校点《瀛奎律髓汇评》,第840页。

第五章　信上君子："上饶二泉"的思想研究

第一节　南宋信州地域文化发展简述

进入南宋，江西由于受宋金战争的破坏和影响相对较少，加上政治中心南迁，逐渐成为两浙地区和京城临安的屏障，使这个地域的重要性日益显现出来，吸引了大批北方流寓南方的士人移居至此，地方经济和文化得以迅猛发展。宋洪迈《容斋四笔》卷五赞道："古者江南不能与中土等，宋受天命，然后七闽、二浙与江之东西，冠带诗书，翕然大肆，人才之盛，遂甲于天下。江南既为天下甲。而饶人喜事，又甲于江南。"盖江西在宋，文风丕盛，寖假而成一特殊区域。清张泰来更是认为，在当时道德、文章、思想各个领域，江西人皆有所成就："矧江西宗派不只于诗，即古文亦有之，不独欧阳曾王也；时文亦有之，不独陈罗章艾也；推之道德节义，莫不皆然。"①

关于宋代江西文化与文学的飞速发展，有人评价说："这种飞跃在中国文学史和中国区域文化史上都是罕见的，这是中国文学和中国文化的奇迹。"②分析江西在宋代的发展，首先，与宋朝统治者推重文治的国策一脉相承的是，江西的本土治理和地方士人推重学问，重视儒学，

① （清）张泰来《江西诗社宗派图录》，《续修四库全书》，第 1698 册，第 58 页。

② 曾大兴著《中国历代文学家之地理分布》，湖北教育出版社，1995 年，第 232 页。

大力兴办学校。据统计，江西创办了很多地方学校尤其是乡村学校，加上士人自身的努力，江西在宋代涌现了很多杰出人才，不过，这些人才也存在明显的地域不均衡性。赣南赣北的江州、南安军较落后，而赣中的吉州、饶州、信州、抚州等地则非常发展。

"二泉"生活于信州玉山县。如前所述，韩淲定居上饶玉山二十余年终老，以隐逸而著称于时。他与同时隐居玉山的另一位诗人赵蕃（章泉先生）常相往来，交谊甚深，皆有诗名，且同以"泉"为号，被方回等并称为"上饶二泉"①。据《宋史》记载：江南东路，在北宋时有七个州，即宣、徽、江、池、饶、信、太平。南渡后，改为五个州，即徽、池、饶、信、太平。其中信州有六个县，分别是上饶、玉山、弋阳、贵溪、铅山、永丰②。顾祖禹《读史方舆纪要》称："玉山县，府东百里，东至浙江常山县七十里，北至江南婺源县二百二十里，汉鄱阳县地，隋为东阳郡信安县地，唐初为常山、须江及弋阳三县地。证圣三年，析置今县，以县有怀玉山而名。初属衢州。乾元初，改属信州。宋因之。县旧无城。明嘉靖四十年，筑城，周四十里有奇，编户五十七里。"③

信州地处江南东路，环境优美，地理位置非常优越。韩元吉南渡以后寓居于此，多次撰文赞美此处山川风物秀美，人文鼎盛，"山川秀发，人物繁多，异时多士之隽，屡冠天下，而宰辅之出，间亦蜚声名，立事业，其风俗兴起，固未艾也"，"弦诵之声，昼夜不断"④。"并江而东行，当闽浙之交，是为上饶郡。灵山连延，秀拔森耸。与怀玉诸峰才相映带。其物产丰美，土壤平坦，故比来渡江者爱而多寓焉"⑤。信州是南昌通往南宋都城临安的交通要道，其地理位置十分重要，《铅山周氏义居记》

① 方回《秋晚杂书》（十七）云："永嘉有四灵，辞工格乃平。上饶有二泉，旨淡骨独清。"《广信府志·寓贤》云："淲，字仲止，号涧泉，与赵章泉同时有诗名，称'二泉先生'。"

② （元）脱脱《宋史》卷88，第2186页。

③ （清）顾祖禹《读史方舆纪要》卷85，上海书店出版社，1998年，第3612页。

④ （宋）韩元吉《信州新建牙门记》，《南涧甲乙稿》卷15，文渊阁《四库全书》，第1165册，第227页。

⑤ （宋）韩元吉《两贤堂记》，《南涧甲乙稿》卷15，文渊阁《四库全书》，第1165册，第226页。

云:“信安之地,犬牙于闽。”《修子城记》云:“地控闽越,邻江淮,引二浙,隐然实要冲之会。”[①]李弥大也盛称此地“当吴、楚、闽、越之交,为东南望镇”[②]。

其次,信州具有优良的文化传统,特别是尊德重教的风俗盛行。唐代名宦陆鸿渐因为隐逸而在信州历史上产生较大的影响,王象之《舆地纪胜》记载:羽字鸿渐,居吴兴,号竟陵子,居此,号东陶子[③]。叶适称当地人文发展之盛况云:“初渡江时,上饶号称贤俊所聚,义理之宅,如汉许下、晋会稽焉。”[④]江西本地在宋代涌现了许多有名的贤才,如,宋初著名西昆派诗人杨亿,其祖文逸为玉山令,杨亿生于此。又如汪应辰,字圣锡,本名洋,号卢溪真逸,玉山人。绍兴二年,赵鼎为江西安抚,过信州,举人汪洋方志学之岁,裁书谒鼎,鼎喜,遂与俱。绍兴五年进士第一,赐今名,与秦桧忤而无所挠[⑤]。又如宋末死节之臣谢枋得,弋阳人,字君直。信州之地历来尊崇有德之人,为乡贤修建了许多祠堂,以表彰节义之士,宏扬他们的精神和思想。吴武陵,贵溪人,唐史有传。《唐诗纪事》云:武陵为韶州刺史,寻贬潘州司户,玉山县建有旌忠愍节祠。南宋历史上信州声名最著者为钱氏二女,绍兴间苗傅溃兵过邑下,逼于乱,投崖而死。铅山县有稼轩先生祠,据《江西通志》云:辛弃疾,号稼轩,历城人。绍兴中,金人南侵,弃疾为义士,耿京奉表来通,授天平军掌书记。未几,京被杀,弃疾遂留居铅山。后历官枢密都承旨。卒德祐初。谥忠敏[⑥]。城北茶山有广教寺建两贤堂祭祀宋曾几和吕本中。此外,还有四贤祠等。

第三,由于地理位置优越,到任地方官多为显官名宦,他们对于推动当地政治、经济与文化发展发挥了重要作用。当朝名宦如庞籍,字醇之,祥符中侍其父为铅山税官,尝肄业于观音山之崇寿院,院有经纶堂,

① (宋)韩元吉《南涧甲乙稿》卷15,文渊阁《四库全书》,第1165册,第243页。

② (宋)李弥大《玉山海法院记》,(宋)祝穆著、施和金校《方舆胜览》卷18,中华书局,2003年。

③⑤ (宋)王象之《舆地纪胜》,第176页。

④ (宋)叶适著,刘公纯、王孝鱼、李哲夫点校《叶适集》,第214页。

⑥ 《江西通志》卷96,文渊阁《四库全书》,第516册,第209页。

至今画像存焉。又庞籍作《崇寿院记》云"庞籍，鲁人也，侍父游，官肄业，尝居是"云。江休复，字邻几。天圣中，与尹师鲁、苏子美游，为信州司法，今信州有邻几堂，在司法厅。晁补之，绍圣中为信州监酒。孔武仲，尝为推官，其《修学记》云："武仲元丰中为教授，盖以推官权教授耳。"范纯粹，哲宗朝坐元佑党籍谪居均州。徽宗即位，起知信州。陈康伯，字长卿，弋阳人。绍兴三十一年为丞相。当虏亮入寇，公屹然不动。隆兴元年，除少保，判信州[①]。

南宋到任信州的朝廷大员，最有影响力者当是赵汝愚，其为宋王朝宗室，于孝宗乾道九年以左宣教郎职守上饶。到任未逾年，由于政绩显著，老百姓对他都很感激，于是自发组织到祥符寺灵山阁之傍建祠为他祝寿。赵汝愚听说后反复制止，众人不听。堂成，要挂赵汝愚像，他于是觞客其中，戏名"一杯亭"，然后撤其绘象，盖取"且尽生前一杯酒，何须身后千载名"意。后来，人们移祠法堂之左，每年焚香摆酒祭祀他[②]。据《江西通志》记载，在府城东南五里有南屏山，一名天马山，赵汝愚曾到此地建南台于上，后废[③]。滕宗谅，字子京，由祠部员外郎知信州，政尚平简，重风化，留意学校。章得象，字希言，知玉山，有惠政，既去，民立祠祀之，仕至丞相，封郇国公，谥文简。晁宗悫，字世恭，前知虔州，州近监司，多盗与讼。公至，修弛废，抑奸强，威信大行，盗不敢发，而狱无系囚。熙宁元年，以光禄少卿知信州，治信如虔州之政。明年，移知泉州，歿。南丰曾舍人巩志其墓。钱象祖，天台人，淳熙间来守信州。期年而政成，大新学宫。一时士习为之丕变。又置明辉阁以延文士，官至左丞相卒。赵与勤，端平间以朝散大夫来守信郡，敛强梗，蠲雪片，治河梁，新驿舍，划除宿蠹，作兴学校，于是科举得人甚盛，后改江东提刑[④]。

第四，南宋很多学术名宿曾到此游学或定居，特别是江西诗派中多

---

① (宋)王象之《舆地纪胜》，第 176 页。

② (明)张士镐、江汝璧修《广信府志》，《四库存目丛书》，史部第 186 册，齐鲁书社，1996 年，第 4 页。

③《江西通志》卷 11，文渊阁《四库全书》，第 513 册，第 360 页。

④ (明)张士镐、江汝璧修《广信府志》，《四库存目丛书》，史部第 186 册，第 2 - 6 页。

位诗人曾在此生活很长时间，推动了当地文学艺术的发展。如赵蕃《李商叟举似用南涧山字韵茶山星字韵数诗》诗记当地文脉之盛，其中有“吾州畴昔聚文星，我已后之君有声”之句。如尹穑，字少稷。兖州人，博学有文。登孝宗朝进士，累官殿中侍御史。后迁至右谏议大夫。绍兴间，侨居怀玉山，以方名斋。徙上饶溪南之太霞宫，开轩种竹，曾文清以友直名之①。赵蕃有《子进游怀玉山度必有诗未辱寄来作诗索之》有“是邦有兹，盖已千祀垂。曩者君夫子，携家隐于斯。与山结胜因，诗成多及之”，其中“曩者君夫子”，赵蕃自注云：谓少稷。即指尹少稷曾于怀玉山隐居。江西是江西诗派发展的重要阵地，江西诗派有三位代表诗人曾先后到任上饶，或者定居于此，他们是徐俯、吕本中和曾几。其中，徐俯，字师川，豫章人，少负奇气。七岁能诗，为舅氏黄山谷所知。绍兴初，以枢密被命赴阙抵郡。馆于州学，入门下车，知其为学庐，逡巡却走曰：士大夫服儒衣冠，岂宜纵役夫圉人来渎先圣居耶？徙而之他，州学赖以不废。九年，以端明殿学士、左中大夫来隶信州，有惠政，郡人德之②。吕本中和曾几也都曾在此生活过很长一段时间。据韩元吉《两贤堂记》记载，绍兴年间，吕本中尝寓于茶山广教寺。由于他向以文章名于时并且直道劲节，上饶士子多宗其学问，即使田夫野老犹能记其曳杖行吟的风流韵度。吕本中之后，隔数年，曾几也来此小住。曾几和吕本中都以诗鸣于南渡后诗坛，他闭门不出，以诗书教子弟为乐，不入州府，不问世故。后自号茶山，此地因而得名。上饶乡民对于曾寓居于此的吕、曾两位大诗人，皆念念不忘，他们见到茶山寺之僮奴，常指其庭之竹曰：此文清所植也。山有隙地，旧以为圃，则指其花卉曰：此文清公所艺也。一亭一轩，爱而不动，皆曰：此公所建立或命名也③。同时，上饶乡民还爱屋及乌，对曾几之子曾逮也特别崇敬。曾逮，曾为上饶尉，仕终礼部郎中。手植桂于厅。后人怀其德，名其桂曰西清桂④。

---

① 《江西通志》卷 96，文渊阁《四库全书》，第 516 册，第 210 页。

② （明）张士镐、江汝璧修《广信府志》，《四库存目丛书》，史部第 186 册，第 3 页。

③ （宋）韩元吉《南涧甲乙稿》卷 15，文渊阁《四库全书》，第 1165 册，第 226 页。

④ （明）张士镐、江汝璧修《广信府志》，《四库存目丛书》，史部第 186 册，第 5 页。

第二节　“上饶二泉”在信州的交游

1.“上饶二泉”与徐斯远之交游

徐文卿，字斯远，号樟丘，玉山人。嘉定四年(1211)进士。他善于作诗，与赵蕃被陆游称为“文中二虎”，陆游《寄赵昌甫并简徐斯远》诗云:“赵子乃宿士，山立谁敢侮。寓名祝融祠，蓑笠卧烟雨。高吟三千篇，一字无尘土。朱先少许可，书每说昌甫。虽云忍饥瘦，得丧亦相补。嗟君与斯远，文中真二虎。我老日益衰，想象气如缕。”

徐斯远与赵蕃、韩淲齐名，被誉为“信上三君子”。有《萧秋诗集》，惜已佚。事见韩元吉《安人卢氏墓志铭》云:

> 予始居南涧，有腰绖候于门而以书见者，徐姓文卿其名，拜而泣曰:“先君子幸有契也。文卿之母将葬于玉山县安平乡鲁家原矣，愿赐以铭。”予惊问之，则故考功郎中徐公汉英之季子也。而处州赵使君文鼎尝与俱来，道其力学习文之善。及观其书词，则知古义，欲以显其亲之淑于百千年陵谷迁变之后者。

韩元吉文中所云“考功”指的是徐人杰，字汉英。家信州玉山县。少通《春秋》，是当时享有很高声誉的进士，登巍科，乡闾皆慕其文。与韩元吉曾经同在郎舍，朝夕晤语，关系友好，经常有书信往来。南宋著名理学家朱熹也对徐斯远赞赏有加，其文集中有《答徐斯远书》《答赵昌甫》及语录中多次提及。徐斯远事又见于叶适《徐斯远文集序》云:

> 斯远尽平生文才二十余首，首辄精善，疑其亲自料拣，应留者止此尔。徐观笔墨轻重，以十一敛藏千百，虽铺写纵放，亦无怠惰剥落之态，逆流陡起，体势各成，殆非料拣所能致也。诗险而肆，对面崖壑，咫尺千里，操舍自命，不限常律。庆历、嘉祐以来，天下以杜甫为师，始黜唐人之学，而江西宗派章焉。然而格有高下，技有工拙，趣有浅深，材有大小。以夫汗漫广莫，徒枵然从之而不足充

其所求，曾不如脰鸣吻决，出豪芒之奇，可以运转而无极也。故近岁学者，已复稍趋于唐而有获焉。曷若斯远淹玩众作，凌暴偃蹇，情瘦而意润，貌枯而神泽，既能下陋唐人，方于宗派，斯又过之。斯远有物外不移之好，负山林沉痼之疾，而师友问学，小心抑畏，异方名闻之士，未尝不遐叹长想，千里而同席也。初渡江时，上饶号称贤俊所聚，义理之宅，如汉许下、晋会稽焉。风流几泯，论议将绝，斯远与赵昌父、韩仲止，扶植遗绪，固穷一节，难合而易忤，视荣利如土梗，以文达志，为后生法。凡此，皆强于善者之所宜知也。①

叶适谓"斯远尽平生文才二十余首"，可见宋人虽以诗为茶饭，无时无地不作，然彼视诗体甚尊，持之甚谨。叶适之序中又云"斯远淹玩众作，凌暴偃蹇，情瘦而意润，貌枯而神泽，方于西江宗派，斯又过之"，对其评价还是比较高的。叶适《和答徐斯远兼简赵昌甫韩仲止》赞其曰："江东文士称数人，宝冠霞珮朝灵君。卢敖善游指天去，吕望应招离海滨。有书不止问无恙，平生怀抱陈案上。会看作意鸣朝阳，阴狐夜短空惆怅。"同时诗人刘宰《漫塘文集》卷六《回艾节干》云："徐斯远尚友好学，安贫守道，不愧古人。顷岁校文上饶，惟以亲得此人为喜，所惠诗文三册。"刘克庄《后村诗话》云："徐斯远绝句云：'纸衣竹几一蒲团，闭户然箕自屈盘。诵彻《离骚》二十五，不知月落夜深寒。'水心称斯远有冻饿自守之乐，非过也。"有关斯远生平与著述，陈振孙《直斋书录解题》卷一五载："《萧秋诗集》一卷，玉山徐文卿斯远作《萧秋诗》，四言九章，章四句，赵蕃昌甫而下，和者十三人，绍熙辛亥也。赵汝谈履常亦与焉。后三十三年，嘉定癸未，乃序而刻之。"《文献通考》卷二四九云："文卿，晚第进士，未注官而死，有诗见《江湖集》。事又见《宋诗纪事》卷六一。"

徐斯远年龄长于赵蕃，而且比赵蕃去世早，如赵蕃《重送处州斯远三首》云：

登临长病独成吟，连壁相依照映深。寄谢青山无偃蹇，好听绝唱乱清音。

① (宋)叶适著，刘公纯、王孝鱼、李哲夫点校《叶适集》卷12，第214页。

万木苍苍古钓台,白云楼观隔溪开。赋成赤壁后无对,好与驱从笔下来。

文字投盟不计官,古人能尔在今难。使君于此自为德,我辈因留后代看。

赵蕃另有《送智门禅师便呈斯远兄》云:"南州高士如临赋,为把新诗写寄来。"可知徐斯远及其诗歌与人品深受赞赏。赵蕃又有《送处州斯远二首》,其一云:"孰有如公者,蕲州又处州。时人得称诵,氓俗记君侯。吏有循良择,官无内处忧。愿将田里事,一一奏前旒。"其二云:"珍重徐斯远,兹行岂漫游。过江探禹穴,下水到严州。捐益观其友,渊源问所由。我居如有絷,君去莫能留。"

徐斯远比韩淲年长,韩淲于《雪后昌甫将归章泉斯远诸兄偕来留饮因咏林逋诗约同赋》称"斯远兄"。韩淲《有怀斯远及施仲益次章丘韵》诗称:"章丘木落风月冷,手泽应须留与儿。"其自注云:斯远号章丘子。韩淲还作有《寄章丘》《寄斯远》。其《有怀斯远及施仲益次章丘韵》云:"后湖有徐舅,永丰有曾甥。……二士真可人,得之于我荣。"《哭斯远》云:"识高空宛转,意广竟参差。只有章泉叟,与渠收旧诗。"韩淲诗中抒写思念和怀念徐斯远之作颇多,足可见二人友情之深厚。

徐斯远之作品,《南宋前贤小集拾遗》卷一收入《游洞岩》《南涧小饮夜过景德次仲止韵》《秋后》《种豆山园中》《剧暑不易摧》《感兴》《送春》,有《读画斋正本》等。徐斯远,其生平事迹《宋诗纪事》卷六一载:徐文卿,字斯远,号樟丘,玉山人。嘉定四年进士,与赵昌父、韩仲止齐名,有《萧秋诗集》。《宋诗纪事》收入其诗《游洞宕》《偶题》《雨后到南山村家》三首。

2. "上饶二泉"与辛弃疾之交游

宋孝宗淳熙八年(1181),辛弃疾被劾,落职退居上饶之带湖。"上饶二泉"皆与辛弃疾相识、相交,并留下不少次韵、唱和之作。韩淲之父韩元吉(字无咎,号南涧)曾任吏部尚书,致仕后亦侨寓此地。由于他与辛弃疾在政治上都有抗金雪耻的共同愿望,两人过从甚密,往来唱酬颇多。辛弃疾《念奴娇·和韩南涧载酒见过雪楼观雪》云:"兔园旧赏,怅遗踪、飞鸟千山都绝。缟带银杯江上路，惟有南枝香别。万事新奇，青山一夜，对我头先白。倚岩千树，玉龙飞上琼阙。　　莫惜雾鬓云鬟，试教骑鹤，去约尊前月。自与诗翁磨冻砚，看扫《幽兰》新阕。便拟明年，人间挥汗，留取层冰洁。此君何事，晚来曾为腰折。"[1]词题中南涧，即韩南涧，指韩元吉。陆心源《宋史翼·韩元吉传》："韩元吉字无咎，开封雍丘人，门下侍郎维之元孙。徙居信州之上饶。所居之前有涧水，号南涧。词章典丽，议论通明，为故家翘楚。乾道三年除江东转运判官。八年权史部侍郎。九年权礼部尚书、贺金生辰使。……淳熙元年，以待制知婺州。明年移知建安府。旋召赴行在，以朝议大夫试吏部尚书，进正奉大夫，除吏部尚书。五年，乞州郡，除龙图阁学士，复知婺州。……与叶梦德、陆游、沈明远、赵蕃、张浚相唱和。政事文学为一代之冠冕。"词题中"雪楼"，乃辛弃疾带湖居宅处一楼名。淳熙九年(1182)，辛弃疾闲居带湖初，作《太常引·寿韩南涧尚书》云："君王着意履声间，便合押、紫宸班。今代又尊韩。道吏部、文章泰山。　　一杯千岁，问公何事，早伴赤松闲？功业后来看，似江左、风流谢安。"[2]淳熙十一年(1184)，韩元吉六十七岁生日，辛弃疾填词一首申祝，称颂韩元吉卓越的文才和清贵的身世。他把韩元吉比为韩愈，称他为当代文坛泰斗。还把韩元吉比为裴度、李德裕和谢安，用瑰辞壮语激励激励韩元吉承继优良家风，完成恢复中原的夙愿。《水龙吟·甲辰岁寿韩南涧尚书》："渡江天马南来，几人真是经纶手？长安父老，新亭风景，可怜依旧！夷甫诸人，神州沈陆，几曾回首！算平戎万里，功名本是，真儒事，公知否？　　况有文章山斗，对桐阴，满庭清昼。当年堕地，而今试看，风云奔走。绿野风烟，平泉草木，东山歌酒。待他年，整顿乾坤事了，为先生寿。"[3]淳熙十二年(1185)，辛弃疾闲居带湖，作《菩萨蛮·乙巳冬南涧举似前作，因和之》云："锦书谁寄相思语，天边数遍飞鸿数。一夜梦千回，梅花入梦来。　　涨痕纷树发，霜落潇湘白。心事莫惊鸥，人间千

---

① (宋)辛弃疾著、徐汉明校注《辛弃疾全集校注》，华中科技大学出版社，2012年，第63页。

② (宋)辛弃疾著、徐汉明校注《辛弃疾全集校注》，第601页。

③ (宋)辛弃疾著、徐汉明校注《辛弃疾全集校注》，第215页。

万愁。"[①]辛弃疾另有与韩元吉次韵之作《水调歌头·再用韵，呈南涧》（千古老蟾口），有寿词如《水调歌头·庆韩南涧尚书七十》（上古八千岁）、《水调歌头·席上用黄德和推官韵，寿南涧》（上界足官府）、《水龙吟·次年南涧用前韵为仆寿，仆与公生日相去一日，再和以寿南涧》（玉皇殿阁微凉）等。韩元吉集中亦有《好事近·辛幼安席上》云："华屋翠云深，云外晚山千叠。眼底无穷春事，对杨枝桃叶。　　老来沉醉为花狂，霜鬓未曾镊。几许夜阑清梦，任翻成蝴蝶。"[②]《水龙吟·寿辛侍郎》云："南风五月江波，使君莫袖平戎手。燕然未勒，渡泸声在，宸衷怀旧。卧占湖山，楼横百尺，诗成千首。正菖蒲叶老，芙蕖香嫩，高门瑞，人知否？　　凉夜光躔牛斗，梦初回长庚如昼。明年看取，纛旗南下，六骡西走。功画凌烟，万钉宝带，百壶清酒。便留下剩馥，蟠桃分我，作归来寿。"[③]

因为父亲韩元吉之故，韩淲与辛弃疾亦有不少交游，此见于两人词中留下的有关记载。辛弃疾《贺新郎·韩仲止判院山中见访，席上用前韵》云："听我三章约，有谈功、谈名者舞，谈经深酌。作赋相如亲涤器，识字子云投阁。算枉把、精神费却。此会不如公荣者，莫呼来、政尔妨人乐。医俗士，苦无药。……"[④]词中"判院"乃官署名，北宋称判院者为高官，南宋把判院任职的低级官员也尊称为判院。韩仲止一为京官终身不出，家庭贫穷，称判院为后人所加。据《东南纪闻》载，韩仲止因是尚书之子，以荫补京官，"为京局，终身不出，人但以韩判院称"。其中，"作赋相如亲涤器，识字子云投阁"。词中使用了两个典故，一是汉代才气超逸的辞赋家司马相如与其妻卓文君在临邛开设酒肆，文君当垆，相如打杂，洗涤酒器，二是汉代另一位辞赋家扬雄在天禄阁校书因弟子刘棻被王莽治罪，株连及他，扬雄从阁上自投下地，慨叹古人怀才不遇。韩淲有《送辛帅三山》诗赞辛弃疾之壮士胸怀云："舒卷壮怀公自笑，往来行李士争夸。棠阴应有邦人望，笳鼓西风拥帅华。"[⑤]韩淲另有

① （宋）辛弃疾著、徐汉明校注《辛弃疾全集校注》，第538页。

②③ （宋）辛弃疾著、徐汉明校注《辛弃疾全集校注》，第859页。

④ （宋）辛弃疾著、徐汉明校注《辛弃疾全集校注》，第42页。

⑤ （宋）辛弃疾著、徐汉明校注《辛弃疾全集校注》，第853页。

《昌甫分寄瓢泉既而辛卿遣一壶来以诗为谢》《辛卿有言雨则清润晴则清和昌甫因为五字次韵呈之》叙及自己与赵蕃、辛弃疾之间的唱酬往还，后者云："雅俗岂殊调，今古信一时。晴雨草木长，摸索皆我诗。善来子赵子，身世忽若遗。顾瞻绝代人，乘闲有幽期。和润见名理，处处清风随。坐卧泉乱鸣，孟夏凉侵肌。睡余供茗事，禅榻鬓成丝。进退出处间，何必玩《义》羲。"①

赵蕃和辛弃疾交游颇多。辛弃疾《满庭芳·和章泉赵昌父》云："西崦斜阳，东江流水，物华不为人留。琤然一叶，天下已知秋。屈指人间得意，问谁是、骑鹤扬州？君知我，从来雅兴，未老已沧洲。　　无穷身外事，百年能几，一醉都休。恨儿曹抵死，谓我心忧。况有溪山杖屦，阮籍辈、须我来游。还堪笑，机心早觉，海上有惊鸥。"②昌父原词现已不见，从辛弃疾此词的内容来看，上阕言朝事不可为，退隐为得计也。首言斜日西沉，江流东逝，皆不留人而自去。接着，细数角逐名利之辈，名成利就，究有几人哉？隐然见宦途之险。以及词人不待弹章，已早有告退之念。下阕言自帅闽归山之后，言官以恶言论列，自思已无起复之望，颓然自放，以酒自遣，最后言知几而退。辛弃疾另有《鹧鸪天·和章泉赵昌父》叙其与赵蕃相聚之闲淡情趣、洒脱胸怀云："万事纷纷一笑中，渊明把菊对秋风。细看爽气今犹在，惟有南山一似翁。　　情味好，语言工。三贤高会古来同。谁知止酒停云老，独立斜阳数过鸿。"③庆元三年(1197)，辛弃疾闲居带湖，作《清平乐·呈赵昌甫》将自己难以戒酒与赵蕃不作诗难两者相提并论云："云烟草树，山北山南雨。溪上行人相背去，惟有啼鸦一处。　　门前万斛春寒，梅花可煞摧残？使我长忘酒易，要君不作诗难。"④赵蕃现存诗中亦不乏与辛弃疾、徐斯远之间唱酬往来之作。《以归来后与斯远唱酬诗卷寄辛卿》云："人家馈岁何所为？纷纷酒肉相携持。我曹馈岁复何有？酬唱之诗十余首。缄封寄稿玄英方，从人笑痴我自狂。狂余更欲谁送似？咫尺知音稼轩是。公

① (宋)辛弃疾著、徐汉明校注《辛弃疾全集校注》，第853页。
② (宋)辛弃疾著、徐汉明校注《辛弃疾全集校注》，第80页。
③ (宋)辛弃疾著、徐汉明校注《辛弃疾全集校注》，第477页。
④ (宋)辛弃疾著、徐汉明校注《辛弃疾全集校注》，第529页。

乎比复何所作？想亦高吟动清韵。宾朋杂遝孰为佳？咸推杨范工词华。我曹所乐虽小技，历古更今不能废。岁云暮矣勿叹穷，梅花烂熳行春风。”[①]《呈辛卿二首》其一云：“诗老当年聚此州，迩来零落尽山丘。公虽暂尔淹时用，天岂时令继夙游。幽事傥多尘事绝，灵山孰与博山优。林栖相去无百里，窈窕崎岖可后不？”其二云：“今昔名流几许人，况于室迩更身亲。南州行卷虽云旧，东阁知名固若新。再见每怀风度远，两年空限往来频。其谁为我谈名姓，车辙勤公野水滨。”[②]赵蕃另有《寄怀章衢州辛越州》云：“江东去江西，道阻而且长。怀我金石交，每瞻鸿雁行。信州去衢州，道阻而匪修。黄花逐九日，明月负中秋。江东去浙东，江表邈剡中。暮云岩壑异，固有丘壑同。一出或一处，或嘿而或语。行步涩如棘，欲飞恨无羽。风高木已落，薄寒能中人。室迩人甚远，不孤必有邻。”[③]

辛弃疾在信州期间，与“上饶二泉”结下了很深的情谊，其词中称三人之交情“岁晚情亲，老语弥真”，其《行香子·博山戏呈赵昌甫韩仲止》云：“少日尝闻：富不如贫。贵不如贱者长存。由来至乐，总属闲人。且饮瓢泉，弄秋水，看停云。　　岁晚情亲，老语弥真。记前时劝我殷勤：都休殢酒，也莫论文。把《相牛经》，种鱼法，教儿孙。”[④]

辛弃疾不但与“上饶二泉”相熟，亦与徐斯远相识、相交，辛弃疾曾作《贺新郎·和徐斯远下第谢诸公载酒相访韵》描写其相貌堂堂：“逸气轩眉宇。似王良、轻车熟路，骅骝欲舞。我觉君非池中物，咫尺蛟龙云雨。时与命、犹须天赋。兰佩芳菲无人问，叹灵均、欲向重华诉。空壹郁，共谁语？”[⑤]《菩萨蛮·重到云岩，戏徐斯远》亦形容徐斯远风姿超凡脱俗，“君家玉雪花如屋，未应山下成三宿。啼鸟几曾催，西风犹未来。　　山房连石径，云卧衣裳冷。倩得李延年。清歌送上大”[⑥]。

---

①② (宋)辛弃疾著、徐汉明校注《辛弃疾全集校注》，第 854 页。

③ (宋)辛弃疾著、徐汉明校注《辛弃疾全集校注》，第 855 页。

④ (宋)辛弃疾著、徐汉明校注《辛弃疾全集校注》，第 361 页。

⑤ (宋)辛弃疾著、徐汉明点校《辛弃疾全集汇编点校》，崇文书局，2013 年，第 14 页。

⑥ (宋)辛弃疾著、徐汉明校注《辛弃疾全集校注》，第 551 页。

第三节 “上饶二泉”的理学思想

1. 赵蕃的理学思想

赵蕃早年即拜刘清之为师。刘清之(1133—1189),字子澄,世称静春先生。临江军新喻(江西新余)人。绍兴二十七年进士,调万安县丞,知宜黄县。丞相周必大荐于孝宗,召对称旨,改太常寺主簿。通判鄂州,差权发遣常州,改衡州。光宗即位,起知袁州,疾作,犹贻书执政论国事,以病未赴。清之少从兄靖之学,后见朱熹,遂致力于义理之学。著有《曾子内外杂篇》《训蒙新书》《外书》《戒子通录》《墨庄总录》《祭仪》《时令书》《续说苑》《农书》《衡州图经》等著作及文集。今仅存《戒子通录》八卷。《全宋诗》录诗五首。《宋史》卷四三七有传,事又见《宋名臣言行录》外集卷一四,《宋元学案》卷五九云:

> 朱、张、吕三先生讲学时,最同调者,清江刘氏兄弟也。敦笃和平,其生徒亦遍东南。近有妄以子澄为朱门弟子者,谬矣。其中刘氏兄弟,老大为刘靖之,字子和,庐陵人,学者称为孝敬先生。子和弟刘清之,字子澄,学者称静春先生,其初受学于子和。登绍兴进士。因往见朱熹,慨然有志于义理之学。以“力行切己者,省察性情为务;有志者,必如曾子用力于容貌辞气,颜子用力于视听言动,方为善学”。①

清之亦出身名臣世家,当时人罗愿介绍其家族发展情况甚详,见于其为刘清之从兄刘子信所写墓志铭,题为“刘子信墓志铭”,现节录如下:

> 皋之六世祖姑,宜春郡夫人陈氏,是为判三司磨勘、赠太子太保、新喻刘公讳式之配。能聚书以教其子,有墨庄之名。五子皆有

① (清)黄宗羲编、全祖望补《宋元学案》卷59,第1938页。

> 行业，俱赐第为卿监郎官，乡里称为五君，而谓五君之母，为墨庄夫人。事见《国史》及安定胡先生《贤惠录》。故刘氏陈氏号世姻。君讳肃，字子信，磨勘公五世孙，曾祖太中大夫敩，祖承议郎武贤。父沂，字文因，隐居不耀，娶会稽人顾长官复经女，生咸及君，咸未冠而卒，及文因没，君独躬艰勤以養母，自太中以来，居扬州文楼巷，文因当建炎间避地居豫章之新吴。叔父监丰国、监承议郎滁，时亦转居江西诸郡，欲招君合居不能遂。乾道四年，丰国之子靖之、清之始归君庐陵。君妻张氏，生一女蚤世，乃以其女丑季，适皋之子崇俨，而君晚亦得男子子，曰理季、顺季。靖之为赣州教授以卒。及清之佐鄂州，奉君之官，所以娱侍者甚至，君寡过易足，幼读《论》《孟》、毛氏诗颇成诵，晚得子则躬训导之。①

赵蕃师从刘清之，其集中有《寄刘子澄先生》《送陈择之从留尚书辟便呈鄂州刘别驾》和《呈衡州使君先生二首》等诗叙及与刘清之的师友情谊。后清之守衡，赵番乃求监安仁酒库以卒业，真德秀嘉其气节，于国史书曰："蕃于师友之际盖如此，肯负国乎？"②刘宰《章泉赵先生墓表》亦云："先生尝从静春先生刘氏学，至静春守衡，欲从之卒业，乃求为衡之安仁酒库监。甫至，静春以非罪去官，先生即丐祠从之归。……先生性宽平，与人乐易，而大节所在，莫能夺也。"③《宋元学案》卷五九《清江学案》立《文节赵章泉先生蕃附子遂》，亦彰明两人之师承关系。赵蕃为何始终追随刘清之，并在思想上深受清之影响，吕本中《童蒙训》考论其原因称："师友渊源，必有所自，未有无因而然。"④梳理赵蕃与晁氏的关系，发现赵蕃大舅祖晁子应、晁子与同辈晁子绮，中进士，仕迪功郎，娶刘滁之长女，与黄朋从、张谟是连襟，此关系见于杨万里《通直刘君裴夫人墓志铭》记载。晁子绮著《历代纪年》，见于《宋诗纪事补遗》卷四

① （宋）罗愿《罗鄂州小集》卷 4，文渊阁《四库全书》，第 1142 册，第 493 页。
② （元）脱脱《宋史》卷 445，第 13146 页。
③ （宋）刘宰《漫塘文集》卷 32，文渊阁《四库全书》，第 1170 册，第 729 页。
④ （宋）吕本中《童蒙训》卷下，文渊阁《四库全书》，第 698 册，第 535 页。

九①。子绮事亦见罗愿《刘丰国行录》,其文云:"其嫁娶不问有无,唯择门户及其人良者。济北晁子绮,迪功郎;东平黄朋从,成忠郎;开封张谟,其婿也。"据罗鄂此文,亦可考见刘滁事迹,兹节录如下:

> 故丰国刘君,讳滁,字全因,其先自庐陵迁袁之新喻。开宝中,式随李氏归京师,历工部员外郎,判三司磨勘司,赠太保,生立德秘书监,赠太尉,仍世见《国史》。生戬,官太中大夫,历守淮、扬、池、睦、温。始居扬州,生武贤,为承议郎,知盱眙县。生君于滁之全椒,因以命之。……君初娶长垣赵氏,承议郎忠恕女,再娶雍丘裴氏,河东提刑珪女。两男子靖之、清之,三女曰信、曰萧、曰郝。赵夫人尤贤而有文,夫妇手写经史以课儿女,君既礼爱文儒,在豫章,友仪真郭景仁,居临江,善杨愿,君虽贫,少供馈,而二君教其子靖之不倦者,以与君友善故也。靖之每夕归,转以教其弟清之,而景仁、愿,后皆以进士官升朝。为文人,及靖之甫冠,君使干门内事,若不急于科第者,然卒成名。其后稍趣清之就试,谓人曰:此子来年亦当得官。靖之问君,君曰:我以门户料之耳。……君故世家,以儒学为门户,其勤身睦族,皆父祖遗事,故不显其殊异之行。然艰难来,衣冠子孙,或坠失其绪,君独兢兢追诵先世之意,以诏其子,使有闻。二子又能自力,及君没后,靖之教授赣州,严重有师道,士颇兴于行业,不幸早世。清之仕于时,以礼进退,其于人,谆诲不倦,尝入为太常主簿,今佐鄂州,所植立当不泯于世。君所就既如此矣。靖之字子和。清之字子澄,皆与予善。新安罗愿曰:不诬其亲,以伤天下之公议,子澄有之。不谀死悦生,以求实其言,愿将学焉。②

如文中所云,刘滁正是刘清之父,而晁子绮所娶即刘清之姊妹。晁子应同辈晁子阖,晁说之之孙,公耄之子,乾道间任连江县令,娶李邴

① 张剑著《晁说之研究》,第 66 页。

② (宋)罗愿《罗鄂州小集》卷 4,文渊阁《四库全书》,第 1142 册,第 494 页。

女①。淳熙四年朝奉郎通判庐州，其一女于该年嫁与韩元吉子韩淲。韩元吉《南涧甲乙稿》卷一二记载《淲言定晁氏书》致信晁子健言及两家共结姻亲之事，同书卷一八有《淲纳妇祝文》介绍此姻亲之事所涉具体时间及人物。如上梳理可见，韩淲与赵蕃及刘清之俱有亲戚关系，不过，从行辈来看，刘清之乃韩淲和赵蕃两人之祖辈。

赵蕃年近五十犹师承朱熹。如前所述，赵蕃传记明确记载其年近五十犹问学朱熹，后者作为南宋著名诗人和理学集大成者，对赵蕃的诗歌创作和思想精神产生了重要影响。《四库全书总目》记载两人交往云："朱子文集与蕃尺牍凡六首，蕃与朱子往还诗及他作之称述朱子者二十余首。朱子《答徐斯远书》有云：'昌父志操文词，皆非流辈所及，且欲其刊落枝叶，就日用间深察义理之本然，庶几有所据依，以造实地，不但为骚人墨客而已'。所以援引之者甚力。"②可见，两人诗文往来频繁，朱熹对赵蕃颇为肯定。赵蕃诗中提及想念朱熹、谨遵朱熹教谕之作亦多，如《再见晦庵既行有怀》云："去留俱有念，搔首漫彷徨。"《寄送于去非三首》云："如何晦翁语，折节继前修。"赵蕃《次韵李袁州绝句七首》，自注云："先生时有溧阳之行，蕃来别，并沐录赠归，因继作以献。'崧庵已老杜陵树，家世斯文属晦庵。我是两翁门下客，未传活法且深参'。蕃旧诗中篇也，前后二首已逸去，此篇以晦庵曾写以与人，故存。"③其中，赵蕃自称"家世斯文属晦庵"，又称"我是两翁门下客"，自称为刘清之、朱熹门生，言语中对朱熹非常谦恭。从赵蕃的诗集来看，其叙及两人交往之作非常多，或叙前往拜见朱熹，如《闻晦翁罢宜春留南昌亟往见之》《约斯远同谒晦庵先生》，或叙与朱熹之分别，如《告别晦庵晦庵有惜别语》《别晦庵》《别朱子大苏召叟昆仲》等。

赵蕃经常给朱熹寄赠诗作，如《寄晦庵二首》，他还经常读朱熹之诗作，如《读朱先生云谷诗》。或于诗中以朱熹为典，其《春雪四首》有"大江分左右，万口说朱钱"，诗中之"朱钱"，其自注云："谓南康朱熹元晦使君，江西钱佃仲耕运使。"赵蕃治学与为诗皆推崇朱熹，朱熹之思想和诗

① 陈寿祺《福建通志》卷23，台北华文书局股份有限公司，1968年。

② （清）纪昀等编《钦定四库全书总目》卷160，第2135页。

③ 《全宋诗》，第49册，第30334页。

学无疑对赵蕃都产生很深的影响。众所周知,朱熹被视为宋代理学之集大成者,从其师承的思想脉络来看,他早年师承李侗,而李侗学于罗豫章,豫章又出于杨时,杨时乃程颐高足,故朱子之学实渊源于程氏。明代刘宗周云:"朱子之学,本之李延平,由罗豫章而杨龟山、而程子、而周子。自周子有主静立极之说传之二程,其后罗、李二先生专教人默坐澄心,看喜怒哀乐未发时作何气象。朱子初从延平游,固尝服膺其说,已而又参以程子主敬之说,静字为稍偏,不复理会。迨其晚年,深悔平日用功未免疏于本领,致有辜负此翁之语,固已深信延平立教之无弊。而学人向上一机,必于此而取则矣。"①

宋代学术在文化史中占据最重要地位者是道学。道学亦名理学,起自周濂溪、邵康节,盛于程明道伊川,集大成于朱晦翁。晦翁以降,理学弥漫天下,举凡文学政治,无不有理学思想为其背影,而成理学之政治,理学之文学。夫诗乃文学之一偏,故宋代理学家亦独有其理学诗体,虽非诗学正统,然自具其习尚,未可便尽芟而不述也。若追溯理学诗体之起始,固亦当推周邵二程诸公焉②。纯理学之击壤体始于邵雍,他尝师事李北海之才,为理学别派之始祖。其诗收入《伊川击壤集》。其诗原于香山,如《有客吟》云:"伊嵩有客欲无言,进退由来尽俟天。好静未能忘水石,乐闲非为学神仙。休嗟紫陌难为客,且喜清风不用钱。枉尺直寻何必较,此心都大不求全。"③周敦颐、张载和二程是北宋诸理家学习的榜样。周敦颐,字茂叔,道州营道人,官至知南康郡,以营道故居濂溪名之,间以吟咏自遣,卒年五十七。如《同石守游》云:"朝市谁知世外游,杉松影里入吟幽。争名逐利千绳缚,度水登山万事休。野鸟不惊如得伴,白云无语似相留。傍人莫笑凭栏久,为恋休居作退谋。"④张载与二程子友善,为理学一大家。著有《正蒙》《经学理窟》《易说》《语录》《东铭》《西铭》等。张载"观汉魏而下乐府,有名正而意调卒卑者,尝

① (明)刘宗周《圣学宗要》,《刘子遗书》卷1,文渊阁《四库全书》,第717册,第109页。

② 梁昆著《宋诗派别论》,第127页。

③《全宋诗》,第7册,第4482页。

④《全宋诗》,第8册,第5062页。

革旧辞，而追正题意，作《乐府》七篇"[①]，如模仿《诗经》句法作有《燕歌行》云："小雅废兮，东山不作。哀我人斯，皇心不乐。烝哉斯人，胡然而天兮，王师于铄。"[②]程颢，字伯淳，河南人。与弟颐自幼问学于濂溪，谥明道先生，为人温实和粹，所作诗歌，亦极雅正。如《晚春》云："人生百年永，光景我逾半。中间几悲歌，况复多聚散。青阳变晚春，弱条成老干。不为时节惊，把酒欲谁劝。"[③]程颐字正叔，号伊川，明道弟，性严正，其学甚盛，直继濂溪之传，下开晦翁之绪。有《易传语录》行世。反对作诗激烈，然亦间事吟咏。如《谢王佺期寄药》云："至诚通圣药通神，远寄衰翁济病身。我亦有丹君信否？用时还解寿斯民。"[④]

到朱熹时，理学诗始兼取诗学正法。朱熹在理论上主张治格物致知之学，讲究居敬穷理。至于陆九渊、真西山等人则是南宋诸理学家学习的榜样。陆九渊所著文集内有诗二十三首。《鹅湖和教授兄韵》云："墟墓兴哀宗庙钦，斯人千古不磨心。涓流积至沧溟水，拳石崇成泰华岑。易简工夫终久大，支离事业竟浮沉。欲知自下升高处，真伪先须辨只今。"[⑤]九渊曾论及江西诗派，不象其他人那般一味厌斥，其中也很可能因他是江西人的缘故。吕祖谦与朱熹、张栻并称为"东南三贤"，其学本于周、程，尤精史献，兼理文章。有诗一卷，如其《恭和御制秋日幸秘书省近体诗》云："麟阁龙旗日月章，中兴再见赭袍光。仰观焜耀人文盛，始识扶持德意长。功利从今卑管晏，浮华自昔陋卢王。愿将实学酬天造，敢效明河织女襄。"[⑥]真德秀，字景元，号西山，浦城人。其学宗朱子。有《文章正宗》等。如其诗《会长沙十二县宰》云："从来守令与斯民，都是同胞一样亲。岂有脂膏供尔禄，不思痛痒切吾身。此邦只似唐时古，我辈当如汉吏循。今夕湘春一卮酒，直烦散作十分春。"[⑦]金履

---

① （明）曹学佺《石仓历代诗选》卷133，文渊阁《四库全书》，第1389册，第84页。

②《全宋诗》，第9册，第6284页。

③《全宋诗》，第12册，第8233页。

④《全宋诗》，第12册，第8374页。

⑤ （宋）陆象山著、钟哲校《象山集》卷25，中华书局，1980年，第301页。

⑥《全宋诗》，第47册，第29515页。

⑦《全宋诗》，第56册，第34846页。

祥，字吉父，婺川兰溪人，其学源于朱熹。著有《濂洛风雅》《仁山集》等。其诗颇安和，如《代简汪明卿》云："闻道君居向紫岩，为渠征役未遑安。从来古语贫为累，岂谓今时富亦难。六十里间无一字，几多心事付三叹。秋来好着新鞭策，要把规模远大看。"①

综合来看，两宋诸理学诗以朱熹品格最高，与朱熹同时的南宋心学家在心性修养工夫上提倡"神悟"，认为要达到真正了悟，是在恍然之间，靠神秘的直觉体悟，而不是靠智力求得。朱熹不认同心学学说，明确指出"恍然神悟乃异学之语，儒者则惟有穷理之功，积习之人触类贯通，而默有以自信耳"②。他极力提倡程颐所称"涵养须用敬，进学则在致知"，并践行"格物穷理"之说。朱熹之后的理学诗家很多，都以理学为标准选诗文总集，如《宋文鉴》《文章正宗》《濂洛风雅》等。相继而出，于是诗人从理学家说者愈众，理学诗体之势力渐不可低估。朱熹身兼诗人和理学家双重身份，对情与理深有体会。他以儒家心性理论为诗歌思想的基础，其核心在于以情寓理和以理节情，要求诗歌创作将情感体验与性理规范统一起来，作者道德人格与高远胸襟的流露，具自然平淡的"冲和"之美。这种思想虽带有理学崇尚道德情操而轻视词艺的倾向，但也反映出中国传统审美心理的要求，对当时及后世文学思想的发展有着直接而深远的影响③。其实，"心统性情"说本是由张载先提出来的，不过，朱熹给它赋予新的解释，他说："性即理也。在心唤做性，在事唤做理。……有这性，便发生这情；因这情，便见得这性。"④根据他的说法，"统"有二义，即心兼性情和心主性情。朱熹对诗歌产生的自然合理性也有必要肯定，他说："人之生不能不感物而动，曰'感物而动，性之欲也'。……心宰则情得其正，率乎性之常，而不可以欲言矣。"⑤《诗集传·卷首》也有类似观点："人生而静，天之性也，感于物而动，性之欲也。……而发于咨嗟咏叹之余者，必有自然之音响节族而不能已焉。

① 《全宋诗》，第 68 册，第 42584 页。

② （宋）朱熹《晦庵先生朱文公文集》卷 70，《四部丛刊初编》，第 180 册。

③ 张毅著《宋代文学思想史》，中华书局，2004 年，第 259 页。

④ （宋）黎德靖编、王星贤校《朱子语类》，第 82 页。

⑤ （宋）朱熹《晦庵先生朱文公文集》卷 64，《四部丛刊初编》，第 180 册。

此诗之所以作也。"当朱熹欲表现这种自然合理性，其诗便具清远冲和、情韵悠然之风，禅在此时就现身出来，故陈衍说："晦翁登山临水，处处有诗，盖道学中之最活泼者。"①

朱熹撰著颇丰，有《四书集注》《近思录》《易本义》《诗集传》等著作。朱熹作诗在当时才高誉旺，从汉魏六朝体至唐体及理学体兼擅，尤精于古诗。其所作理学体亦修谨雅正，不杂俚赘之言，典厚恢宏，刊落诙谐之调。其《斋居感兴》云："元亨播群品，利贞固灵根。非诚谅无有，五性实斯存。世人逞私见，凿智道弥昏。岂若林君子，幽探万化原。"②

朱熹对赵蕃影响之深，不言而喻，究其端详，可通过分析《朱子语类》中有关二人的讨论看出来。赵蕃经常向朱熹请教，朱熹非常赏识赵蕃虚心、诚恳等品格，尝称："昌父较恳恻。"③还在《答徐斯远》高度评价赵蕃的"志操文词，皆非流辈所及"，"不但为骚人墨客而已"，不过，也指出其治学为文之不足，应"深察义理"，"造实地"，其文云："昌父志操文词，皆非流辈所及。……不过欲其刊落枝叶，就日用间深察义理之本然。庶几有所据依，以造实地。不但为骚人墨客而已。"④朱熹对赵蕃寄予厚望，与赵蕃就治学态度和治学方法等亦有较多探讨，如论治学态度，朱熹称不能偷懒，懒则怯弱，其文云："某平生不会懒，虽甚病，然亦一心欲向前做事，自是懒不得。今人所以懒，示必是真个怯弱，自是先有畏事之心。才见一事，便料其难而不为。缘先有个畏缩之心，所以习成怯弱而不能有所为也。"认为人之血气固有强弱，然志气则无时而衰，"养气"非常重要，也就是要像孟子说的那样"养吾浩然之气"。赵蕃也意识到自己为学有舍难从易的趋向，自称："某平生自觉血气弱，日用工夫多只拣易底事做。或尚论人物，亦只取其与己力量相近者学之，自觉难处进步不得也。"⑤针对赵蕃的不足，朱熹进一步提出建议云："便当这易处而益求其所谓难，因这近处而益求其所谓远，不可只守这个而不

① （清）陈衍《宋诗精华录》卷3，巴蜀书社，1992年，第463页。
② （宋）朱熹《晦庵先生朱文公文集》卷4，《四部丛刊初编》，第176册。
③ （宋）黎德靖编，王星贤校《朱子语类》卷140，第3332页。
④ （宋）朱熹《晦庵先生朱文公文集》卷54，《四部丛刊初编》，第179册。
⑤ （宋）黎德靖编，王星贤校《朱子语类》卷120，第2890页。

求进步。纵自家力量到那难处不得，然不可不勉慕而求之。今人都是未到那做不得处，便先自懒怯了。虽是怯弱，然岂可不向前求其难者远者！但求之，无有不得。若真个着力求而不得，则无如之何也。"赵蕃答曰："某幸闻诸老先生之绪言，粗知谨守，而不敢失墜也。"朱熹称"固是好，但终非活法尔。"如论治学方法，朱熹说："当从实处作工夫。"①赵蕃回答说："学者工夫多间断。"朱熹说："圣贤教人，只是要救一个间断。"因说学者工夫间断，谓"古山和尚自言：'吃古山饭，阿古山矢，只是看得一头白水牯。'今之学者却不如他"②。

《朱子语类》有关朱熹评价赵蕃诗歌的记载也有不少。朱熹充分肯定赵蕃创作数量丰富，不过，也指出其诗风过于"孤瘦""清苦寒瘦"。其《答巩仲至》一文云："昌父昨日得书已到家矣。寄诗甚富，孤瘦亦甚矣。……昌父得书，欲来相访。……及寄未病时手写诗一编，清苦寒瘦，如其为人。"③朱熹多次用"瘦"来评价及赵蕃的诗歌艺术风格，其中包含委婉的批评。《朱子语类》中记载朱熹与符舜功、林择之讨论赵蕃诗歌，朱熹在指出南宋中后期诗坛积弊的同时，就指出了赵蕃诗学江西诗派，稍趋于诗派之弊等不健康的创作倾向，"平生最不喜作文，不得已为人所托，乃为之。自有一等人乐于作诗，不知移以讲学，多少有益"，"今人不去讲义理，只去学诗文，已落第二义，况又不去学好底，却只学去做那不好底。作诗不学六朝，又不学李杜，只学那峣崎底。今便学得十分好后，把作甚么用？莫道更不好。如近时人学山谷诗，然又不学山谷好底，只学得那山谷不好处。如今江西学者有两种，有临川来者，则渐染得陆子静之学；又一种自杨谢来者，又不好。子静门犹有所谓'学'，不知穷年穷月做得那时，要做何用？江西之诗，自山谷一变至杨廷秀，又再变，遂至于此"④。以上论述中，朱熹表明自己崇尚实学、不轻易为文以及"只学好底"，"不学不好底"的态度与追求。朱熹对诗坛的抨击与对赵蕃的批评，还需联系他的治学态度与文学观进行分析。

---

① （宋）黎德靖编，王星贤校《朱子语类》卷120，第2890页。
② （宋）黎德靖编，王星贤校《朱子语类》卷121，第2926页。
③ （宋）朱熹《晦庵先生朱文公文集》卷64，《四部丛刊初编》，第180册。
④ （宋）黎德靖编，王星贤校《朱子语类》卷121，第3334页。

从朱熹的学术思想和创作实践来看，他推崇"恍然神悟，乃异学之语。儒者则惟有穷理之功，积习之人，触类贯通而默有以自信耳"，"涵养须用敬，进学则在致知"。在朱熹看来，文道关系是一种本与末的关系，文是道的体现，无道便无所谓表现，"文从道流出"，既是他的审美标准，也是其美学价值观。朱熹评品艺术创作和文学创作，既注重道德思想内涵，即道和善，也不忽视文艺形式的美饰和感性的愉快，即文和美。他在强调道德、思想标准的前提下，力求实现道德、思想内容与文艺形式的融合。他说过："今人学文者，何曾作得一篇，枉费许多气力；大意主乎学问以明理，则自然发为好文章，诗亦然。"①也就是说，朱熹强调质朴自然、平淡有味的艺术风格和审美意识，反对华丽纤巧，刻意造作，更重视诗、文的表现形式之美达到一种圆融境界。联系赵蕃的思想、创作风格和创作实绩，朱熹对其评价和批评可谓一针见血。关于这一点，赵蕃曾在《早发建德》诗中自称："诗材动乡邑，点检欠经营。"可见其对自己的不足有过较为深刻的认识与反思。不过，因囿于其性情、才华和格调与朱熹相比已自有深浅和高低之别，加上缺乏朱熹那样的识见、悟性和气魄，故朱熹取法乎上，而赵蕃得乎其下，最后其诗沦为南宋中后期之一偏之体，其思想也未能产生较大的影响，特别是到现在更是名声寂寞。反观赵蕃在当时所受的肯定与赞扬，不能不说是一件憾事。

观朱熹与赵蕃的多番探讨，不难窥见其审美观与文学观。朱熹认为所谓美，一是指审美对象的外在表现形式，二是指精神心态的内在状态。他说过："美如人生得好，善则其中有德行耳。以乐论之，其声音节奏与功德相称，可谓美矣。"②朱熹对美的规定是：以所以然之理为美。他认为美的本质和根源是所以然之理，比如平淡而不厌恶，简朴而有文采。朱熹不把色之美停留在感觉的审美愉快上，而把它与道融合起来，认为这种美的理才是真正、永恒的美，它是具体美的根据。朱熹认为美依赖美的理而存在，他在《语类·中庸》说："如今学者不长进，都缘不知此理。"③他把自然山水作为人欣赏美的对象。他解释孔子"知者乐水，

① （宋）黎德靖编，王星贤校《朱子语类》卷121，第3306页。
② （宋）黎德靖编、王星贤校《朱子语类》，第636页。
③ （宋）黎德靖编、王星贤校《朱子语类》，第1597页。

仁者乐山。知者动，仁者静；知者乐，仁者寿”时，认为孔子是用个人修养说明智者与仁者在资质上的区别。寓意人们对自然山水的喜好有差异。智者、仁者与自然山水之间有一种相互对应的关系。换句话说，人们之所以会喜好某种自然对象，是由于自然对象的形态、特性引起人们精神心态的共鸣、愉快或爱好，并把山水的自然现象作为寄寓人们情操、忧思、理想的异化物。朱熹曾依照孟子的道德标准，将精神美分为六个层次：善、信、美、大、圣、神。他对美的规定，是对以往美学思想的扬弃，在朱熹看来，善与美存在内在一致性，美不再是单纯的外在形式，而是感性形式得到完满实现的内在之善。

在创作上，朱熹也认为人之血气，固有强弱，然志气则无时而衰。他说："知言疑议大端有八：性无善恶，心为已发，仁以用言，心以用尽，不事涵养，先务知识，气象迫狭，语论过高。"①他极力反对"不事涵养，先务知识"的作诗方法，认为如此将导致"气象迫狭，语论过高"。他提倡作诗写文章应先在涵养上下工夫，才能有所成。其所谓"涵养"，实际包含上下两个维度的心理倾向：向上寻求平和愉悦、无拘无束的心灵自由之境，以此为目的；向下抑制和消解各种"人欲"，以此为手段。朱熹认为，只有通过静思默想而使精神超越于荣辱得失、功名利禄的现实关注之上，才能获得自由的状态，即做到如孟子所说的"养吾浩然之气"。朱熹强调，"养气"非常重要，这是决定一切外在行为的重要原因，是决定成圣、成贤之关键，"至大至刚，养而无害，浩然塞于天地间，此孟子之所以养其气也。由此观之，圣之所以为圣，贤之所以为贤，大之所以为大，皆养之使然也"②。那么，究竟应该如何"养气"呢？朱熹曾以赵蕃创作诗歌为例，朱熹认为提高创作水平的途径是：努力提升自身的人格，为高尚的人格确立根本，诗歌的格调才能高雅，才无卑微猥琐之态，"欲学古人之言艺，当先学古人之德性、心术。无是心而学是艺，愈劳苦而愈不近似。然则何以识其心哉？因言语、文章、行事之著于外者，知其心之必若是也"③。朱熹上述主张与宋代理学家一贯提倡的"涵咏"

① （宋）黎德靖编、王星贤校《朱子语类》，第1583－1591页。

② （元）郝经《养气》，《陵川集》卷22，山西古籍出版社，2006年，第781页。

③ （元）胡祇遹《紫山大全集》卷26，文渊阁《四库全书》，第1196册，第477页。

工夫有较大联系,“涵咏”,除了自我的心性修养,还需要博览群书,让修养与学识相辅相成,互相促进。“养气”是一种复杂的内部精神活动,以积学饱读为基础,排除外界干扰,处于清静思虑的情况下,沉潜于宇宙上下,贯通古今,与古圣人贤人思想进行交融,提升自己的道德与修养,充分倾听内心的声音,得到自我解脱,达到体道与悟道之妙。

2. 韩淲的理学渊源

纵览韩淲家族的发展历程,一直与宋代理学有着千丝万缕的关系。根据对现有关于宋代家族研究的考察,学者们主要将这些家族分为政治家族、经济家族、军功家族、文化家族等四种类型。事实上,从理学与宋代家族的关系来看,已有的划分并不全面,这是因为宋代理学彬彬称盛,涌现了不少专门研究理学思想或易学思想等的家族,比如吕氏家族一门对理学的研究贯穿两宋,先后出现了吕公著、吕希泽、吕本中和吕祖谦等理学家,比如朱松和朱熹父子。韩亿家族在理学思想领域也比较活跃,家族成员不但与同时许多理学大师交往频繁,而且具有较高理论修养。全祖望为韩璜作传云:“北宋公相家之盛,莫如吕氏、韩氏也。其子孙皆能以学统光大之。吕氏则荥阳学于伊川,紫微遍学于龟山、广平诸门,仁武、德元学于和靖。而韩氏则德全学于元城,先生学于武夷,无咎学于和靖,东莱又无咎之壻,佳话也。”①

韩氏一门,与理学渊源最深的是韩维。《南阳集行状》云:“公纯明刚大,恭俭笃实。学问深博,究极道德性命之归。持心不欺,终身无一妄语。貌庄气和,望之者知其为盛德君子也。”②沈晦《南阳集跋》云:“清夷刚正,高洁静直,虽燕居不妄言笑,见者肃然。其操履施为,常持天下之正。元祐人物论清正刚直必以司马温公、外祖为称首。搢绅士大夫闻其风者,攘袂意消,天下莫不仰其盛德。至于履道不苟合,守正不少屈,求退不愿富贵,不肯挠毫发以就功名。常以帝王之学弼人主,而以孔孟之道律后进。”③《宋元学案》卷一九云:“庆历以后,尚有诸魁

---

① (清)黄宗羲著、全祖望补《宋元学案》,第793页。

② (宋)韩维《南阳集》,文渊阁《四库全书》,第1101册,第774页。

③ (宋)韩维《南阳集》,文渊阁《四库全书》,第1101册,第777页。

儒焉，于是统或未豫，而未尝不于学术有功者，范蜀公、吕申公、韩持国，一辈也。”[①]均极力称赞韩维在思想、学术上的造诣和成就。《宋元学案》卷一四“明道学案”将韩维录入“明道同调”，《宋元学案》卷一六“伊川学案”将韩维录于“伊川讲友”，究其原因在于韩维与程颢、程颐思想上交流非常频繁，对程朱学派的这两位创始人敬重有加，保持着非常密切的联系。程颐在韩维八十一岁时去祝寿，在颍川长住了一段时间，韩维早晚陪伴饮食，“体貌加敬”[②]。程颢死后，韩维为其作墓志铭，见于程颐《上韩持国资政求撰兄墓志》，程颐对韩维之德义和文才褒奖有加，“颐窃谓智足知其道义，文足以彰其才德，言足以取信后世，莫如阁下。”[③]韩维对程颢之教诲亦非常感念，“先生不以老耄鄙我，周旋启告，所以为益良厚。”[④]韩维不但应邀欣然写下墓志铭，对程颢之学识与品格倍加称道，“先生于书，无所不读……其持己清峻，若不可及，而与人甚恕而温”。“其处义命，可谓兼之矣”[⑤]。观韩维为程颢所写之墓志铭，足可见他与二程志趣相投，互相交流既多，对于这份友情亦十分珍惜。

除了韩维，韩氏家族之韩元吉不但与理学家交游广泛，而且于文集中对自己的理学思想进行专门阐述。袁清容《志韩夫人墓》云：“中原韩有二族，居会稽者为安阳，居广信者为颍川。龙图阁学士无咎公师表一世，其子仲止克绍家学，缙绅号‘二韩父子’。”[⑥]韩元吉师从理学家尹焞，赵蕃《子进游怀玉山度必有诗未辱寄来作诗索之》有“是邦有兹，盖已千祀垂。曩者君夫子，携家隐于斯。与山结胜因，诗成多及之”。其中“曩者君夫子”，赵蕃自注云：“谓少稷。”少稷，即尹焞，此注表明尹焞曾于怀玉山隐居，韩元吉得以有机会向他学习，此元吉被录入《和靖学案》之由。元吉又与理学家朱熹交好，二人常常互有唱酬，元吉《武夷精

---

① 郭齐、张尚英《历代学案》(二)，《宋元学案》卷 34，第 783 页。
② (清)黄宗羲著、全祖望补《宋元学案》，第 617 页。
③ (宋)程颐《二程文集》卷 10，文渊阁《四库全书》，第 1345 册，第 698 页。
④ (清)黄宗羲著、全祖望补《宋元学案》，第 793 页。
⑤ (宋)韩维《南阳集》卷 29，文渊阁《四库全书》，第 1101 册，第 757 页。
⑥ 四川大学古籍所编《历代学案》卷 8，第 439 页。

舍记》叙云:“吾友朱元晦,居于五夫里,去武夷一舍而近,若其后圃,暇则游焉。”此《宋元学案》卷四八“晦翁学案”将其录入“晦翁讲友”之由。《宋元学案》卷四〇“横浦学案”将韩元吉录入“横浦门人”。此外,韩元吉《韩愈论》《礼乐论》对儒学思想有不少专门阐释,其《诗论》论及礼、义和圣人的关系云:“圣人顺民心以立法于天下者,不过曰礼与义而已。礼义者,非有以强天下也。”①其《孟子论》又论性、情、理和善云:“性者,所以受于生者也。”“情发于性,而性非情也,性则本中,而情则有正。”此外,他在《荀子论》论及“道”云:“吾之道不足以易之,而返惧其有不合也。”②韩元吉对道学、玄学思想亦有专门研究,不但写下《老子论》,又于《易论》云:“天下之数,其出无穷。而天下之理,皆本于一。夫一者,所以为天下之数也。自一而至于十百,十百而至于千万,有是理,然后有是数焉。盖理者存乎内,而数者见乎外也。存乎内者微妙,而有所难言。见乎外者纤细,而可以毕举。是二者,其所由来皆始于一矣。易者,圣人所以穷天下之理,而非止论乎数也。然而天下之理非数亦无以明是。”③其中,对“易”与“理”“数”的关系进行探讨,明确指出“易者,圣人所以穷天下之理,而非止论乎数也”。总的来说,韩元吉在理学思想上的主张是提倡存心、内省,重视治心养气。

除了韩维和韩元吉,韩氏家族还有不少成员师从理学名家,具备很深的理学修为。如韩璀,《宋元学案》“元城学案”录“知州韩先生璀”,称其“官浙中久,其往来必维舟河梁,侍元城谈,录其系邪正得失者二十一条为《元城谈录》”④。如韩璜,《宋元学案》“武夷学案”录“谏院韩先生璜”,称其“南渡后居衡山。胡文定公(胡安国)来衡山,先生因从之讲学。而与胡寅尤相善。胡寅称许他在官广东时,壁立无所污染”⑤。又如,《宋元学案补遗》“陈邹诸儒学案补遗”录“提刑韩先生元龙”,称其“性醇孝,未尝辄去其母。与弟尚书元吉友爱甚笃,俱以文学显,时以比

---

① (宋)韩元吉《南涧甲乙稿》卷17,文渊阁《四库全书》,第1165册,第260页。

② (宋)韩元吉《南涧甲乙稿》卷17,文渊阁《四库全书》,第1165册,第269页。

③ (宋)韩元吉《南涧甲乙稿》卷17,文渊阁《四库全书》,第1165册,第257页。

④ 四川大学古籍所编《历代学案》卷20,第413页。

⑤ 四川大学古籍所编《历代学案》卷34,第676页。

坡、颍云”。① 此外，韩淲录入《宋元学案》卷五九《清江学案》。综合来看，韩淲家族在思想上的成就和影响超过了同时代许多家族。近年来，学术界对于宋代家族的研究主要集中在家族的婚姻、仕宦、交游及文学研究方面，而对宋代家族的思想研究较少，因此，进行韩淲家族思想研究将具有特别的意义。

第四节 “上饶二泉”的隐逸思想

1. 赵蕃的隐逸思想

赵蕃一生，大多数时候隐居于玉山，其又号竹隐先生，其弟号定庵居士，两人皆以年高德望而著称于时。《鹤林玉露》卷一二称：赵昌父兄弟皆隐于玉山之下，年近九十而亡，人间至乐之事。戴复古《章泉二老歌》记载赵蕃兄弟之事颇详，其诗云：

> 在昔商山传四皓，又闻香山图九老。异乡异姓适同时，争如章泉一家兄弟登耆颐。章泉之上两山下，有地可宫田可稼。伯也早休官，季也相约归林泉。名动京口耕谷口，山中有诗天下传。一生得闲兼得寿，皓首庞眉世稀有。竹隐先生八十三，定庵居士七十九。客从远方来，亦是六十叟。手把一枝梅，奉劝两翁酒。问公何以致遐龄，请翁细说吾细听。不烧丹，不学仙，五行有常数，天所禀赋焉。人生一气统四体，众人斫丧吾能全。要知养生无他术，日多吃饭夜独眠。承翁见教谢翁去，两翁殷勤留我住。是夜醉眠苔竹轩，梦见山灵向我言，翁之所说皆不然，两翁盛德合乎天，天与遐龄五百年。②

戴复古此诗描写赵蕃兄弟慈眉善目，皓首庞眉，生活俭朴，亲自躬耕，极力赞他们年高道隆，“盛德合乎天”。赵蕃僻居乡村的物质生活虽

---

① 四川大学古籍所编《历代学案》卷 35，第 633 页。

② 《全宋诗》，第 54 册，第 33461 页。

然清贫而艰苦，但是因为常与邻人相聚、饮酒，流连山林，也充满乐趣，对此，赵蕃《竹隐新篱》诗描述云：

地迥阙虎落，秋来逢鼠偷。贫居乏给使，力作费营谋。邻近俱相集，欢言卒未休。浊醪浇渴肺，香饭饱饥喉。密筱分新翠，深林失故稠。斩除才就束，委积动成丘。经布潜依堑，蛇行曲过沟。周遭类屏障，森列胜戈矛。黄耳斯逃责，青毡好在不。幽栖知有托，高枕得无忧。①

赵蕃在隐居生活中，可贵之处在于能够克服困难，安处贫贱，保持闲适自得的生活态度，其《自玉山归竹隐投宿广平院》即表现出淡泊名利、安贫乐道的精神境界：

久客倦城市，薄言归田庐。秣马待日敛，颠风忽来俱。横须径成去，扑扑埃满须。晴雷隐虚空，数雨如投珠。渴甚念茗饮，迟回寻梵居。少焉复前迈，行行过烟墟。但惊田畴间，有似槁复苏。及经道途冲，余流尚通渠。乃悟适来雨，咫尺或有无。天公本何心，分龙信非诬。自兹到吾栖，岗岭更复迂。山穷偶逢寺，可以休仆痡。投鞍议食事，仅具粥一盂。道人吾故人，问我来崎岖。既能设瓜果，村酒亦复沽。我愧非渊明，僧诚远公徒。停杯竟高枕，梦境知何如。明当带星起，草露徒侵裾。还家一何忙，视竹齐架书。优哉且自适，休问瓶无储。②

由上所述，赵蕃厌倦仕途，宁愿隐逸玉山，一生静居野处几十年，其志洁，其行廉，其心安，备受当时名士关注和赞赏。赵必愿，字立夫，余干（今江西余干西北）人，赵汝愚孙，《宋史》卷四一三有传。其未弱冠，丁大母忧，哀毁骨立③。其《方是闲居士小稿序》称赞赵蕃，"近世诗人

---

①《全宋诗》，第 49 册，第 30402 页。

②《全宋诗》，第 49 册，第 30391 页。

③（元）脱脱《宋史》卷 413，第 12407 页。

零落殆尽，无可考订，前辈唯一章泉老人”[①]。陈文蔚（1154—1247），字才卿，学者称克斋先生，上饶人。曾举进士不第。孝宗淳熙十一年（1184）从朱熹学。后聚徒讲学，与徐昭然等创豫章学派。他与赵蕃交往颇多，感情深厚，两人之间有大量的寄赠、和韵诗作，其《徐天锡归自玉山昌甫以三诗送之》其一云：“我闻章泉清，有客日洗耳。而况坦腹眠，满意得佳士。相期忘岁月，饱饭读书史。”其二云：“曾共传岩孙，同坐傅岩石。纪游未抄寄，双梅解相忆。天涯思美人，折花陡岑寂。所幸柱上题，如新未陈迹。”其自注云：“双梅在岩叟家香月堂，清古可爱。”陈文蔚此题第二首诗提及岩叟，即傅岩叟，原名傅为栋，字岩叟，江西铅山人，曾为鄂州州学讲师，昌甫诗中屡次提及傅岩叟，两人与稼轩来往甚密，又每与稼轩同领略傅岩叟香月堂两梅，辛弃疾《念奴娇·赋傅岩叟香月堂两梅》称：“未须草草，赋梅花，多少骚人词客。总被西湖林处士，不肯分留风月。疏影横斜，暗香浮动，把断春消息。试将花品，细参今古人物。看取香月堂前，岁寒相对，楚龚之洁。自与诗家成一种，不系南昌仙籍。怕是当年，香山老子，姓白名来江国。谪人仙，字太白，还又名白。”陈文蔚又有《以寿山石绦环寄赵昌甫将以廿八字》赞赵蕃之寿，“连城价重虽非玉，千古名存寿此山。野服闲居颇相称，无端因得玩如环”[②]。其《和昌甫见寄》记两人之交游，“每日相亲一卷书，席门犹是昔年如。似公长者今时少，花外何时见小车”。诗中自注：“昌甫屡未见访。”[③]陈文蔚诗中有许多思念赵蕃、盼望与赵蕃相聚之作，《昌甫寄徐崇甫书》云：“念作章泉去，川流日夜东。一夜长是客，双鬓已成翁。霁想濂溪月，和思柳下风。平安毅斋信，多谢为流通。”[④]其《昌甫前诗见简方和去未达间再于岩叟处见后诗和韵以谢》云：“章泉相去每相思，多谢交情不见遗。缱绻方赓前日句，联翩又读后来诗。梅方迎腊多投好，菊已凌霜不入时。大抵世情皆若此，吾侪真结岁寒知。”诗中自注云：“蕃诗首及梅、菊。”陈文蔚与赵蕃经常吁寒问暖，相互馈赠，互相关心，

---

① 吴文治主编《宋诗话全编》（七），第7354页。
② 《全宋诗》，第51册，第31959页。
③ 《全宋诗》，第51册，第31962页。
④ 《全宋诗》，第51册，第31963页。

《甲申正月答昌甫见寄韵代书》云:“负米尝漂迹,关心为倚门。尽欢惟啜菽,奉旨屡空尊。温剂劳分给,新诗且记存。开缄细吟讽,小立近黄昏。”其自注云:昌甫寄钟乳,问劳老人之意甚厚[①]。《谢昌甫以诗惠药笺》云:“栖隐重曾定要约,章泉一见话悲辛。吴笺况拜殷勤赐,且续新诗为缕陈。”《和张元德寄昌甫末章见及之韵》云:“多谢新诗相勉进,敢忘圭复识中扃。”《用前韵寄昌甫》云:“几欲来观鱼计亭,未酬此约已星星。自从萧寺一回别,不记春山几度青。尚友古人长闭户,喜闻新命忽扬庭。兴来会作扁舟去,剥啄应劳为启扃。”自注云:“鱼计亭,昌甫家亭名。”[②]上述诸诗,陈文蔚备叙两人之交游,足可反映出两人之情深意切。赵蕃去世后,陈克斋作《祭赵章泉并诔》,赞其“诗文简严典雅”“晚年天成”“斧凿不假”“风节孤高”“生轻利达如鸿毛”,其文摘录如下:

兄之德性,浑厚长者,兄之诗文,简严典雅。诵其诗者,口之而不置;玩其文者,手之而不舍。少日之诗,工于摹写;晚年天成,斧凿不假。造其境者既希,故识其真者亦寡。时移事往,文丧诗亡,孰知予悲,岂止友朋之伤?饭不及含,酒不及觞,缄词寓哀,陨涕淋浪,魂兮不昧,鉴予衷肠。

章泉初得贴职,身后当路者共欲奏闻于上以官其子。家嗣遂深所不愿,以诗谢之。寄予以示其意,适予在忧患,不暇同赋,以数语诔章泉:

不知章泉者,知擅一世之诗豪;心知章泉者,叹风节之孤高。生轻利达如鸿毛,继其志者,又荣名之远逃。清议所归,实逾华衮之褒。[③]

陈宓(1171—1230),字师复,学者称复斋先生,莆田(今属福建)人。陈俊卿之子。少及登朱熹之门,长从黄幹学。绍定三年卒,追赠直龙图阁。有《复斋先生龙图阁陈公文集》二十三卷。《宋史》卷四〇八有传。

---

① 《全宋诗》,第51册,第31967页。

② 《全宋诗》,第51册,第31969页。

③ (宋)陈文蔚《克斋集》卷11,文渊阁《四库全书》,第1171册,第88-89页。

其《谢赵昌父寄诗》诗云："先生心事本韬藏，无奈诗名宇宙香。古柏干隆宜壑卧，野梅心苦不羹尝。百年忽遇中兴主，九衮犹烦告老章。岁晚雪深难出户，谢篇遥拜德公床。"[①]此外，宋末著名文学家与思想家魏了翁与赵蕃交游颇多。魏了翁（1178—1237），字华父，号鹤山，邛州蒲江（今属四川）人。宁宗庆元五年（1199）进士。端平元年（1234），召权礼部尚书兼直学士院，以端明殿学士、同签书枢密院事督视江淮京湖军马。传世有《鹤山先生大全文集》一〇九卷。《宋史》卷四三七有传。魏了翁曾为赵蕃作"章泉"二字，写诗二十二首，其中两首次韵诗有云："易象于坤必有章，泉翁此义发天光。""公诗谢我只成辱，敢复从公质寸长。"[②]其《题赵昌父太社寄桃源何道士》语及赵蕃之高龄，"八十六年强健客，求余判断二苏诗"[③]。又于《跋静春先生刘子澄帖》称"犹幸与辅汉卿、赵昌父、张元德诸公游，知静春事为悉"[④]。另外，其《跋赵昌父送刘清之事后》一文详尽记载赵蕃追随刘清之去衡礼节备至之事："静春刘公之去衡也，章泉赵公亦去之。或曰：非悻悻与？曰：礼有之。凡食宾，君迎宾大门；宾入，君再拜；宾辟，君揖入；宾从，三揖三逊，久而后成礼；宾出，君送之大门。则摈者已返，告曰：宾不顾矣，夫始焉。迎之，拜之，揖之，而后升其后，君送而已不顾，非始烦而终简也。然则士大夫进退之节于此，亦可概见云。"[⑤]赵蕃师事刘清之，深谙士大夫进退之节，受到魏了翁之倍加称道。

如赵蕃诗中所叙，其一生行止、思想除受当时前辈刘清之、朱熹之影响，亦可见所受东晋陶渊明之深刻影响。在中国历史上，陶渊明不仅在文学，而且在思想、文化领域皆深受人们关注，其超凡的人格魅力和作品富有的独特艺术魅力影响了一代又一代人，吸引了众多的追随者。特别是宋代，掀起了一波又一波学陶、崇陶、拟陶的热潮，将陶渊明的接

① 《全宋诗》，第 54 册，第 34097 页。

② （宋）魏了翁《尝为赵太社蕃作章泉二字及匹纸写诗二十二首赵一再有诗因次韵》，《全宋诗》，第 56 册，第 34972 页。

③ 《全宋诗》，第 56 册，第 34972 页。

④ （宋）魏了翁《鹤山集》卷 64，文渊阁《四库全书》，第 1173 册，第 57 页。

⑤ （宋）魏了翁《鹤山集》卷 63，文渊阁《四库全书》，第 1173 册，第 54 页。

受推向其接受史的第一个高峰。对于宋人来说,陶渊明不仅是诗歌创作的典范,而且是人格典范,生活楷模。陶渊明随缘自适的人生态度,尤其为宋人所折服。《蔡宽夫诗话》云:“观其(渊明)《贫士》《责子》与其它诗作,当忧则忧,遇喜则喜,忽然忧乐两忘,则随所遇而皆适,未尝有择于其间,所谓超世遗物者,要当如是而后可也。”苏轼尝称其诗歌美为“质而实绮,癯而实腴”。“所贵乎枯澹者,谓其外枯而中膏,似淡而实美,渊明、子厚之流是也。若中边皆枯澹,亦何足道”①。“苏、李之天成,曹、刘之自得,陶、谢之超然,盖亦至矣”②。《苕溪渔隐丛话》曰:“钟嵘评渊明诗为古今隐逸诗人之宗,余谓陋哉斯言,岂足以尽之!不若萧统云:‘渊明文章不群,词彩精拔,跌宕昭彰,独超众类,抑扬爽朗,莫之与京,横素波而傍流,干青云而直上,语时事则指而可想,论怀抱则旷而且真,加以贞志不休,安道苦节,不以躬耕为耻,不以无财为病,自非大贤笃志,与道污隆,孰能如此乎!’此言尽之矣。”③《龟山语录》云:“渊明诗所不可及者,冲淡深粹,出于自然;若曾用力学,然后知渊明诗非着力之所能成也。”④

宋代掀起一股学习和研究陶渊明的热潮。源于陶渊明留给后代的,不止是其“质而实绮,癯而实腴”之诗歌,不止其平淡中有深味、有远韵的审美范式,更重要的是,他的高风亮节和闲雅情趣成为宋代文人梦寐以求的生活方式。宋代不少诗人在这个举世宗陶、学陶的浪潮中取得突出的成就。如宋初林逋,《夏日即事》云:“石枕凉生菌阁虚,已应梅润入图书。不辞齿发多衰疾,所喜林泉有隐居。粉竹亚梢垂宿露,翠荷差影聚游鱼。北窗人在羲皇上,时为渊明一起予。”⑤苏轼,历来被认为是陶渊明接受史上和陶之最为典范的文人,其先后作有和陶诗 46 题 134 首。其中除《和陶饮酒二十首》作于扬州外,余皆写于谪贬岭海期

---

① (宋)苏轼《评韩柳诗》,苏轼著、孔凡礼校《苏轼文集》卷 67,中华书局,1986 年,第 2109 页。

② (宋)苏轼《书黄子思诗集后》,苏轼著、孔凡礼校《苏轼文集》卷 67,第 2124 页。

③ (宋)胡仔纂、廖德明校《苕溪渔隐丛话》后集,人民文学出版社,1962 年,第 17 页。

④ (宋)胡仔纂、廖德明校《苕溪渔隐丛话》后集,第 17 页。

⑤ 《全宋诗》,第 2 册,第 1190 页。

间。苏轼作《和陶诗》始于元祐七年(1092)知扬州任。谪居惠州、儋耳，均有和陶诗。《诗林广记》前集卷一引《冷斋夜话》云:“东坡在惠州，尽和渊明诗。黄鲁直在黔南闻之，作诗云:‘子瞻谪岭南，时宰欲杀之。饱吃惠州饭，细和渊明诗。彭泽千载人，子瞻百世师。出处虽不同，风味略相似。’”苏轼在儋耳，继续追和渊明诗，并将平生所和陶诗“集而并录之”①。元祐六年十二月，苏轼在颍州任尝云:“陶渊明欲仕则仕，不以求之为嫌，欲隐则隐，不以去之为高，饥则扣门而乞食，饱则鸡黍以延客，古今贤之，贵其真也。”②“旷而且真”本是萧统用来比喻陶潜的个性和胸襟。苏轼《和陶怨诗示庞邓》云:“当欢有余乐，在戚亦颓然。渊明得此理，安处故有年。……但恨不早悟，犹推渊明贤。”江西诗派成员大多学陶，深受黄庭坚的影响。陶渊明是江西诗派最推崇的古代作家之一，与杜甫一同被视为他们不可企及的艺术典范和人格典范。黄庭坚除学老杜外，也多方面学习陶渊明，如其《题意可诗后》云:“宁律不谐，而不使句弱;用字不工，不使语俗，此庾开府之所长也，然有意于为诗也。至于渊明，则所谓不烦绳削而自合，虽然，巧于斧斤者多疑其拙，窘于捡括者辄病其放。孔子曰:‘宁武子，其智可及也，其愚不可及也。’渊明之拙与放，岂可为不知者道哉!”③

“二泉”之学陶各具特色。赵蕃写有不少次韵、追和陶渊明诗，如刘克庄《跋赵昌父诗》云:“近岁诗人，惟赵章泉五言有陶阮意。”刘宰《章泉先生墓表》云:“自少喜作诗，答书亦或以诗代，援笔立成，不经意而平淡有趣，读者以为有陶靖节之风。”而韩淲亦多慕陶、写陶及次韵陶渊明诗之作，如《九日次陶韵》《池上菊烂然》等，不过，韩淲学陶而不囿于陶，取径更广，少了赵蕃诗中的清苦之吟，情调相对高昂许多。

李剑锋《陶渊明诗歌的元前接受史》研究宋代陶渊明接受史，论及赵蕃主要从如下几个方面学陶:其一，连续运用不同的陶渊明典故，如《连雨独饮偶书四首》之三;其二，暗用陶诗的句式，如《连雨独饮偶书四

① (宋)苏辙《子瞻和陶渊明诗集引》，苏辙著，陈宏天、高秀芳点校《栾城后集》卷21，中华书局，1999年，第1110页。

② (宋)苏轼《书李简夫诗集后》，苏轼著、孔凡礼校《苏轼文集》卷68，第2148页。

③ (宋)黄庭坚著、刘琳等校《黄庭坚全集》正集卷第25，第665页。

首》;其三,有许多次韵、追和陶渊明的诗,如《和陶咏贫士七首》其五云:"去年迫重九,朝暮无续餐。朔身谩九尺,何时辞馁寒。货殖赐何有,箪瓢未臞颜。因知昔人意,道胜贫非关。"其四,总体风貌上对陶诗文有所借鉴,如刘克庄云:"近岁诗人,惟赵章泉五言有陶、阮意。"[①]不过,他也批评赵蕃学陶成就并不高,原因在于赵蕃学陶大多囿于陶诗原来的意趣,语言不生新,只一味平易,因此并不成功。他还以赵蕃的和陶诗为例,证明其只知搬用陶诗形式上的因素,或者泥于陶诗点滴意趣,寄于陶诗篱下,仅学得陶诗皮毛,消融了自我的个性而毫无发明[②]。联系赵蕃的创作实绩,斯言确为的论,赵蕃在创作上实未能充分领会陶渊明之心境高远,以及抒写自然、自得之妙,即如《后山诗话》所云:"学诗当以子美为师,有规矩,故可学。退之于诗,本无解处,以才高而好尔。渊明不为诗,写其胸中之妙尔。"[③]李剑锋的相关研究和探讨反映了目前大多数研究赵蕃的学者的意见,不过,值得注意的是,宋人学陶者多,一些文人学陶除了出于诗歌美学的选择,更多是出自于人格修养的选择,比如赵蕃,其人生哲学、心性修养及为人方面与陶渊明有很多相似之处,这或许是赵蕃慕陶、学陶更深层次的原因。因为封建时代士人们经常面临"学为人"还是"求见道"之抉择。方回曾论为学时说:"予为学也者,所以学为人而求见道也。圣人,人之极;贤人,圣之亚。欲学为是人而不读书不可也。"[④]"学为人"是以圣人、贤人为标准而注重内心修养。在"学为人"过程中,着重思考的是到底是改变居处环境,去作隐士幽人,还是结庐人境,注重内心修养,保持志行高洁?即对出世与入世进行选择。从诗中记载看来,赵蕃是陶渊明的忠实追随者。其居室建有晏斋、思隐和容斋三斋,从其斋名可略见其人生态度,此见于《晏斋余自

① (宋)刘克庄《后村先生大全集》卷94,《四部丛刊初编》,第276册,第812页。

② 李剑锋著《元前陶渊明接受史》第四编《"一年好景君须记,最是橙黄橘绿时——陶渊明接受史的高潮期(两宋下)"》第一章《陶渊明历史地位的深化》第一节《江西诗派与无法可循的渊明风流》专门论及江西诗派对陶渊明的接受情况。齐鲁书社,2002年,第324、326、327、328页。

③ (宋)陈师道《后山诗话》,(清)何文焕辑《历代诗话》,第304页。

④ (元)方回《桐江续集·序》,《桐江续集》卷32,文渊阁《四库全书》,第1193册,第667页。

名也故常以榜自随乃以名厅事之东偏厅之后旧有一室面对竹余山居富此物，亦以竹隐名竹而有思于山中故以思隐名之，思隐之东又辟屋丈许连以为斋乞名于张君伯永为名曰容斋并作三绝志其事焉》一诗之题。如韩淲《有怀》所云："晏斋风雨夜，门掩是深山。绝俗诗编净，怀人书尺闲。"赵蕃《寄文叔且问畏知近讯五首》其四亦云："今岁定无牢落叹，君诗清绝似林逋。"其五云："出处不应违素志，君如得来我归欤。"

如果说宋初西昆体等诗人将学陶潜之趣视为富贵生活的高雅点缀，赵蕃已将学陶视为其生活中不可缺少的一部分。其《十月八日闻鸡鸣即起案有偶有陶集翻阅数诗有怀斯远三首》表明他每天必读之书是陶诗，诵读陶诗已成为他日常生活的内容。他又写有《题旧日所藏晋陶渊明采菊东篱下悠然见南山画》，称"未必形模似，良由意象高"。其《寄太和旧游》云："相思异日题诗句，绕屋扶疏陶令篇。"赵蕃在陶渊明接受史上作出的贡献是，他不赞成将陶渊明与谢灵运并称，认为应将二人有所区别。他除了爱读陶诗，还多读前人和陶诗，如《读东坡和陶诗》云："未易穷关键，才能味语言。向来陶谢并，今日要重论。"他用陶诗韵写作，如《晦日用陶靖节蜡日韵》，写下和陶诗，如《和陶渊明乞食诗一首》《强和渊明九日闲居一首》《和陶渊明己酉岁九日诗一首》。赵蕃集中还有较多诗作叙陶生平，借写陶抒怀，如《独过知津阁二首》其一云："忆昔正月五，渊明游斜川。我亦屏百事，来兹并栏干。虽无与俱人，鸥鹭翻以翩。吾生后渊明，此心两悠然。"此外，还有评陶诗，如《有怀子肃读其诗卷因成数语》诗云："渊明工五言，亦有归来辞。乃知意到处，百发无一亏。"宋末元初的方回也赞成赵蕃不将陶谢并称的说法，如其《秋晚杂诗三十首》其二七云："世称陶谢诗，陶岂谢可比。"①赵蕃《次韵成父》其二云："苦爱香醪似蜜甜，旧如杜老意拳拳。而今已作渊明止，别意欲醺醒重怜。"介绍自己由学杜转学陶的历程。赵蕃向往陶渊明的恬淡生活和清远心境，《寄题安福士人家赏静轩听雨二首》其一云："心远渊明趣，室虚庄叟书。宅边种柳树，濠上乐儵鱼。往者不复作，斯人今则疏。谁为赏静者，吾欲并门居。"《送唐信州》云："陶潜深避俗，张翰早知几。"《九日有感》云："寥落渊明后，凄凉九日期。"《谢徐大雅见过》云："霜风

① (元)方回《桐江续集》卷2，文渊阁《四库全书》，第1193册，第236页。

索索撼枯条，令我亡悰首屡搔。懒效扬雄作奇字，政同靖节湛新醪。"《菊》云："蔓菊伶俜不自持，细香仍着野风吹。""我今漫学浔阳隐，晚立寄怀空有诗。"《道傍多薏苡菊花有感》云："菊花粲粲怀元亮，薏苡累累念伏波。"

赵蕃学陶，颇有陶诗风范，这一点在当时已为人们所公认。刘宰《章泉先生墓表》云："(赵蕃)自少喜作诗，答书亦或以诗代，援笔立成，不经意而平淡有趣，读者以为有陶靖节之风。岁时宾友聚会，尊酒从容，浩歌长吟，心融意适，见者又以为有浴沂咏归气象。"①在现代的中国古典文学研究史上，较早论及陶渊明而又颇有影响者，也许要推甘蛰仙的《中国之托尔斯泰》一文。这篇文章连续刊登在1922年8月1日至11日的北京《晨报副镌》上，其题"中国之托尔斯泰"，指的就是陶渊明。文章借比较陶渊明和托尔斯泰两人的诸多共同点，例如都生于乱世而生性傲岸、思想丰腴优美、艺术上近乎人生派，作品都是真情的流露和爱的抒发，说明既然托尔斯泰可称作伟大的文学家，那么陶渊明也可以算得上是文学家的典型。文章有意模仿外国人物传记的写法，从性质品格、嗜好、思想、艺术、境遇等角度，叙说陶渊明的为人及其作品，认为他并非传统中说的"耻事二姓"，不过是一个注重农业劳动实践的人，他的怀想上古"原人时代"也与托尔斯泰的推崇卢梭接近，《桃花源记》实际上是一篇"理想小说"。文章最后还指出，陶渊明的作品具有"平民文学的精神"和"抒情文学的作风"，是一种人生的文学、拥抱自然的文学，也是一种半国语的文学。②

从赵蕃的生平、志趣、气节等来看，他与陶渊明实有较多相似之处。首先，赵蕃与陶渊明生活与家庭环境颇为相似。赵蕃对贫穷困苦的生活感叹非常多，这已经在前文进行讨论过。比如，他说"诗人例多穷，我穷亦何因。频年走道路，一饥累其身"，又云"我诗元不佳，病后日益退。年来穷到骨，未可专诗罪"③。关于陶潜生平，沈约《宋书·隐逸传》云：

---

① (宋)刘宰《漫塘文集》卷32，文渊阁《四库全书》，第1170册，第730页。

② 参戴燕《文史殊途——从梁启超、陈寅恪的陶渊明论谈起》，《中华文史论丛》第86辑。

③ (宋)赵蕃《论诗寄硕父五首》，《全宋诗》，第49册，第30474页。

少有高趣，尝著《五柳先生传》以自况曰："先生不知何许人，不详姓字，宅边有五柳树，因以为号焉。闲静少言，不慕荣利。好读书，不求甚解，每有会意，欣然忘食。性嗜酒，而家贫不能恒得。亲旧知其如此，或置酒招之，造饮辄尽，期在必醉，既醉而退，曾不吝情去留。环堵萧然，不蔽风日，裋褐穿结，箪瓢屡空，晏如也。尝著文章自娱，颇示己志，忘怀得失，以此自终。①

从此传中可见其物质生活条件很差，"环堵萧然，不蔽风日；短褐穿结，箪瓢屡空，晏如也。常着文章自娱，颇示己志。忘怀得失，以此自终"。其赞则抒发个人志节，"黔娄之妻有言：'不戚戚于贫贱，不汲汲于富贵。'其言兹若人之俦乎？衔觞赋诗，以乐其志。无怀氏之民欤？葛天氏之民欤"。其中引《列女传》载"黔娄"之典故。据说黔娄为春秋时鲁国隐士，清高不仕，死时穿着一身破烂不堪的衣服入殓。曾子曾去吊丧，问黔娄妻子给他什么谥号，他妻子说谥"康"。曾子认为不合适，娄妻回答说：我那丈夫，甘愿粗茶淡饭，安于卑微的地位，不因贫穷而忧愁，也不为富贵四处奔走，他追求仁就是仁，追求义就得到义，谥他为"康"不恰到好处吗？对于黔娄的追求，陶渊明《自祭文》也有表现，"自余为人，逢运之贫；箪瓢屡罄，絺绤冬陈。含欢谷汲，行歌负薪，翳翳柴门，事我宵晨。春秋代谢，有务中园，载耘载耔，乃育乃繁。欣以素牍，和以七弦，冬曝其日，夏濯其泉。勤靡余劳，心有常闲。乐天委分，以至百年"。不过，其生活虽然清贫，却依然保有高洁的情趣，"宠非己荣，涅岂吾缁？捽兀穷庐，酣饮赋诗。"

赵蕃与陶渊明人生经历亦颇相似，皆几度出仕，只做一些朝廷小官，最后由仕而隐。晚年朝廷罗致，最终并未出山，始终生活在社会的下层。陶渊明生活在动荡的晋宋易代之际，政治局势动荡不安。他不但归隐前几次辞官，归耕后也曾多次拒绝官府和友人出仕的邀请，表现出与统治集团不合作的态度。

赵蕃与陶渊明人格气节亦很相似。陶渊明《感士不遇赋》表明自己的人生追求是"固穷守节"，一心想要成全自己的心志，不愿低声下气求

① （梁）沈约《宋书》卷93，中华书局，1974年，第2286页。

得一官半职而贻害自己的决心，"苍昊遐缅，人事无已，有感有味，畴测其理？宁固穷以济意，不委曲而累己；既轩冕之非荣，岂缊袍之为耻？诚谬会以取拙，且欣然而归止；拥孤襟以毕岁，谢良价于朝市"①。《与子俨等疏》也勉励子女坚持修养，做一个有道德的人，"《诗》曰：'高山仰止，景行行止。'虽不能尔，至心尚之。汝其慎哉，吾复何言"②。

赵蕃和陶渊明隐居期间都亲自种地，参加农业劳动，诗中有很多关于劳动场面的描写。如《归园田居》其二："野外罕人事，穷巷寡轮鞅。白日掩荆扉，虚室绝尘想。时复墟曲中，披草共来往。相见无杂言，但道桑麻长。桑麻日已长，我土日已广。常恐霜霰至，零落同草莽。"其三："种豆南山下，草盛豆苗稀。晨兴理荒秽，带月荷锄归。"而且他不辞辛苦，非常重视劳动，充分肯定劳动的意义、价值，他说："衣食终须纪，力耕不吾欺。"又说："人生归有道，衣食固其端。孰是都不营，而以求自安？"③他自己动手，丰衣足食，而不象有的隐士只隐居山林田园而不去劳作。一旦种田不能过活，他不惜出去做小官，也不讳言是为了"倾身营一饱，少许便有余"④。他也可以放下架子求邻乞食，认为施舍是一种美德，而受也不是什么丑事。他引《檀弓》里饿者不食嗟来之食以至于饿死的故事，认为"常善粥者心，深恨蒙袂非。嗟来何足吝，徒没空自遗"⑤，他的形象在这些作品中都表现得非常率真，切近人情。而不像一般隐者矫情，口里谈隐，或摆出隐的姿态。他追求的是个人随心所适的安宁与自足。

赵蕃和陶渊明都有一颗赤子之心，对待自己的师长、朋友、亲人和乡邻都非常热情，分别表现于他们与朋友分别之依依惜别，忠厚笃实之情溢于言表，如《赠羊长史》《与晋殷安别》《示周祖谢》足可见其于朋友的厚道。他们对亲人的关切和眷恋尤其突出，赵蕃在诗中还多次表示

---

① （晋）陶渊明著、袁行霈校《陶渊明集笺注》，中华书局，2003 年，第 433 页。

② （晋）陶渊明著、袁行霈校《陶渊明集笺注》，第 529 页。

③ （晋）陶渊明著、袁行霈校《陶渊明集笺注》，第 76 页。

④ （晋）陶渊明《饮酒》（十），陶渊明著、袁行霈校《陶渊明集笺注》，第 258 页。

⑤ （晋）陶渊明《有会而作一首》，陶渊明著、袁行霈校《陶渊明集笺注》，第 306 页。

对于子女的慈爱，如“大欢止稚子”[①]，“弱女虽非男，慰情聊胜无”[②]，“弱子戏我侧，学语未成音。此事真复乐，聊用忘华簪”，[③]他充分享受与儿女团聚的乐趣，在长子初生时，他自述心事说：“厉夜生子，遽而求火，凡百有心，奚待于我？既见其生，实欲其可。”[④]做了官，特别派遣人照顾儿子，并写信叮嘱他“汝旦夕之费，自给为难，今遗此力，助汝薪水之劳。此亦人子也，可善遇之”[⑤]。既不失儿童的天真，又可见为人父之细心和人道主义精神。陶渊明在临终时犹叮嘱子女说：“汝辈稚小家贫，每役柴水之劳，何时可免，念之在心，苦何可言！然汝等虽不同生，当思四海皆兄弟之义。”[⑥]渊明谆谆教诲如此，以致后来杜甫都曾在《遣兴五首》诗里隐含讥诮，“陶翁避俗翁，未必能达道”，“有子贤与愚，何其挂怀抱”[⑦]。其实，这正体现渊明能够本着人情物理去应世接物，不矫情，不避俗，有真性情，是个非常坦诚的人。《蔡宽夫诗话》录“论子厚乐天渊明诗”云：“子厚之贬，其忧悲憔悴之叹，发于诗者，特为酸楚。闵己伤志，固君子所不免，然亦何至是！卒以愤死，未为达理也。乐天既退闲，放荡物外，若真能脱屣轩冕者；然荣辱得失之际，铢铢校量而自矜其达，每诗未尝不著此意，是岂真能忘之者哉！亦力胜之耳。惟渊明则不然，观其《贫士》《责子》与其他所作，当忧则忧，遇喜则喜，忽然忧乐两忘，则随所遇而皆适，未尝有择于其间；所谓超世遗物者，要当如是而后可也。观三人之诗，以意逆志，人岂难见！以是论贤不肖之实，亦何可欺乎！”[⑧]

赵蕃与陶渊明二人生活环境和生活方式相似，家境清贫，辛勤劳

---

① （晋）陶渊明《止酒一首》，陶渊明著、袁行霈校《陶渊明集笺注》，第 286 页。

② （晋）陶渊明《和刘柴桑一首》，陶渊明著、袁行霈校《陶渊明集笺注》，第 135 页。

③ （晋）陶渊明《和郭主簿二首》(一)，陶渊明著、袁行霈校《陶渊明集笺注》，第 144 页。

④ （晋）陶渊明著、袁行霈校《陶渊明集笺注》，第 53 页。

⑤ （晋）陶渊明著、袁行霈校《陶渊明集笺注》，第 611 页。

⑥ （晋）陶渊明《与子俨等疏》，陶渊明著、袁行霈校《陶渊明集笺注》，第 529 页。

⑦ （唐）杜甫《遣兴五首》之三，（唐）杜甫著、（清）仇兆鳌注《杜诗详注》卷 7，中华书局，1979 年，第 563 页。

⑧ （宋）魏庆之《诗人玉屑》12，第 252 页。

作,与书为伴,以山林为友。为人皆耿介不阿,光明磊落,乐天知命,顺应自然,形成朴素自然的诗风。赵蕃学习陶渊明不但在诗歌创作上取得了成绩,还在对待现实人生的态度上更与陶渊明求得了一致。主要表现在:其一、他用诗歌真实地反映自己的生活,不矫情。比如,赵蕃和陶渊明一样过着清贫的生活,在诗中都有大量的表现,甚至对于乞食求赠的生活也毫不隐讳;其二、他真诚地对待身边的亲人和朋友,关心他们,分别之时经常表达对他们的想念之情。如赵蕃有《寄刘子澄先生》等。

赵蕃学习陶渊明,让我们感受到,其实有时候过于注重陶渊明人品和气节,而忽视了他其实也是世俗社会的一员,有着和平常人一样的生活和需求。面对名利与物质的诱惑也会有矛看与动摇,如其《与子俨等疏》就透露了他的心声。他不善于逢迎,“日月遂往,机巧好疏,缅求在昔,眇然如何”。他对于自己提供给子女贫寒的生活也有愧疚。“使汝等幼而饥寒”。不过,他最后还是战胜了自己的私欲,回归淡泊超然,“常言五六月中,北窗下卧,遇凉风暂至,自谓是羲皇上人,意浅识罕,谓斯言可保”①。羲皇,即伏羲氏,我国传说中的上古帝王。

赵蕃学习陶渊明,表现宋人对陶渊明的接受尤为重视其人品,如蔡绦《西清诗话》评陶诗:“意趣真古,清淡之宗;诗家视渊明,犹孔门视伯夷也。”宋人也高度评价其诗歌的冲淡清逸及其诗歌艺术成就。如黄庭坚曾称赞陶渊明之诗云:“宁律不谐,而不使句弱;用字不工,不使语俗,此庾开府之所长也,然有意于为诗也。至于渊明,则所谓不烦绳削而自合,虽然,巧于斧斤者多疑其拙,窘于检括者辄病其放。孔子曰:‘宁武子,其智可及也,其愚不可及也。’渊明之拙与放,岂可为不知者道哉!”②

著名理学家和诗人朱熹则既推重陶渊明人品,也极喜爱其诗义。他从创作主体的角度评价“渊明诗所以为高,正在不待安排,胸中自然流出。东坡乃篇篇句句依韵和之,虽高才似不废力,然已失其自然之趣矣。”以至宋人李耆卿在《文章精义》中指出,“《选》诗惟陶渊明,唐文惟

① (晋)陶渊明《与子俨等疏》,(晋)陶渊明著、袁行霈校《陶渊明集笺注》,第529页。

② (宋)黄庭坚著、刘琳等校《黄庭坚全集》正集卷25,第665页。

韩退之，自理趣中流出，故浑然天成，无斧凿痕。余子止炼句煅字，镂刻工巧而已。今人言诗动辄曰《选》，言文动辄曰唐，何泛然无别之甚”，“晦庵诗，音节从陶、韦、柳中来，而理趣过之，所以不可及”①。

分析宋人对陶渊明的接受，很大程度上与宋人知性反省能力的增强有关。从北宋至宋末，宋人的思想和精神日趋内敛。这种精神体现出宋人与唐人奔放张扬的个性有很大不同，主要源于理学家们倡导“存天理，灭人欲”，究其实质即主张一种淡泊精神。宋人习惯以淡泊品格去衡量文化史、文学史上的名人。陶渊明正是在此时代背景下成为众人争相模仿的典型。宋名臣诗人韩维在《送宋钧秀才落第还乡》云：“漆雕不肯仕，仲尼悦其然。乃知君子学，躁进非所先。去圣邈千载，兹风复谁传。趋营不自反，廉耻一以捐。爱君抱冲淡，荣利不可迁。读书本仁义，洞见末与颠。失志不为辱，谋道方复坚。临分求规言，顾我昧所宜。愿君崇远业，无愧古人贤。”②

分析宋人最欣赏的历史人物主要是陶渊明和杜甫，甚至有时候很难分清究竟宋人对陶渊明的崇拜多还是杜甫多。分析陶渊明为宋人景仰有多方面的原因：其一，他“不为五斗米折腰”的高尚人格；其二，他不慕名利，安贫乐道，崇尚自由的胸襟；第三，潇洒飘逸、冲淡的诗风。从钟嵘《诗品》推举陶渊明为“古今隐逸诗人之宗”之后，一般人多看重他隐逸的一方面。殊不知他虽是隐士，却又不是一般人所想象的那样不食人间烟火；他忠于晋王室，却又不是如他所景仰的荆轲、张良那般刚毅勇敢。揭开笼罩在他身上的神圣而崇高的面纱，其实陶渊明也有很多平常而实际的一面，这是宋人对他关注不够也是今人在研究中所容易忽视的。其实陶渊明也和平常人一样过着简单甚至是困窘的生活。孙适民、陈代湘在谈到《隐士的物质生活与酒》时指出，“隐士”是与“仕士”相对立的那一部分“士”，他们之所以选择隐逸，是由于极端珍视道德的完美，自觉地走上一条与文明发展逆向的道路；而小农经济简单再生产的独立性、个人性和封闭性，既给他们的生活与生存提供了最低限度的物质保障，又为他们的隐居提供了栖息的场所。因而，一切真正

① （宋）李耆卿《文章精义》，文渊阁《四库全书》，第1481册，第811页。

② 《全宋诗》，第8册，第5170页。

的、退出了社会政治的"隐士"的生活是贫穷困苦的。但是，舍弃富贵，甘于贫困，是隐士们自觉且自愿的选择①。

不过，虽然赵蕃和陶渊明过着同样的生活，有着类似的生活经历，但是由于时代背景、个人志趣和文学修养的差异，陶渊明的许多精神和气质却不是赵蕃所能够完全学过来的。如陶渊明诗中冲淡的风格，虽冲淡但蕴育着感情的激流，其《饮酒》其二："结庐在人境，而无车马喧。问君何能尔？心远地自偏。采菊东篱下，悠然见南山。山气日夕佳，飞鸟相与还。此中有真意，欲辨已忘言"，描写山林间美好超妙的自然景色，蕴藏无法言表的淳真的情趣，有着现代都市人无法想象的远离尘俗的悠闲自在，表现了人们对自由生活的渴望与追求。《归园田居》其一："少无适俗韵，性本爱丘山。误落尘网中，一去十三年。羁鸟恋旧林，池鱼思故渊。开荒南野际，守拙归园田。方宅十余亩，草屋八九间。榆柳荫后檐，桃李罗堂前。暧暧远人村，依依墟里烟。狗吠深巷中，鸡鸣桑树巅。户庭无尘杂，虚室有余闲。久在樊笼里，复得返自然"，将农村简单荒僻的生活写得富有生趣和诗情画意，袅袅的炊烟，葱郁的榆柳和成行的桃李，以及中间夹杂的鸡鸣狗叫，静中有动，动中有静。这么美妙的景致源于作者内心的明净和安闲，作者沐浴着夕阳，吮吸着清新的空气，好似久系樊笼的鸟儿，终于冲出飞向大自然。既有对大自然的热爱之情，又表达了对自由的渴望。

陶渊明以苦为乐的精神和轻松幽默的情趣也与赵蕃穷愁的精神面貌有较大的区别，如王维《送綦毋潜落第还乡》云："圣代无隐者，英灵尽来归。"胡适在《白话文学史》里说："陶潜与杜甫都是有诙谐风趣的人，诉穷说苦，都不肯抛弃这一点风趣。因为他们有这一点说笑话做打油诗的风趣，故虽在穷饿之中不至于发狂，也不至于堕落。"陶潜《责子》云："白发被两鬓，肌肤不复实，虽有五男儿，总不好纸笔。……天命苟如此，且进杯中物！"陶潜《挽歌辞》云："千秋万岁后，谁知荣与辱？但恨在世时，饮酒不得足。"陶潜、杜甫都是伤心人而有豁达风度，表面上虽诙谐，骨子里却沉痛严肃②。赵蕃诗中虽也不乏豁达与超然，然更多时

① 孙适民、陈代湘著《中国隐逸文化》，湖南出版社，1997 年，第 120 页。

② 胡适著《白话文学史》，岳麓书社，1986 年，第 109 页。

候却吐露出让人感受到来自失意人生和窘困生活所带来的沉重和苦闷。

2. 韩淲的隐逸思想

如前所述，韩淲志行高洁，其家族自北宋真宗韩亿以来就以讲气节、忠义而著称于世。《宋史·韩亿传》云：

性方重，治家严饬，虽燕居，未尝有惰容。见亲旧之孤贫者，常给其昏葬。每见天下诸路有奏擿拾官吏小过者，辄颜色不怿，曰："天下太平，圣主之心，虽昆虫草木，皆欲使之得所。今仕者大则望为公卿，次亦望为侍从、职司一千石，其下亦望京朝、幕职，奈何锢之于盛世？"①

韩淲隐居上饶二十余年，王希道汶《寄韩涧泉》其三云：

浮荣安可搴，高蹈何恨早。处则为远志，出则为小草。修名随风翔，嘉遯若龙矫。栖迟二十年，匣此不世宝。灏露团红兰，凉吹发清昊。因知吐芳讯，慰我夙昔抱。

时人称韩淲品格为"清苦自持"，如《东南纪闻》记载其气节清高：

（韩淲）以荫补京官，清苦自持。史相当国，罗致之，不少屈。一为京局，终身不出。人但以韩判院称。南涧晚年，有宅一区，伏腊粗给。至仲止，贫益甚，客至不能具胡床，只木杌子而已。长沙吴某得广东宪，还至京师，拥迎吏甚盛。道候仲止，立马久之，厅事阒寂无人。未几，一老妪启户出，吏亟以刺状授之，抵于地，径入去。吴惭退，访樟丘文卿，亦故旧也，色尚未和。樟丘曰："得非见拒于仲止乎？"曰："然。"樟丘曰："是非君所知，且相与共食。"食毕与同往。于是联裾行至厅事，樟丘以杖叩屏者再，内徐问为谁，樟

① （元）脱脱《宋史》卷315，第10299页。

丘自称曰："文卿。"复徐言："吴某也在此。"仲止乃出。吴谢曰："适候谒移时。"仲止笑曰："松风吹耳，不闻喝道也。"时方暑，于是席地饮，极欢而去。次日，吴专状遣吏送酒钱若干，仲止出问曰："你官人交割了也?"吏错愕曰："本官方拜见，自此却去上任。"仲止作色云："便是近来官员，不曾到任，先打动公使库物色。韩某一生不会受此钱。"使吏领赍去，其清节如此。①

综上表明，南渡以后，韩氏家族世业中微，不断衰落。与北宋时政治上的炙手可热相比虽时过境迁，他们在文学、思想上的影响却真正垂之于后世。其中，为人传颂一时的是韩淲甘于贫困，而不愿意轻易接受他人的馈赠。另外，张世南，字光叔，鄱阳(今属江西)人，南宋宁宗、理宗时在世，其所撰《游宦纪闻》也记载过韩淲其人其事：

余俦，字季伦，号痴斋，吾乡诗人也。章泉先生雅爱之，作书使袖访韩仲止。及门候谒甚久，将命者出，扣所由来，久犹未出。余题二诗壁间云："谒入久不出，兀坐如枯荄。苍头前致词，问我何因来。士节久凋丧，人情易嫌猜。本无性命忧，不去安待哉。"其二云："名闻由昔者，礼进合欣然。古有不屑教，意令加后鞭。尚书八座贵，吏部一灯传。惊代文章伯，曾容贾浪仙。"已，乃拂袖去。仲止见诗，遣人追之，余竟不返。②

可见，韩淲虽然自己耿介孤高，但是对于余俦这样志节高超的人还是非常敬重，爱赏不已。从以上两文可见，韩淲个性清高，他不乐于与一般俗人交游，幽居野处，孤芳自赏。沉潜的心态与隐居的生活使韩淲对于历代许多隐逸诗人非常关注。陶渊明被誉为隐逸诗人之宗，自然首先成为韩淲日常生活和诗歌创作中关注最多的一位。韩淲非常向往陶渊明的人生境界和诗歌意境，多次表现对陶渊明的赞赏。如《读渊明饮酒诗》云："山水幽绝处，吾亦难为情。此道世莫讲，肯计身后名。徇

① (宋)佚名《东南纪闻》卷1，文渊阁《四库全书》，第1040册，第201页。

② (宋)张世南《游宦纪闻》卷1，文渊阁《四库全书》，第864册，第589页。

名与逃名，俱若可怜生。百年能几何，大半宠辱惊。醒醉一昭彻，本来孰亏成。”如《秋怀》云：“我爱渊明诗，超出俗调度。执卷良自羞，在手不忍去。有时成诵之，行歌倚松树。好风从西来，潇然尚何虑。三叹或已暮，不知衣上露。俗物忽败人，花茫认归路。”韩淲学习陶渊明，其诗歌创作达到了一定的艺术水平，如其《九日破晓携儿侄上前山竚立佳甚》云：“怀玉镜台开远晴，灵溪葛水去无声。园荒不碍凭高立，径侧何须委曲行？露气已浓清可掬，日华初出画难成。闲居九日依辰至，举俗胡为亦爱名？”方回称其诗“五、六极佳，非闲中知味者不能道。”查慎行评曰：“结用陶诗。”纪昀也认为“结用陶公‘举俗爱其名’句，殊欠浑老”。陶渊明原诗题为《九日闲居》，其序云：“余闲居爱重九之名，秋菊盈园，而持醪靡，由空服九华，寄怀于言。”其诗云：“世短意常多，斯人乐久生。日月依辰至，举俗爱其名。露凄暄风息，气澈天象明。往燕无遗影，来雁有余声。酒能祛百虑，菊为制颓龄。如何蓬庐士，空视时运倾。尘爵耻虚罍，寒华徒自荣。敛襟独闲谣，缅焉起深情。栖迟固多娱，淹留岂无成。”[①]韩淲多次在诗中提到陶渊明，如《闻赵十有诗上饶生朝后两日次韵寄之》有“文章精金真美玉，交往徒劳分雅俗。偶然邂逅一言诗，清秋付与陶潜菊”。韩淲《鹧鸪天·次韵赵路分生朝所赋》词中也有渊明的形象，“便把山林寄此身。也须诗酒属吾人。仙家旧是金堂士，吏隐新收玉局名。　惟自乐，不忧贫。渊明谈笑更清真。年年眉寿登高后，醉帽常留菊满簪”。又如《好事近·次韵昌甫》云：“三叠古藤阴，自笑无能为役。千载和陶新曲，了非仙非释。　影徒随我月徘徊，风叶露华湿。瓮下是成真逸，醉令人思毕。”对于陶渊明，韩淲并不是全面接受，也发现其不足，并进行批评，如《次韵昌甫仲春读谪仙诗》云：“渊明太事多，汲汲泥诗酒。”总的来说，韩淲学陶渊明主要表现在对其诗歌艺术美的摹仿和追求上。

除了学陶，韩淲对于历代其他隐士也多有学习和取法。他欣赏梁代陶弘景的人品和气节，如有《咏陶弘景》云：“山中宰相陶弘景，所注本草将何如。更题真诰作神遇，佳梦是实宁非虚。人生形神为干躯，心欲造设气乘除。瞬息变幻争夺途，入山何难可踌躇。玉波流烟照林庐，岚

① (晋)陶渊明著、袁行霈校《陶渊明集校笺》卷2，第71页。

影爽气归衣袪。晏起早卧食息余,三景九道回八区。一再传其坐忘欤,俯仰今昔多忧虞。荣名中人天机浅,言与不言养恬愉。"韩淲在其诗和《日记》中多次提到上古隐士许由,如《寻诗按酒》云:"巢由空自洗,沮溺向谁耕。""醉随吟力去,归隐紫云生。"相传尧要把天下让给许由,许由听到这话,便逃到颍水之阳、箕山之下隐居起来。尧又召他为九州长,许由不愿听到这话,就跑到颍水边去洗耳;许由的朋友巢父正要牵犊饮水,看到许由在洗耳,就问是怎么回事。听了许由的话之后,巢父更加偏激,说许由洗耳污坏了颍水,就把牲口牵到上游去饮水①。韩淲也非常欣赏嵇康、阮籍这类形神萧散而有志节之魏晋士人。如《五思》云:"年来事寸禄,扪心愧嵇阮。"韩淲又深研道玄思想,与道士交游甚广,如《赠天台郑道士》云:"霞杯为奏阮咸曲,怅望十年湖水烟。闻过东嘉看雁荡,野云留宿话缘然。谭诗忽见蒋云出,今去洞庭衡岳前。能说炼师神不老,识全元是赤城仙。"他甚至还有很浓的求仙访道的志趣,如《送合州青阳道人》云:"灵元一点结胎胞,识取阴阳气象交。具体无过干六画,施功全自震初爻。玉池金室归真境,紫府丹台近乐郊。更有些儿玄牝物,青城山顶约诛茅。"《闲借云笈七籤》云:"一从寇谦之,祖尚张道陵。湮芜五千言,庄列亦不明。荒哉神仙家,方伎刘向评。存想与炉灶,后世徒营营。吾从云笈书,七籤岂其情。山闲焚妙香,君房天禧经。叩齿理玉池,天风韵流铃。玉历眇延康,尘劫无足惊。"韩淲诗中还提到很多古代的高隐之人,如《同游山前道院访晋陵道士》云:"闲思羽客约诗人,觅偏幽窗到竹阴。天近地严扃宝笈,道通仙隐得清琴。因成行去凭虚望,不见归来何许寻。珍重同游先写句,薰风城市有山林。"《葛溪》云:"流传葛仙翁,此溪尝化龙。抱朴今何在,闲来问古踪。"《灌园》云:"溪南上郭邱园地,应笑蒙庄着语深。"《十二日灌园》云:"蓬藋之间见花竹,灌园休说汉阴人。"《次韵张令郊行》云:"野步何人知此意,仙家寒露湿芙蓉。"象这样的诗还可以找到很多。

综合来看,韩淲能够超脱世事,如《秋怀》云:"人生一世间,百年几晴阴。贵贱无定在,岁月徒自深。世路有夷险,宦业多升沉。未能率此性,于何不动心。在彼犹在己,视古犹视今。不须问行藏,且图豁胸襟。

---

① (晋)皇甫谧撰、刘晓东校《高士传》卷上,辽宁教育出版社,1998年,第3页。

邻翁有酒不，对我成清斟。”韩淲还以魏晋士人为偶像，他羡慕“竹林七贤”风流儒雅的生活，作有《竹林七贤》诗云：“西晋风流付竹林，山王嵇阮本何心。便饶江左夷吾在，回首红尘河洛深。”特别佩服刘伶的狂放不羁，又在《十九日回涂与郑一娇首不能去》其三说：“行吟应更笑刘伶，醉里云山传逸心。华发萧萧天广大，岁寒碧色是松林。”他特别希望拥有李白的飘逸风度，有《李白泛舟图》诗云：“采石矶头捉月仙，脱靴意气尚飘然。沈香亭北惊尘世，且惜闲身棹酒船。”不过，韩淲不具备魏晋士人的狂放不羁和才气，虽然他追求宁静高逸的精神境界，在举止上追求潇洒风流，而且表现出从容优雅，但是他没有东晋士人从精神到容止所充分表现出的慷慨赴义、或悲愤满怀、或苍凉梗概、或傲诞不羁的情怀。他追求的只是在一个宁静的环境里表现自己高度的文化素养。韩淲的思想受老庄和易影响较深，虽然他曾经在《述意》诗明确的说过自己的人生态度是“不学神仙不问禅，此心收处亦安然。春风桃李闲行乐，夜月林泉常未眠。有客杯盘犹草草，无人杖履更翩翩。门前地僻红尘远，赢得虚闲近简编”，但是从其作品中其实不难发现他受老庄的影响很深。他有《同游山前道院访晋陵道士》诗云：“闲思羽客约诗人，觅遍幽窗到竹阴。天近地严扃宝笈，道通仙隐得清琴。因成行去凭虚望，不见归来何许寻。珍重同游先写句，熏风城市有山林。”又在《玩易》云：“刚决柔多是五阳，一年春数此方强。希夷只把临分画，龙见于田意最长。”

韩淲倾心于陶渊明，不过，无论是心境与意境他与陶渊明都有较大差距。韩淲不及陶渊明之处在于，陶渊明不但生活和创作中都亲近自然，而且他在思想上也与大自然之间没有距离。陶渊明能够将自己完全融入自然，他不仅是自然的旁观者，也不仅是欣赏者，更不是占有者。自然对他来说，是如此亲近，他完全生活在大自然之中。他并不特意去描写山川的美，也没有倾心于叙述他从山川的美中得到的感受。山川田园，就实实在在的存在于他的生活之中，自然而然地存在于他的喜怒哀乐里，使物我一体，达到心与大自然的浑然一体。韩淲也推崇唐代的李白、王维。但他远未达到李白的轻盈飘逸、出神入化，也不及王维对禅的了悟，不及他对空灵幽寂意境的塑造，更没有王维诗中如涅槃之后的清静和禅的意蕴浸润弥漫的意境。韩淲有闲雅的情趣与追求，但闲适、恬淡之余，他所拥有的却只是清新瘦淡、野趣闲逸的诗意和整日沉迷的始终跳不出也不愿跳出的狭小逼仄的境界。

3. 韩淲与赵蕃隐逸之比较

自先秦巢由、伯夷、叔齐等人以来，隐逸的文化传统在中国历史上由来已久。隐士作为个性非常鲜明突出的一类群体，他们往往被文学作品塑造成为清心寡欲、淡泊名利、高蹈世俗、磊落豁达的形象。推究隐逸的出现，源于士人们主观上对社会政治与文化观念的摒弃，对相应生存方式作出的一种退避性的选择。分析古代士人隐逸的原因，范蔚宗概括为六种动机："或隐居以求其志，或回避以全其道，或静己以镇其躁，或去危以图其安，或垢俗以动其概，或疵物以激其清。"①如果更细致深入进行分析，可能还远不只这六个方面。究其实，归纳起来，主要为两类原因，一是个人的主观追求，士人喜欢隐逸生活，他们乐山乐水，主动融入自然，他们是真正的隐者；二是受到客观因素影响，迫于无奈，不得不隐逸，以致身居山林，仍心系世俗与朝廷，从他们的志节和行藏来看并不是真正的隐士。

两宋自开国以来就具有浓厚的崇隐风尚，从宋初潘阆、魏野和林逋等晚唐体诗人，到宋末更有戴复古、谢枋得等一批江湖诗人、节义诗人因仕途沉沦或朝廷破亡而退隐，隐逸群体呈现出愈来愈壮大的趋势，而促使他们归隐的原因也越来越复杂。不过，随着宋代理学思想日渐发展成熟，宋代士人们不论贬谪闲居，恃才待出，屡仕屡隐，或是乐于怡情山水，纵情诗酒，主动退隐，他们大多表现出一个共同的特征：既保有个人的人生理想和生活情趣，也不放弃修养和提升自己的品德和志节。

分析赵蕃之隐逸，从客观来看，最主要的原因在于以朱熹为首的理学学派饱受朝廷的打压，理学家们的学术自由得不到保障，政治地位得不到发展，在一定程度上使赵蕃等士人入仕的积极性受挫。两宋三百余年间，党争与学禁经常交织在一起，学术的隆替与政治的消长也紧密纠结。终宋之世，对后人影响最大的程朱理学一派发展坎坷，在北宋受到元祐党争的打击，至南宋又受到庆元党禁更严酷的打压。直到南宋理宗时才得到朝廷尊崇而大显于时。赵蕃生活的时代，社会环境看似

① （南朝·宋）范晔撰、（唐）李贤等注《后汉书》卷83，中华书局，1982年，第2755页。

安定，未发生较大的战乱，实际上潜滋暗长的政治权力的争斗和思想领域的角力却经历了一段最为黑暗的时期。从南渡初至南宋中期，理学长期并未受到统治阶级重视。其中，影响赵蕃思想和人生走向的主要有三件大事：一是南宋宁宗庆元三年至嘉泰二年发生的“庆元党案”，持续时间长达五年，在当时波及泛围极广，打击面非常大，无疑对赵蕃的思想产生很大触动。这件事情的原委，据《宋史纪事本末》记载：“宁宗庆元三年十二月丁酉，知绵州王沇上疏：‘请置伪学之籍。……’从之。于是，伪学逆党得罪著籍者，宰执则有赵汝愚、留正、周必大、王蔺等四人，待制以上则有朱熹、徐谊、彭龟年、陈傅良、薛叔似、章颖、郑湜、楼钥、林大中、黄由、黄黻、何异、孙逢吉等十三人，余官则有刘光祖、吕祖俭、叶适、杨芳、项安世、沈有开、曾三聘、游仲鸿、吴猎、李祥、杨简、赵汝谠、赵汝谈、陈岘、范仲黼、汪逵、孙元卿、袁燮、陈武、田澹、黄度、张体仁、蔡幼学、黄灏、周南、吴柔胜、王厚之、孟浩、赵巩、白炎震等三十一人，武臣则有皇甫斌、范仲壬、张致远等三人，士人则有杨宏中、周端朝、张道、林仲麟、蒋傅、徐范、蔡元定、吕祖泰等八人，共五十九人。”[1]上述长长的名单可见，卷入“庆元党案”的既有朝中重臣赵汝愚、周必大，又有理学宗师朱熹、蔡元定、叶适，赵蕃皆与他们交往颇多。另外，赵蕃的挚友赵汝谠、赵汝谈，学生周端朝也受到这场政治斗争的严重打击。另外，当时博学富盛名之蔡元定亦卷入其中。蔡元定，字季通，建阳人，久从朱熹游，精识博闻，同辈皆不能及，尤长于天文、地理、乐律、历数之说。凡古书盘错肯綮，学者读之不能以句，其爬梳剖析，细入秋毫，莫不畅达。朱熹尝云：“人读易书难，季通读难书易。”“造化微妙，惟深于理者能识之，吾与季通言而不厌也。”[2]赵蕃为蔡元定作挽诗云：“鹃叫春林复递诗，雁回霜月忽传悲。兰枯蕙死迷三楚，雨暗云昏碍九疑。早岁力辞公府檄，暮年名与党人碑。呜呼季子延陵墓，不待镵辞行可知。”[3]《诗人玉屑》评价此诗乃“当时哭诗，推此篇为冠”[4]。刘克庄《后村诗

---

① (明)陈邦瞻《宋史纪事本末》，中华书局，1979 年，第 876 页。

② (清)黄宗羲著、全祖望补《宋元学案》卷 62，第 1979 页。

③ (宋)赵蕃《哭蔡西山》，《全宋诗》，第 49 册，第 30919 页。

④ (宋)魏庆之《诗人玉屑》卷 19，第 422 页。

话》对蔡元定被迫害、赵蕃为其作诗也有专门记载，文字略有差别，"赵忠定当国，招蔡季通不至。犹坐赵党，谪死道州。伪禁方严，朱文公题其墓云：'有宋西山先生蔡季通之墓。'章泉泣之云：'鹃叫春林辱赠诗，雁回湘浦忽传悲'"[①]。

二是赵汝愚与韩侂胄政治斗争受挫，最后甚至暴病身亡，这使赵蕃非常震惊，对其后来的人生和思想产生的影响更大。赵汝愚，字子直，据《宋史》本传记载，他是汉恭宪王元佐七世孙，居饶之余干县。父善应，字彦远，官终修武郎、江西兵马都监。性纯孝，亲病，尝刺血和药以进。……迁著作郎，知信州，易台州，除江西转运判官，入为吏部郎兼太子侍讲[②]。史载赵韩二人的政治斗争源于赵汝愚先藉韩侂胄力，通宫掖，立宁宗。侂胄所望不过节钺，刘弼曾建议汝愚曰："此事侂胄不能无功，亦须分些官职与他。"徐谊亦曰："侂胄异时必为国患，宜饱其欲而远之。"叶适亦谓汝愚曰："观侂胄意，止望节钺，宜与之。"朱熹曰："汝愚宜以厚赏酬侂胄，勿令预政。"惜汝愚却优柔寡断，认为其容易牵制，竟不听众议，只加侂胄防御使。侂胄由此大怨望，遂酿成赵汝愚之祸。赵从道有诗云："庆元宰相事纷纷，说着令人暗断魂。好听当时刘弼语，分些官职乞平原。"罗大经亦有云："斋坛一钺底须悭，坐见诸贤散似烟。不使庆元为庆历，也由人事也由天。"[③]后来，赵汝愚先是被贬，《续资治通鉴》云："庆元元年十一月丙午，窜故相赵汝愚于永州。"[④]后暴死衡州，《续资治通鉴》云："庆元二年（1196）正月庚寅，赵汝愚行至衡州，病作。衡守钱鍪，承韩侂胄风旨，窘辱百端；庚子，汝愚暴卒。天下冤之。"[⑤]赵蕃闻赵汝愚之死，震惊之余，写下《挽赵丞相汝愚》云："吾王不解去三思，石头端能杀望之。未到浯溪读唐颂，已留衡岳伴湘累。生前免见焚书祸，死后重刊党籍碑。满地蒺藜谁敢哭，漫留楚些作哀辞。"[⑥]赵蕃亦

① （宋）刘克庄《后村诗话》前集卷 2，第 35 页。

② （元）脱脱《宋史》卷 392，第 11981 页。

③ （清）潘永因编、刘卓英校《宋稗类钞》，书目文献出版社，1985 年，第 224 页。

④ （清）毕沅编《续资治通鉴》，中华书局，1979 年，第 4135 页。

⑤ （清）毕沅编《续资治通鉴》，第 4136 页。

⑥ 《全宋诗》，第 49 册，第 30918 页。

作《过潼川之飞鸟县见余干丞相题驿舍诗有感次韵》辩道学之伪，论赵汝愚之冤，表达自己的愤慨情绪："道学元无伪，标名徒尔劳。孤忠天不管，一死世尤高。未洗边廷血，先焚董腹膏。乱离元有自，附壁为三号。"①

三是朱熹不但未受朝廷重用，反而长期受政敌打击和迫害。朱熹不但是宋代理学宗师，而且在南宋朝廷的对金政策中一直坚持抗战，反对议和。他曾上表宋孝宗云："帝王之学必先格物致知，以极夫事物之变，使义理所存纤悉毕照，则自然意诚心正而可以应天下之务。次言修攘之计不时定者，讲和之说误之也。夫金人于我有不共戴天之仇，则不可和也矣。愿断以义理之公，闭关绝约，任贤使能。立纲纪，厉风俗，数年之后，国富兵强，视吾力之强弱观彼衅之浅深，徐起而图之。次言四海利病，系斯民之休戚，斯民休戚系守令之贤否。监司者，守令之纲，朝廷者，监司之本也。欲斯民之得真所，本原之地亦在朝廷而已。"朱熹从理学家的思维角度提出用"格物致知"来达到义理比照而意诚心正的境地。由于他的理论面对大敌当前显得迂阔、不切实际，因此，并未被孝宗采纳。宋宁宗庆元二年八月，禁道学，称为"伪学之党"。十二月，朱熹落职罢祠家居。直至朱熹殁后，南宋朝廷仍斥其学为伪学而严禁，政坛上对理学的打压仍然没有结束。朱熹去世时，其门生故旧竟无送葬者，《续资治通鉴》记载："庆元六年(1200)三月甲子，提举南京鸿庆宫致仕朱熹卒。自伪学有禁，士之绳趋尺步，稍以儒自名者，无所容其身。从游之士，特立不顾者，屏伏丘壑，依阿巽懦者，更名他师，过门不入，甚至变易衣冠，狎游市肆，以自别其非党。而熹日与诸生讲学不休。或劝其谢遣生徒，笑而不答。及疾革，以深衣及所著书授黄干而卒。将葬，右正言施康年言：'四方伪徒，欲送伪师朱熹之葬。……今熹已殁，其徒画像以事之，设位以祭之，会聚之间，非妄谈世人短长，则谬议时政之得失，望令守臣约束。'从之。于是门生故旧不敢送葬，唯李燔等数人视窆，不少怵。"②此后，宋金战争以"嘉定和议"(1208)的形式结束，宋称金为伯，自屈为侄。又经过二十六年，南宋主和派权相史弥远专擅朝

① 《全宋诗》，第 49 册，第 30881 页。
② (清)毕沅编《续资治通鉴》，第 4175 页。

政，为"伪学"平反，追谥朱熹为"文"，并封其为徽国公。赵蕃年五十犹拜朱熹为师，终其一生对朱熹非常崇敬，朱熹生前身后所受种种不公正待遇，无疑挫伤其跻身国家政治、走入仕途的热情，使其对宦海更增迷茫之惑。赵蕃对于人生并非没有抱负，由于现实政治的黑暗及目睹前辈所遭遇的打压，为他提供了前车之鉴，使他最终未能鼓起勇气，未能走出自己狭小的生活圈，未能回归到政治社会的大潮中，这也是他屡屡在诗中抒发苦闷和忧郁之情之缘由。

另外，赵蕃从小受学于刘清之，刘清之的主要思想是"静观"，这对赵蕃的人生也产生重要影响。赵蕃早年即师从刘清之，不但非常尊敬清之，而且终其一生追随他。刘清之家族祖辈"本故世家，以儒学为门户"，祖祖辈辈皆颇重仁孝礼义。从兄刘肃，字子信，"幼读论、孟、毛氏诗颇成诵，晚得子则躬训导之"。其兄刘子和，亦为南宋另一著名理学家，号靖之先生。清之与兄长靖之皆能自力，在先君殁后，"靖之教授赣州，严重有师道，士颇兴于行业"，然不幸早世。而清之则"仕于时，以礼进退，其于人，谆诲不倦"，"佐鄂州，所植立当不泯于世"。刘清之"与吕东莱、朱晦翁、江玉山、李巽岩、张广汉讲论义理之学，为天下倡。公先世藏书千卷，谓之墨庄"①。可见，刘清之与南宋著名理学家朱熹、吕祖谦、陆象山等皆有交游，如淳熙二年，他参与著名的鹅湖之会，与朱熹交谊犹深，过从甚密。朱熹大弟子黄干乃清之引荐而得以拜其为师。朱熹在诗文集中多次提到刘清之，如《晦庵集》卷三五有《答刘子澄》和《与刘子澄》计十六篇，卷九有《刘子澄远寄羊裘且有怀仁辅义之语戏成两绝为谢以发千里一笑》二首，诗云："短棹长蓑九曲滩，晚来闲弄钓鱼竿。几回欲过前湾去，却怕斜风特地寒。""谁把羊裘与醉披，故人心事不相违。狂奴今夜知何处，月冷风凄未肯归。"②

关于刘清之的"静观"思想，赵蕃于《静春堂》诗云："游子如蜂蝶，纷纷讵识春。先生静中观，物物寓吾仁。"宋代文学精神与理学精神呈现出最基本的一致是文道合一和尚理轻情，宋人推崇理性，他们在把握世界方式上实现了对唐人的最大超越，"静观"也属此列。究竟何谓"静

① (元)佚名《氏族大全》卷 11，文渊阁《四库全书》，第 952 册，第 332 页。
② (宋)朱熹《晦庵先生朱文公文集》卷 9，《四部丛刊初编》，第 176 册。

观”？考其源，出于《老子》，“致虚极，守静笃。万物并作，吾以观复”，“夫物芸芸，各复归其根”，“归根曰静；是谓复命。复命曰常，知常曰明”①。也就是说，万物纷纭复杂，变化莫测，但各有其根据，归根是“静”，这是“复命”，也是不可言说的“常道”。如何“观”万物的“复命”，也就是如何“观”不可言说的“常道”呢？这要“致虚”，即心中虚而无物，排除一切私见；“守静”即心中静而无虑，泯除一切思念。也就是要做到虚静如镜。老子提出以静为动的论述，称得上是“主静”说的主要开创者。不过，老子的“静观”方法，不是单纯的直观，而主要是内视反观的直觉，是自我的内在体验。这种静观既是对个体内心的体验，也是对本体“常道”的一种本体体验。也就是说，老子的静观是对自我个体与自然本体相统一的体验。《老子》又云：“重为轻根，静为躁君。”“故轻必以重为本，躁必以静为基。”即重是轻的根本，静是躁的基础。赵蕃最终放弃沉浮仕途，选择隐逸的生活，并且坚守和提升自己的人生品节，实为他充分认同刘清之钻研之道，也是宋代士人对终极价值的追求和自我人格的确认的表现。

在南宋中后期，赵蕃因长年隐逸展现的高洁节操与志向志趣而深受时人称道。作为一种比较复杂的文化历史现象，隐逸的出现和产生具有特定的历史文化背景。因此，对赵蕃的人生考察也需要将其放置于当时的文化大背景下进行，非如此不能对其创作特色、成就及其动因特别是其思想做出合理的阐释。联系赵蕃一生经历可见，他只做过一些小官，仕途波折，由仕而隐，又由隐而仕，最后终于决意隐居，他之所以作出这样的人生选择究其实并非内心所愿，而主要是由于现实政治与党争的酷烈使然，从其内心所见，并未放弃儒家出世之思想，关于这一点，从其后期创作的诗歌不难看出来。赵蕃在当地、当时诗名与文名较盛，也产生了较大的影响，不过，由于他长期过着隐逸生活，沉沦于社会下层，缺少参与国家政治的机会，其创作成果在流传中受到一定限制，对后世的影响程度和范围却非常有限。据刘宰《章泉赵先生墓表》云：

① 高明《帛书老子校注》第16章，中华书局，1996年，第298-301页。

> 最后监衡之安仁赡军酒库,已至未上而归。遂奉祠家居,积祠庭之考至三十有三。今天子御极之元年,岁在乙酉,宰相以先生名闻,有旨,除太社令,三辞不拜。特改奉议郎、直秘阁、主管建昌军仙都观。又三辞,不允。越三年,差主管华州云台观。盖先生自乙酉至是岁,辞官不获,屡上休致之请,皆不允,而先生请不已。明年夏四月,始得旨,转承议郎,依前直秘阁致仕。
>
> 方先生之在太和,便座有斋,榜曰“思隐”。盖当筮仕之初,已有山林之思。在官清苦,唯以赋咏自娱,以是受知于吉之乡先生杨公万里。①

上文表明,赵蕃自“奉祠家居”,“积祠庭之考至三十有三”,即在玉山连续隐居三十三年。追溯赵蕃家族与上饶玉山的渊源,始于其曾祖赵旸直龙图阁,以提点坑冶铸钱行提举江州太平观,来居信州玉山智门寺。时左丞相吕忠穆公颐浩以书抵信守连南夫曰:“赵羲若父子皆士林宿望,治封有贤人君子,可厚加礼待。”羲若,即赵旸,在当时即有高名。后羲若作亭,施舜显因摘君子字以名之②。不仅赵旸,赵蕃的祖父、父亲及自己的人品在当时皆深为时人称道。张端义《贵耳集》卷上云:赵蕃常年定居信州上饶,广交名士,户外之鞋常满,与陆游等皆有唱和。寿九十余。公朝尊老以秘阁正郎聘之,不至。戴复古为其作诗云:“君为山中人,世事安得闻。入山恐未深,更入几重云。”另外,张端义《贵耳集》还记载,赵蕃与周必大本是同乡,周必大当参知政事时,赵蕃不向其求高官,期间所做唯一酒官③。周必大(1126—1204),字子充,一字洪道,晚年自号平园老叟。淳熙二年(1175),为敷文阁待制,后迁至吏部尚书兼翰林学士承旨。七年,为参知政事。九年,知枢密院事。十六年,由左丞相出判潭州。绍熙四年(1193),改判隆兴府。宁宗庆元元年(1195),以观文殿大学士、益国公致仕。直至后为为韩侂胄指为伪学罪首,周必大前后在朝主政长达十五年。赵蕃与必大既为同乡至友,却能

---

① (宋)刘宰《漫塘文集》卷32,文渊阁《四库全书》,第1170册,第729页。
② 《江西通志》卷96,文渊阁《四库全书》,第516册,第210页。
③ (宋)张端义《张端义诗话》,吴文治主编《宋诗话全编》,第8009页。

始终保持清明之节，不为名利所动，深为当时士林所服膺。赵蕃《留别周参政诗二首》其一云："元祐登瀛盛古今，衹今衰冷媿诸任。"查阅明代曹学佺《石仓历代诗选》，该书卷一七七即于周必大诗后附赵蕃诗，盖源于此。赵蕃隐居玉山期间，与闲居瓢泉的爱国词人辛弃疾常相来往。淳熙十五年（1188）年，赵蕃从湖南衡州回玉山后，写有《以归来后与斯远倡酬诗卷寄辛卿》云："人家馈岁何所为？纷纷酒肉相携持。我曹馈岁复何有？酬倡之诗十余首。缄封寄稿玄英方，从人笑痴我自狂。狂余更欲谁送似？咫尺知音稼轩是。"从诗中内容来看，他与辛弃疾似早已相识，且交情非同一般，故称其为"咫尺知音"[①]。赵蕃又有《呈辛卿二首》云："诗老当年聚此州，迩来零落尽山邱。公虽暂尔淹时用，天岂特令继夙游。""今昔名流几许人，况于室迩更身亲。南州行卷虽云旧，东阁知名固若新。"辛弃疾《和赵昌父问讯新居之作》亦云："草堂经始上元初，四面溪山画不如。畴昔人怜翁失马，只今自喜我知鱼。苦无突兀千间庇，岂负辛勤一束书。种木十年浑未办，此心留待百年余。"[②]赵蕃与胡铨亦为好友，据方回《鲍子寿诗集序》称"胡邦衡早以诗荐于孝庙，似舍大而言细。然其为诗委曲高妙，用陈无已之律，而与所友赵昌甫之作相肖，所谓善用实字为虚字者……"[③]。

中国古代知识阶层崇尚功成身退，以实现个人社会价值为目标，希望在自然、社会和自我之间寻找到一种真正的和谐与平衡，充满无奈与执着的矛盾，这也是他们的悲哀之处。观赵蕃一生，不断高呼隐去，可是又屡次入仕，有过一段不长时间的仕宦经历。晁说之曾作诗嘲笑和自己同隐嵩山的朋友陈叔易弃隐为官："处士何人为作牙，尽携猿鹤到京华。故山岩壑应惆怅，六六峰前只一家。"[④]赵蕃与陈叔易的相似之处在于，虽高唱隐歌，但只要一有出仕的机缘，哪怕路途再远，官职再小，也毫不犹豫地赴召前往。

---

① 程继红《带湖与瓢泉——辛弃疾在信州日常生活研究》，齐鲁书社，2006 年，第 160 页。

② 《全宋诗》，第 48 册，第 30008 页。

③ （元）方回《桐江集》卷 1，《续修四库全书》，第 1322 册，第 370 页。

④ （宋）晁说之《闻叔易隐居被召》，《全宋诗》，第 21 册，第 13725 页。

赵蕃与韩淲具有许多隐逸之士的共同特征，如寄身山林，不畏清苦，淡薄名利，安贫乐道。不过，如果将两人的生活、风度与心理等方面进行比较，还是会发现一些差别：首先，韩淲具有优雅从容的风度，远佳于赵蕃的形容枯瘦。这是由于韩淲深受浸染玄风的魏晋风度影响，即继承了东晋的玄学之士任自然、重情性风姿，但是他的这种任自然、重情性已经不是西晋士人那种为所欲为、不受约束的放诞，而是如著名士人王濛所说的"性至通，而自然有节"①。因此，这种风度在行为上，总是温文尔雅，不粗俗，不过于外露。感情浓烈，甚至强烈，但是表现出来却较为含蕴深厚，不是放纵浅薄。这也是魏晋士人所具有的感情状态。当时的士人将优雅从容视为名士风度的标志，时时处处将从容优雅视为修身的重要内容，表面上看似风度，其实质是一种精神境界。从容优雅作为士族文化的一种标志，曾经在江东大家族的文化传统里长期传承着。中国历史上许多著名家族的文化素养常常在好几代遗传，韩淲对于优雅风度的追求很可能与其家族文化环境的教育熏陶有很大关系。

其次，韩淲能够陶然于山水之乐，不象赵蕃拘泥于生活的窘况而啼饥号寒。山水之美，只有移入欣赏者的感情，才能成为欣赏者眼中之美。山水审美在很大程度上倾注了作者很多思想感情。如李白以壮伟为美，韦应物、柳宗元以明秀为美。韩淲重感情、重精神满足，感情性格趋向细腻潇洒，他将游览山水作为一种表现自己风节的标志，也表现他安于闲适的生活。

第三，韩淲心境很淡泊，已能摒弃对功名的追求，而赵蕃的内心深处仍难忘怀尘世的功利。如赵蕃有《夜座读书有感示儿曹》云："昨夜秋风入短檠，试翻编阅似前生。不求甚解慕名语，足记姓名嗤老兵。但得作诗穷有味，曷忧从宦久无成，汝曹未可还翁学，当念无田事笔耕。"其诗集中类似诗歌还比较多。可以这样说，赵蕃对自己功名未就怀着深

① (宋)刘义庆撰《世说新语·赏誉第八》记载："王长史云：'性至通，而自然有节。'""《王濛别传》云：'濛之交物，虚己纳善，恕而后行，希见其喜愠之色，凡与一面，莫不敬而爱之。然少孤，事诸母甚谨，笃义穆族，不修小洁，以清贫见称。'"上海古籍出版社，1982年，第8页。

深遗憾，再加上现实生活穷困潦倒，这些因素也成为他劝勉儿孙的现实理由。

分析韩淲在隐逸生活、风格等方面表现出不同于赵蕃的种种区别，不得不提及韩维和韩元吉的影响。韩维历来以重视品节而见称，《宋史·韩维传》云："禁中遣使泛至诸臣家，为王(神宗时为颍王)择妃。维上疏曰：'王孝友聪明，动履法度。方向经学，以观成德。今卜族授室，宜历选勋望之家，谨择淑媛。考古纳采、问名之义，以礼成之，不宜苟取华色而已。'"①韩维性喜淡泊自适，与苏舜钦、梅尧臣、江邻几等人性情相投，结下了深厚的友谊。宋初著名诗人梅尧臣(1002—1060)与韩维的相识始于庆历年间，梅尧臣于庆历五年到七年在许昌签书判官任，恰逢韩维父亿于庆历四年(1044)去世，此时韩氏兄弟在许昌丁忧。在这期间梅圣俞与韩绛、韩维、韩缜等人交往密切，唱和颇多，梅尧臣诗集中留下四十余首唱和诗。梅氏与韩氏兄弟常常相聚畅饮、出游，这在其《前此诸韩来饮独仲连以小儿病不至》《奉和子华持国玉汝来饮西轩》《同诸韩饮曼叔家》《同诸韩及孙曼叔晚游西湖三首》等诗中都有体现，虽然韩绛、韩缜的诗集未流传下来，但韩维《南阳集》中有多首诗记录了他们的交往，如《和圣俞饮会之作》《饮圣俞西轩》等，从中可见韩氏兄弟对梅圣俞的文学才华充满了倾慕之情，如韩维《览梅圣俞诗编》云："夙昔诵佳句，跻予慕高风。"②诗中充分肯定梅圣俞的诗歌成就和道德风范。梅圣俞在许昌时生活上得到韩维很多帮助，如其集中有诗《持国遗食》等。梅圣俞《送韩持国》一诗曾回顾两人的往来，"君时不厌过，逍遥谈未休"③。从中可见他们之间的交谊很深。

韩维以父荫任将作监主簿，当时，苏舜钦与江邻几同为集贤校理，三人同在汴京任职。其中江邻几也是个性格旷达、不慕名利之人。江休复(1005—1060)，字邻几，开封陈留人，少博学，善诗文。《宋史·文苑传》有其传记，举进士，充集贤校理，因进奏院一事，落职监蔡州税，后又复官，修起居注，官至邢部郎中，其诗文已佚，有《嘉祐杂志》一卷存

① (元)脱脱《宋史》卷 315，第 10305 页。
②《全宋诗》，第 8 册，第 5116 页。
③《全宋诗》，第 5 册，第 2929 页。

世。韩维《感季夏南堂怀江十苏二》云:“邻几谪官去,门征校亏羡。子美亦远游,江湖一蓬转。”[①]据《续资治通鉴长编》卷一五三载,庆历四年十一月,因进奏院神祀宴会一事苏舜钦以及同席的数名官吏均被贬斥,“邻几谪官去”、“子美亦远游”当指此事,苏舜钦被除名,江邻几受牵连谪官蔡州。据《续资治通鉴长编》卷一百五十一,韩亿丧于庆历四年八月,此后的三年中韩维在许昌家中丁父忧并于相当长的一段时间隐居许昌。特别是晚年回到故乡,实现了过隐居生活的愿望,或游玩山水,或邀约几个好朋友纵情饮酒,吟诗作文,感受到从未有过的自由和欢快,如《招致仕诸君饮》云:“闲里高官物外身,追欢高会及良辰。菊含晓露精神健,酒入凉天气味醇。双管龙吟清彻汉,四纮莺语巧回春。樽前不用存形迹,同是乡闾白发人。”[②]他还将这种体会与在职为官进行比较,更觉弥足珍贵。如《侍讲侄告蒲还京师以诗送之》云:“老去心情如水淡,暂同樽酒惜花飞。”“共说无生闲过日,也胜尘土弊朝衣。”[③]他在诗中也多次描绘退隐山居自娱自乐的生活状态,如《和杜七学士见寄》云:“闲寻物外忘言客,喜遇杯中得趣人。能作新诗仍寄我,知君心不在埃尘。”[④]《寄致仕李洵大夫》亦云:“买得田园便退身,世间今作自由人。不争路上风波静,无相光中日月新。红叶委阶非异物,碧峰当户见全真。知君未放狂心歇,兴在陶公漉酒巾。”[⑤]韩维非常享受这种生活,但也深感学习陶渊明安于隐逸,远离世俗并不是一件容易的事情,他曾感叹“自愧效陶无好语,敢烦凌杜发新章”[⑥]。韩维诗,以五古、五律和七律的成就为高,诗风造语平淡而味终不簿。

韩维诗文中表现出浓厚的隐逸之思,鲜于绰《南阳集·行状》云:“其为诗,句法谨严,平淡清远,有陶渊明、韦苏州气格。”[⑦]其《答张念七

① 《全宋诗》,第8册,第5115页。
② 《全宋诗》,第8册,第5249页。
③ 《全宋诗》,第8册,第5254页。
④ 《全宋诗》,第8册,第5248页。
⑤ 《全宋诗》,第8册,第5241页。
⑥ (宋)韩维《和曾通判招饮后见贻》,《全宋诗》,第8册,第5249页。
⑦ (宋)韩维《南阳集》,文渊阁《四库全书》,第1101册,第774页。

得科见寄》说“我亦林泉有归兴，待君吟啸乐升平”①。特别是他还擅于运用五言古诗这种体裁把自己隐逸生活的感受写出来，如《和子华许昌道中诗有隐逸之思》云：“我生乏壮图，少小事刀笔。窥古得微尚，趋时寡良术。野性不受羁，尘事忧见桎。况兹罹大艰，哀号重衰疾。生意且萧瑟，何必慕禄秩。”②韩维多次在诗中表露出自己决心避世，归于隐居的逍遥境界。如《初春吏隐堂作》云：“人生本虚静，垢浊无自侵。忽为外物牵，至性不可寻。于焉得所监，一洗尘中心。”③韩维高度评价陶渊明的节气。如其《重修西轩，席上与弟侄皆赋得高字》云：“志慚仲举大，节异渊明高。孔门有内乐，愿附斯人曹。”④韩维的隐逸之思很浓厚，还表现在他对于古隐高士生活境界的向往，其《夏日览物思古人三首》分别歌咏张仲蔚、嵇康和陶潜三人，“弃置当世事，覃思天官书。蓬蒿长没人，寂寞守园庐。轩冕非所慕，赋诗常晏如”。“翛然柳下锻，岂不遗世喧。一忤贵公子，鸣纮竟谁冤。性烈才且隽，有味孙登言”。“众鸟依嘉树，想象先生居。日哦高简篇，浊酒自为娱。世事不挂口，方且爱吾庐”⑤。韩维迫切地期望过归隐生活，他认为山林生活的悠然自在是一种最本真的生活状态。其《答张念五见寄》表现了对这种生活的向往，“林泉萧洒逸平生，不识人间宠辱惊。美质自全荆璞贵，嘉名长共洛波清。身虽贫约非原病，诗为穷愁似孟精。命驾高踪久无继，一时风义独归程。”又在《次韵》云：“势利拘牵无已时，超然真乐绝端倪。家风淡寂从今见，人事尘劳与我暌。”⑥

韩元吉在创作中也表现出较为浓厚的隐逸思想。淳熙四年九月，他应陶渊明后裔陶茂安之邀请写了一篇《东皋记》，赞赏陶渊明“令彭泽，高风峻节，足以蹈厉一世。其诗词文章所及，后之君子喜道之”，又说：“夫世之所慕于渊明者，非特其去就可尚也，惟其志意超然旷达，适

① 《全宋诗》，第8册，第5224页。

② 《全宋诗》，第8册，第5113页。

③ 《全宋诗》，第8册，第5109页。

④ 《全宋诗》，第8册，第5124页。

⑤ 《全宋诗》，第8册，第5127页。

⑥ 《全宋诗》，第8册，第5225页。

于物而不累于物，有所得者焉。庄子曰：'山林欤，皋壤欤，使我欣欣然而乐欤？'且山林皋壤，非世俗悦于耳目者也。所遇之乐，不自知而发，故虽樵夫渔父，负薪鼓枻，歌声若出金石，而况于贤士大夫得之者乎？"①如《红梅》云："不随群艳竞年芳，独自施朱对雪霜。越女漫夸天下白，寿阳还作醉时妆。半依修竹余真态，错认夭桃有暗香。月底瑶台清梦到，霓裳新换舞衣长。"②如《记建安大水》云："孤城雨脚暮云平，不觉鱼龙自满庭。托命已甘同木偶，置身端云似羸瓶。浮家却羡鸱夷子，弄月常忧太白星。当日乘槎便仙去，故人应罪曲江灵。"③

此外，就韩淲而言，从其诗与《涧泉日记》中可以发现，他爱好研习易学，如其《梅雨》云："易斋诵铭语，耆英几年无。吾侪老孙子，交契岁月徂。"其《感风发汗卧病数日推枕翛然叙事为十诗》其十云："病起何思虑，空斋读易时。沉潜三画象，研究六爻词。孔系诚难识，扬玄恐易知。乾乾且修业，学处在观颐。"又如其《偶成》云：

> 酒亦逢人饮，诗须任我吟。短长徒有兴，醒醉盖无心。烂漫欢中趣，幽微得处寻。佳时思共赏，良夜忍孤斟。
>
> 惜气思仙伎，因心理佛书。心安何所觉，气积本乘虚。造化融成后，神明主宰初。纵疑摩诘赘，未信洞宾疏。
>
> 出处升沉地，中年付短歌。世情时转变，人事日销磨。荡寇声虽在，平戎意尚多。山空流水急，啼鸟下烟萝。④

宋儒治《易》者，始于刘牧，牧学出于陈抟。抟作"先天图""后天图"。邵雍亦传陈抟《易》学，其子邵伯温作《易学辨惑》，弟子为陈瓘。后来，司马光、张载皆有《易学》。苏轼有《易传》多言人事。韩淲的亲族如吕大防、晁说之、吕祖谦皆精研易学，主复古本，朱子本之，作《周易本义》。南宋儒家治易，或宗程子，或宗朱子，或参合程朱之说。从师友渊

① （宋）韩元吉《南涧甲乙稿》卷15，文渊阁《四库全书》，第1165册，第223页。
② 《全宋诗》，第38册，第23676页。
③ 《全宋诗》，第38册，第23653页。
④ 《全宋诗》，第52册，第32574页。

源来看，韩淲当宗朱子之学。韩淲又有《玩易》云："刚决柔爻是五阳，一年春数此方强。希夷只把临分画，龙见于田意最长。太玄准易装为旅，历气推详阳夏时。亲寡且从人事说，艮离山火去何之。"[①]玩易之辞，可以知吉凶。自八卦而为六十四，刚柔为易之本。刚柔者，立本者也；变通者，趣时者也；吉凶者，贞胜者也。刚柔者，爻之刚柔也。爻有刚柔，则可相推。相推故变，变故自乾坤而成八卦。变通，谓刚柔之变通也。一刚一柔即变也。相推不穷，即通也。刚柔相推，所以明时之异。故曰：趣时也。吉凶者，系辞之所明也，故以贞胜也，贞正也。吉凶之道，正则胜，而常吉；匪正，则弗胜，而常凶。如是则吉凶在夫正与不正之间，故惟贞可以胜吉凶也。上言爻在其中，故此复言刚柔立本；上言变在其中，故此复言变通趣时；上言动在其中，故此复言吉凶贞胜。其中都是所以明在上未终之意[②]。韩淲深明刚柔相济、阴阳变通之道，他对于理学的修为亦很高，除了受其父韩元吉影响，还与姻亲晁氏家族精研易学也有很大关系。其《涧泉日记》关于这方面的记载很多，如记晁子止谓气、晁子止云《易》、晁子止云老学、晁子止曰王弼，晁景迂以道题老子、景迂云老列宛然成一家、晁以道言道有《录古周易》八卷、《易规》一卷、《京氏易氏》一卷。另有，还谈到老苏论太玄等。

宋人入道参玄者甚多，如吕本中学道云："学道如养气，气实病自除。"据张载云，《易》语天地阴阳，情伪至隐赜而不可恶也。诸子驰骋说辞，穷高极幽，而知德者厌其言。故言为非难，使君子乐取之为贵。易之为书，有君子小人之杂道，有阴阳爻，有吉凶之戒，使人先事决疑，避凶就吉。[③] 陆游有《闲居书事》云："园林绿叶一番新，桃李吹成陌上尘。玩易焚香消永日，听琴煮茗送残春。隐居正欲求吾志，大患元因有此身。堪笑痴人营富贵，百年赢得冢前麟。"[④]又有《夜读了翁遗文有感》

---

① 《全宋诗》，第52册，第32739页。

② （宋）郭雍《郭氏传家易说》卷8，文渊阁《四库全书》本。

③ （宋）方闻一《大易粹言》卷66，文渊阁《四库全书》本。

④ （宋）陆游撰、钱仲联校《剑南诗稿校注》卷16，上海古籍出版社，1985年，第1274页。

云："阴阳消长从来事，玩易深知屡绝编。"陆游自注云：公有《易传》[1]。杨万里尝著《易传》行于世。朱子《墨庄五咏》尚有洌轩、静春堂、玩易斋、君子亭诸名[2]。赵蕃即写有《玩易斋》诗。韩淲又有《辛卿有言雨则清润晴则清和昌甫因为五字次韵呈之》云："雅俗岂殊调，今古信一时。晴雨草木长，摸索皆我诗。善来子赵子，身世忽若遗。顾瞻绝代人，乘闲有幽期。和润见名理，处处清气随。坐卧泉乱鸣，孟夏凉侵肌。睡余供茗事，禅榻鬓成丝。进退出处间，何心玩易羲。"韩淲研究易学，使他参透自然规律，淡泊功名利诱，这对于他安处俭仆的隐逸生活好像注射了一针强心剂，无疑有很大的影响。

第五节　"上饶二泉"思想品格之时代意义

中国古代文人历来重视把握生命，注重表现仁义之心性，形成礼乐型的文化传统。一般认为，中国的文化传统与中国儒学的高度发展有着密切的关联。儒家强调每个人有恻隐之心、羞恶之心、辞让之心、是非之心。人们的恻隐之心、羞恶之心、辞让之心、是非之心各有不同的表现方式，但也有相同之处，就是都重视阐述仁义礼智之理。值得注意的是，人们对"理"的表现方式往往各有不同，关涉到不同的文化，不同人的精神面貌、成就与价值，往往会表现出不同的气质。也就是说，为什么会以这种方式而不是另一种方式来体现，归因于不同的审美思想和历史环境等方面的因素。

在历史上，西晋玄风盛行，士人们表现出为所欲为、不受约束的放诞。而到东晋中期以后，任诞风尚逐渐消退，过去那种放纵的行为已经不被看重，不被当作名士风度受到人们夸奖。发展到东晋，任自然、重情性与西晋一脉相承，但是任自然、重情性已经不是西晋士人那种放纵而是任自然而有节，诚如当时士人王蒙评价说"性至通，而自然有

① (宋)陆游撰、钱仲联校《剑南诗稿校注》卷5，第450页。

② 《江西通志》卷39，文渊阁《四库全书》，第514册，第306页。

节”①。发展到宋代，统治者推崇以文治世，优待士人。一方面，士人们的生活水平得到普遍改善，文化水平大大提高，越来越多的士人开始注意享受生活，他们在休闲的时候笙歌宴舞，致力于追求富有情趣的生活。另一方面，宋代理学高度发展，理学家们以道自任，以师自期。他们在治学中强调义利之辨，提倡重义轻利。他们在平静的生活中锤炼身心，重视气节。气节，与节操近义，气是志向与操守的外在表现。气节，指人的操守与气概，离不开人们在树立一定的志向和观念后对自己的行为进行规范与塑造。孟子说过：“富贵不能淫，贫贱不能移，威武不能屈。”他还说过：“乐以天下，忧以天下。”这句话后来被范仲淹引申为“先天下之忧而忧，乐天下之乐而乐”。宋代士人普遍重视气节，他们对气节的解释包括忠君报国的思想，作为朝臣，忠君爱国是节义的重要内容。《宋史·忠义传》中有许多这样的事例。宋人重视气节，与思想理念的内容相关。如二程对“天理”“节操”的阐述，他们将其与普遍人性相对立，否认人性，强调对观念的绝对服从，表现出一种刚直不阿的性格、弘毅伟岸的人格。因此，气节不仅在临大事时表现出来，很多时候在日常行事也会有所表现。宋人普遍具有培养一种理想人格的意识。

崇尚名节是有宋一代文人的普遍追求。“二泉”的人品、气节深为时人和后人称道。《宋元学案·庶官韩涧泉先生淲》记韩淲“有高节，从仕不久，即归信上”②。《四库全书总目》称赞赵蕃：“恬淡自守，人品本高，宜其诗之无俗韵也。”③肯定韩淲人品，“制行清高，恬于荣利”④。在南宋中后期，象“二泉”这样有气节的士人还有很多，因此，对于他们的研究具有一定的代表性。周必大云：“文章，天下之公器，万世不可得而私也；节义，天下之大闲，万世不可得而逾也。”⑤在《宋史》中可以看到很多忠义之士的记载。可以说，气节在宋代士人的心理层次上已经成

① (南朝·宋)刘义庆《世说新语·赏誉第八》，第 8 页。
② (清)黄宗羲编、全祖望补《宋元学案》卷 59，第 1947 页。
③ (清)纪昀等编《钦定四库全书总目》卷 160，第 2136 页。
④ (清)纪昀等编《钦定四库全书总目》卷 163，第 2171－2172 页。
⑤ (宋)周必大《广陵县学三忠堂记》，《文忠集》卷 60，文渊阁《四库全书》，第 1147 册，第 635 页。

为一种性格因素。他们互以名节自许,又以气节自励,这也是为什么宋代不论为官或身为平民多终身厉清直之操的文士的重要原因。

归纳“二泉”的名节与气节,既表现为一种崇尚道德的修养,也表现为一种坚贞的性格。他们的气节不但是一种思想,也形成一种鲜明的性格特征。贾岛《酬姚校书》云:“因贫行远道,得见旧交游。美酒易倾尽,好诗难卒酬。公堂朝共到,私第夜相留。不觉入关晚,别来林木秋。”“二泉”虽然过着清静的乡野生活,但他们并不缺乏知心朋友。与他们常相来往的多有当朝名宦,亦多志趣高洁之处士。如韩淲《入秋乃能赓载随韵写情不敢自以为诗也》云:“我虽懦不武,愤世能激烈。”“二泉”有许多共同的朋友,如徐斯远、南塘二赵、龚德庄等人。而这些人都具有共同的特征,即品节高尚。以下仅举几例:如南塘二赵。二赵指的是赵汝谈与赵汝谠兄弟。方回云:“天下皆知‘四灵’之为晚唐,而巨公亦或学之。赵昌父、韩仲止、赵蹈中、赵南塘兄弟,此四人不为晚唐,而诗未尝不佳。”[①]赵汝谈(? —1237),字履常,号南塘,余杭(今浙江余杭西南)人。有《南塘集》九卷,已佚。事见《南宋馆阁续录》卷九[②]。《宋史》卷四一三有传云:赵汝谈乃太宗八世孙。生而颖悟,年十五,以大父恩补将仕郎。登淳熙十一年(1184)进士第。尝从朱熹订疑义十数条,熹嗟异之。佐赵汝愚定大策,汝愚欲骤以词掖处之,力辞去。持祖母服。汝愚去国,其弟汝谠力上疏乞留汝愚、斩侂胄,闻者吐舌。兄弟罹党祸斥去。时侂胄用事炽甚,汝谈痛愤,登坛读祝,大呼侂胄及陈自强名。自强不能堪,它日指汝谈曰:“末坐白皙者何人?”汝谈不为动。其论诸法,尤中时敝,上称叹久之,且谓:“卿文学高世,宜代予言,力辞何为?”所著有《易》《书》《诗》《论语》《孟子》《周礼》《礼记》《荀子》《庄子》《通鉴》《杜诗注》[③]。韩淲《赵履常湖北仓经过因话昔惘然久之》云:“俯仰之间又一年,旧游新话两茫然。惊心会聚初何所,满意飞腾不在边。眇眇桃宫聊记取,峩峩芸阁久回旋。岁寒玉雪清冰地,才着纤尘是市廛。”

---

① (元)方回选、李庆甲校《瀛奎律髓汇评》,第771页。

② 《全宋诗》,第51册,第32022页。

③ (元)脱脱《宋史》卷413,第12393-12396页。

赵汝谠(? —1223),赵汝谈之弟。字蹈中,号懒庵。曾忤韩侂胄,坐废十年。有《懒庵集》,已佚。《咸淳临安志》卷六七有传[①]。赵汝谠自少时倜傥富材,智略超人。周南《呈赵蹈中》云:“赵子面白如玉佳,定须逃得文儒饿。”[②]赵汝谈评蹈中诗“体貌节奏似韦谢”[③]。赵汝谠乃叶适门人,如其集中有《和叶水心马塍歌》《谢叶水心作先铭》。与兄汝谈齐名,天下称为“二赵”。汝谠常言:“宗子不忘君,孝子不辱身,临难则功业当如朱虚,立身当如子政。”[④]赵叔鲁汝迕《哭赵蹈中》云:“族老今为海内怜,清名多是布衣传。一封表乞从师郡,千里神寒觅句年。水镜照人前日政,雨丝吹旐别时船。离家忆值梅初白,梅未成阴失此贤。”[⑤]

赵汝谈、赵汝谠与“二泉”皆被续入江西诗派,方回《晓山乌衣圻南集序》云:“自乾淳以来,诚斋、放翁、遂初、石湖、千岩五君子足以蹑江西、追盛唐。过是则永嘉四灵、上饶二泉、懒庵、南塘二赵为有声。又过是则惟有一刘后村,亦号本色,而不及前数公。”[⑥]他与“二泉”皆有较多往来,如其《寄赵昌甫》云:“杨柳风吹神雨晴,樱桃花发野塘春。归来依旧青山好,白发看山有几人。”[⑦]其《和韩仲止怀蹈中弟》云:“《黄台瓜辞》可怜矣,老根连蒂摘都稀。风流遂至尔身尽,衰病况堪吾道非。少日槊棋豪索酒,暮年丝竹泪沾衣。人生到此将何遣,一卷《南华》坐掩扉。”[⑧]韩淲也有《昌甫以诗谢履常见过因和韵》。韩淲诗中多次提到赵汝谈履常,如《访履常于斯远所馆书楼》云:“楼居两仙人,冰雪玉炼颜。整整羽袂飘,意象高且闲。尘眼一见之,竟日几忘还。归来山空寒,明月流照松。”称赞其仙风道骨和超脱尘俗之姿态,又可见二赵与徐斯远亦多有往来。此外,又有《余杭拉赵履常昆弟同曾甥守约游巽亭》《送履常中州买鱼艇归半溪二三友放溜来迎》和《赵履常湖北仓经过因话昔惘

① 《全宋诗》,第53册,第32984页。
② 《全宋诗》,第52册,第32253页。
③ (宋)刘克庄《后村诗话》前集卷2,第36页。
④ (元)脱脱《宋史》卷413,第12397页。
⑤ 《前贤小集拾遗》卷3,读画斋正本。
⑥ (元)方回《桐江续集》卷31,文渊阁《四库全书》,第1193册,第640页。
⑦ 《全宋诗》,第51册,第32023页。
⑧ (宋)刘克庄《后村诗话》前集卷2,第36页。

然久之》等诗。赵蹈中的诗歌创作水平也很高,如刘后村《爪圃集序》云:"近岁诗人,惟赵章泉五言有陶、阮意,赵蹈中能为韦体。"[①]韩淲《蹈中见过山间》云:"贵贱曾何在,悲欢孰使然。如君真绝足,奈我已华颠。勋业谁彝鼎,文章自简编。中原有前辈,吾忆范忠宣。""三月多风雨,门前涧水侵。岸花无一片,园柳忽成阴。有客因留饮,呼儿取次斟。桥南春郭外,珍重肯幽寻。"韩淲又有诗叙两人之唱酬往来,《次韵蹈中见寄》云:"山中石涧正冰冷,愁绝江梅满树花。王节随晴尚能句,幽怀无复怨年华。"又有《余杭访赵蹈中郊居》。

又如赵彦端。赵彦端(1121—1175),字德庄,自号介庵居士,宋宗室,魏王廷美七世孙。登绍兴八年(1138)进士,"凡奏对献策,陈述利害,如蠲丁钱、讲治体,御敌守边之谋、用兵行赏之规,议论醇正,卓然皆有可用之实"[②]。赵彦端乃乾淳间名士。尝宰余干,赵汝愚乃其邑人,往谒,谢德庄,语之曰:"谨勿以一魁先置胸中。"《直斋书录解题》著录"《介庵集》十卷"[③],"《介庵词》一卷"[④]。《宋史》著录"《外集》三卷、《介庵词》四卷"[⑤]。《余干县志》云:彦端文集若干卷,谢谔为之序[⑥]。《全宋诗》录其诗 38 首。《全宋词》录其词 157 首。赵彦端词具有很高的艺术水平,值得深入研究。赵蕃有 13 首诗提到赵彦端,如写其风姿,《过余干怀介庵呈其婿方景严》云:"重过余干县,长怀谪仙人。"写其文才,《读介庵集题其上》云:"风前旧揖青绮帔,老去今披古锦囊。千古未忘图像拜,也知风骨类文章。"写对其怀念,《呈尤运使袤延之五首》其四云:"翰墨有先达,知己仅三数。省斋怜其贫,晦庵过其誉。怀哉介庵老,先我骑鲸去。"《赠路帯德章》云:"忆昔介庵老,视我犹子弟。于今于越州,必洒西州涕。重忆郎中公,契与外氏通。慨我未知学,一见宁发蒙。公于介庵老,笔砚相亲友。而于郎中公,学问躬授受。与我非素交,有儿仍

---

① (宋)刘克庄《后村先生大全集》卷 94,《四部丛刊初编》,第 276 册,第 812 页。

② (宋)晁公武《郡斋读书志》卷 5 下,《文渊阁》四库全书,第 674 册,第 350 页。

③ (宋)陈振孙《直斋书录解题》卷 18,第 540 页。

④ (宋)陈振孙《直斋书录解题》卷 21,第 623 页。

⑤ (元)脱脱《宋史》卷 208,第 5378 页。

⑥《江西通志》卷 63,文渊阁《四库全书》,第 515 册,第 214 页。

甚愚。辱公收教之，举俗有是夫。”《过介庵旧宅》云：“成都扬雄宅，青山太白坟。可怜车马迹，不如鸥鹭群。”《奉寄斯远兼属文鼎处州子永提属五首》云：“几向余干觅介庵，骑鲸已去不容骖。流风付与南池主，何日约君相就谈。”《登清音堂访介庵壁间留题已有漫去之者偶成长句》云：“十日溪行雨雾深，晓晴催我强登临。壁间变灭龙蛇字，海内流传金玉音。欲为废兴聊下语，不堪山水感人心。何时遂此扁舟志，占断鸥波得细吟。”

赵德庄与韩元吉为生前友好，赵曾作一首《鹧鸪天·为韩漕无咎寿》云：“忆醉君家倚翠屏。年年相喜鬓毛青。谁知缓步从天下，犹许清弹此地听。挥羽扇，写鹅经。使星何似老人星。几时一试熏风手，今日桐阴又满庭。”①赵德庄去世后，韩元吉为其作《直宝文阁赵公墓志铭》云：

> 闻其诗词一出，人嗜之往往如啖美味。然宗戚贵游，欲以图画纳禁廷，祈为题赋者，率谢不能。其掾宰府，尽言无所逊避，以是多忤。与人交，坦然不事畦畛。其为县，务宽其民；其为郡，务假其属邑；其为部使者，则郡之细故亦不问。喜为义事，重然诺。遇所施与，不顾家有无。亲故客之，经年不厌。其田园屋宅之计如不闻也。②

韩淲文中称“诗词一出，人嗜之往往如啖美味”，足可见赵德庄才华独具，韩淲在另一首诗《赠吴子似》亦对他称道不已，“喜君常诵介庵诗，此老流风百世知。摸索期思长短句，象山如在更沙随”。

与“二泉”交往频繁者另有辛弃疾。辛弃疾从孝宗淳熙八年(1181)至光宗绍熙二年(1191)，渡过了十年被南宋政府弃而不用的归田生活，他在信州上饶城北的灵山之下有一片带湖庄园，筑室百间，并有亭台楼阁一系列建筑。作为地方名士，“二泉”也得以有机会与其交往。如韩淲有《辛卿有言雨则清涧晴则清和昌甫因为五字次韵呈之》。又有《昌

① 唐圭璋《全宋词》(三)，第1453页。

② (宋)韩元吉《南涧甲乙稿》卷21，文渊阁《四库全书》，第1165册，第340页。

甫分寄瓢泉继而辛卿遗一壶来以诗为谢》云："章泉分饷瓢泉酒，已洗牢愁万马空。重拜书题如夏日……时闻水石云山主，世数文章翰墨功。且道岁寒梅雪好，僧窗闲有几人同。"此外，江湖诗人徐斯远、刘宰等人皆以气节高尚而为人推重一时，他们与"二泉"也有非常多的来往，相关探讨已在第四章论及，兹不赘述。

"二泉"的思想和品格存在不少差别，但却都表现出一个共同之处，即津津乐道于如何成为君子、贤人、圣人，他们在强调提升个人道德修养的境界时，却忽视了成就更大格局的社会关怀，从这点来看，他们在诗坛上、历史上的意义和影响稍逊于宋末的节义诗人。中国固有哲学思维一贯强调在现实生命中去实现人生理想，追求人生归宿。因此考述"二泉"的隐逸人生及揭示其思想根源，很有必要将他们与同样以重视气节著称于世的宋末一些名士进行比较，这样的比较将使他们的性情旨趣更加鲜明。宋末山河变色，天地震荡，出现了一批赴汤蹈火、为国赴难的文人。尤以文天祥、方凤和谢翱等人之名为最重，品节亦最高。文天祥（1236—1282），名云孙，字宋瑞，号文山，庐陵人。元人渡江，奉诏起兵，屡掌兵权，除右丞相兼枢密，出使北军，为所留，不久遁归福州，奉益王登祚，事败。北虏系其至燕，囚四年，而志愈坚贞，狱中犹作兴复计，遂被杀，年四十七。有诗集二卷，又有《指南录》《吟啸集》及狱中集杜诗二百首。其《赴阙》云："楚月穿春袖，吴霜透晓鞯。壮心欲填海，苦胆为忧天！役役惭金注，悠悠叹瓦全。丈夫竟何事，一日定千年。"[①]此诗气势雄壮，力吞山河，忠直纯正，英气逼人。谢翱，字皋羽，一字皋父，号晞颜子。闽长溪人。著《晞颜集》。咸淳初试进士不第，元兵破宋，翱倾赀率乡兵投文天祥，为咨议参军，后文天祥被捉拿，乃依浦阳方凤，与永康吴思齐俱客吴渭里中，感怀亡国之苦，吟讽不已。尝登子陵钓台，设文天祥主，再拜痛哭。汪元量，字大有，号水云，钱塘人。宋亡，随三宫。南归为黄冠，游荡彭蠡匡庐间，若飘风行云，莫测其迹。有《水云集》《湖山类稿》，其诗慷慨忧悲，存黍离麦秀之感，凄怆宛恻，多国亡北徙之思。文天祥读其集云："吴人汪水云，羽扇纶巾，访予于幽燕之国，袖出《行吟》一卷。读之如风樯阵马，快逸奔放。询其故，得于子

① 《全宋诗》，第68册，第42987页。

长之游。嗟夫异哉！乃为之歌曰：‘南风之熏兮琴无弦，北风其凉兮诗无传，云之汉兮水之渊，佳哉斯人兮水云之仙。’”马廷鸾云：“元量出示《湖山稿》求余为序。展卷读甲子初作，微有汗出。读至丙子作，潸然泪下。又读至《醉歌十首》，抚席恸哭，不知所云。家人引元量出，余病复作，不能为元量吐一语，因题其集曰‘诗史’。”①郑思肖(1241—1318)，其名乃宋亡后改。字忆翁，号所南，以示不忘故国。所南者，以南为宋也；忆翁者，忆乎宋也；思肖者，思乎赵也。本福州连江人，宋末太学生，博学多技，元兵初南下，叩阙上疏，词旨切直。宋亡，坐卧不北向，终身不仕。其为人如此，其诗多寓意于宋，著有《所南集》一百二十图诗集。方凤，字韶卿，一名景山，婺州人。本姓陈，为方氏养子，方氏乃唐方干之后裔。通毛郑二家诗，宋亡，遁归仙华山，同里吴渭辟塾敬事之，与谢翱、吴思齐吟咏无虚日。临死前，嘱咐儿子题其旌曰“宋容州”。

此外，林景熙，一名景曦，字德旸，号霁山，温州人。宋亡不仕，往依会稽王英孙。有《白石樵唱集》。许月卿，字太空，婺源人。宋亡后改字宋士，号山屋先生。尝师事朱熹门人董介轩。又从学于魏鹤山。贾似道当国，试馆职，言不合，归故里，闭户读书。自号泉田子，从游者众。有《先天集》传世。元兵渡江，乃深居一室，十年不言而卒。真山民，本名桂芳，栝苍人。或谓其乃真西山之孙。宋末进士。入元，痛家倾国亡，深自湮翳，有陶元亮风。

上述几位既是诗人，又是义士，他们不但都具有较高的文化修养，而且能够从容赴义，主要是出于忠义，表现为对宋朝廷和赵氏王朝统治者的忠诚。他们这种思想虽早在先秦时就已出现，但是却在宋代受到宋代文士的重视和实践。这充分体现出宋儒家明义利之辨，以道德精神克制物欲，个人利益服从群体利益，在人格塑造过程中，遇到社会的激烈变革，能够进行崇高的选择。我们不必批判这是一种愚昧落后的忠君思想。因为元朝野蛮残暴的侵略不止动摇的是宋朝的根基，也是对道义的一种践踏。能够选择正义并为此付出生命，在文天祥等人的思想品质中，已经超越了时代的局限，表现为一种大义凛然的牺牲精

① (宋)汪元量《湖山类稿》卷5，文渊阁《四库全书》，第1188册，第249页。

神，成为后人在民族危亡时学习的榜样。

"二泉"的气节与宋末节义诗人的区别还可以从其创作风格体现出来。陈延杰曾概括说："洎四灵起，独尚武功体。以新切为宗，而边幅太狭，盖一时风气所趋也。江湖诗人，每多效其体，既乏气格，且涉粗鄙焉。南宋之诗，以此两期为最卑下。宋亡，晞发，霁山等，遗世独立，乃愤慨为悲壮之音，凄怆动人，此真隐逸诗人矣！"①胡云翼先生云："江西派的流风不能束缚伟大的诗人，却很能牢笼一般小作家。其末流至诗皆拗拙不可读。虽后来有号称'永嘉四灵'的徐照、徐玑、翁卷和赵师秀诸人起来纠正江西派之弊，改宗晚唐，可是他们的诗也并没有表现什么好的成绩。往后又有号'江湖派'的诗人起来，也大都是些低能的作者。只有刘克庄、戴复古、朱淑真等偶有好诗写出来。至于宋末，诗坛益不振。当时著名的诗人如谢翱、文天祥、林景熙、谢枋得、汪元量诸人的诗，皆具有气魄，富有感慨，而缺乏才气，佳作极少。于是所谓'宋诗'，便随着南宋之亡而衰落了。"②

在中国古代，矢志隐逸、情怀高洁的真隐士并不多。这是因为很多士人仅仅把隐逸视为人生的一种调济，或者是作为逃避现实困境的消极手段，真正的隐士要能够远离尘世的功名利禄等俗事的纷扰，需要耐得住贫困、孤独与寂寞。一些士人，出世入仕，由仕而隐，多与政局的变化息息相关。风声雨声读书声，声声入耳；家事国事天下事，事事关心。家国情怀似乎是中国士人一种根深蒂固的习性。南宋统治阶级也重用过一批隐士，但他们并不是对所有的隐士一视同仁，他们需要的是既有道德修养、渊博学识，同时又有儒家经天纬地思想、经世济民之才的隐士。"二泉"主要生活在宋孝宗、光宗、宁宗时期。宋孝宗重视实学，锐意进取，反对空谈和玄虚。他最关注的问题是振作士风，他特别欣赏苏轼天风海雨逼人的豪放词风，如他在乾道六年赐岳飞庙曰"忠烈"，又赐苏轼谥曰"文忠"，意在振奋精神和士气，为"中兴"事业服务。孝宗对理学家"正心诚意"的说教不感兴趣，特别是朱熹的屡屡进谏使他对空泛不切实用的性理之学的厌恶不断增加，多次下诏表示要戒风俗、戒清

---

① 陈延杰《宋诗之派别》，见梁昆著《宋诗派别论》，第 184 页。

② 胡云翼著《新著中国文学史》，台北汉京文化事业有限公司，1983 年，第 191 页。

议，还要戒士大夫朋比之习。淳熙二年，孝宗又一次明确要戒除“清议”，“朝廷所行事，或是或非，自有公议，近来士大夫又好唱为清议之说”。“便以趣事赴功者为猥俗，以矫激沽誉者为清高，骎骎不已，如东汉激成党锢之风，殆皆由此，深害治体，岂可不痛为之戒”①。孝宗朝虞允文、王淮等大臣对理学也颇为反感，史浩、周必大虽然荐引过不少理学之士，但只是出于希翼有益于朝廷政务，他们本人也是同样反对空谈，而是注重实效。

如果说儒家文化精神和家族的荣誉曾经促使“二泉”希望奋发有为，参与政治，使社会制度更趋合理。同时，他们也努力改造自身，以便找到最佳的生存方式，过一种更加有意义的生活。然而，由于失去了时代的风云际会，特别是如陆游、陈亮、辛弃疾这些才高志大的诗人又在现实中屡屡受到排挤打击，长时间处于不得志的逆境，使他们不得不最终放弃了兴利除弊、改革政治的进取之心。把人生的目标转向执着于促使个体生命充分实现其价值，使人的心灵更充分地享受到高层次的自由愉悦。宋代理学繁荣，理学，又名道学，其核心的范畴是“道”或“天理”，但就其实际价值而言，乃是个体生命自我充实、自我提升的起点。赵蕃虽然隐逸山林，但一旦涉及事功方面大抵表现出积极的态度。赵蕃思想深处的政治理想是羲皇时代的清明盛世，如“但恋六月荫，超然傲羲皇”②，“情均骨肉谓尧民，我辈相仍敢不敦。越人可笑盟车笠，四海要知皆弟昆”③。他在诗中反复再现自己的生活、表达一己的穷愁，也体现了他对于生命的执着，不断提出对人的内在精神、人格境界和人生理想的追问，同时也表现了他的改革政治之心逐渐黯淡，最后消磨殆尽，主体精神的寄托方式渐渐转向私人领域，特别是后期更是过于关注自己的生活境况和现实情感，由于他与韩淲的人生境界不同，也就导致他们所追求的意趣表现出较大差异。

韩淲当然也不能完全免俗，他时常以元祐故家自矜，缅怀家族昔日的荣誉，有时还会表现振兴家声的强烈愿望，而现实参与政治、实现抱

---

① （宋）留正《皇宋中兴两朝圣政》卷 54，台北商务印书馆，1981 年。

② （宋）赵蕃《幽居》，《全宋诗》，第 49 册，第 30392 页。

③ （宋）赵蕃《送何叔信三首》（二），《全宋诗》，第 49 册，30925 页。

负的可能性又是如此希望渺茫，这使他有时增添一种人生虚无幻灭的感觉。其《故友不可见新相知者有数》感叹说:“老觉宾朋日日稀，故家言语转依违。百年以往自兴废，千古其间谁是非。江左风流徒可想，山东豪杰竟何归。勾吴于越连闽峤，瘴雨蛮烟百鸟飞。”其《送孟五六歌》亦云:“惜别经年事已非，悔于涂炭坐朝衣。放身沧海未为失，满目青山胡不归。零落交游难聚集，凄凉族绪易因依。有来少住为佳尔，老我逃虚甘息机。”

其实，如果仔细阅读南宋中后期的诗歌，就会发现不仅仅赵蕃和韩淲，与他们同时或稍后的一批江湖诗人也表现出类似的趋向，大都失去了在政治上施展抱负的理想和对人生建功立业的自信。他们把人生的目标转向对于个人情趣的追求，敛情约性把诗作为化愁解闷、自我排遣、抒写生灵的工具，追求平淡清远的生活情趣，以一字一句的工拙消磨才智。他们把全部的创作兴趣投入到对天然景物和日常生活的感受方面，又因为生活在幽僻在山间，局促的环境使他们很少关注国计民生和重大社会问题，消淡了充满理想的热情，也就缺乏震撼人心的力量，以致留下闲适生活中的文人情趣或者一些穷极无聊的愁苦之吟。

第六章　诗道俱隆:“上饶二泉”的接受研究

第一节　方回论评“上饶二泉”及其诗

文学作品是一种艺术表现形态,其水平的高低、风格的差异由作家的人格、性情和才力所决定。一般认为,诗人的为人与其作品的风格之间具有紧密的联系。即如孟子《万章》下篇所说:“颂其诗,读其书,不知其人,可乎?”就明确提出读颂诗书要“知人”。“二泉”其人、其诗在当时因德而显,在后世又因诗而留名。儒家传统的文学观念认为有德者必有文,从而把人格与文格混为一体。古人常喜欢说“文如其人”,在孔子时代就已经注意到“德”与“言”的关系。他说:“有德者必有言,有言者不必有德。”方回评欧阳修《秋怀》时说过“欧阳公于自然之中或壮健,或流丽,或全雅淡。有德者之言自不同也”[①]。元好问也有诗云“心声心画总失真,文章宁复见为人”。[②] 究其实,文与人的关系包涵了两个命题:其一是风格与创作个性的关系;其二是人品与文品的关系[③]。特别是宋代儒学繁荣发展,这在一定程度上使文学批评不仅仅注重艺术的

---

① (元)方回选、李庆甲校《瀛奎律髓汇评》,第443页。

② (金)元好问《论诗三十首》(六),姚奠中编《元好问全集》,山西古籍出版社,2004年,第269页。

③ 吴承学《人品与文品》,《文学遗产》1992年第1期。

个性风格和审美特性,而且在作品具体的流传过程中特别重视对作家人品和德行的评判。比如,他们认为苏东坡是最理想的文人,因为其人品辞章俱佳,而柳宗元、元稹的地位文学不如韩愈和白居易,多有道德气节的原因。宋代最为批评家所推崇的大诗人是屈原、陶渊明、杜甫,无一不是辞章超群、人格拔俗的伟人。而那些品格不高的诗人,尽管能写出较为突出的作品,却很难列入较高的审高品级。宋代的文学批评染上一层伦理化的色彩,除了作家的个性、才能和学识之外,人格和道德对创作的影响和作用,也成为批评家非常关心的论题。张毅谈到南宋“中兴时期的文学思想”时也说“重视作家的道德人格修养和文章的实用价值,是当时的突出特点”①。可以这样说,在中国古代的文学批评史上,由于儒学长期占据统治地位而形成特殊的文化心理并对文学创作传统产生影响,促使古代特别强调人品传统的形成。这也是研究“二泉”时应该特别注意的问题。

方回是宋末元初宏扬江西诗学之最有力者,也是总结江西诗派理论体系最为系统完善者之一。他不但对宋诗特别是江西诗派的发展有着较为宏观的认识,而且创作成果不菲。虽然,历史上对于方回的人品争议比较大,但他本人非常重视对文学家人品的评议。其评杨契玄《秋日闲居》云:“德人之言,字字出于天真,故取之。”②方回对“二泉”非常推崇,既来自于他本人思想、学术和文学、道德等方面的考量,同时,对当时晚唐诗风盛行非常不满也是重要原因之一。他迫切希望通过标举江西诗派如陈师道等诗人,以扭转诗坛风气。冯班尝称“方君为黄、陈之学者也,不解看唐诗。其论杜诗亦只是黄、陈之杜诗耳,未窥老杜藩篱也”③。方回对于“二泉”的论评散见于其所著《桐江续集》《桐江集》及所编《瀛奎律髓》三部书中,以下将分别从四个方面来进行解读。

1. 方回论评“上饶二泉”之背景

方回将“二泉”纳入江西诗派的后劲,并大力称赞“二泉”之际,曾与

① 张毅著《宋代文学思想史》,第263页。
② (元)方回选、李庆甲校点《瀛奎律髓汇评》,第458页。
③ (元)方回选、李庆甲校点《瀛奎律髓汇评》,第519页。

两位诗人生活于同时代的“四灵”所大力提倡、推动和发展的晚唐诗风到宋末元初已成为当时诗坛积弊。方回《送罗寿可诗序》云:“立为‘江西派’之说者,铨取或不尽然,胡致堂诋之。乃后陈简斋、曾文清为渡江之巨擘。乾、淳以来,尤、范、杨、陆、萧其尤也。道学宗师,于书无所不通,于文无所不能,诗其余事,而高古清劲,尽扫余子,又有一朱文公。嘉定而降,稍厌江西。‘永嘉四灵’复为‘九僧’,旧晚唐体非始于此四人也。后生晚进不知颠末,靡然宗之,涉其波而不究其源,日浅日下。然尚有余杭二赵、上饶二泉,典型未泯。今学诗者不于三千年间上溯下沿,穷探邃索,而徒追逐近世六七十年间之所偏,非区区所敢知也。”① 方回对“四灵”学“晚唐体”深为不满,对当世学诗之士人不知因革,不辨古今的模仿更是大力批判。方回对于宋代诗风的演变有着非常全面的认识,赞许中兴诗人如范成大、杨万里、萧千岩和韩元吉等人,对赵蕃也多有肯定,与此同时,很不满意宗晚唐的一批诗人,认为正是他们带来了“国不详”,这种观点主要反映在其《孟衡湖诗集序》中,“聚奎以来,昆体盛行,而欧、梅革之,爰及黄、陈,始宗老杜,而议者署为江西派。过江而后,吕居仁、陈去非、曾吉父,皆黄、陈出也。淳熙中,陆务观出于曾吉父,而与尤延之乃俱似王介甫。惟杨万里、萧东夫深造江西。范至能、韩无咎、张武子自成一家。朱元晦续圣贤之绪,诗尤粹密。不意学禁息而时好乖,七许浑,五姚合,哆然自谓晚唐。彼区区者竞雕虫之虚名,昧苞桑之先兆,遽以是晚人之国,不祥莫大焉。诗道不古自此始。乃后独有上饶、余杭三赵,守正不变,余皆踵浅袭陋,随俗而靡者也”②。

方回有感于“炎祚将讫,天丧斯文。嘉定中,忽有祖许浑、姚合为派者,五、七言古体并不能为,不读书亦作诗,曰学‘四灵’,江湖晚生皆是也”③,曾对许浑、姚诗之流弊作出这样的批评,“俗流无骨但有肉,蝦蟆敢竞骊龙先。姚合许浑精俪偶,青必对红花对柳。儿童效之易不难,形

① (元)方回《桐江续集》卷32,文渊阁《四库全书》,第1193册,第662页。

② (元)方回《桐江续集》卷31,文渊阁《四库全书》,第1193册,第643页。

③ (元)方回《恢大山西山小稿序》,《桐江续集》卷33,文渊阁《四库全书》,第1193册,第683页。

则肖矣神何有？求之雕刻绘画间，鹄乃类鹜虎胜狗。"①在竞效晚唐风气的情况下，方回欲振衰救弊，但心知高语江西黄陈，必不为人所喜，故循循诱其先学与姚合较接近之贾岛，进而窥老杜堂奥。于此，可见其矫枉苦心。第三，方回倡言学贾岛入杜，尚有自己学诗的甘苦所在。如《诗思十首》其五云："僧敲作手势，吾可贾长江。"②《春半久雨走笔五首》云："诗句妄希敲月贾，郡符深愧钓滩严。"其自注："五言回慕后山，苦心久矣，亦多退为平易，中有浪仙之敲而人不识也。"③宋人以禅为诗，有"渐修""顿悟"之说。学"浪仙之敲"，便是"渐修"的功夫；一朝到"顿悟"之时，"时至骨自换"，功夫深处却平易，剥浮落华，痕迹俱泯，那便能进入老杜之"无可无不可"的自由境界了。其实，正如学杜讲究"入门须正，立志须高"（《沧浪诗话·诗辨》），关键并不在从何而入，而在于学杜的什么。如果学到了其精髓，那么，无论从何门而入，最终也可登堂入室；否则，仅学其皮毛，无论从何而入，也是妄希老杜，徒劳而无功④。

方回极力批评当时诗风，主要由于当时晚唐体盛行，如其《婺源黄山中吟卷序》所云"然陈子昂、元次山、韦应物及李、杜、韩、柳诸公，追刘、陶、曹、谢与之伍，亦未尝尽废也。今之诗人，专尚晚唐，甚者不复能为古体"⑤，于是他在《滕元秀诗集序》提出"活"与"响"的概念：

> 诗贵活，贵响，不然，则死语、哑语也……诗贵活，其说出吕居仁；贵响，其说出潘邠老。近世为诗者，七言律宗许浑，五言律宗姚合。自谓足以符水心、四灵之好，而饾饤粉绘，皆死语、哑语。试令作七言，大篇如苏、黄、李、杜，五言短篇如韦、陶、三谢、嵇、阮、建安

---

① （元）方回《过李景安论诗为作长句》，《桐江续集》卷14，文渊阁《四库全书》，第1193册，第389页。

② （元）方回《桐江续集》卷28，文渊阁《四库全书》，第1193册，第591页。

③ （元）方回《桐江续集》卷27，文渊阁《四库全书》，第1193册，第574页。

④ 詹杭伦著《方回的唐宋律诗学》，中华书局，2002年，第90－92页。

⑤ （元）方回《桐江集》卷1，《续修四库全书》，第1322册，第369页。

七子，则皆缩手不能。又且借是以为游走乞索之具，而诗道丧矣。①

方回用江西诗派中人吕本中和潘邠老提出的“活”与“响”作为诗歌优劣的标准讨伐“近世诗人”或宗许浑或宗姚合之风尚。批判他们才能逼仄，所擅诗体狭隘，仅限于七律和五律，自以为是，然却实是气局短促，故所作皆是“饾饤粉绘，皆死语、哑语”。

2. 方回论评“上饶二泉”之主要内容

如前所述，方回非常重视“二泉”的诗歌创作，于《瀛奎律髓》《桐江集》和《桐江续集》多次提及“二泉”，分析其评价主要包括两个方面：其一，以“格”为标准，品评其诗歌；其二，以“德”为标准，评价其人品和地位。

其一，品评“二泉”的诗歌。

以“瘦”为美。方回《冯伯田诗集序》云：“予客桐江七年得诗友两人，赵君宾旸之瘦劲，有江子我、赵昌甫之风。”②其《赵宾旸诗集序》又称“学问浅深，言语工拙，皆非所以论诗”，并评价赵宾旸诗“瘦而不枯、劲而不燥如赵章泉”③。他认为“乾淳以来，称尤、杨、范、陆，而萧千岩东夫、姜梅山邦杰、张南湖功父亦相伯仲。梁溪之槁淡细润，诚斋之飞动驰掷，石湖之典雅标致，放翁之豪荡丰腴，各擅一长。千岩格高而意苦，梅山律熟而语新”④。从中表明他反感近代诗人主要是江湖诗人不深入研读诗文，不了解诗歌创作的正确方法，不应该盲目学习许浑等浮艳诗人。为此，他还专门列举了一系列真正值得学习的榜样。

以淡为美。方回极力推举古淡、平淡诗风。其《瀛奎律髓》或选风格平淡的诗，或予以“平淡”的评语，在评赵蕃和韩淲诗时多次用到“淡”

① (元)方回《桐江集》卷1,《续修四库全书》,第1322册,第358页。

② (元)方回《桐江集》卷1,《续修四库全书》,第1322册,第361页。

③ (元)方回《桐江集》卷1,《续修四库全书》,第1322册,第360页。

④ (元)方回《桐江续集》卷8,文渊阁《四库全书》,第1193册,第301页。

字,如“章泉得其法而能瘦、能淡、能不拘对,又能变化而活动”①,“老淡之作”②,“幽淡”③,“仲止笔力古淡”④,“瘦淡之中自秾粹”⑤。方回对韩淲的揄扬也体现出对“清淡”“清新”“清远”等诗风的体认和赞同。他说:“冯君伯田之清新,杂之王摩诘、刘长卿、张司业、白香山集中,或者有不能辨。如‘终日无人到,隔林惟鸟啼’,如‘雀舌收先雨,猫头掘带泥’。”“才力之使然者为俊逸,意味之自然者为清新,可无彼不可无此”。“世未尝无苦学精思之士,而或不能为诗,或能为之而不能清新。”⑥如《孙次皋诗集序》评曰“长孙君嵩元京诗清劲苦淡,如其为人。小孙君严次皋……亦清劲苦淡如其兄。”⑦

以“格”为标准。作诗之法,自唐迄宋,以格论诗,渐渐增多。如皎然《诗式》,托名白居易《金针诗格》,姜夔《白石道人诗说》,严羽《沧浪诗话・诗辨》等。这些书中所语及格者,均未言明格为何物。清代文学家刘熙载曾对诗格作过分类,他说:“诗格,一为品格之格,如人之智愚贤不肖也;一为格式之格,如人之有贫富贵贱也。”⑧“诗品出于人品”,“格式之格”,便于理解,可以存而不论;“品格之格”出于人品,在作品中表现为一种格调。作者思想境界高尚,作品情调高雅健康,语言风格劲健有力者,便可评为格高语壮,反之,则可斥为格卑体下。格高,是江西诗人创作和品评诗歌的首要标准。以格之高下评诗,为黄庭坚首开其端,《后山诗话》云:“鲁直谓荆公之诗暮年方妙,然格高而体下。”⑨所谓“格”,是指诗歌作品内容和形式相结合,能够反映出作者人格的风清骨

① (元)方回评赵蕃《出郭》,(元)方回选、李庆甲校《瀛奎律髓汇评》,第386页。
② (元)方回评韩淲《寒食》,(元)方回选、李庆甲校《瀛奎律髓汇评》,第388页。
③ (元)方回评韩淲《五月十日》,(元)方回选、李庆甲校《瀛奎律髓汇评》,第404页。
④ (元)方回评韩淲《涧东临风饮梅花尚未全放一枝独佳》,(元)方回选、李庆甲校《瀛奎律髓汇评》,第839页。
⑤ (元)方回评韩淲《探梅》,(元)方回选、李庆甲校《瀛奎律髓汇评》,第839页。
⑥ (元)方回《桐江集》卷1,《续修四库全书》,第1322册,第361页。
⑦ (元)方回《桐江集》卷1,《续修四库全书》,第1322册,第366页。
⑧ (清)刘熙载《艺概》,上海古籍出版社,1978年,第82页。
⑨ (宋)陈师道《后山诗话》,(清)何文焕辑《历代诗话》,第306页。

峻的语体风格。一种诗体有一体之格，一个诗歌流派有一流派之格。

方回评诗，明确以“江西诗派”所推重的“格”作为主要标准。他说：“诗以格高为第一。”①方回标举“格高”，实际上肯定了诗歌苍劲瘦硬的风格。如评杨万里《雪》诗云：“诚斋此诗，枯瘦甚矣。”②“格”成为方回讨伐“江湖诗派”乃至“江西诗派”中人的武器。其评曾几《上元日大雪》说：“诗先看格高而意又到、语又工为上，意到语工、而格不高次之，无格、无意又无语下矣。此诗全是格，而语意亦峭。”③可见，曾几诗因为有“格”而受到重视。而另一位江西派诗人徐俯则受到他颇为严厉的批评。如方回选徐俯《戊午山间对雪》云：“雪中出去雪边行，屋下吹来屋上平。积得重重那许重，飞来片片又何轻。檐间日暖重为雨，林下风吹再落晴。表里江山应更好，溪山已复不胜清。”评曰：“东湖居士诗三大卷，上卷古体，中卷五言近体，下卷七言近体。以予考之，殆以山谷之甥，尝亲见之，故当世不敢有异论，在‘江西派’中无甚奇也。惟压卷诗数首可观，亦人所见至。律诗绝无可选。”其此评之主要原因是“‘一百五日寒食雨，二十四番花信风’若可备节序之选。而上联乃云‘方知园里千株雪，不比山茶独自红’，又甚无格，亦不工”④。

方回对于“格”之标举，与其诗学道路和诗学主张有关，他早年学张耒，晚学黄陈。其《思家五首》(四)自注云：“初学张文潜，晚参黄陈。”⑤方回非常推崇陶渊明诗，其《思家五首》其三云：“渊明归去庐山下，未少黄花酒一杯。”⑥对于自己的诗学道路，方回曾有过一番表述，其《桐江续集序》云：

客犹疑予之作诗不无法也，则诘之曰：“子之诗初学张宛邱，次学苏沧浪、梅都官，而出入于杨诚斋、陆放翁，后乃悔其腴而不癯

① (元)方回《唐长孺艺圃小集序》，《桐江续集》卷33，文渊阁《四库全书》，第1193册，第682页。

② (元)方回选、李庆甲校《瀛奎律髓汇评》，第877页。

③ (元)方回选、李庆甲校《瀛奎律髓汇评》，第894页。

④ (元)方回选、李庆甲校《瀛奎律髓汇评》，第889页。

⑤⑥ (元)方回《桐江续集》卷28，文渊阁《四库全书》，第1193册，第588页。

也，恶其弱而不劲也。束之以黄、陈之深严，而参之以简斋之开宏。古体诗，其始慕韩昌黎而惧乎博之过，慕柳柳州而惧乎褊之过，慕元道州而惧乎短涩之过，慕韦苏州而惧乎谆谵之过。既而亦于子朱子有得，追谢尾陶，拟康乐，和渊明，亦颇近矣。而谓作诗无法，是欺我也。"予凝思久之，而复其说曰："此皆予少年之狂论，中年之癖习也。去岁适六十一矣，始悟平生六十年之非，所作诗滞碍排比，有模临法帖之病。翻然弃旧从新，信笔肆口，得则书之，不得亦不苦思而力索也。然后自信作诗不容有法。惟于读书之法，则当终身守之而勿失耳。"客嘻笑又怒骂曰："子终欺我，子所谓读书之法，即所谓作诗之法，而奚以有法无法为哉？"予不能复答。①

分析方回此序中客人的表述以及他自己的辩驳，可以窥见其诗学历程，其少年、中年之创作与晚年相比，前后的风格与方法发生较大变化。方回对作诗"格"的强调，说穿了是在强调诗歌瘦硬枯淡的风格。江西诗风向以瘦硬为世人所认可，瘦硬是江西诗派的基本风格，该派大多数诗人或多或少都具有此风格。方回所极力推崇的江西诗派之"一祖三宗"，几乎都具有这种瘦硬枯淡风格。方回认为在晚宋诗人中为数寥寥之格高作者只有赵蕃，其诗"诗尚瘦劲，不为晚唐，亦不为江西，隐然以后山为宗"②。其评赵蕃《雨望偶题》诗之特点为"诗格高峭"③。又如赵蕃《小园早作》诗，方回亦评曰："此为章泉乾道丙戌诗，犹少年作也。亦颇似晚唐，已工丽如此。其后，日益高古清瘦，乃不肯作此体。"④

其二，"二泉"的人品与地位。

方回极力赞扬"二泉"的诗作和风节，其《秋晚杂诗三十首》其一七主要突出他们的创作"旨淡骨独清"，诗云："堂堂陈去非，中兴以诗鸣。吕、曾两从橐，残月配长庚。尤萧范陆杨，复振乾淳声。尔后顿寂寥，草

① (元)方回《桐江续集》卷32，文渊阁《四库全书》，第1193册，第667页。
② (元)方回《跋赵章泉诗》，《桐江集》卷4，《续修四库全书》，第1322册，第421页。
③ (元)方回选、李庆甲校《瀛奎律髓汇评》，第687页。
④ (元)方回选、李庆甲校《瀛奎律髓汇评》，第353页。

虫何薨薨。永嘉有四灵，词工格乃平。上饶有二泉，旨淡骨独清。学子孰取舍，吾非私重轻。极玄虽有集，岂得如渊明。”第二十七首则突出两人品节之“高”与“美”，诗云：“世称陶谢诗，陶岂谢可比。池草固未雕，阶药已颇绮。如唐号元白，白岂元可拟。中有不同处，要与分朴诡。郑圃赵昌父，颍川韩仲止。二泉岂不高，顾必四灵美。咸潮生姜门，虾蜞以为旨。未若玉山雪，空铛煮荒荠。”①特别是在关于陶渊明的评价上，方回与赵蕃取得了一致，都不赞成陶渊明与谢灵运并称，认为对他们两人应当有所区别，陶渊明非谢灵运所能相提并论。如方回评说“陶岂谢可比”，实导源于赵蕃《读东坡和陶诗》中“未易穷关键，才能味语言。向来陶谢并，今日要重论”。方回在肯定韩淲的同时，对韩元吉亦非常敬佩和赞赏，如其《送白廷玉如当涂诗序》云：“韩无咎中原文献，流落南渡，仅至从列，‘天际两娥词’，古今绝唱。”②

方回对“二泉”的赞扬，是对江西诗派重视个人人格修养、卓然特立于浊世之中的精神的肯定。黄庭坚《书王知载朐山杂咏后》云：“诗者，人之情性也，非强谏争于廷，怨忿诟于道，怒邻骂坐之为也。其人忠信笃敬，抱道而居，与时乖逢，遇物悲喜，同床而不察，并世而不闻，情之所不能堪，因发于呻吟调笑之声，胸次释然，而闻者亦有所劝勉，比律吕而可歌，列干羽而可舞，是诗之美也。其发为讪谤侵陵，引颈以承戈，披襟以受矢，以快一朝之忿者，人皆以为诗之祸，是失诗之旨，非诗之过也。”③所以他主张将诗人自己独特感受到的巨大的生活矛盾，转化成“呻吟调笑”之声，曲折含蓄地表露出来，用自己的情感感染读者。在这种思想指导下，黄、陈皆创作了大量格调清高，孤傲峭拔，表现自我形象的诗歌。从美学观点来看，这是一种倾向于“表现”的创作方法。它与“再现”的创作方法有不同之处，不是直接地反映现实，指斥生活的黑暗面，而是着重抒发主观感情，塑造诗中抒情主人公的自我形象。江西诗派中黄、陈等人皆以人品高洁著称于世。黄庭坚在剧烈的党争中“超然

① (元)方回《桐江续集》卷2，文渊阁《四库全书》，第1193册，第234－236页。
② (元)方回《桐江集》卷1，《续修四库全书》，第1322册，第374页。
③ (宋)黄庭坚撰、刘琳校《黄庭坚全集》卷25，第666页。

其间,无一语党同”①;陈师道也是无论顺境还是逆境,都不汲汲于功名富贵,也不戚戚于贫贱,临大乱而不惊,出污泥而不染,穷且益坚,不堕青云之志,表现了正直的知识分子的刚正不阿的高尚品格。这一品质“物化”到作品中,保证了其诗格调高雅健康。苏轼称道黄庭坚“超逸绝尘,独立万物之表,驭风骑气,以与造物者游”②。

3. 方回论评“上饶二泉”的诗学特色

首先,选评两人诗作较多,体现出他对“二泉”诗歌之高度重视。《瀛奎律髓》选“二泉”诗之数量,相比江西诗派其他诗人来说,算比较多的。方回对江西诗派的发展作出了一系列贡献,其中之一首推《瀛奎律髓》对江西诗作的编选和评述。该书以编定选本的形式集中阐述了他对宋诗特别是江西诗派的理解。书中共收录三百八十余家唐、宋诗人,共收诗近三千首,并精心点评。全书除拗字、变体类外,按题材分成四十七类,共四十九卷,计 2992 首。其中,宋诗 1765 首,唐诗 1227 首。所选 380 位诗人中,宋诗人 217 位,唐诗人 163 位。选诗 20 首以上的宋人有 24 位,唐人 12 位。所选唐宋诗人前四位分别是:杜甫 221 首,白居易 127 首,贾岛 67 首,刘禹锡 52 首;陆游 188 首,梅尧臣 127 首,陈师道 111 首,王安石 81 首③。

方回选评的《瀛奎律髓》历来被视为“是一部比较全面地体现宋代‘江西派’诗学观点,并在历史上曾经产生过一定影响的大型唐、宋律诗选集”④。这主要是因为方回所选的诗作侧重于宋代,特别是江西诗派重要作家入选作品较多。其中,选评赵蕃诗 23 首,分别是:《小园早步》《早立寺门外》《出郭》《十一月五日晨起书呈叶德璋司法》《次韵叶德璋见示》《上巳》《连雨》《雨望偶题》《雨中不出呈斯远兼示成甫》《晚晴》《二月十日喜雨呈李纯教授去非尉曹》《雨后呈斯远》《严先辈诗送红梅次韵》《分界铺爱直驿张安道因杉制石而驿之前有老梅一株不知安道何为

① (宋)黄震《黄氏日钞》卷 65,程毅中编《宋人诗话外编》,第 1375 页。

② (宋)苏轼《答黄鲁直书》,苏轼著、孔凡礼校《苏轼文集》卷 52,第 1532 页。

③ 参莫砺锋《从〈瀛奎律髓〉看方回的宋诗观》,《文艺理论研究》1995 年第 3 期。

④ (元)方回选、李庆甲校点《瀛奎律髓汇评》前言,第 1 页。

舍彼而取此也》《忆梅》《梅花》二首、《顷与公择读东坡雪后北台二诗叹其韵险而无窘步尝约追和以见诗之难穷去冬适无雪正月二十日大雪因用前韵呈公择》二首、《送王子遵赴衡阳丞》《送赵成都二首》《菊》。选韩淲诗22首，分别是：《晚春》《十三日》《寒食》《五月十日》《七月四首》《九日破晓携儿侄上前山伫立佳甚》《风雨中诵潘邠老诗》《雨多极凉冷》《晚雨可爱》《闻雨凉意可掬》《探梅》《梅花》二首、《春山看红梅》《涧上腊梅香甚》《梅下》《涧东临风饮梅花尚未全放一枝独佳》《探梅》《中秋呈潘德夫》。

其次，对“二泉”的评价空前之高。方回不但肯定“二泉”是江西诗派的有力继承者，而且对他们在南宋诗坛的地位和影响也有很高的评价，他说：

> 五言律、七言律及绝句，自唐始。盛唐人杜子美、李太白兼五体造其极。王维、岑参、贾至、高适、李泌、孟浩然、韦应物，以至韩、柳、郊、岛、杜牧之、张文昌，皆老杜之派也。宋苏、梅、欧、苏、王介甫、黄、陈、晁、张、僧道潜、觉范，以至南渡吕居仁、陈去非，而乾、淳诸人，朱文公诗第一，尤、萧、杨、陆、范，亦老杜之派也；是派至韩南涧父子、赵章泉而止。别有一派曰“昆体”，始于李义山，至杨、刘及陆佃绝矣。炎祚将讫，天丧斯文，嘉定中，忽有祖许浑、姚合为派者，五、七言古体并不能为，不读书亦作诗，曰学“四灵”，江湖晚生皆是也。①

方回从诗体的发展与诗派的传承方面充分肯定“二泉”在乾淳以来诗坛上的地位。同时，他对江西诗派的批判也从这里开端，主要原因是其“五、七言古体，并不能为。不读书，亦作诗”。其《次韵赠上饶郑圣予沂诗并序》肯定“二泉”的地位，其序云：“上饶自南渡以来，寓公曾茶山得吕紫微诗法。传至嘉定中，赵章泉、韩涧泉正脉不绝。今之学永嘉四灵者，不复知此。贵溪郑君沂圣予过我论诗，所谓得正脉者也，貌瘠而

① (元)方回《恢大山西山小稿序》，《桐江续集》卷33，文渊阁《四库全书》，第1193册，第683页。

气腴，年妙而词老，令予求其声于徽弦之外，岂借听之误欤。"诗云："郑里茶山乃诗祖，继之章涧两泉吟。端能捷疾追芳躅，当复幽冥入苦心。力到光前还绝后，事殊思古定伤今。儿啼可止有新样，黄叶元来不是金。"①

方回认为，"二泉"在南宋诗坛的地位远高于四灵，其《学诗吟十首并序》其六云："离骚谓绝响，此道传人心。外物有鼎革，能言无古今。曹刘与陶谢，五柳擅正音。李杜与韩柳，一字直万金。欧苏与黄陈，孰浅而孰深。尤萧杨陆范，乾淳鹤在阴。二涧可继之，章泉亦骎骎。奈何近百载，种火灰中深。"后自注云："南渡后，诗人尤延之、萧千岩、杨诚斋、陆放翁、范石湖，其最也。韩南涧、涧泉父子可继之。嘉定以来，止有一赵章泉耳。回所见如此。叶水心奖提永嘉四灵，而天下江湖诗客学许浑、姚合，仅能为五、七言律，而诗格卑矣。"②

方回把"二泉"的地位抬得比较高，他甚至还认为两位的影响超过了刘克庄。《晓山乌衣圻南集序》云："自乾淳以来，诚斋、放翁、遂初、石湖、千岩五君子，足以蹑江西，追盛唐。过是则永嘉四灵，上饶二泉，懒庵、南塘二赵，为有声。又过是，则惟有一刘后村亦号本色，而不及前数公。"③

第三，方回论评赵蕃之处远比韩淲多，对赵蕃的评价亦比韩淲更高。方回《杂书五首》其五肯定赵蕃学陈师道之成就云："饶君遒紧日千篇，未办骊珠出九渊。欲诣彭城陈正字，须参南岳赵章泉。"④又赞慕其高寿而有成就。《七十翁吟五言古体十首》其五："诗人而寿者，近有数老仙。后有陆放翁，前有曾茶山。亦复有二赵，南塘与章泉。年皆八九十，至今诗集传。"⑤从方回的诗学体系和诗学地位来看，他实际上是江西诗派自"二泉"之后的继承者。赵蕃有《书紫薇集诗》云："诗家初祖杜少陵，涪翁再续江西灯。"已开后来方回一祖三宗之渐，然其说实出于曾

① （元）方回《桐江续集》卷15，文渊阁《四库全书》，第1193册，第402页。
② （元）方回《桐江续集》卷28，文渊阁《四库全书》，第1193册，第589页。
③ （元）方回《桐江续集》卷31，文渊阁《四库全书》，第1193册，第641页。
④ （元）方回《桐江续集》卷20，文渊阁《四库全书》，第1193册，第473页。
⑤ （元）方回《桐江续集》卷22，文渊阁《四库全书》，第1193册，第496页。

茶山。《东轩小室即事五首》其四云："工部百世祖，涪翁一灯传。"其《李商叟秀才求斋名于王元渤以养源名之求诗》："老杜诗家初祖，涪翁句法曹溪。尚论渊源师友，他时派列江西。"曾几好以禅家事论诗，于此遂以杜甫为达摩，以山谷为曹溪。杨万里《送分宁主簿罗宏材秩满入京》也称："要知诗客参江西，政是禅客参曹溪。不到南华与修水，于何传法更传衣。"①

4. 方回论评"上饶二泉"之诗学阐释

仔细研究方回对"二泉"的接受史，就会发现他偏爱赵蕃胜于韩淲，究其实并不仅仅是单纯由于人品高低和诗歌创作水平的问题，如果从思想、诗学与师承三方面进行深入探讨，会发现方回对于赵蕃的关注，还有更为深层次的原因，即与其诗学、人生选择及理学思想的影响等密切相关，绝不限于对"二泉"诗歌的体认。关于这一点，钱锺书《谈艺录》中多次对赵蕃与方回的关系进行研究，并进行非常精僻的分析。如，提到"二泉"爱"以诗为道学"，出朱子之门，其诗亦虚谷所推崇，至以之上配后山，"参观《桐江集》卷一《送胡植芸北行序》、卷四《跋赵章泉诗》、及《瀛奎律髓》中批语"②。他还指出"虚谷之说，可观《桐江集》卷一《鲍子寿诗序》、卷四《跋赵章泉诗》、卷五《刘元晖诗评问田夫》条"③。钱锺书也分析赵蕃爱用虚字，与方回之间存在非常特殊的关系，他注意到方回甚至以赵蕃上配后山，如《桐江集》卷一《送胡植芸北行序》于有宋一代作者，称宛陵、后山、章泉三人，山谷不与④。评赵蕃诗多用虚字、助词。以《桐江集》卷四《跋赵章泉诗》为例，谓"于助词上着力，亦须浑成不露乃可。近人学之，乃至偏枯憔悴，全用之乎者作对"。实际上，"二泉"皆爱用语助，均弛弱酸腐，视后来钟谭盖有过之。他又自《涧泉集》拈出古近体各二例，证明韩淲也爱用虚字，如《春日杂兴》云："如水深火热，亦运之而已。"《赠刘解元》云："刘改之者忽相逢。"《次韵昌甫所寄》云："于今之世宜咸若，从古之贤定复然。"《和昌甫竹句》云："山村底处无丛薄，

① （宋）杨万里《诚斋集》卷38，《四部丛刊初编》，第253册，第365页。
② 钱锺书著《谈艺录》（补订本），第87页。
③④ 钱锺书著《谈艺录》（补订本），第96页。

我独因人以赋焉。”①赵蕃、韩淲集中还有数篇“以诗为道学”②。钱锺书又批评方回不顾朱子明言江西诗学之“不好”,引《语类》卷一百四十论赵昌父云:“今人不去讲义理,只去学诗文,已落第二义。况又不去学那好底,却只去学那不好底。作诗不学六朝、李杜,只学那峣崎底。如近时人学山谷诗,只学得那山谷不好处。”③又引《朱子语类》所记与符圣功、林择之语,如卷一百二十云:“昌甫辞,请教。曰:‘当从实处做工夫。’”实是耳提面命。钱锺书先生引冯已苍舒评陈简斋《清明》《送熊博士》更尖锐批评赵蕃诗,“谓山谷可为少陵看门,后山为之扫地,简斋则可使捧茶;昌甫诗甚拙劣,不中为黄、陈、韩、吕作奴仆”。并进一步指出方回尊崇江西派诗,实借道学自重。而方回力推赵蕃,原因在于赵蕃于江西宗派信奉诵说,俨若嫡传,一则曰:“我亦漫窥墙”(《贾丈用昂字韵作诗见及》),再则曰:“小子愧云仍”(《以旧诗寄投谢昌国》其三),三则曰:“江西我滥名”(《病卧闻益卿未行》)。他批评方回“欲依傍门户,身兼诗人与道学家,东食西宿,进退狼狈,遂至贻笑大方”④。从上面的梳理和分析可以看出,钱先生研究赵蕃的主要目的是对方回借道学以自重的思想进行批评。根据方回论评“二泉”的几个方面综合分析,确实他对“二泉”尤其赵蕃的接受与三个人具有密切的关系:即陈师道、朱熹和阮梅峰。

方回对历代诗人之人品与风节具有极高评价者,于晋代推举陶渊明,于宋代推举欧、梅、黄、陈等。他还以黄、陈配渊明、子美,评价非常之高。如其《唐长孺艺圃小集序》云:

> 诗以格高为第一。三百五篇,圣人所定,不敢以格目之。然风、雅、颂体三,比、兴、赋体三,一体自有一格,观者当自得之于心。自骚人以来,至汉苏、李,魏曹、刘,亦无格卑者。而予乃创为格高、卑之论者,何也?曰:此为近世之诗人言之也。予于晋,独推陶彭

① 钱锺书著《谈艺录》(补订本),第389页。

② 参钱锺书著《宋诗选注》,第151—154页。

③ 钱锺书著《谈艺录》(补订本),第404页。

④ 钱锺书著《谈艺录》(补订本),第406页。

泽一人，格高足方嵇、阮；唐惟陈子昂、杜子美、元次山、韩退之、柳子厚、刘梦得、韦应物；宋惟欧、梅、黄、陈、苏长翁、张文潜，而又于其中以四人为格之尤高者，鲁直、无己，上配渊明、子美，为四也。吾州在万山间，诗人不少，朱文公早为胡邦衡以诗人荐。公配飨孔庭，人品近孟子，不止于诗。唐长孺元自里中来访，出诗五十四篇，始年三十六岁，其所以可人意者，格高也。何以谓之格高，近人之学许浑、姚合者，长孺扫之如粃糠，而以陶、杜、黄、陈为师者也。①

方回推崇陈后山。其《赵宾旸诗集序》提出“间尝评诗，君以为唐惟有一孟东野，宋惟有一陈无己”②。又评陈师道《寄无斁》诗云：“自老杜后，始有后山，律诗往往精于山谷也。山谷弘大，而古诗尤高。后山严密，而律诗尤高。”③他特别喜欢陈师道诗之瘦硬风格，他在《至节前一日六首》其六云：“心情诗卷无佳句，时节梅花有好枝。较似后山更平澹，一生爱诵石湖诗。”④他评杜甫《曲江陪郑八丈南史饮》云：“此诗中四句不言景，皆止言乎情。后山得其法，故多瘦健者此也。”⑤又在评白居易《百花亭》说，“学诗者不可不深造黄、陈，摆脱膏艳而趋于古淡”⑥。他评陈师道《早春》云：“极瘦有骨，尽力无痕，细看之句中有眼。”⑦方回《瀛奎律髓》选评陈师道诗对其颇为推重。如评其《放怀》云：“选众诗而以后山居其中，犹野鹤之在鸡群也。”⑧评《寄无斁》云：“自老杜后，始有后山，律诗往往精于山谷也。”⑨评《寄外舅郭大夫》云：“枯淡瘦劲，情味深幽。”⑩评《春怀示邻曲》云：“淡中藏美丽，虚处着功夫，力能排天斡

① （元）方回《桐江续集》卷33，文渊阁《四库全书》，第1193册，第682页。
② （元）方回《桐江集》卷1，《续修四库全书》，第1322册，第360页。
③ （元）方回选、李庆甲校《瀛奎律髓汇评》，第667页。
④ （元）方回《桐江续集》卷28，文渊阁《四库全书》，第1193册，第599页。
⑤ （元）方回选、李庆甲校《瀛奎律髓汇评》，第360页。
⑥ （元）方回选、李庆甲校《瀛奎律髓汇评》，第158页。
⑦ （元）方回选、李庆甲校《瀛奎律髓汇评》，第352页。
⑧ （元）方回选、李庆甲校《瀛奎律髓汇评》，第978页。
⑨ （元）方回选、李庆甲校《瀛奎律髓汇评》，第667页。
⑩ （元）方回选、李庆甲校《瀛奎律髓汇评》，第1500页。

地,此后山诗也。”[①]方回推许赵蕃,亦不忘赞其诗风“清瘦”,如评《小园早步》云:“颇似晚唐,已工丽如此。其后日益高古清瘦。”[②]

因为方回极力推举陈师道,故其评赵蕃和韩淲诗也常以陈师道作为参照对象,探讨两人与陈师道之诗学渊源关系。方回对赵蕃诗总的评价是“平生恬淡而诗尚瘦劲”,“隐然以后山为宗”[③]。如评其《送赵成都二首》说:“昌父诗参透江西而近后山,此追迫老杜矣。”[④]评《出郭》云:“江西苦于丽而冗,章泉得其法而能瘦、能淡、能不拘对,又能变化而活动。”[⑤]评《雨望偶题》云:“尾句太迫后山,然诗格高峭。”[⑥]评《雨中不出呈斯远兼示成甫》云:“此等诗,老杜、后山之苗裔欤?”[⑦]评《晚晴》云:“乃与后山逼真。”[⑧]方回评韩淲诗也运用了同样标准,如评其《涧东临风饮梅花尚未全放一树独佳》诗中第五、六两句“取友唤邻相领略,破荒择胜独徘徊”曰“五、六惟陈后山到此地,仲止笔力古淡,亦能之”[⑨]。

方回特别敬重朱熹。方回,字万里,号虚谷、紫阳,其《铁瓶吴处士善画序》说:“予家紫阳山下之谷中,先从兄良遇欲予以虚受人,以虚加谷,而谥其吟所。”[⑩]方回号紫阳,既是以山为名,且寓辨香朱熹之意,他又在《徽州重建紫阳书院记》云:“紫阳山去古歙郡之南门五里,而近故待制侍讲赠太师徽国公朱先生,郡人也,合山与人称曰‘紫阳夫子’。”[⑪]

朱熹既是著名的理学家,同时,在南宋诗坛上也是位多产作家。他一生作诗一千三百余首,《全宋诗》录其诗十二卷。他很早就以诗名于世,其作诗取材广泛,宋诗习见的题材在其诗中基本都能找到,如咏花

① (元)方回选、李庆甲校《瀛奎律髓汇评》,第 378 页。
② (元)方回选、李庆甲校《瀛奎律髓汇评》,第 353 页。
③ (元)方回《跋赵章泉诗》,《桐江集》卷 4,《续修四库全书》,第 1322 册,第 421 页。
④ (元)方回选、李庆甲校《瀛奎律髓汇评》,第 1067 页。
⑤ (元)方回选、李庆甲校《瀛奎律髓汇评》,第 386 页。
⑥ (元)方回选、李庆甲校《瀛奎律髓汇评》,第 687 页。
⑦ (元)方回选、李庆甲校《瀛奎律髓汇评》,第 688 页。
⑧ (元)方回选、李庆甲校《瀛奎律髓汇评》,第 709 页。
⑨ (元)方回选、李庆甲校《瀛奎律髓汇评》,第 839 页。
⑩ (元)方回《桐江续集》卷 33,文渊阁《四库全书》,第 1193 册,第 674 页。
⑪ (元)方回《桐江集》卷 2,《续修四库全书》,第 1322 册,第 398 页。

诗、题画诗、禽言诗、山林诗等。他又远师汉魏、近尚韩柳，推崇陶渊明与韦应物自然清远的审美取向，特别是其古体诗和律诗都取得比较高的成就，有人称赞说“公诗瘦健，有冲和之气，由涵养而成，非诗人可逾”①。方回为学推崇朱子，对朱熹诗评价也很高。朱熹于乾道二年丁亥在长沙访张栻时作有一首《登定王台》，诗云：

寂寞番君后，光华帝子来。千年遗故国，万事只空台。日月东西见，湖山表里开。从知爽鸠乐，莫作雍门哀。

有人称朱熹“诗瘦健，有冲和之气，由涵养而成，非诗人可逾”。冯班称其“笔端颇高”，陆贻典称其“五言律全学老杜”，不过，方回却认为“朱文公诗逍近后山，此诗尾句，虽后山亦只如此”，又云“用事命意，定格下字，悉如律令，杂老杜、后山集中可也”，他以朱熹来比杜甫、陈师道，评价实在是过高，以至后人讥其有失公允。如冯舒说“杜、陈并语，冤哉”。纪昀也指责方回此评乃“以大儒故有意推尊”，认为“论诗不当如此。诗法、道统，截然二事，不必援引，借以为重”②。方回《鲍子寿诗集序》一文肯定朱子的成就在于善用虚字，具有枯淡瘦劲诗风，“嗟乎，诗非工之为难，而莫难于不工；又非不以痛快为贵，而贵于婉曲”。“大抵君学有渊源，知夫用虚字与不紧要字之微机，斡旋变化五七百千，固亦枯且淡而劲以瘦矣。由是学于朱子之大者而至之，岂特诗与文哉”③。方回《婺源黄山中吟卷序》又云：“文公诗出于刘彦冲。律体清劲，近陈无已；古体高远，不减建安。如《长沙定王台》《渊明醉石》诗可见也。”④此外，方回又评朱熹《观梅花开尽不及吟赏感叹成诗聊贻同好》云：“文公诗似陈后山，劲瘦清绝而世人不识。”⑤又评《九日登天湖以菊花插满头归分韵赋得归字》云：“予尝谓文公诗深得后山三昧，而世

① （元）方回选、李庆甲校《瀛奎律髓汇评》，第21页。

② （元）方回选、李庆甲校《瀛奎律髓汇评》，第20页。

③ （元）方回《桐江集》卷1，《续修四库全书》，第1322册，第370页。

④ （元）方回《桐江集》卷1，《续修四库全书》，第1322册，第369页。

⑤ （元）方回《瀛奎律髓汇评》卷20，第690页。

人不识。"①

方回曾师承阮梅峰，而阮梅峰曾亲受赵蕃教诲。方回《跋阮梅峰诗》较为详细的介绍了赵蕃赠诗阮梅峰云"青云道远龙媒老，白雪词高鬼胆寒"，阮因此而有名于世。另外，方回也简单介绍了阮梅峰的"怪"异性格及自己曾亲受其器重，并在诗歌创作上受到阮之许多指点，其文云：

> 阮秀实，兴化军人，号梅峰。早见知于赵昌甫，赠之诗曰："青云道远龙媒老，白雪词高鬼胆寒。"后遂知名。岳珂肃之尚书主淮东饷，甚傲倨。秀实妙年，布衣登门至，令当厅上轿如待行辈。然不能时文，尝拟贤良进卷有荐之者，遂自称贤良。侨居吴门，豪观一时，游贾似道门最久。冯梦得号冯聋，陈彬号陈喊，皆能古文。孙德之有词学，号孙风。而秀实号阮怪。平生用似道钱无数而诋似道不值一钱。得右选官，不肯为。咸淳初，摄芜湖茶局，得予诗，大喜，称赏予旧作"醉若山颓无旧侣，坐如泥塑有新功"，"坐久守宫缘素壁，服迟促织韵空阶"，以笔圈点相示，亦谓不当数用人名、故实及拗平仄不律。予为学官时，秀实谒似道，似道不为礼，甚怒，归闽。乃访予求闽中监司，书以行意，若可怜，年八十余卒。②

方回诗中极力称赞阮梅峰诗艺高超，其《诗思十首》其六云："杨刘昆体变，谁实擅元功。万古推梅老，三辰仰醉翁。穆修先汉笔，魏野盛唐风。今日何人悟，江湖恸阮穷。"其七又云："俗子欺诗客，诗成未易工。虚声难忝窃，生理早穷空。谣诼无庸听，谆谵尔未通。阮公青白眼，留取送飞鸿。"③

此外，赵蕃学陶、和陶，品节很高，也是受到方回重视的原因之一。方回很欣赏陶渊明的人品，也爱好陶渊明诗，经常诵读陶诗。《诗思十首》其二云："更无双子美，只有一渊明。"其三云："万古陶兼杜，谁堪配

---

① （元）方回《瀛奎律髓汇评》卷16，第610页。

② （元）方回《桐江集》卷4，《续修四库全书》，第1322册，第421页。

③ （元）方回《桐江续集》卷28，文渊阁《四库全书》，第1193册，第592页。

响之。”[①]《学诗吟十首并序》其三云：“我读渊明诗，不忍复去手。休官四十一，不肯恋五斗。二十三霜秋，篱下作重九。朝亦一杯酒，暮亦一杯酒。南北几蛙紫，能尔一醉否。义熙所以立，寄奴幸而偶。牧野诛独夫，夷齐尚弗取。窃评首阳山，乃后有五柳。”第六首云：“离骚谓绝响，此道传。”[②]方回《张泽民诗集序》认为陶渊明诗有豪放气，他说：“渊明诗，人皆以为平淡，细读之，极天下之豪放。惟朱文公能知之。《咏荆轲》《三良》《桃源》诸篇，其气可见，而托物寄兴于杯酒、篱菊之间。”[③]

综上可见，方回对“二泉”的大力揄扬源于他们与自己的诗学与人生追求具有很多一致性。他充分肯定赵蕃、韩淲对于生活的认识与态度，也认同“二泉”高洁耿介的人格和品格，高度评价“二泉”颇具瘦硬劲健的诗风。“二泉”对江西诗风的体认与追随更是得到方回的肯定。方回清理了一条自江西正宗骨干体系的发展脉络，即从初祖杜甫以下，黄庭坚、陈师道、陈与义、吕本中，直到赵蕃（章泉）、韩淲（涧泉），一脉相传，络绎不绝。而方回本人则从受到赵蕃赏识的诗人阮秀实学诗，方回年三十九持诗稿拜谒阮秀实，得阮之批点认可，因而诗学大悟大进，从而接过江西诗派衣钵，并为江西诗派的发展作最后的总结定论[④]。观方回所述江西源流，通彻两宋，品第清楚，脉络一贯，其识见在宋末诸人之上，可谓江西诗派最大的功臣[⑤]。

方回重视师承与传统，他把自己在诗学上的追求归入江西诗派，在思想上归宗朱子一派。其《跋冯抱瓮诗》云：“尚论人物者，不贵夫崛起于一时，而必取夫文献渊源之有所自。盖功名可以偶然致，而学问文章须天性固有之，亦必濡染薰陶，得于父兄师友之教，则易为力也。”[⑥]其《瀛奎律髓》还总结江西诗派在艺术技巧上的一系列作诗法则“响字”“活句”“拗字”和“变体”等。所谓“响字”，是句中的“眼目”。所谓“活

① （元）方回《桐江续集》卷28，文渊阁《四库全书》，第1193册，第591页。
② （元）方回《桐江续集》卷28，文渊阁《四库全书》，第1193册，第589页。
③ （元）方回《桐江集》卷1，《续修四库全书》，第1322册，第359页。
④ （元）方回《跋阮梅峰诗》，《桐江集》卷4，《续修四库全书》，第1322册，第421页。
⑤ 詹杭伦著《方回的唐宋律诗学》，中华书局，2002年，第126页。
⑥ （元）方回《桐江集》卷4，《续修四库全书》，第1322册，第260页。

法”,指以虚字入诗。所谓“拗字”,是作律诗时改变某些字的平仄格律,或因拗而转谐,或反谐以取势,从而使作品骨格峻峭,语句浑成,气势顿挫。所谓“变体”,是指作律诗时妥善处理情句和景句、实字和虚字,以及色彩的浓和淡、辞意的重和轻等对立而又统一的各对矛盾,使作品的体制富于变化①。纪昀《瀛奎律髓刊误序》中指出:“其选诗大弊有三:一曰矫语古淡,一曰标题句眼,一曰好尚生新。”这三点也正是江西诗派的艺术特征。那么以此为标准,《瀛奎律髓》在评赵蕃和韩淲诗也就依照江西诗派的观点。赵蕃在《雨后呈斯远》云:“已是霜凝更雨湿,春其渐起但无痕。莫磋草色有垂死,定有梅花当返魂。小驻要须穷日日,细寻无惜遍村村。揩摩病眼从兹始,并待君诗洗睡昏。”方回评此诗说:“章泉爱用虚字拗斡,不专以为眼也。如‘春其渐起但无痕’,所用‘其’字是矣。此句甚妙……‘日日’‘村村’一联,亦不苟,劲瘦枯淡”。另外,对于韩淲《风雨中诵潘邠老诗》一诗方回极为推重,以为“悲壮激烈”,“轩豁痛快,不可言喻”,“入神”,“感极而无遗矣”②。

方回在诗学上同时鼓吹朱熹与陈师道,又用陈师道的诗歌美学标准来衡量朱熹诗歌的优劣,看似矛盾,其实不然。因为两者之间其实存在某种内在的一致。在思想史上,理学被认为宋学的最本质与核心的体现;在文学史上,江西诗派则被认为反映了宋诗的最本质特征。许总在其《论宋诗兴盛与理学文化思潮》一文剖析江西诗派成员与理学的联系,不仅在早期,特别是黄陈之后,吕本中家族本来就是理学世家,从吕公著、吕希哲、吕好问至吕本中再到吕祖谦,由此也成为江西诗派与理学关系的一条重要纽带。江西诗派主要成员皆与吕本中交游密切,如曾几亦可视为理学家,另如谢逸、汪革、饶德操等不仅与吕本中为友,且又出自吕希哲门下,徐俯则是杨时学生,杨万里既出入江西又精研理学。可以这样说,在苏、黄身后,黄庭坚及江西诗派在诗坛影响愈来愈大,特别在南宋前、中期,诗坛几乎是江西诗派一统天下,而苏轼的影响则几乎被挤出南宋诗坛,主要移转到与南宋对峙的金元,形成“程学盛

---

① 花志红《从〈瀛奎律髓〉看“上饶二泉”与江西诗派的关系》,《文教资料》2006年11月号下旬刊。

② (元)方回选、李庆甲校《瀛奎律髓汇评》,第466页。

南苏学北”的格局。可以说，江西诗派正是依倚着逐渐成为宋学主流的理学的肯定与宣扬而得以大规模地占据诗坛，并使北宋以后的理学逐渐带有诗意化和文人化特点，理学也正是通过初具自觉宗派意识的江西诗派为中介而得以大规模地影响诗坛，从而在“宋调”的全面建构中发挥重要作用①。方回所面临的现实恰好与南宋理学和江西诗派的兴盛局面相反，其愿望是通过确立理学的地位而恢复黄陈诗学的传统。因此，他言必称陈师道也就容易理解了。

总之，虽经方回大力提倡，但自宋末元初之后，文学史上对“上饶二泉”的关注相比宋代欧、苏、黄、陈和中兴四大诗人等来说仍然显得比较冷落。不但现在流传下来的一些诗学批评专著论及少，而且宋代以后的一些诗歌选本选录他们的作品也很少。清代李慈铭《越缦堂笔记》录“赵昌父集”云：

> （昌父）以祖荫得官，不过簿宰之秩，平生大半隐居，而以老寿，官至直秘阁，殁得谥文节，可谓儒生殊遇。素与朱子及杨诚斋等交契，其诗颇为当时称重，与韩淲涧泉有“二泉”先生之称。其五古颇渊源陶诗，五律、七律胎息中唐，具有洒落自然之致，又诗中多言梅花及山林闲适之趣，故笔墨间亦时觉萧然尘外。惟根柢太浅，语多槎枒，时堕江湖、击壤两派，《章泉稿》后附杂文二首，亦迂冗不足观。”②

李慈铭此文对赵蕃隐而有节的生活进行了简单描述，并认为赵蕃五古源于陶渊明，五、七言律诗“胎息中唐”，肯定其诗有萧散之趣，然更严厉地批评其“根柢浅”，又批判其诗得江湖、击壤两派之弊，故“迂冗不足观”。正反两方面观点两相比较，可见其用意主要是否定赵蕃诗歌的艺术成就。

除了李慈铭的评论之外，另有三种明清诗文选本选录了“二泉”的

---

① 许总《论宋诗兴盛与理学文化思潮》，《西南民族大学学报》（人社版）2007年第2期。

② 李慈铭著《越缦堂读书记》，辽宁教育出版社，2001年，第867页。

作品。

其一是明末曹学佺编《石仓历代诗选》。全书共选诗506卷，其中选宋诗107卷。该书卷一七七即宋诗卷五四选周必大诗，附录赵蕃诗十九首，所选篇目分别是：《小园早作》《连雨》《雨望偶题》《雨中不出呈斯远兼示成甫》《严先輩诗送红梅次韵》《分界铺爰直驿张安道因杉制名而驿之前有老梅一株》《忆梅》《榴花》《送王子遵赴衡阳丞》《萤火》《蛱蝶》《暖甚去绵衣》《十一月五日晨起书呈叶德璋司法》《次韵叶德璋见示》《上巳》《梅花》两首、《顷与公择读东坡雪后北台二诗》两首①。

该书卷一六六即宋诗卷四三选洪适诗，附录韩元吉诗五首，即《雨中闻伯恭至湖上》《记建安大水》《红梅》《送陆务观得倅镇江还越》《送陆务观福建提仓》。此后紧接着又附韩淲诗二十一首，篇目分别是：《五月十日》《七月四首》《雨多极凉冷》《晚雨可爱》《雨凉意可掬》《晚春》《十三日》《寒食》《九日破晓携儿侄上前山竚立佳思》《风雨中诵潘邠老诗》《探梅》《梅花》两首、《春山看红梅》《涧上腊梅香甚》《梅下》《涧东临风饮梅花尚未全放一树独佳》和《探梅》等②。

其二是清顺治帝时陈焯编《宋元诗会》。陈焯，字默公，桐城人，顺治壬辰进士。该选本多达一百卷。纪昀所撰《宋元诗会》提要云："以视吴之振、顾嗣立两家虽浩博不及之，而梗概亦已略具矣。"③陈焯《宋元诗会》卷四十录韩淲诗八首，篇目分别是：《夏日》《秋怀四首》《十三日》《晚春》和《寒食》等④。

该书卷四五录赵蕃诗五首，篇目分别是：《小园早作》《分界铺爰直驿张安道因杉制名》《送王子遵赴衡阳丞》《萤火》和《上巳》等⑤。

其三是清代厉鹗《宋诗纪事》卷五九选赵蕃《挽赵丞相汝愚》《答施荣甫》《上巳》和《哭蔡西山》四首诗，以及《赠阮梅峰》句"青云道远龙媒

---

① (明)曹学佺《石仓历代诗选》卷177，文渊阁《四库全书》，第1389册，第498－500页。

② (明)曹学佺《石仓历代诗选》卷166，文渊阁《四库全书》，第1389册，第389－392页。

③《宋元诗会》书前提要，文渊阁《四库全书》，第1463册，第2页。

④ (清)陈焯《宋元诗会》卷40，文渊阁《四库全书》，第1463册，第639页。

⑤ (清)陈焯《宋元诗会》卷54，文渊阁《四库全书》，第1463册，第708－709页。

老，白雪词高鬼胆寒”。在该书同一卷所选赵蕃诗后又选韩淲《书姜白石昔游诗后》《怀古》两首、《七月》《雨多极凉冷》和《晚雨可爱》共六首诗①。

综合李慈铭笔记及三种明清选本对“二泉”的接受，并与宋末元初江湖诗人和方回等对“二泉”的接受进行比较，我们可以发现：宋末元初，人们对赵蕃的关注远远超过韩淲；而到明清时，人们对“二泉”的接受态度已经悄然发生改变，出现明显偏爱韩淲诗作的趋势，上述列举诗选选录韩淲诗均超过赵蕃即可以为证。虽然辑录“二泉”的选本和选录两人诗作数目总的来说比较有限，但通过这些数字的对比还是可以看出一些端倪：从诗歌艺术和创作水平来看，韩淲的确有超出赵蕃之处，其创作成就在明清时逐渐受到世人肯定，这种评价一直延续到现在。

第二节 “上饶二泉”精选《唐诗绝句》的流传

1.“上饶二泉”选《唐诗绝句》的流传

宋代文化高度发展，加上印刷术的发明等多种原因的推动，掀起了一股编选诗歌选本的风尚。从现存的选本来看，既有通代诗选，如蒲积中编《古今岁时杂咏》四十六卷、刘克庄编《分门纂类唐宋时贤千家诗选》二十五卷；也有断代诗选，如赵孟奎编《分门纂类唐歌诗》一百卷、洪迈编《万首唐人绝句》一百卷、曾慥编《皇宋诗选》五十七卷等。遗憾的是，岁月无情，有许多选本已经散佚无存，现在仅见其中很少一部分，胡应麟《诗薮》云：“唐人自选诗……宋苏易简、晏同叔俱有选，今惟洪景庐、赵昌父等十余家传云。”②可见，在明代时宋人选本就已大多不存。赵蕃、韩淲所选《唐诗绝句》能够幸存于世，为研究“二泉”的审美意趣以及他们生活和思想提供了重要参照。

“二泉”精选、谢枋得注解的《唐诗绝句》，据张智华著《南宋诗文选本研究》引《藏园订补郘亭知见传本书目》卷一六云：“《章泉涧泉二先生

---

① （清）厉鹗《宋诗纪事》卷59，文渊阁《四库全书》，第1485册，第250－251页。

② （明）胡应麟撰《诗薮·杂编》卷2，上海古籍出版社，1979年，第271页。

选唐人绝句》五卷，赵蕃、韩淲同编，谢枋得注。明刊本，八行十六字，白口。左右双阑，注双行低一格十五字。有谢枋得序。"又云："《藏园群书经眼录》卷十七记载与此相同。此书藏在中国和日本的许多图书馆。如日本弘化四年(1847)三余堂刻本，藏于上海图书馆、南大图书馆、日本早稻田大学图书馆。"①查屏球《和刻本胡次焱〈赘笺唐诗绝句选〉之渊源与文献价值》②介绍此本的流传情况称目前国内有中山大学藏本，国外有日本内阁文库、东洋文库和立命馆大学图书馆藏本，此书末有张益《唐诗绝句叙》，其文曰：

> 古称诗不易作，诗作诚难矣。其诠释之岂云易乎哉。孔子为《三百篇》，而其风雅颂之旨，赋比兴之义，后千余载至于朱子《集传》，然后坦然易见，近世虞邵庵注杜子美律诗，中山刘坦之补注，选诗皆得朱子云德君子，于是乎有取焉。叠山尝取上饶赵昌甫、韩仲止二先生所取唐人绝句诗凡百首，为之注解，先辈论其探得作者本意，学者尝与《杜律补注》并观，而病锓刻漫灭，传写多讹。姑苏王君彦祥雅好文学，而于翰林检讨怡然陈先生所得善本，遂用锓梓，讫工而请予以书。

张益此叙文末所署时间为宣德九年(1434)。这比胡氏赘笺本刊行要早84年。实际上，"谢注本"刊行的时间比胡氏赘笺本早得多，其影响应更大。唯因如此，自明嘉靖后，既不见有其他刊本，也少见有人再提及本书。现存和刻本并不是直接翻刻正德刊本的。日本内阁文库、东洋文库和立命馆大学图书馆藏本，都是正保(1644—1648)年间刻本，其中东洋文库、内阁文库本相同，皆是五卷一册装，而立命馆藏本与之书芯相同，但一卷一册，共五册。应该是书贾拆装的结果。内阁文库、东洋文库著录均有误，都以胡次焱为明人。内阁文库本该书封面题名为《唐诗绝句赘笺一之五》，首载谢枋得与胡次焱序，次有《重刊唐诗绝

① 张智华著《南宋诗文选本研究》，北京师范大学出版社，2002年，第21页。

② 查屏球《和刻本胡次焱〈赘笺唐诗绝句选〉之渊源与文献价值》，《中国典籍与文化》2007年第3期。

句赘笺序》，此序不见于中山大学藏本，其曰：

《唐诗绝句赘笺》一书，乃先正叠山谢先生取章泉、涧泉二先生《精选唐诗绝句》而注解之，以惠后人。其义或有阙略者，余学胡先生又从而笺之，谦之曰“赘”焉耳。嘉靖癸未，余筮仕掌虔之兴国教，岁乙酉得是书于其邑簿歙之许，合越阅之，其义明而备，凡古人立言寓意之旨了然在目。于以见先生为学之勤，而用心之密也。门下士见者欲得之，时欲寿诸梓以广其传焉，力凉弗果。乃戊子季冬，承乏来知永春县事，明年春爰取《卧龙集》而翻刻之，工既完，复谋梓是书。

此本藏者于嘉靖四年(1525)在江西兴国县得此书，距潘选刊印时间(1518)不过七、八年，他没有提及潘刻本，不知他得到的是抄本还是潘氏刻本。其刊印时间为“大明嘉靖甲午腊月望日”，即嘉靖十三年(1534)，恰在胡琏刊行《梅岩文集》之前，它距正德刊本时间(1518)十六年，其曰“重刊”，也可能是据潘选正德刊本再刻。而刊刻者陈瑀，是明中叶有名的清官，清《广西通志》卷七八有传：

陈瑀，字伯玉，宣化人。正德癸酉登乡书，任兴国教谕，以节俭行慈惠，士有贫者，助以已斋夫银。知永春县，夙称岩邑，寇盗滋蔓，瑀捍御有方，疆困宁谧，吏部考天下清官最上闻。判长沙府，岁凶，曲为赈济，民立湘水潆思碑以志德。升云南五司提举，界有舜塘井，淡不成盐。瑀至取井水煎之，复成盐，近井民感其孚格水神，立祠祀之，树碑纪其事。及归，送者无不垂涕。①

另据《重刊唐诗绝句赘笺序》称嘉靖刊本刻于永春县，而传称陈氏于兴国教谕后任知永春县，两者相符。

① (清)金铁等《广西通志》卷78，文渊阁《四库全书》，第567册，第329页。

2."上饶二泉"选《唐诗绝句》之内容简述

笔者所见《注解章泉涧泉二先生选唐诗》（省称《唐诗绝句》），乃台湾商务印书馆发行的宛委别藏本。选本前有谢枋得《唐诗序》云：

> 幽不足动天地、感鬼神，明不足厚人伦、移风俗，删后真无诗矣。韩退之以三代文章自任，诗则让李、杜。"《三百篇》之后，便有杜子美"，名言也。唐人学子美多矣，无其志，终无其声音独绝、句情思幽，妙可联辔齐驱于变风境上。章泉、涧泉二先生诲人学诗，自唐绝句始，熟于此，杜诗可渐进矣。建安王道可抗志力学，不为世所易，问枋得曰："叶水心、汤文清咸以章泉、涧泉为上饶师，先生道德风操可得闻乎？"枋得略说二先生选唐绝句，与道可共观其微言绪论，关世道、系天运者甚众，何日从容为子诵之。①

《唐诗绝句》乃赵蕃与韩淲合作精选、谢枋得注解之作，共分五卷，卷一选 15 首，卷二选 19 首，卷三选 21 首，卷四选 25 首，卷五选 21 首。计选五十四人 101 首诗。五卷诗选的体裁一律是七绝。每卷具体选录诗人及其诗篇目如下：

卷一选 2 人诗。韦应物 1 首，《滁州西涧》。刘禹锡 14 首。

卷二选 14 人诗。贾至 1 首，《送李侍郎赴常州》。王维 1 首，《送元二使安西》。高适 1 首，《除夜》。钱起 1 首，《暮春归故山草堂》。戴叔伦 1 首，《对月答元明府》。杨巨源 1 首，《和鍊师索秀才杨柳》。王昌龄 2 首，《闺怨》和《长信宫词》。岑参 1 首，《送人》。高蟾 1 首，《下第后上高侍郎》。李涉有 5 首，乃《春晚游鹤林寺》《过襄阳上于司空頔》《别南溪》《魏简能东游》两首。崔橹 1 首，为《华清宫》。李约 1 首，《过华清宫》。王驾 1 首，为《古意》。张籍 1 首，《与贾岛同游》。

卷三选 9 人诗。贾岛 1 首，《渡桑干》。许浑 5 首，乃《题四皓庙》《重别曾主簿时诸妓同饯》《客有卜居不遂薄游汧陇者》《经秦始皇墓》《缑山庙》。杜牧 8 首，乃《过华清宫》《登乐游原》《赤壁》《乌江项羽庙》

---

① （清）张金吾撰，柳向春标点《爱日精庐藏书志》卷 35，上海古籍出版社，2014 年，第 721 页。

《泊秦淮》《送隐者》《寄扬州韩绰判官》《秋夕》。王建1首，《宫词》。李绅1首，《宿昭应》。窦巩2首，《宫人斜》和《南游感兴》。陈陶1首，《闲居杂兴》。章碣1首，《东都望幸》。郎士元1首，《听邻家吹笙》。

卷四选13人诗。赵嘏1首，《江楼书感》。长孙辅1首，《别友人》。李商隐4首，乃《夕阳楼》《过楚宫》《嫦娥》《贾生》。曹松1首，《己亥岁》。张祜1首，《邮亭残花》。温庭筠1首，《瑶瑟怨》。段成式4首，《折杨柳宫词》。崔道融2首，《长门怨》和《楚怀王》。陆龟蒙2首，《有别》和《浮萍》。许浑1首，《谢亭送客》。高骈3首，《山亭夏日》和《写怀》。薛能1首，《宋氏林亭》。吴融3首，《华清宫》。

卷五选16人诗。罗邺2首，《看花》和《赏春》。李拯1首，《朝退望终南山》。司空图2首，《读史有感》和《漫书》。唐彦谦1首，《仲山》。宋济1首，《东邻美女歌》。韦庄4首，《江上别李秀才》两首、《金陵图》和《晏起》。长孙翱1首，《宫词》。韩琮1首，《暮春浐水送别》。柳谈1首，《凉州曲》。李九龄1首，《山中寄友人》。杨巨源1首，《城东早春》。高蟾1首，《秋日北固晚望》。姚合1首，《边词》。白居易1首，《王昭君》。钟离先生1首，《题道院》。吕洞宾1首，《黄鹤楼》。

就内容来看，该选本录送别诗、咏史诗和写景诗最多。送别诗，如王维《送元二使安西》，长孙辅《别友人》，贾至《送李侍郎赴常州》等。咏史诗，如王昌龄《长信宫词》，白居易《王昭君》，崔橹《华清宫》，李约《过华清宫》，许浑《经秦始皇墓》，杜牧《过华清宫》《赤壁》和《乌江项羽庙》，李商隐《过楚宫》《嫦娥》和《贾生》，崔道融《长门怨》和《楚怀王》，吴融《华清宫》三首，司空图《读史有感》。写景诗，如韦应物《滁州西涧》。隐逸诗，如许浑《题四皓庙》。

从选本的编定来看，全书除了体裁相同之外，在题材上并没有进行非常严格的分类，如卷一选写景、咏史、送别、游赏。卷二选送别、怀人、游赏。卷三选七绝，内容为羁旅、送别、咏史、游赏。卷四选七绝，内容为送别、游赏、咏史、写景、抒怀。卷五选七绝，写景，如罗邺《看花》《赏春》，杨巨源《城东早春》。咏史，司空图《读史有感》、唐彦谦《仲山》、韦庄《金陵图》、长孙翱《宫词》。送别，如韦庄《江上别李秀才》、韩琮《暮春浐水送别》。边塞诗，柳谈《凉州曲》、姚合《边词》。

以作家而言，二泉选刘禹锡诗最多，达14首。分别是《自朗州至京城戏赠看花女诸君子》《再游玄都观》《石头城》《乌衣巷》《生公讲堂》《听旧宫人穆氏唱歌》《与歌者何戡》《踏歌词》《杨柳枝词》《和令狐相公别牡丹》和《洛是春末送杜录事》。其次是杜牧 8 首,分别是《过华清宫》《登乐游原》《赤壁》《乌江项羽庙》《泊秦淮》《寄扬州韩绰判官》《送隐者》和《秋夕》诗。许浑,为 6 首,却又分别收于两卷中,卷三收五首,即《题四皓庙》《重别曾主簿时诸妓同饯》《客有卜居不遂薄游汧陇者》《缑山庙》。卷四另收一首《谢亭送客》。李涉,为 5 首,即《春晚游鹤林寺》《过襄阳上于司空頔》《别南溪》和《魏简能东游》两首。李商隐 4 首,《夕阳楼》《过楚宫》《嫦娥》《贾生》。段成式 4 首,《折杨柳宫词》。韦庄 4 首,《江上别李秀才》两首、《金陵图》和《晏起》。而王维、白居易、贾岛这些大诗人都仅选 1 首。

再来分析谢枋得作注的依据,主要是品评诗艺得失,考证创作时间。如杜牧《赤壁》,谢枋得注云:众人咏赤壁只善当时之胜,杜牧之诗独忧当时之败,此是无中生有,死中求活,非浅识所到。又如杜牧《寄扬州韩绰判官》,谢枋得注:唐诸道郡国之富贵,人物之众多,城市之和乐,声色之繁华,扬州为冠。杜牧仕淮南,寄扬州韩判官,实是厌江南之寂寞而思扬州之欢娱。情虽切而辞不露。又如杜牧《秋夕》诗,谢枋得注云:此为宫中怨女作也,怨而不怒,真风人之诗。窦巩《南游感兴》诗云:“伤心欲问南朝事,惟见江流去不回。日暮东风春草绿,鹧鸪飞上越王台。”谢注云:此诗只四句,无限情思,故国旧都,人更物换,过而悲者莫不踌躇而悽怆,非巧心妙手不能模写。王介甫词云“六朝旧事随水,但衰草寒烟凝绿”从此变化。郎士元《听邻家吹笙》诗云:“凤吹声如隔彩霞,不知墙外是谁家。重门深锁无人到,疑有碧桃千树花。”谢注:此诗情思句律皆极其工巧。末二句高怀逸兴,不减钱起“曲终人不见,江上数峰青”。

分析这个选本的主题,非常鲜明突出,主要以仁义、忠义和友谊为中心,如胡次焱《赘笺唐诗绝句序》云:“客或谓曰:‘迭翁所注,博洽正大,真足以淑人心,扶世教。”①该选本主要抒写忠君之道、忧国之情和朋友之谊,究其原因在于“二泉”本以重情重节著称于时,谢枋得更是宋

① (宋)胡次焱《梅严文集》卷 3,文渊阁《四库全书》,第 1188 册,第 552 页。

末死节之臣。如写忠臣之道，段成式《折杨柳宫词》云：“枝枝交影锁长门，嫩色曾霑雨露恩。凤辇不来春欲尽，空留莺语到黄昏。”谢注认为此诗即长门怨也。宫人失宠皆出居长门。怨而不怒得风人之体。“水殿年年占早芳，柔條偏惹御炉香。而今万乘多巡狩，辇路无阴绿草长”。谢枋得认为此诗有忠臣惓惓不忘之心焉。“嫩叶初齐不耐寒，风和时拂玉阑干。君王去日曾攀折，泣雨伤春翠黛残。”谢认为有忠臣义士之心。后两句悲痛悽恻，有无限情思。如有关心国事之作，选韦庄《金陵图》，诗云：“江雨霏霏江草齐，六朝如梦鸟空啼。无情最是台城柳，依旧烟笼十里堤。”谢注：台城，乃梁武帝馁死之地。人事有代谢，草木无情，盛衰有时。王檝诗“到处江山是战场，淮民依旧说耕桑。梅花不识兴亡恨，犹向东风笑夕阳”讥本朝文士不识边事之危急。景定间，北将胡谘议留江州诗云“寂寞武矶山上庙，萧条罗伏水中船。垂杨不管兴亡事，依旧青青两岸边”亦讥本朝将相不知国事。书中也选录了几首边塞诗，如柳谈的《凉州曲》。又选姚合《边词》，其诗云“将军作镇古汧州，水腻山春节气柔。清夜满城弦管沸，行人不信是边头”。谢枋得谓此诗颂边城贤守之德。如写友情，选杨巨源《和铢师索秀才杨柳》，谢注云：杨柳已折，生意何在，春风披拂，如有殷勤爱惜之心，此无情似有情，仁人君子常以天地生物之心为心，兴哀于无用之地，垂德于不报之所，与春风吹断柳何异。选贾岛《渡桑干》，“客舍并州已十霜，归心日夜忆咸阳。无端更渡桑干水，却望并州是故乡”。谢枋得注云：久客思乡，人之常情，旅寓十年，交游欢爱与故乡无殊。选罗邺《看花》，诗云：“花开只恐看来迟，看了愁多未看时。家在楚乡身在蜀，一年春色负归期。”谢枋得谓此形容久客怀乡之情。

此选本还充分肯定历史人物的志节，如选许浑《题四皓庙》，“避秦安汉出蓝关，松桂花阴满旧山。自是无人有归思，白云长在水潺潺”。谢枋得注：讥四皓一出而不复还旧隐。亦不忘砥砺志气，选李涉《魏简能东游》两首：“献赋论兵命未通，却乘羸马出江东。灞陵原上高回首，十载长安似梦中。”“燕市悲歌又送君，目随征雁过寒云。邮亭宿处时看剑，莫使尘埃蔽斗文。”谢枋得注云：此诗勉其坚志养气，勿以困穷而销沮也。宝剑必铸七星文，时时拂拭不使尘埃蔽之，喻人有精神意气，当时时洗濯淬砺，思立功名，不可与尘埃俱汨没也。又选唐彦谦《仲山》

云："千载遗踪寄薜萝，沛公乡里汉山河。长陵亦是闲邱陇，异日谁知与仲多。"谢注云：贫富贵贱等是空花，有道者必不以此累。许由让天下不受亦见此理。选韦庄《晏起》，诗云："近来中酒起常迟，卧看南山改旧诗。开户日高春寂寞，数声啼鸟上花枝。"谢注：此诗写尽幽人隐士之乐。令人有超然高大逍遥尘外之思。选李九龄《山中寄友人》云："乱云堆里结茅庐，已共红尘迹渐疏。莫问野人生计少，窗前流水枕前书。"写隐君子之乐。选薛能《宋氏林亭》，诗云："地湿莎青雨后天，桃花红近竹林边。行人本是农商客，记得春深欲种田"。谢枋得谓"游园圃而思畎亩，览花草而记农桑，此有道者之言也"。

3．"上饶二泉"选《唐诗绝句》之影响

明代胡应麟《诗薮》多次提及"二泉"所选《唐诗绝句》。如《内编》卷六云："赵昌父《唐绝》，大半皆中、晚作，谢注尤为迂谬。如许浑'海燕西飞白日斜，天门遥望五侯家。楼台深锁无人到，落尽春风第一花'，若但咏园亭之类，未见其工。今题云：'客有卜居不遂，薄游汧陇者，因赠。'夫以逆旅无家之客，望五侯第宅深锁落花之内，一段寂寥情况，更不忍言。罗隐《下第》诗'帘卷残阳鸣鸟鹊，花飞何处好楼台'，意正此同。而许作全不道破，尤为超妙，第失之太巧，故不免晚唐。谢乃谓五侯虽有第宅，而不得安享，亦犹逆旅无家者。此语一出，许诗风味索然。又少伯'闺中少妇不曾愁'，本自目前口语，谢复引入理路。此类甚多。晋人云：'非惟善作者不可得，善解者亦不可得。'信哉！"[①]《外编》卷二亦云："唐仙家能诗者，许宣平'隐居三十载'及'负薪朝出郭'一绝，是初唐语；张志和'八月九月芦花飞'，又'西塞山'一绝，是中唐语；钟七言三绝，吕七言一律，近晚唐。今传《纯阳集》皆伪作也。赵昌父《唐绝》取吕一首，殊鄙陋，当是赝作。"[②]在《外编》卷四云："唐至宋、元，选诗殆数十家，《英灵》《国秀》《间气》《极玄》，但辑一时之诗；荆公《百家》，缺略初、盛；章泉《唐绝》，仅取晚、中；至周弼三体，牵合支离；好问《鼓吹》，薰莸错

---

① (明)胡应麟《诗薮》，第 123 页。

② (明)胡应麟《诗薮》，第 161 页。

杂，数百年未有得要领者。”①

胡应麟对赵蕃评价不高，他对于杨万里曾赞赵蕃为中兴后劲之说法颇不以为然，其《杂编》发表了不同看法，他先引杨万里之语，“杨廷秀云：‘自隆兴以来，诗名世者：林谦之、范至能、陆务观、尤延之、萧东夫。近时后进有张镃、赵蕃、刘翰、黄景说、徐仰道、项安世、巩丰、姜夔、徐贺、汪经、方翥’”。其后，他对此评论说，“杨氏所叙南渡诗人，后惟列尤、杨、范、陆为四大家。萧东夫似不称，林谦之绝无传。今四家诗存，觉延之亦非三君子之敌也。余子赵昌父、黄景说差著，他率卑卑。然南渡作者，殊不止此，今博考于下方”。

梳理今人的宋诗选本，亦较少选录赵蕃和韩淲两人作品，惟刘永济《唐人绝句精华》提及，认为韦应物《滁州西涧》乃即景之作，并引王士祯《唐人万首绝句选·凡例》云：“元赵章泉、涧泉选唐绝句，其评注多迂腐穿凿。如韦苏州《滁州西涧》一首，‘独怜幽草涧边生，上有黄鹂深树鸣’，以为君子在下，小人在上之象。以此论诗，岂复有风雅邪?”他赞同王士祯批评谢枋得注《唐诗绝句》凭空穿凿，以致漏洞百出，并认为从《三百篇》以来，许多好诗被此等迂腐穿凿之说妄解者，不知凡几，岂特无复有风雅，且真风雅之罪人也②。只是，不知何故他竟然把生于南宋中后期的赵蕃、韩涧说成生于元代，由此可见他对两人之生平应当并不熟悉。

今人张宏生对“二泉”选、谢枋得注《唐诗绝句》所蕴含的文学思想进行过一番较为深入研究，其《江湖诗派研究》辟专节论及二泉所选《唐诗绝句》及其审美取向，并进行比较全面的概括，他比较南宋江西诗人和北宋江西诗人之区别，其中之一表现在南宋江西诗人对晚唐诗已不持激烈反对的态度，即以韩淲和赵蕃合选之《唐诗绝句》为例，他认为赵韩两人所选诗人多为后来所谓中晚唐作家，其篇目也占绝大多数，就诗言诗，这是一个中晚唐七言绝句的选本。他又引谢榛《四溟诗话》卷二所云“赵章泉、韩涧泉所选《唐人绝句》，惟取中正温厚，闲雅平易。若夫雄浑悲壮，奇特沉郁，皆不之取”来证实这个选本与江西有不合之处。

---

① (明)胡应麟《诗薮》，第191页。

② 刘永济著《唐人绝句精华》，人民文学出版社，1981年，第60页。

他认为出于延续江西诗派的需要,方回把“二泉”在诗坛的地位抬得很高,但从创作的实际来看,“二泉”已自觉或不自觉的浸染了晚唐格调。他又征引李慈铭《越缦堂读书记》所录“赵昌父集”评赵诗云“其五古颇渊源陶诗,五律、七律胎息中唐,具有洒落自然之致……惟根柢太浅,语多槎枒,时堕江湖、《击壤》两派”来证明赵蕃诗已具备江湖诗的一些特点。他还认为“二泉”合选的这个选本也能体现南宋江西诗派对晚唐诗的认识。如对盛唐的七绝大家王昌龄仅选二首,而对中唐以后刘禹锡、杜牧、李商隐等人则选得较多,特别是刘禹锡竟多达十四首,这种安排并非没有用意。该选本谢枋得之笺注,《四库未收书目提要》曾称许其“能得唐诗言外之旨,可以为读唐诗之津筏”。其书卷首载谢序,称道这个选本谈到“微言绪论,关世道,系天运者甚众”,对风雅比兴十分推重,大致可侧面反映南宋江西诗人对晚唐诗的看法。南宋江西诗人对晚唐也有艺术上的考虑,但他们对晚唐诗的思想价值的体认显然更具有主动意识①。

由于文学选本是文学批评的一种方式,编选者对诗文的选评往往立足于一定的诗文欣赏和批评的原则之上,他们不但在批评中揭示诗文的章法、句法和字法,而且具有一定的功利性和应用性。总的来看,此选本基本上能够体现“二泉”的审美情趣和主观选择,也在一定程度上反映了诗选者的生活和身世之感。其表现是:从内容来看,这些诗以送别诗、励志诗和咏史诗居多。选本中选钟离先生《题道院》和吕洞宾《黄鹤楼》,二人皆神仙,其诗出尘绝俗,不待学而能也。韩淲不只饱参儒学,对易学及道学皆有修为。诗中多有崇尚玄道之说,如其《偶成》之二云:“惜气思仙伎,因心理佛书。心安何所觉,气积本乘虚。造化融成后,神明主宰初。纵疑摩诘赘,未信洞宾疏。”这两首诗疑出自他之手。但是此选本也有明显之不足,且不说其选诗数量比较少,仅一百又一首。同时,其中所选诗不但将各种内容的诗杂凑在一起,而且也没有根据作者生卒年先后进行编定,如全书最后一卷即第五卷,竟又选唐代大诗人白居易之《王昭君》,仅排在吕洞宾和钟离先生之前,位置靠后。书中合计选许浑诗六首,可不知何故竟分别见于两卷,于卷三选五首,即

① 张宏生著《江湖诗派研究》,第 180 - 181 页。

《题四皓庙》《重别曾主簿时诸妓同饯》《客有卜居不遂薄游汧陇者》《经秦始皇墓》和《缑山庙》。又于卷四选一首《谢亭送客》。如果把"二泉"编选的这个选本与宋末刘克庄所选《分门纂类唐宋时贤千家诗选》相比,更是显得内容单薄。刘氏将全书分为二十二卷,其中,卷一、二为时令门,以春为例,又分为探春、春游、春阴、春暮、伤春、春愁、春恨、送春。卷三、四、五为节候门。卷六为昼夜门。卷七、八、九、十为百花门。以花为例,又分为看花、惜花、叹花、笑花、探花、赏花、山花、落花、春花秋开。又以梅花为例,分为种梅、探梅、寄梅、寻梅、见梅、雪里裹梅、南枝开北枝未开、未开梅、早梅、枯梅、落梅、红梅、青梅、绿萼梅、黄萼梅、九月梅、真州梅、瓶梅、梅桃、梅竹等类别。卷一一为竹林门,卷一二、一三为天文门,卷一四、一五为地理门,卷一六为宫室门,卷一七为器用门,卷一八为音乐门,卷一九为禽兽门,卷二〇为昆虫门,卷二一、二二为人品门。人品门又分为神仙、隐逸、道士、僧、术士、农、渔父、樵夫、牧童等。综合从选诗的数量、规模和分类的细致程度来看,都要比"二泉"的选本严谨得多。可见,"二泉"当初选编这个本子时考虑并不是非常成熟,它还称不上是一个编选很完善的本子。

结 语

关于"二泉"的研究，随着有关他们的人生、诗学、思想、志趣与交游等方面研究的相继展开，至此暂时告一段落。综合来看，赵蕃与韩淲虽同为"江西续派"，且皆以志节高尚而著称于时，在人生追求、文学创作、思想品格等方面表现出许多相似之处，然而由于他们的家世、经历与个性等方面存在诸多差别，使他们的精神面貌、诗学取向、生活态度等方面各具鲜明特色：从气质形象来看，根据杨万里、刘克庄等同时诗人的描绘，赵蕃枯槁清瘦，韩淲萧散清逸；从诗学师法对象来看，前者取径窄，师法黄陈，后者取径宽，博观约取；从表现手法来看，前者重写实，多抒发人生感悟，议论人生之穷苦；后者重描述，倾向于描写生活情趣，表现人生体验之闲逸；从诗歌风格来看，前者寒瘦苦吟，后者清闲醇雅；从人生追求来看，前者失意归隐，后者怡情山水；从思想主题来看，前者精研儒学，后者参玄悟道。

从两人的影响来看，南宋中后期士人对赵蕃更为熟知，赵蕃受到当时人的称道更多，而韩淲则更为今人所熟悉，分析造成此差异之主要原因在于赵蕃德高望重、多产优质、年寿较高。如前所述，刘宰《章泉赵先生墓表》称赵蕃"寿八十有七"①。宋代长寿而高产的诗人比较多，如杨万里活到八十岁，陆游活到八十五岁。产量之多如杨万里，诗集有九种，全集达一百三十三卷。陆游《剑南诗稿》多至八十五卷，录诗万余首。方回尝言："予尝羡慕近世诗人曾茶山、陆放翁、赵昌父、滕元秀、刘

---

① （宋）刘宰《漫塘文集》卷 32，文渊阁《四库全书》，第 1170 册，第 729 页。

潜夫，皆年八十以上。”[①]其中就提到赵蕃“年八十以上”。至于赵蕃之德、赵蕃创作之多产，前面已有论述，兹不赘述。

用现在的眼光来看，若论及“二泉”在南宋诗坛的地位，不但无法与尤、杨、范、陆游等“中兴四大家”相比，也无法与刘克庄、戴复古这样的江湖诗派大家相提并论。两宋文学家灿若群星，与那些声名赫赫的大文学家相比，“二泉”并不是被他们的光芒所淹没，而是在创作上无论是特色还是影响都的确存在较明显的差距。若问什么是“大家”，有学者称，“放翁体格完浑，无他人破散支离之病，故称大家”[②]。又如，吕本中作《江西诗社宗派图》谓诗人以山谷为祖宗，形成一个风格相近的诗人宗族。后来刘克庄《江西诗派小序》解释道：“豫章稍后出，荟萃百家句律之长……在禅学中，比得达摩，不易之论也。”[③]刘克庄此文之意思是黄庭坚自成一家，为“本朝诗家初祖”，犹如达摩东渡，自开一派，创建了足以代表宋诗的风格和宗派。依笔者浅见，文学史和文学研究中所称的“大家”当指那些能够得风气之先，有创体之功、创题之功，或是在理论有很大创新，或是文学成就特别突出，因而具有很高文学史意义的文学家或批评家。“二泉”虽然创作数量不菲，也形成了自己的生活圈和交游，但就其诗风、影响而言，与晚唐末皮日休、陆龟蒙等人比较已不可同日而语，再与同时稍后的“四灵”诗人所产生的影响相比，也存在较大的差别。据史载，如皮日休、陆龟蒙、郑壁、魏朴、羊昭等人，松陵唱和，既极长韵铺排之事，亦饶以文为诗之趣，或隐成醉吟，或鼓櫂江湖，集中如《奉和袭美太湖诗二十首》《渔具诗十五咏》《奉和袭美添渔具五篇》《樵人十咏》《奉和袭美酒中十咏》等篇章，集处士文学之大成，为宋代林逋等隐逸诗人开创先篇。虽写隐逸，而其中感愤痛切、讽喻时事者不少。可是，反观“二泉”之创作，则如吕本中《与曾吉甫论诗第二帖》所说未能在“中兴四大诗人”之后百尺竿头更进一步，“欲波澜之阔去，须于规摹令大，涵养吾气而后可。规摹既大，波澜自阔，少加治择，功已倍于古矣……近世江西之学者，虽左规右矩，不遗余力，而往往不知出此，故

① (元)方回选、李庆甲校《瀛奎律髓汇评》，第 312 页。

② (元)方回选、李庆甲校《瀛奎律髓汇评》，第 480 页。

③ (宋)刘克庄《后村先生大全集》卷 95，《四部丛刊初编》，第 276 册，第 826 页。

百尺竿头，不能更进一步，亦失山谷之旨也”[①]，“二泉”之创作，各有优长，赵蕃诗有拗劲挺拔之作，然总的来说气象浅俗，尚奇越险，胸次不高。韩淲诗虽颇具自得平淡、超以象外之姿态，不乏清新明丽之作，然始终没有超越过于狭小、平淡、琐屑的境界。正是这些不足，导致了两位诗人虽然创作颇丰，却未受到后人应有的关注。“二泉”在文学史上的处境与地位，引发了笔者对于他们及其他古代文学家创作中所常常出现的两个问题的思考：

其一，如何对待诗歌的内容与意蕴。诗歌是讲究语言表现力的艺术，而艺术都讲究情趣的意象化或意象的情趣化。苏东坡称赞王维说：“味摩诘之诗，诗中有画；味摩诘之画，画中有诗。”这句话阐述的正是诗歌的意象与情趣达到最佳统一的境界。因此，文学家进行诗歌创作不应该止于简单地陈述事实或是描绘事物，还应该融入个人的主观感情，更应该以气韵生动作为创作追求的目标。《陈善诗话》云：“文章以气韵为主，气韵不足，虽有辞藻，要非佳作也。乍读渊明诗，颇似枯淡，久久有味，东坡晚年酷好之，谓李杜不及也。此无他，韵胜而已。”[②]分析宋人诗歌创作，其基本特征表现为乐于以文为诗、以学问为诗、以议论为诗，此时的文学家注重在诗歌中表现他们的才华，堆砌他们的学识，渗透他们的思想。特别是随着宋代理学的日趋繁荣兴盛，使文学家们对道义、修德更是充满热情，使他们在创作中不但更追求诗意深刻，还将作家人格及作品是否有意义定为新的标准，同时，又把文字当成说理之工具，增加了诗歌创作说理化的倾向，此时的诗歌创作，已经不再是一种纯粹的艺术创造，诗人也不再是纯粹的诗人。“诗外别有事在”。阅读宋诗，我们不难发现，两宋诗人用写诗来论道探道，表现出一种共同的特征，显示出一种知性反省的沉潜精神，反映出他们对诗的本质、功能、结构、作者、作品及读者等问题更深入的思考。其实，诗与诗学是两种不同的精神活动：诗学是对概念的知识展开，而诗则是诗人直觉的情感契入。从初唐至开元期间所呈现的生命昂扬之美在宋代完全为沉潜凝练之美所取代。宋代思想发展和社会文化建构、客观局势，使得宋代

① （宋）胡仔纂、廖德明校《苕溪渔隐丛话》前集卷 49，第 333 页。
② 吴文治主编《宋诗话全编》，第 5553 页。

精神由创造发扬转为知性反省，这是宋初知识分子在处理自我文化建构时的大走向。宋初许多王公贵胄并不喜欢杜甫，即便如欧阳修“亦不甚喜杜诗，然于李白而甚爱赏，将由李白超踔飞扬、易为感动也”。王安石也认为杜甫“绪密而思深”，与元稹、白居易评杜甫相似，他们都着重在秩序创构上的贡献和思想上的表现。所以综观宋人称赞杜甫不外乎两种，“集法度之大成”和“诗意知止于礼义”两点，前者谓之诗史，后者则拟诸六经。后来，黄庭坚诗学兴起，江西诗社流衍天下，黄庭坚本人颇为重视诗歌之抒情与写意的处理，他在《书王知载朐山杂咏后》曾经强调诗的本质是抒“人之情性”，强调写诗应该抒发表现“诗美”的情意，其文云：“诗者，人之情性也，非强谏争于廷，怨忿诟于道，怒邻骂坐之为也。其人忠信笃敬，抱道而居，与时乖逢，遇物悲喜，同床而不察，并世而不闻，情之所不能堪，因发于呻吟调笑之声，胸次释然，而闻者亦有所劝勉，比律吕而可歌，列干羽而可舞，是诗之美也。其发为讪谤侵陵，引颈以承戈，披襟而受矢，以快一朝之忿者，人皆以为诗之祸，是失诗之旨，非诗之过也。”①可是，遗憾的是，其后继者并没有正确理解其主张，有的甚至还走上了一条与其创作、主张相反的道路。

比较唐宋诗，我们会发现，与唐人外向而充满张力的创造精神相反，宋代的时代精神转趋内敛而尚隐，宋人渐渐把诗歌视为表达思想的一件衣服，或将其视为一种文体或修辞结构等，使宋诗受到“多议论”“言理不言情”“以文为诗”“俚俗而不典雅”等方面的指责，究其原因，缺乏意蕴实是宋诗受到人们众多批判的最重要原因之一。明人陈子龙对宋诗的攻击尤为严厉，他说“宋人不知诗而强作诗，其为诗也，言理而不言情。终宋之世无诗”②。其实，宋代文人善于生活，讲究生活情趣，他们并不是天生教条，并不缺乏丰富的情感，他们将个人的情趣和思绪委曲婉转地转移到宋词中而不是宋诗，“其欢愉愁苦之致，动于中而不能抑者类发于诗余，故其所造独工”③。另外，宋代文人创作数量既多，喜随兴触发，常常即事名篇，这也是造成宋诗意趣缺乏的重要原因，“宋

① (宋)黄庭坚著、刘琳等校《黄庭坚全集》正集卷第25，第666页。

②③ (清)沈辰垣《御选历代诗余》卷118，文渊阁《四库全书》，第1493册，第392页。

人专事之篇什既富，触景皆会，虽高谈大雅，而亦觉其不可废也”[①]。冯舒曾批评方回“论诗必分情景，又必以一字为诗眼”，并主张作诗“言景必兼情，言情必兼景，或专情，或专景，而虚字、新字自具其中，此作诗之法也。必做空硬腔，巧入新字为诗眼，去诗道远矣，去说诗亦千里矣”[②]。方回评黄庭坚《次韵答高子勉》称：“黄、陈诗有四十字无一字带景者，后学能参此者几人矣?”[③]观赵蕃诗，作品众多，于宋诗之诸种不足，如随兴感发，以议论为诗，皆有体现，故为人们所诟病。比“二泉”稍后的江湖诗人，则由于常常点缀景物，走向与“二泉”等江西诗人的反面，亦受到批评。纪昀曾说过：作诗以本色为工。然此非有真气力，则才薄者浅弱，才大者粗野，初学者易成油滑，老手亦致颓唐，不可不慎也[④]。

其二，如何处理诗歌创作与创新的关系。纵观中国文学史上一切有影响、有成就的艺术作品，其产生之时都是一种伟大的创新，如李杜、王孟、韦柳、元白、韩孟和苏黄，他们皆道出前人所未道。可以这样说，创新是诗歌艺术的生命力所在。一位诗人欲追求诗歌艺术的突破，就应该努力在加强个人的文学修养上下功夫，努力形成自己独特的个性和风格，如果仅仅在形式、技巧上出奇翻新则很难创新。墨守成规、生搬硬套更只能使创作走入死胡同。江西诗派之兴盛一时，源于创作技法上的不断翻新，而诗派的衰落，也源于江西诗派的后继者失落了这一重要原则。如杜甫诗云“诗清立意新，最是作诗用力处。盖不可循习陈言，只规摹旧作也”，黄庭坚也称“随人作计终后人”，又云“文章切忌随人后”[⑤]。他们都特别注意创新，通过在创作上追求出奇以避俗。黄庭坚诗曾广泛学习古人，但他为人们所推崇的却不是他善于学古，而是他学古之后的创造，张文潜称赞他“不践前人旧行迹，独惊斯世擅风

① (清)沈辰垣《御选历代诗余》卷118，文渊阁《四库全书》，第1493册，第392页。
② (元)方回选、李庆甲校《瀛奎律髓汇评》，第421页。
③ (元)方回选、李庆甲校《瀛奎律髓汇评》，第1112页。
④ (元)方回选、李庆甲校《瀛奎律髓汇评》，第360页。
⑤ (宋)张镃《仕学规范》卷39，文渊阁《四库全书》，第875册，第196页。

流”[①],后来也有人形容黄庭坚是“包含欲无外,搜抉欲无秘,体制通古今,思致极幽眇,贯穿驰骋,工夫精到”,“欧公之文,山谷之诗,皆所谓‘不向如来行处行’者也”[②]。陈师道也力倡“宁拙勿巧,宁朴勿华”,即如吕本中亦广泛学习前人,强调不落他人窠臼。黄庭坚鼓吹“夺胎换骨”“点铁成金”,吕本中也喜好以故为新,化用前人诗意诗句为诗。黄庭坚、吕本中等人在创作上的不断出新,既源于他们不断学习前人,又归功于他们勇于超越前人。陈师道曾说:“豫章之学博矣,而得法于杜少陵,其学少陵而不为者也,故其诗近之。”[③]吕本中也主张学诗取径要宽。他说:“《楚辞》、杜、黄固法度所在,然不若遍考精取,悉为吾用,则姿态横出,不窘一律矣。如东坡、太白诗,虽规摹广大,学者难依,然读之使人敢道,澡雪滞思,无穷苦艰难之状,亦一助也。”[④]吕本中大力变革江西诗派的僵化、固守,提出有名的“活法”理论。他不满意某些江西诗人死守成法,认为必须摆脱这些成法的束缚,只有掌握“活法”才能使诗歌创作走出一片新的天地。吕本中在其早期作品如《外弟赵才仲数以书来论诗因作此答之》诗中就已经提出“渐喜诗语活”[⑤]的观点。即如南朝谢朓所言:“好诗流转圆美如弹丸。”吕本中对于“活法”概念进行较全面的陈述,见于其晚年所作《夏均父集序》,他说:“学诗当识活法。所谓活法者,规矩具备而能出于规矩之外,变化不测而亦不背于规矩也。是道也,盖有定法而无定法,无定法而有定法,知是者则可以与语活法矣。”[⑥]从现在的眼光来看,吕本中的诗学批评建树超过了他的诗歌创作成就,他的“活法”为诗造就了清新流丽的诗风,对踏入歧途的江西诗风进行了有力的纠正。吕本中之后,受其影响最深的南宋诗人首

---

① (宋)张耒《读黄鲁直诗》,《柯山集》卷 18,文渊阁《四库全书》,第 1115 册,第 152 页。

② (宋)罗大经《鹤林玉露》丙编卷 3,中华书局,1983 年,第 284 - 285 页。

③ (宋)陈师道《答秦觏书》,《后山居士文集》卷 10,上海古籍出版社,1984 年,第 542 页。

④ (宋)吕本中《与曾吉甫论诗第一帖》,胡仔纂,廖德明校《苕溪渔隐丛话》,第 332 页。

⑤ 《全宋诗》,第 28 册,第 18056 页。

⑥ (宋)王正德《余师录》卷 3,文渊阁《四库全书》,第 1480 册,第 782 页。

推杨万里。杨万里诗歌创作过程与吕本中相似，少学江西诗派而能自成一路，以自然神会为诗，风格清新婉约，颇受时人赞誉。刘克庄曾称道他："后来诚斋出，真得所谓活法，所谓流转圆美如弹丸者，恨紫微公不及见耳。"①不论是吕本中提出"活法"理论，还是杨万里跳出江西诗派的圈子，自创新体，他们都实现了个人诗学理论的完美转型，成为江西诗派发展过程中学有所获的成功典型。

作为江西后劲，赵蕃不乏清新亮丽、轻松明快、惹人喜爱、有气势、具有较高艺术水平之作。他最为后人称道的一首作品是《小园早步》，此诗尤以前四句语调轻快，写景清新，有生动活泼之趣，不象后期诗作死声活气状。方回称此诗"颇似晚唐，已工丽如此。其后日益高古清瘦，乃不肯作此体"。纪昀也认为此诗诗风"似晚唐"②。另外，赵蕃还有一些值得一提的作品，如《送赵成都二首》，方回力赞其"夷陵""斜谷"二句，称为"壮哉语也"。查慎行云："所见者大，不独为蜀道得帅而发。"纪昀亦云："此首老重。"不过，其诗总的来说表现手法比较单一，同时，由于以理入诗的原因，他过于重视叙述、议论和说理，较少细致的描述。再从选择的题材和体现的主题来看，多围绕日常生活和交游唱酬，多平铺直叙，兼喜欢使用生字和拗句，从而呈现出一种枯寒瘦硬之态，造成其诗缺少格调，缺少性灵，失落了诗的情趣，使其诗显得艰涩难读。韩淲则崇尚优雅，重视对闲情雅趣、隐逸情怀的表现和对闲雅境界的表现与追求，其诗多用白描，较少用典、比喻、比拟、象征等手法，意象空灵清淡，意境清幽淡远，侧重于展现其悠闲自在、超尘脱俗、儒雅闲逸的自我形象，形成闲适恬淡、清新醇雅的艺术风格，继承了中国古代士人陶怡于宁静而美丽的山水，追求个人心灵和精神的自由，追求独立和完善的人格的文化精神。但由于长期隐居于上饶玉山，其作品所关注的对象主要是气候与自然意象，如山、水、花、草、雨、雾、阴、晴，写作涉及的范围有限，写作题材和创作手法缺乏变化，诗风略嫌冲淡，情调也欠积极。长期悠闲、安定的生活，使他消淡了对社会与时代风云的关注，有时完

① （宋）刘克庄《江西诗派总序》，《后村先生大全集》卷95，《四部丛刊初编》，第276册，第822页。

② （元）方回选、李庆甲校《瀛奎律髓汇评》，第353页。

全陶醉于个人的感观世界，不免在创作中太过于专注抒发一己之情怀，从而使诗境略显狭小逼仄。特别是随着岁月流逝，当诗人步入老境后，目睹与老朋友离多聚少，孤独之感与日俱增，使他倍加怀念亲友，抒写、咏叹这些情怀的诗作渐多，从而使其作品笼上了一层无法摆脱的人生虚无与寂寞色彩。同时，韩淲还有些作品过于强调表现悠闲的神情意趣，以至有时候陷入无所事事，陈词滥调。

宋代推行文治，士人们普遍崇尚学问，勤于学习，学识广博，创作成果丰硕。有宋三百余年，诗人灿若星汉，大家、名家辈出，为人称颂的诗篇更是数不胜数。"二泉"生而遇上这个文化昌隆的时代，他们在文学创作上取得了一定的创作成就，若论及对后世的影响确有不如"中兴四大诗人"、辛弃疾、姜夔、刘克庄和戴复古等同时或稍后的文学家，但作为江西诗派发展到后期的重要代表，他们的创作，继承了江西诗派的创作法则和创作风格，推动了江西诗派甚至南宋中后期诗歌创作的发展，在宋代诗歌的转型时期发挥了一定的作用。比较他们与同时诗人所产生的影响，他们在南宋文学史上的确具有不可或缺的地位。同时，分析造成"二泉"诗风的不足，也有多方面的主客观原因，既与他们狭窄的生活环境有关，也与后期江西诗派从整体上创新动力不足的发展趋势有关，陈岩肖《庚溪诗话》云："山谷之诗，清新奇峭，颇造前人未尝道处，自为一家，此其妙也。至古体诗，不拘声律，间有歇后语，亦清新奇峭之极也。然近时学其诗者，或未得其妙处，每有所作，必使声韵拗捩，词语艰涩，曰"江西格"也，此何为哉？吕居仁作《江西诗社宗派图》，以山谷为祖，宜其规行矩步，必踵其迹。今观东莱诗，多浑厚平夷，时出雄伟，不见斧凿痕。社中如谢无逸之徒亦然，正如鲁国男子善学柳下惠者。"①张镃也曾批评江西诗派后学"近世人学老杜多矣，左规右矩，不能稍出新意，终成屋下架屋，无所取长。独鲁直下语，未尝似前人而卒与之合，此为善学。如陈无己力尽规摹，已少变化"②。"二泉"诗歌的不足，也反映出至晚宋时期宋代文化精神在继承前人和开拓新局两方面皆较为乏力，这主要是由于一部分士人不再关注时局变迁和社会动荡，只追求

① （宋）陈严肖《庚溪诗话》卷下，《百川学海》本。

② （宋）张镃《仕学规范》卷39，文渊阁《四库全书》，第875册，第196页。

个人生活的安闲自适，只追求一己之身心修养，其流弊必至于细碎小巧。其佳境清音泠然，如世外道人；其次则琢刻字句，但求奇峭；至于深情远韵、壮怀精思之作，就更稀少了。因此，在诗坛上既日渐失去日新月异的勇气，也就必然失落了维持诗歌长盛不衰、久传于世的瑰宝。诚如《宋子京笔记》所云，“文章必自名一家，然后可以传不朽。若体规画圆，准方作矩，终为人之臣仆。古人讥屋下架屋，信然”①。亦如许印芳所云：“文章不望传则已，望传则‘求新’为第一义谛。初年用工甚艰苦，未免有著迹吃力处，精进不已，自有浑化之日，不可半途而废。而求新有求新之病，亦不可不知，或病纤巧，或病棘涩，或病隐僻，或病荒诞。诸病不除，则求新反堕魔道中，又不如袭用滑调之人云亦云，足以欺世而盗名也。”②“二泉”既未能从陶、杜中学习取经，也未能跟随黄、陈、吕、杨等江西大家的脚步继续在理论上或创作上出新，而是随着宋末诗风日益颓靡而走向沉沦，这既是他们的经验教训，同时，也是宋代诗学留给后人的历史启示。

---

① （宋）胡仔纂，廖德明校《苕溪渔隐丛话》前集卷 49，第 333 页。

② （宋）方回选、李庆甲校《瀛奎律髓汇评》，第 478 页。

参考文献

A

《爱日斋丛钞》,(宋)叶寘撰,《守山阁丛书》本

B

《白话文学史》,胡适著,岳麓书社 1986 年

《白石道人诗集》,(宋)姜夔撰,《四库丛刊初编》本

《白石诗说》,(宋)姜夔撰、郑文校,人民文学出版社 1983 年

《白氏长庆集》,(唐)白居易撰,《四部丛刊初编》本

《悲剧的超越》,(德)雅斯贝尔斯著,工人出版社 1988 年

《北方移民与南宋社会变迁》,吴松弟著,文津出版社 1993 年

《北宋古文运动发展史》,祝尚书师著,巴蜀书社 1995 年

《北宋京师及东西路大郡守臣考》,李之亮撰,巴蜀书社 2001 年

《北宋文人与党争》,沈松勤著,人民出版社 1998 年

《被开拓的诗世界》,程千帆、莫砺锋、张宏生著,上海古籍出版社 1990 年

《皕宋楼藏书志》,(清)陆心源撰,中华书局 1990 年

C

《沧浪诗话校释》,(宋)严羽著、郭绍虞校,人民文学出版社 1983 年

《茶山集》,(宋)曾几撰,《武英殿聚珍版书》本

《晁说之研究》，张剑著，学苑出版社 2005 年
《陈与义集》，（宋）陈与义著、吴书荫等校，中华书局 1982 年
《诚斋集》，（宋）杨万里撰，《四部丛刊初编》本
《初白庵诗评》，（清）查慎行撰、张载华辑，上海六艺书局石印本
《淳熙稿》，（宋）赵蕃撰，文渊阁《四库全书》本
《词林韵准》，黄徵撰，中华书局 1991 年

D

《带湖与瓢泉——辛弃疾在信州日常生活研究》，程继红著，齐鲁书社 2006 年
《带经堂诗话》，（清）王士禛撰、张宗柟纂集，人民文学出版社 1963 年
《澹庵文集》，（宋）胡铨撰，文渊阁《四库全书》本
《道德的理想主义》，牟宗三撰，台湾学生书局中华民国 74 年
《地域文化与唐代诗歌》，戴伟华著，中华书局 2006 年
《第二届宋代文学国际研讨会论文集》，莫砺锋编，江苏教育出版社 2003 年
《第四届宋代文学国际研讨会论文集》，沈松勤编，浙江大学出版社 2006 年
《东京梦华录》，（宋）孟元老撰，中华书局 1982 年
《东莱先生诗集》，（宋）吕本中撰，《四部丛刊续编》本
《东南纪闻》，（宋）佚名撰，文渊阁《四库全书》本
《读史方舆纪要》，（清）顾祖禹撰，上海书店出版社 1998 年
《杜诗详注》，（唐）杜甫撰、（清）仇兆鳌注，中华书局 1979 年

E

《二老堂诗话》，（宋）周必大撰，（清）何文焕辑《历代诗话》本，中华书局 1981 年
《二十世纪宋史研究论著目录》，方建新编，北京图书馆出版社 2006 年
《二十世纪西方文学理论》，（英）特雷·伊格尔顿著，伍晓明译，陕

西师范大学出版社 1987 年
《二薇亭诗集》,(宋)徐玑撰,《永嘉四灵诗集》本,浙江古籍出版社 1985 年

F

《范石湖集》,(宋)范成大撰,上海古籍出版社 1981 年
《方回的唐宋律诗学》,詹杭伦撰,中华书局 2002 年
《方舆胜览》,(宋)祝穆著、施和金校,中华书局 2003 年
《芳兰轩诗集》,(宋)徐照撰,《永嘉四灵诗集》本,浙江古籍出版社 1985 年

G

《攻媿集》,(宋)楼钥撰,文渊阁《四库全书》本
《古代文艺的文化观照》,邓乔彬著,上海教育出版社 2003 年
《癸辛杂识》,(宋)周密撰,《学津讨源》本

H

《韩氏历史人物志》,韩崇义编,山西古籍出版社 1999 年
《浩然斋雅谈》,(宋)蒋子正撰,(清)何文焕辑《历代诗话》本,中华书局 1981 年版
《鹤山先生大全集》,(宋)魏了翁撰,《四部丛刊初编》本
《后村诗话》,(宋)刘克庄撰,中华书局 1983 年
《后村先生大全集》,(宋)刘克庄撰,《四部丛刊初编》本
《后汉书》,(南朝·宋)范晔撰、(唐)李贤等注,中华书局,1982 年
《后山居士文集》,(宋)陈师道撰,上海古籍出版社 1984 年
《后山诗话》,(宋)陈师道撰,(清)何文焕辑《历代诗话》本,中华书局 1981 年
《后山诗注》,(宋)陈师道撰、任渊注,《四部丛刊初编》本
《滹南诗话》,(金)王若虚撰、霍松林校,人民文学出版社 1983 年
《皇宋中兴两朝圣政》,(宋)留正撰,台北商务印书馆 1981 年
《黄氏日抄》,(宋)黄震编,文渊阁《四库全书》本

《黄庭坚和江西诗派卷》,傅璇琮编,中华书局 1978 年
《黄庭坚全集》,(宋)黄庭坚撰,刘琳校,四川大学出版社 2001 年
《黄庭坚与宋代文化》,杨庆存著,河南大学出版社 2002 年
《挥麈录》,(宋)王明清撰,文渊阁《四库全书》本
《晦庵先生朱文公文集》,(宋)朱熹撰,《四部丛刊初编》本

J

《霁山文集》,(宋)林景熙撰,文渊阁《四库全书》本
《建炎以来朝野杂记》,(宋)李心传撰,商务印书馆 1927 年
《建炎以来系年要录》,(宋)李心传撰,中华书局 1988 年
《剑南诗稿校注》,(宋)陆游撰、钱仲联校注,上海古籍出版社 1985 年
《涧泉集》,(宋)韩淲撰,文渊阁《四库全书》本
《涧泉日记》,(宋)韩淲撰,文渊阁《四库全书》本
《江湖诗派研究》,张宏生著,中华书局 1995 年
《江文通集汇注》,(梁)江淹著、(清)胡之骥注,中华书局 1984 年
《江西古文精华丛书》(诗词卷),曾子鲁、胡迎建、熊盛元选注,江西人民出版社 1998 年
《江西派诗选注》,陈永正选注,中山大学出版社 1985 年
《江西诗派研究》,莫砺锋著,齐鲁书社 1986 年
《江西诗派诸家考论》,韦海英著,北京大学出版社 2005 年
《江西诗社宗派研究》,龚鹏程著,台湾文史哲出版社中华民国七十二年
《江西诗征》,(清)曾燠辑,清嘉庆九年赏雨茅屋刊本
《江西通志》,(清)曾国藩等修,清光绪七年刊本
《江西宗派研究》,伍晓蔓著,巴蜀书社 2005 年
《近代中国史料丛刊续编》,沈云龙主编,文海出版社有限公司中华民国 72 年
《晋书》,(唐)房玄龄等撰,中华书局 1974 年
《景迂生集》,(宋)晁说之撰,文渊阁《四库全书》本

K

《科举与诗艺》,(日)高津孝著,上海古籍出版社 2005 年

《克斋集》(宋)陈文蔚撰,文渊阁《四库全书》本

L

《老学庵笔记》,(宋)陆游撰,《津逮秘书》本

《李太白全集》,(唐)李白撰、王琪注,中华书局 1977 年

《理学文化与南宋诗学》,石明庆著,中国社会科学出版社 2006 年

《历代诗话》,(清)何文焕辑,中华书局 2001 年

《历代诗系》,(清)沈辰垣编,上海书店 1985 年

《历代学案》,四川大学古籍所编,四川大学出版社 2005 年

《濂洛风雅》,(宋)金履祥辑,《丛书集成》本

《两宋士大夫文学研究》,陶文鹏编,中国社会科学出版社 2012 年

《两宋思想述评》,陈钟凡著,东方出版社 1996 年

《两宋文化史研究》,杨渭生著,杭州大学出版社 1998 年

《陵阳先生室中语》,(宋)范季随撰,《说郛一百卷》本,上海商务印书馆 1927 年

《刘辰翁集》,(宋)刘辰翁撰,江西人民出版社 1987 年

《刘克庄的文学世界——晚宋文学生态的一种考察》,侯体健著,复旦大学出版社 2013 年

《刘克庄与中国诗学》,王明见著,巴蜀书社 2004 年

《六一诗话》,(宋)欧阳修撰、郑文校,人民文学出版社 1983 年

《龙川集》,(宋)陈亮撰,文渊阁《四库全书》本

《鲁严所学集》,张宗泰撰,《近代中国史料丛刊续编十七辑》,沈云龙编,第 161 册,文海出版社有限公司中华民国 62 年

《陆九渊集》,(宋)陆九渊著,中华书局 1980 年

《陆游资料汇编》,孔凡礼、齐治平编,中华书局 2004 年

《罗鄂州小集》,(宋)罗愿撰,文渊阁《四库全书》本

M

《马克思恩格斯全集》,(德)马克思、恩格斯撰,人民出版社 1972 年
《漫塘文集》,(宋)刘宰撰,文渊阁《四库全书》本
《孟东野诗集》,(唐)孟郊撰,人民出版社 1959 年
《名家日记》,杜莲茹、韩雪峰编,东北师范大学出版社 1996 年

N

《南涧甲乙稿》,(宋)韩元吉撰,文渊阁《四库全书》本
《南宋初期的文化重组与文学新变》,钱建状著,厦门大学出版社 2006 年
《南宋初期政治史研究》,(日)寺地遵著,刘静贞、李今芸译,稻禾出版社 1995 年
《南宋词史》,陶尔夫、刘敬圻著,黑龙江人民出版社 1992 年
《南宋词研究》,王伟勇著,文史哲出版社中华民国 76 年
《南宋的诗文选本研究》,张智华著,北京师范大学出版社 2002 年
《南宋江湖词派研究》,郭锋著,巴蜀书社 2004 年
《南宋江湖诗派与儒商思潮》,陈书良著,甘肃文化出版社 2004 年
《南宋社会生活史》,(法)谢和耐著,马德程译,中国文化大学出版社 1982
《南宋史稿》,何忠礼、徐吉军著,杭州大学出版社 1999 年
《南宋史学史》,罗炳良著,人民出版社 2008 年
《南宋史学研究》,燕永成著,甘肃人民出版社 2007 年
《南宋史研究集》,黄宽重著,新文丰出版公司 1985 年
《南宋文人与党争》,沈松勤著,人民出版社 2005 年
《南宋遗民诗人群体研究》,方勇撰,人民出版社 2000 年
《南宋咏史诗研究》,季明华著,文津出版社 1997 年
《南阳集》,(宋)韩维撰,文渊阁《四库全书》本

P

《曝书亭集》,(清)朱彝尊撰,《四部丛刊初编》本

Q

《齐东野语》,(宋)周密撰,中华书局 1983 年

《前贤小集拾遗》,(宋)陈起辑,读画斋刊《南宋群贤小集》本

《钱锺书论学文选》,钱锺书著,花城出版社 1990 年

《乾道稿》,(宋)赵蕃撰,文渊阁《四库全书》本

《清容居士集》,(元)袁桷撰,文渊阁《四库全书》本

《清苑斋诗集》,(宋)赵师秀撰,《永嘉四灵诗集》本,浙江古籍出版社 1985 年

《全宋词》,唐圭璋编,中华书局 1980 年

《全宋诗》,北京大学古文献研究所编,北京大学出版社 1998 年

R

《人间词话》,王国维著,王幼安校,人民文学出版社 1960 年

《容斋随笔》,(宋)洪迈撰,《四部丛刊》本

S

《山谷别集》,(宋)黄庭坚撰,《四部备要》本

《山谷题跋》,(宋)黄庭坚撰,《津逮秘书》本

《山谷外集》,(宋)黄庭坚撰,《四部备要》本

《善本书室藏书志》,(清)丁丙撰,中华书局 1990 年

《上饶县志》,上饶县县志编纂委员会,中共中央党校出版社 1993 年

《苕溪渔隐丛话》,(宋)胡仔撰,廖德明校点,人民文学出版社 1962 年

《升庵诗话》,(明)杨慎撰,丁福保辑《历代诗话续编》本,中华书局 1983 年

《诗话总龟》,(宋)阮阅撰,人民文学出版社 1998 年

《诗论》,朱光潜著,生活·读书·新知三联书店 1984 年

《诗人玉屑》,(宋)魏庆之编,上海古籍出版社 1978 年

《诗薮》;(明)胡应麟撰,上海古籍出版社 1979 年

《诗学美论与诗学美境》，韩经太著，北京语言文化大学出版社 2000年

《石仓历代诗选》，(明)曹学佺编，文渊阁《四库全书》本

《石屏诗集》，(宋)戴复古撰，文渊阁《四库全书》本

《石洲诗话》，(清)翁方纲撰，郭绍虞编《清诗话续编》本，上海古籍出版社 1983年

《世说新语》，(南朝·宋)刘义庆撰，上海古籍出版社 1982年

《士与中国文化》，余英时著，上海人民出版社 1987年

《首届宋代文学国际研讨会论文集》，王水照编，复旦大学出版社 2001年

《双溪类稿》，(宋)王炎撰，文渊阁《四库全书》本

《水心先生文集》，(宋)叶适，《四部丛刊初编》本

《说诗晬语》，(清)沈德潜撰，《清诗话》本，上海古籍出版社 1963年

《斯文:唐宋思想的转型》，(美)包弼德撰，江苏人民出版社 2001年

《四库辑本别集拾遗》，栾贵明辑，中华书局 1983年

《四库全书总目辨误》，杨武泉撰，上海古籍出版社 2001年

《钦定四库全书总目》，(清)纪昀等编，中华书局 1997年

《四溟诗话》，(明)谢榛撰，丁福保辑《历代诗话续编》本，中华书局 1983年

《松乡集》，(宋)任士林撰，文渊阁《四库全书》本

《嵩山文集》，(宋)晁说之撰，文渊阁《四库全书》本

《宋稗类钞》，(清)潘永因编，刘卓英校，书目文献出版社 1985年

《宋川陕大郡守臣易替考》，李之亮撰，巴蜀书社 2001年

《宋代晁氏家族及其文献研究》，刘焕阳撰，齐鲁书社 2004年

《宋代的家族与社会》，黄宽重著，北京图书馆出版社 2009年

《宋代地域文化》，程民生著，河南大学出版社 1997年

《宋代婚姻家族史论》，张邦炜著，人民出版社 2003年

《宋代家族与文学:以澶州晁氏为中心》，张剑著，北京出版社 2006年

《宋代科举与文学》，祝尚书著，中华书局 2008年

《宋代散文史论》，马茂军著，人民文学出版社 2002年

《宋代散文研究》，杨庆存著，人民文学出版社 2002 年
《宋代诗学》，陆耀东编、张思齐著，湖南人民出版社 2000 年
《宋代诗学通论》，周裕锴著，巴蜀书社 1997 年
《宋代诗学》，张思齐著，湖南人民出版社 2000 年
《宋代文化与文学研究》，张海鸥著，中国社会科学出版社 2002 年
《宋代文史考论》，诸葛忆兵著，中华书局 2002 年
《宋代文学史》，孙望、常国武著，人民文学出版社 1996 年
《宋代文学思想史》，张毅著，中华书局 2004 年
《宋代文学研究丛刊》，张高评撰，台湾丽文文化事业股份有限公司 1995 年
《宋代文学研究》，张燕瑾、吕薇芬、张毅著，北京出版社 2001 年
《宋代文学研究》，张毅撰，北京出版社 2001 年
《宋代文艺理论集成》，蒋述卓、洪柏昭、魏中林等编，中国社会科学出版社 2000 年
《宋代咏梅文学研究》，程杰著，安徽文艺出版社 2002 年
《宋代诸晁学术略考》，傅璇琮、李岩撰，《国际宋史研讨会论文选集》，邓广铭编，河北大学出版社 1992 年
《宋福建路郡守年表》，李之亮撰，巴蜀书社 2001 年
《宋河北河东大郡守臣易替考》，李之亮撰，巴蜀书社 2001 年
《宋会要辑稿》，(清)徐松辑，中华书局 1957 年
《宋季士风与文学》，刘婷婷著，中华书局 2010 年
《宋季忠义录》，万斯同撰，《四明丛书》本
《宋金元明四朝诗》，(清)张豫章、魏学诚编，文渊阁《四库全书》本
《宋金元诗永》，(清)吴绮编，《四库存目丛书》本，齐鲁书社 1997 年
《宋金元文学批评史》，王运熙、顾易生撰，上海古籍出版社 1996 年
《宋两湖大郡守臣易替考》，李之亮撰，巴蜀书社 2001 年
《宋两江郡守易替考》，李之亮撰，巴蜀书社 2001 年
《宋两浙路郡守年表》，李之亮撰，巴蜀书社 2001 年
《宋明理学概述》，钱穆著，台湾学生书局 1996 年
《宋明理学与文学》，马积高著，湖南师范大学出版社 1989 年
《宋明理学与政治文化》，余英时著，台湾允晨文化公司 2004 年

《宋明理学与中国文学》，许总著，百花洲文艺出版社 1999 年
《宋人别集叙录》，祝尚书师著，中华书局 1999 年
《宋人传记资料索引补编》，李国玲等编，四川大学出版社 1994 年
《宋人传记资料索引》，昌彼得等编，中华书局 1988 年
《宋人年谱丛刊》，吴洪泽、尹波编，四川大学出版社 2003 年
《宋人诗话外编》，程毅中编，国际文化出版公司 1996 年
《宋人轶事汇编》，丁传靖编，中华书局 1981 年
《宋人总集叙录》，祝尚书师著，中华书局 2004 年
《宋诗钞》，(清)吴之振、吕留良、吴自牧选，(清)管庭芬、蒋光煦补，中华书局 1986 年
《宋诗话辑佚》，郭绍虞辑，中华书局 1980 年
《宋诗话考》，郭绍虞著，中华书局 1979 年
《宋诗话全编》，吴文治主编，江苏古籍出版社 1998 年
《宋诗纪事》，(清)厉鹗编，上海古籍出版社 1983 年
《宋诗鉴赏辞典》，缪钺等编，上海辞书出版社 2003 年
《宋诗精华录》，(清)陈衍评，曹中孚校，巴蜀书社 1992 年
《宋诗派别论》，梁昆著，东昇出版事业有限公司 1980 年
《宋诗散论》，张白山著，上海古籍出版社 1984 年
《宋诗史》，许总著，重庆出版社 1992 年
《宋诗特色研究》，张高评著，长春出版社 2002 年
《宋诗体派论》，吕肖奂著，四川民族出版社 2002 年
《宋诗选注》，钱锺书著，人民文学出版社 2002 年
《宋十五家诗选》，(清)陈訏编，《四库存目丛书》本，齐鲁书社 1997 年
《宋史纪事本末》，(明)陈邦瞻撰，中华书局 1977 年
《宋史翼》，(清)陆心源辑，赵铁寒编，台北文海出版社 1980 年
《宋史》，(元)脱脱撰，中华书局 1977 年
《宋书》，(梁)沈约撰，中华书局 1974 年
《宋四名家诗钞》，(清)周之鳞、柴升撰，文渊阁《四库全书》本
《宋文通论》，曾枣庄著，上海人民出版社 2008 年
《宋夏战事诗研究》，张廷杰著，甘肃文化出版社 2002 年

《宋学与宋代文学观念》，李春青著，北京师范大学出版社 2001 年
《宋元诗会》，(清)陈焯编，文渊阁《四库全书》本
《宋元诗社研究丛稿》，欧阳光著，广东高等教育出版社 1998 年
《宋元学案》，(清)黄宗羲著，全祖望补，中华书局 1986 年
《宋元之际的哲学与文学》，罗立刚著，复旦大学出版社 1999 年
《苏轼文集》，(宋)苏轼撰、孔凡礼校，中华书局 1986 年
《苏舜钦集》，(宋)苏舜钦撰、沈文倬校，上海古籍出版社 1981 年
《苏文汇评》，曾枣庄撰，四川文艺出版社 2000 年

T

《太平广记》，(宋)李昉等撰，中华书局 1961 年
《谈艺录》(补订本)，钱锺书著，中华书局 1984 年
《唐代交通与文学》，李德辉著，湖南人民出版社 2003 年
《唐代文士的生活心态与文学》，吴在庆著，黄山书社 2006 年
《唐诗绝句》，(宋)韩淲、赵蕃选、谢枋得笺注，民国癸亥年江宁胡氏愚园刊本
《唐宋词集序跋汇编》，金启华、张惠民、王宏展等编，江苏教育出版社 1990 年
《唐宋词社会文化学研究》，沈松勤著，浙江大学出版社 2004 年
《唐宋诗醇》，(清)爱新觉罗·弘历编，文渊阁《四库全书》本，上海古籍出版社 1987 年
《唐宋诗美学与艺术论》，陶文鹏著，南开大学出版社 2003 年
《唐宋诗之争》，齐治平著，岳麓书社 1984 年
《唐宋友情词选》，严迪昌选注，江苏古籍出版社 1992 年
《唐音癸签》，(明)胡震亨撰，上海古籍出版社 1981 年
《陶渊明集》，(晋)陶渊明撰、逯钦立校注，中华书局 1979 年
《苕溪渔隐丛话》，胡仔纂集，廖德明校点，人民文学出版社 1962 年
《桐江集》，(元)方回撰，《续修四库全书》本
《桐江续集》，(元)方回撰，文渊阁《四库全书》本
《桐阴旧话》，(宋)韩元吉撰，《学海类编》本
《童蒙诗训》，(宋)吕本中撰，《宋诗话辑佚》本

W

《晚宋诗歌与社会》,勾承益著,电子科技大学出版社 2001 年

《晚唐士风与诗风》,赵荣蔚著,上海古藉出版社 2004 年

《苇碧轩诗集》,(宋)翁卷撰,《永嘉四灵诗集》本,浙江古籍出版社 1985 年

《渭南文集》,(宋)陆游撰,《四部丛刊初编》本

《文化模式》,(美)本尼迪克特,华夏出版社 1987 年

《文天祥诗文选注》,(宋)文天祥撰,邓碧清注,巴蜀书社 1990 年

《文献通考》,(元)马端临撰,中华书局 1986 年

《文心雕龙注》,(梁)刘勰著、范文澜注,人民文学出版社 1962 年

《文选》,(梁)萧统撰、(唐)李善注,中华书局 1977 年

《文渊阁书目》,(明)杨士奇编,商务印书馆 1937 年

《文苑英华》,(宋)李昉等撰,中华书局 1966 年

《文忠集》,(宋)周必大撰,文渊阁《四库全书》本

《武林旧事》,(宋)周密撰,西湖书社 1981 年

X

《现存宋人别集版本目录》,四川大学古籍所编,巴蜀书社 1990 年

《逍遥集》,(宋)潘阆撰,文渊阁《四库全书》本

《谢康乐诗注》,谢灵运著,黄节注,人民文学出版社 1958 年

《辛弃疾评传》,巩本栋著,南京大学出版社 1998 年

《新唐书》,(宋)欧阳修、宋祁撰,中华书局 1975 年

《续资治通鉴》,(清)毕沅撰,上海古籍出版社 1957 年

Y

《叶适集》,(宋)叶适著,刘公纯、王孝鱼、李哲夫点校,中华书局 1961 年

《艺术哲学》,(法)丹纳著,安徽文艺出版社 1998 年

《意象的流变》,蔡英俊编,台北联经出版事业公司 1983 年

《隐士与中国古代文学》,李生龙著,湖南教育出版社 2003 年

《瀛奎律髓汇评》,(元)方回选、李庆甲校,上海古籍出版社 2005 年
《雍正江西通志》,高齐倬等修,清刊本
《永乐大典》,中华书局,1960 年影印本
《游宦纪闻》,(宋)张世南撰,中华书局 1981 年
《舆地纪胜》,(宋)王象之撰,中华书局 2003 年
《玉山县教育志》,玉山县教育志编委,江西人民出版社 1997 年
《元好问全集》,姚奠中编,山西古籍出版社 2004 年
《元和郡县图志》,(唐)李吉甫著,中华书局 1983 年
《元前陶渊明接受史》,李剑锋著,齐鲁书社 2002 年
《元诗别裁集》,(清)张景星编,上海古籍出版社 1979 年
《元诗选》,(清)顾嗣立编,中华书局 1987 年
《越缦堂读书记》,李慈铭著,辽宁教育出版社 2001 年
《云庄集》,(宋)刘爚撰,文渊阁《四库全书》本

Z

《章泉稿》,(宋)赵蕃撰,文渊阁《四库全书》本
《真山民集》,(宋)真山民撰,文渊阁《四库全书》本
《真文忠文公文集》,(宋)真德秀撰,《四部丛刊》本
《直斋书录解题》,(宋)陈振孙撰,上海古籍出版社 1987 年
《中国古代阐释学研究》,周裕锴著,上海人民出版社 2003 年
《中国古代文学流派研究导论》,陈文新著,武汉大学出版社 2003 年
《中国古代文学批评方法研究》,张伯伟著,中华书局 2002 年
《中国古典文学接受史》,尚学锋、过常宝、郭英德著,山东教育出版社 2000 年
《中国历代分体文论选》,孙克强主编,北京交通大学出版社 2007 年
《中国诗学通论》,范况著,商务印书馆 1959 年
《中国文学发展史》,刘大杰撰,上海书店 1990 年
《中国文学批评史大纲》,朱东润著,上海古籍出版社 2005 年
《中国隐逸文化》,孙适民、陈代湘著,湖南出版社 1997 年

《中国转向内在——两宋之际的文化内向》，刘子健著，江苏人民出版社 2002 年

《中华姓氏谱》，李学勤编，现代出版社、华艺出版社 2000 - 2002 年

《中山诗话》，（宋）刘攽撰，《历代诗话》本，中华书局 1981 年

《中兴群公吟稿戊集》，（宋）陈起辑，读画斋刊《南宋群贤小集》本

《周益国文忠公集》，（宋）周必大撰，清道光二十八年庐陵欧阳棨刊咸丰元年续刊本

《朱熹的历史世界》，余英时著，三联书店 2004 年

《朱子新学案》，钱穆撰，巴蜀书社 1986 年

《朱子语类》，（宋）黎德靖编，中华书局 1986 年

后　记

酝酿很久，始决定出版这部旧作，对我来说，既基于它作为博士阶段的学术成果，具有特殊的纪念意义，更因为它的面世将是对于长期关心、支持、帮助我的家人、师长、朋友与同学的最好感谢方式。晚宋诗人刘克庄说过："身隐免贻千载笑，书成犹要十年闲。"睽违川大多年，这份旧稿本应淬炼得更为成熟与深刻，然由于毕业之后个人学习与研究注重兴趣，对研究选题和研究对象的选择较为随性，故迟迟未对它进行应有的补充、完善，使它长期沉埋于电脑的文件夹中。至 2016 年 9 月，在硕导王友胜师、博导祝尚书师以及访学导师尚永亮先生诸位师长的关切与建议下，我深受触动，始决定抽出时间对书稿予以整理、修改。时至今日，仍然清晰记得，戊子年三月十八日论文终于完成时，站在川大东八舍 724 宿舍的阳台，俯瞰楼下的车水马龙和华灯初上，三年来潜心苦读所经历的艰辛顿时烟消云散，涌上心头的是面对这二十余万字的淡淡喜悦。回顾我过去的求学和治学之路，从一名古典文学的爱好者发展成为专门从事唐宋文学教学与研究的科研人员，既有个人对理想的坚持和勤勉的学习，更离不开诸位良师的启发、教诲与同学、朋友的热心帮助及全家人的无私支持。

我要特别感谢硕士导师王友胜教授对我二十余年的知遇之恩，深深感谢王师引导我走上学术研究的道路以及多年来的鼎力支持和帮助！从大学第二年开始，王师充满激情的讲授唐诗宋词激发了我学习古代文学的浓厚兴趣。临近大学毕业，王师又鼓励我报考杭州大学唐宋文学方向的硕士研究生，并热情地为我介绍导师写推荐信。及至后来在职考研跟随王师攻读硕士，其间无论是专业学习、论文撰写和发表，还是攻读博士、就业分配、学术研究、课题申报等方面，王师经常给予关注，帮助我在人生的不同阶段不断发展、进步。这一切一切，尽管岁月流逝，依然历久弥新，让我没齿难忘。我要特别感谢博士导师祝尚书先生，作为唐宋文献与唐宋文学研究专家，从《宋人总集叙录》《宋人别集叙录》到《宋代科举与文学》《宋元文章学》等，祝师各个领域的研究无不独到、精深。于我而言，无论是本论文的选题确立和写作过程，还是参与编撰和校对《宋才子传笺证》遇到疑惑和问题，祝师都给予许多及时而重要的指导。祝师经常激励我要以平常心进行学术研究，要明确自己的研究专长，要持之以恒开展研究，要做出扎扎实实有份量的研究成果。时至今日，我虽不才，然祝师的殷殷教诲仍予我学术上耐心坚持和不断努力的动力。祝师宽厚慈爱，乐观开朗，对我的生活和家庭也倾注了很多关怀。这一切一切，念兹在兹，都足以让我铭记终生。我要特别感谢尚师永亮先生，2016 年 9 月至 2017 年 7 月，在武大为期一年的访学时间里，无论是课堂上的讲授、论坛上的讲座，还是师门聚会的请教、交流中，尚师对学术研究的严谨敏捷，对学术发展的宏观把握，对学生的宽严相济、循循善诱，重视问题意识的培养，提倡做有思想的学问等，不但使我在学术研究、治学方法上受到非常重要的启发，使我在思想观念、思维方法上得到较大的更新，同时，尚师的智者风范、仁者气度，对待学术、职业的细致认真，关注学生的成长、发展，以及对我的耐心、及时指导，一言一行，点点滴滴，都成为我更好处世、为师、工作的一面镜子，值得我终生学习和借鉴。

我还要深深感谢陶敏先生的教诲和启示。陶先生对于唐代文献的熟稔和学术研究的深度、广度，多年来早已让学术界同仁深深敬佩，硕士三年不但有机会亲自向陶先生学习古典文献学、唐宋史料学等方面的知识，还有幸参加他主编《全唐五代笔记》的撰写，得到很多宝贵的实践经验和方法指导。虽然他已因病辞世多年，至今仍然深深怀念他。我也要深深感谢周裕锴先生，聆听他讲授《中国古代文学阐释学》《宗教文献研究》课程期间，他带领我们这些博士生一起步行前往望江楼公园，临锦江而坐，看白鹭盘旋，一边品茶闲话诗词，一边抓阄即兴赋诗，让我真实地感受和体会到了什么是真正风雅的文人生活。周裕锴先生还经常与我们分享他赴日本、韩国、台湾访学创作的诗词，他的妙笔生花、儒雅谈吐让我敬佩之余，也激发我更加喜爱古代诗歌，并从那以后开启了进行古体诗创作的各种尝试。在论文写作过程中，我特别受益于几位学者的相关研究，如莫砺锋著《江西诗派研究》、张宏生著《江湖诗派研究》、李剑峰著《元前陶渊明接受史研究》、詹杭伦著《方回的唐宋律诗学》和伍晓蔓师姐著《江西宗派研究》。在论文送审过程中，我亦受教于詹杭伦教授、张海鸥教授、李昌集教授、戴伟华教授、熊良智教授。在论文答辩过程中，吴明贤教授、马德富教授、周裕锴教授、谢谦教授、吕肖奂教授给我提出了许多宝贵的修改建议。在我各个不同学习阶段，李一飞教授、李德辉教授、郭瑞林教授、王兆鹏教授和钟书林教授亦给予我很多教诲、指导和启示。在此，一并对这些前辈和学者表示深深的谢意。

此外，我还要深深感谢我的学长、学姐、同窗与好友，感谢师兄刘越峰帮我及时打印、送审博士论文！感谢师兄潘殊闲、张海、沈如泉、杨理论、师姐段莉萍、伍晓蔓、刘静、谢美英多年的关心、指点和帮助！感谢同学孙旭春、阳清、李建武、胡蔚、李艳、荆云波、钱晓宇、夏益群、方志红、张晓英的同窗情谊和热心帮助！

对于我的爸爸妈妈，我始终怀着深深的歉疚。从 2002 年至 2008 年，我相继脱产攻读硕士和博士学位，在这漫长的六年中，我不但未能尽到作为女儿应尽的孝道，还时常让他们为我担心。特别是读博期间，他们更是为我承担了抚育年幼女儿的重担，他们日渐消瘦和苍老的容颜让我非常心痛，我唯有虔诚地祈祷上苍，祝福他们健康长寿，使我以后能够有更多的时间好好陪伴他们、照顾他们。深深感谢我的叔叔，不但多年来一直无微不至的关心和照顾我的爸爸妈妈，并对我的学习给予了物质上的支持和资助，为我安心完成学业提供了重要保障。深深感谢我的先生，多年来，无论是学习上、工作上，还是生活上、经济上，尽自己最大的努力，默默地支持我、陪伴我，帮助我不断成长和进步。我还要感谢我的弟弟和弟媳，感谢他们多年来对爸爸妈妈的照顾和对我的理解和支持。最后，我要感谢我的女儿，当年不得不离开牙牙学语的她远赴川大求学，现在又因为学习和工作常常疏于陪伴她，她能够学会合理安排作息时间，不但学习不断进步，还发展了个人的兴趣和爱好，给我带来许多快乐，也给了我最好的支持和前进的动力。

最后，还要感谢长沙理工大学学术委员会专家以及学校人文社科处、文法学院领导的大力支持，将书稿列入学校2018年学术著作出版资助的范围。同时，也要感谢凤凰出版社李相东、许勇两位编辑老师耐心地解答书稿出版和修改过程中的各种疑问，并对书稿的修改提出了许多宝贵的建议。

书稿在修改过程中，除对结构进行适当调整和对内容进行必要补充，以订正讹误、梳理文句为主，基本上保持初撰时的面貌。我深深知道，由于文笔粗疏，理论水平有限，加上写作仓促，缺乏拓展与延伸，因此，书稿中尚有不少浅漏甚至讹夺之处，祈请学界方家批评、教正。同时，我也由衷期待：它，仅仅是对过去科研工作的一个阶段性总结，我能以此为契机，在这些不完美中好好反思，寻求突破，不断进步，开启一个新的学术研究阶段。

周　静

丁酉年仲秋书于长理东苑